文學史新方法論

王 鍾 陵 著

文 史 哲 學 集 成
文史哲出版社印行

國家圖書館出版品預行編目資料

文學史新方法論 / 王鍾陵著. -- 初版. -- 臺北
市：文史哲, 民 92
　面；　公分. -- (文史哲學集成；472)
參考書目
ISBN 957-549-498-9 (平裝)

1. 文學 – 歷史 – 研究方法

820.9　　　　　　　　　　92003752

文 史 哲 學 集 成　　472

文學史新方法論

著　　者：王　　鍾　　陵
出 版 者：文　史　哲　出　版　社
http://www.lapen.com.tw
登記證字號：行政院新聞局版臺業字五三三七號
發 行 人：彭　　正　　雄
發 行 所：文　史　哲　出　版　社
印 刷 者：文　史　哲　出　版　社
臺北市羅斯福路一段七十二巷四號
郵政劃撥帳號：一六一八○一七五
電話 886-2-23511028・傳真 886-2-23965656

實價新臺幣.六○○元

中 華 民 國 九 十 二 (2003) 年 三 月 初 版

文學史新方法論

目　錄

引 言

　　歷史似乎愛嘲笑人，它總是把一些基本問題一次次重新提到人們的面前。在我們費去了很大力量構造了好幾套文學通史以後的今天，文學史觀的問題卻又被提了出來。對於該怎樣去寫文學史，人們感到了許多的困惑，歷史似乎兜了一個圈子重又回到了早應解決了的出發點上。這正如雖然人類社會已經有了漫長的歷史，「人」這個概念卻總是一次次地被再審視。

　　不過，對於基本問題的重新審視，往往是在思想觀念發生巨大變動的背景下進行的，因而這種審視在將徬徨和困惑的情緒過濾掉以後，便會凝結出穿透過去、燭照未來的卓見。

　　中國文學研究如欲出現一種新的面貌，不在歷史哲學和方法論上下功夫是不行的。科學所必不可少的一個重要特徵便是包含著反思的機制，反思的目的在於揭示出科學研究工作有效性的前提以及研究成果科學性的准則。對於這樣一個目的最為恰當的反思形式，便是對方法論的研求，對於以史為研究對象的學科來說，這種研求還必須上升到歷史哲學的高度才能更為有效。

　　自八十年代興起的文學史新潮的一個最為重要的標誌，便是對於方法論的探討。我在給一位青年學者撰寫的書所作的序中說過：「學人間不同的企向，往往以方法論上的不同趨向表現出來；路徑的新舊、水平的高低、成熟與不成熟，覘其方法論即可知矣！」所謂方法論，其實即是文學史學，也就是如何使文學史成為一門科學的學問，其內容是極為豐富的，涉及到眾多的領域與論題：歷史真實的兩重存在性原理、歷史研究與理論創造的關係、整體性原則、民族思維的特徵及其演化與文學發展道路的關係、民族

文化—心理結構的變動與審美風尚之轉移的關係、歷史發展觀、原生態式的把握方式、歷史與邏輯之統一的兩種形態、文學的原生態生長情狀、代際傳播的社會性的文本讀解與意義性張揚、文化衍生、文壇浮沉、從偶然性中滋生出有序的意識構築、雅與俗的懸隔與匯通、民族融合與文學傳統的新構、選評家的文學史作用，等等。

　　文學史學無論在國內或在國外，都還是一門前沿性的未曾建立的學科分支。本書試圖結合我撰寫拙著《中國中古詩歌史》和《中國前期文化—心理研究》的實踐，探討如何更新文學史研究的路徑，並陳述我對於文學史的複雜的巨系統運動的認識。

　　我在本書第五章第一節中說，方法意識是對於內容本質的自覺，因而本書不取歷來將方法探討與規律研究劃爲兩個不相干領域的做法，而是在方法與規律（我這兒所說的「規律」，同在相當長的時期中被作了機械、凝固理解的所謂「規律」是迥異的）的相互契合與映襯中，將全書凝爲一個整體。這是本書理論框架的一個主要特點。我以爲，只有同時從研究方法和文學史複雜的巨系統運動之情狀與規律這相輔相成的兩個方面入手並深入下去，文學史學才能建立起來。

　　文學史複雜的巨系統運動，是一個全新的高難度的論題。這一論題，要求對於文學史運動從一種大的文化生態系統上，從複雜的多因素綜合中，從文學史原初的生長與渾淪的變動中，理解其內在機制與外在形式，把握其中介及動力結構。這一探討，必須兼顧表層的豐富性、靈動性、多歧性與深層的邏輯性——其縱向的演化規律與共時的結構模式之綜合，因而必然要求一種在高屋建瓴的宏觀視野籠罩下的大量感性材料的有序顯現。

　　方法論就學科分類來說，屬於哲學範疇。因此，任何眞正稱得上爲方法論的見解，無疑都必須有其堅實深厚的哲學基礎和哲

學內涵。方法論本身的高度、深度及新穎性，同其哲學基礎與內涵是密切相關的。所以，我們必須從人類優秀的哲學傳統和當代科學的新發展中吸取營養。如欲突過前人，則我們在吸收之外，還必須對他們的思想作出合理的批判；如欲以開放的眼光站到世界學術前沿，則勢必要求對於西方文化巨人的超越；否則，我們難以站到俯看蒼茫雲海的高度，也難以開闢一條既承受了偉大的文化惠沐又具有嶄新面貌的學術路徑。這自然是一個十分難於達到的高度，但中華民族的新一代學者應該有這樣的胸襟和抱負，並切切實實地爭取做出成績來。

　　碧叢叢，上插天；森峭峭，捲煙霞；雖高處不勝寒，而茫茫元氣自淋漓也。

　　近、現代以來，我們民族的文學理論往往來自於移植異域的新知。當然，吸收世界學術的優秀營養將永遠是我們的任務，然而那種僅僅追隨於西方思潮之後的狀況卻必須改變。一個有著悠久文明和獨特的文學藝術傳統的偉大民族，應該有自己獨特的理論建構。具有民族特色的文學理論的建構，應來自對於民族文學史現象的概括。概論一類的理論設置，必須從歷史的和現實的文學創作實際中抽象出來。沒有文學史的重構，沒有對於數千年文學發展情狀、特點和規律的真切而深入的探究，文學理論的民族化自必是冰上築屋了。

　　而文學史的重構，無疑應以文學史方法論——亦即文學史哲學的沉思為前提。對於如何使得文學史成為一門科學的學問缺乏深入認識和高度自覺的文學史研究者，難以想像他不沿著有著太多局限的舊的歷史傳統和必然狹窄的個人所習慣的路徑去從事研究，這樣，從思維的深層次上符應於新時代文化轉型的新的文學史研究道路的開闢便無從談起。我一向認為：文學史研究並不僅僅具有其自足的意義，它必須納入到民族新文化的構建中去，並

成爲其重要的一部分。只有這樣，文學史研究才能找到自己的時代價值。否則，失落了時代價值的文學史研究，就只能在一個充滿西風凋碧樹般悲觀氣氛的小圈子中人比黃花瘦地萎絕，其自存自足的意義亦將難以自足自存。文學史若不能重構，又何談文學理論的重新概括？

因此，富於歷史哲學內涵的吸收了人類優秀文化和當代科學新發展營養的對於文學史方法論的研求，乃成爲整個文學研究領域扎實地實現實質性遷躍的重要啓動點。學科的發展本有其內在的邏輯次序。

昔劉勰云：「茫茫往代，既沈予聞；眇眇來世，倘塵彼觀也」①。雖然我的探討必然會存在著很多的不足，然而有一點我是堅信的：一個新的文學史時代正逐漸來到了。立足於新時期以來文學史寫作實踐基礎上的虛實結合的對於方法論的研求，不僅是我們走過的學術道路的一個路標，而且也是我們繼續前進的一項重要憑藉。

建構以科學的新方法論爲指針的具有民族特色的中國文學史以及文學理論的體系，是我們民族對於世界文化所應作出的重要貢獻。只有做到這一步，在文學研究領域中，我們民族才能雄視寰球，輝音峻舉，鴻風遠蹈。

這樣的一條路，惟其爲前人所未曾走過，所以是艱難的，甚至是荊棘叢生的。文學史巨海混混，而幽理其眇然矣！靈鼓雲韶何在？江上一抹青山。以斯，我們不僅需要沖悟典墳、測深鈎緬，而且需要寥寥遠邁、游心玄極。然而，日月疊璧、白雲星光的勝景，恰恰正在這崎嶇山路的上方。

王鍾陵　一九九三年四月下旬於姑蘇

①　《文心雕龍・序志》。

第一章　更新文學史研究
的四項原則

第一節　回顧與反思

我們古代文學史的研究和教學工作，應該有一個大的突破。無疑，「五四」以來，雖然風風雨雨，屢經變化，我們對於古代文學史的研究還是取得了相當成就的。特別是魯迅、聞一多等一些傑出學者，篳路藍褸地做了大量的拓荒性工作，取得了卓異的成就，並且在研究方法上也創造了不少可貴的新鮮經驗，闖出了一些新的路子。同「五四」以前相比，古代文學研究的面貌確乎有了相當的改觀。

然而無庸諱言，這幾十年來的成績還遠遠不能令人滿意。我們古代文學的研究工作，總的來說還處在一個相當落後的狀態之中。我們至今還甚少那種具有理論形態的中國文學史著作，人們迄今所做的大多往往還只是對文學發展外在表象的孤立的、斷續的描述，雖然也在局部的問題上有過一些較爲深入的探究，卻沒有達到對整個中國文學史抑或一段文學史作內在邏輯的流貫而完整的把握。如果從放眼未來長遠發展的角度看待問題，截至目前爲止的中國古代文學史的研究，還僅僅處於前科學的狀態之中。說這句話對於我們是痛苦的，然而未來的歷史會證明這句話的正確性。惟有痛苦的反思，方能使我們猛省而走向未來。

中國古代文學研究的現狀存在兩個方面的問題：一是文學觀

念陳舊，二是研究方法落後。

觀念的陳舊，表現在古代文學的研究中甚少見新的概念、範疇和命題的提出，當然更談不上有什麼新的理論體系的建立了。課題「炒冷飯」，用語成濫調，似曾相識、面目酷似的文章一再出現。近幾年來不少人開始把美學引入古代文學的研究之中，這是一個可喜的努力，然而貼標籤的做法仍然盛行。如果美學的引入古代文學研究，不是從表現於審美情趣、審美原則、審美理想中的民族審美心理的建構上著眼，而是僅僅把「美學」、「審美主體」、「審美客體」這一類用語以及西方美學著作中的一些段落充塡到「文章」中去，其結果必然會因流於淺薄而失敗。在用「美學」、「審美」之類詞藻塗抹的色彩剝落以後，露出的將仍然是一付乾癟的面孔！

從中國文學史著作中表現出來的落後的研究方法，主要可以歸結爲五種：一是具有八股味的敘述式，二是以偏概全的舉例式，三是單純以政治思想分析代替藝術分析，四是對被貼上反動標籤的作家和對被認爲沒有價值的時代的抹殺法，五是微觀的瑣屑研究。

我們的文學史著作通常存在著這樣的缺點：眼界窄，文筆平，格式板，感情枯。統觀全書，不見群巒起伏的浩大氣勢；細續各章，亦無因辯證敘述而來的峰迴路轉之樂趣。往往是一覽無餘，難以給人回味的餘地。

這樣的狀態，早就爲許多有識之士所不滿了。人們的不滿導致了力謀新路的努力。於是，在時代思潮的推動下，中國文學研究者開始了一場變革學科落後狀況的艱難的啓動。

第二節　史的研究就是理論的創造

改進文學史的研究工作，可以有多種途徑，可以提出多種辦法。我以爲具有特殊意義並且在拙著《中國中古詩歌史》中所力圖貫徹的是這樣兩個原則：一是史的研究就是理論的創造之原則，二是整體性原則。因爲綜觀文學史的研究存在著兩個大的基本關係：首先是研究主體與研究對象之間的關係，其次就研究對象而言，也還存在著部分和整體的關係。在部分和整體的關係中又有著兩個方面：從橫向上說，存在著作爲社會文化活動之一種的文學發展同整個社會生活的關係；從縱向上說，則存在著文學進程的某一環同整個發展鏈條之間的關係。上述兩個原則，是正確把握這兩個大的基本關係的必由之途。

史的研究就是理論的創造這一原則，其哲學基礎乃在於歷史眞實的兩重存在性原理。

環視國內外，有兩種寫作文學史的主張：一種是主張文學史應有客觀的歷史內容並排斥具有個人色彩的東西，另一種則主張突出價值判斷以至認爲文學史不過是一種闡釋的憑藉。這兩種主張如果追溯其根源，實際上是兩種歷史觀的反映：第一種歷史觀認爲歷史有其純客觀的存在面貌，它滋生出上述第一種主張；第二種歷史觀認爲沒有什麼純客觀的歷史，歷史都是人心中的歷史，它孕育出上述第二種主張。

對於有悠久史官文化傳統的中國的絕大多數人來說，歷史具有不容懷疑的客觀眞實的原貌；而在實用主義者胡適的眼中，則歷史又是一個任人打扮的小姑娘，歷史所具有的乃是一種主觀的面目。當代英國哲學家卡爾·波普否認歷史的客觀性。他在《歷

史有意義嗎？》一文中，嘲笑「有些歷史學家天眞地相信自己並不作解釋，而是已經達到客觀性水不，能夠眞正如實地敍述過去事件」，他認爲「既然一切歷史都視我們的興趣而定，那就只能有若干種歷史，而永遠不可能只有一種歷史，即不可能只能有一種『實際發生』的人類發展故事」。他把自己的這種意見誇張地稱爲「一種革命性的結論」①。這種歷史主觀論在東漸而來的諸如闡述學、接受美學這類歐風美雨的灌漑下，近來在國內大有崛起之勢。於是，在今日中國的文學研究界便產生了認識論與價値論的困惑和異趣，現當代文學研究者中有些人已走向極端的歷史主觀論，而古代文學研究者中的絕大多數則還固守於歷史的純粹客觀論，從而旋起了一個碰撞激盪的史的觀念之渦流。

　　理論素養不足是古代文學研究界的一個缺陷。1990年在桂林召開的「文學史觀與文學史」學術討論會上有一個熱門話題：文學史到底是主觀的還是客觀的，就沒有爭論得清楚。1988年在鏡泊湖召開的以中國現當代文學研究者爲主體的全國中青年學者文學史討論會同此次桂林會議在傾向上正好相反：前者強調文學史的主觀性，後者強調文學史的客觀性。文學史的重構眞是艱難，剛剛著手就遇上了主觀歟客觀歟這隻攔路虎，因爲很清楚，對此問題的答案不同，文學史研究的路徑便大爲歧異了。這個問題可以說是文學史研究賴以進行的理論基礎。似乎可以立這樣一個測標，即文學史著作的作者對這一問題認識到何種程度，便表明了他的著作所達到的高度及其心香之所在了。

　　問題十分明確地歸結到一點上：歷史究竟是如何存在的？不解決這個歷史哲學問題，我們就難以在文學史觀上取得眞正的進步，從而文學史研究的整體性突破也是難以想像的。

　　上述兩種意見雖有客觀與主觀、凝固與變動的區別，但都視

歷史的存在爲一重。然而，在我看來，歷史的存在則是兩重的。

首先，歷史存在於過去的時空之中，這是歷史的第一重存在，是它的客觀的、原初的存在。這種過去時空中的存在已經消失在歷史那日益增厚的層累之中了。然而，書籍、文物、我們的生活和思維方式以及民族的文化—心理結構中，仍然留存著過去的足跡。眞實的歷史依賴於人們對這些存留的理解來復現，所以歷史便獲得了第二重存在，即它存在於人們的理解之中。一切被保存下來的歷史的遺存，在它離開了產生它的環境背景之後，往往會變成一個封閉的復合的沒有指稱的意義總體，從而爲詮釋學留下了廣闊的天地。一部紅樓夢，「單是命意，就因讀者的眼光而有種種：經學家看見《易》，道學家看見淫，才子看見纏綿，革命家看見排滿，流言家看見宮闈秘事……」②。在後人對前人的詮釋中，必然表達著後代人的種種理解。思想文化史，正是在後人對前代遺產的創造性的發掘中向前發展的。

然而，我們又不能單純地說歷史的眞實存在於歷史的理解之中。如果這樣的話，對歷史的理解就可以隨心所欲，雖然不同時代的人對於歷史的理解確乎差距甚遠，以至於達到面目完全不同的地步。對於歷史的不同理解，既有由於歷史遺存的不同側面爲不同的人們所反映的原因，又有反映者本身主觀染色的問題。歷史上很多人都曾爲了當時的利益（進步的，反動的等等），曲解過歷史。康有爲就曾爲了宣傳變法，著《新學僞經考》，而攻擊過儒家古文學派之經書，斥爲劉歆之僞造。但是時過境遷，歷史的眞實還是歷史的眞實。歷史有突破人們的歪曲的頑強個性。所以，「我們今天對歷史遺產的理論研究，首先在於盡可能客觀地說明古人是怎樣看待周圍世界的，是怎樣看待特定領域內的某種特定現象的，從而求得比較深刻地說明古人的某種理論是在何種

社會歷史條件下，是在何種思想影響下形成的。只有這樣，我們才能夠較爲客觀地理解前人的理論，才能眞正做到取其精華而棄其糟粕」③。客觀性的要求始終應該是一切科學不可動搖的首要原則。

當然，我們難以做到完全客觀地理解前人，同時理解本身就是一個與理解背景相聯繫的問題。自然科學比之於社會科學，在客觀性的要求上應該該更爲嚴格，但即使在自然科學中，所謂純客觀而不滲入任何主觀因素的研究活動也是不存在的。且不說分析、歸納、假設這些理性認識階段的活動，必然以研究者的理論素養爲其基礎，就是似乎屬於感性認識階段的觀察經驗的取得，也離不開理論的背景。不僅觀察活動的步驟，須依靠先行理論所昭示的路徑去安排，而且對觀察結果的某種期待，也和先行理論的啓示相關。愛因斯坦說：「是理論決定我們能夠觀察到的東西」，並「使我們從感覺印象推論出基本現象」④。同樣的觀測對象，由於理論背景的變化和深化而可以引出大不相同的結論來，「在亞里士多德『看到』約束物體緩慢降落的地方，牛頓『看到』擺的（幾乎）等時的運動」⑤。單純說理論層次寄生在觀察層次上，或者說觀察層次寄生在理論層次上，都只具有片面的眞理性，理論和觀察正是互相依靠著又互相交融著的，社會科學研究中，這種客觀與主觀交融的情況就更爲突出。

在我們這樣一個史官文化傳統根深蒂固的國度裡，又特別在古典文學研究範圍內，人們往往異常執著於歷史眞實的第一重存在。這同歷來古典文學的研究往往就事論事，缺少氣勢磅礡的宏觀把握的狀況也是密切相關的。任何學科，其實證的成分愈多，對於客觀性的要求便愈高；其形而上的成分愈多，則對於主體成分的依靠便愈大。當古典文學的研究還陷於僅僅以考證爲學問或

者僅僅注目於『是怎樣』『不是怎樣』這類問題時，人們自必會
執著於歷史的第一重存在，而無視歷史的第二重存在了。

　　任何事物一旦被分割得太瑣碎，也就不成爲該事物了。人們
要從瑣碎的微觀中跳出來，就必須依憑於理論思維。另外，歷史
事實雖然是眞實的，但又是粗糙和不易識別的，「必須通過尋找
原因，才能賦予事實以可以理解的性質」⑥。且不說辯證分析等
高級思維方式，即使是形式邏輯中的歸納推理也不能僅止於單純
的搜集事實。早在上一個世紀，惠威爾就已經說過：「不僅把事
實收集在一起，而且以新觀點看它們，還要引入一種新的精神因
素。爲了進行歸納，需要有一種特殊的精神素質和訓練」⑦。理
論的創造，依靠建立假說的思想機制；事實的綜合，需要創造性
的洞察力，從而決定因爲思維方法和理論背景的差異而各不相同
的理論思維主體，其對於同一現象的理解也必然有所不同。

　　沒有歷史的第一重存在，任何研究就都沒有了客觀的基礎。
對於歷史的第一重存在的復現程度之大小，直接決定了理論本身
的科學價值。但是，事物又總是在一定的視角上被認識的，或者
說客觀事物總是在一定主體的一定視角所決定的範圍和程度上，
來展示其本身的。在一個卓越的視角的觀照下，被研究的對象不
僅往往會呈現出一個新的觀察天地，而且其已被發現的領域，也
會顯示出本身所固有而前此未曾爲人們所認識的新的色彩。取消
了個人的特殊視角，則歷史眞實就無法獲得進一步的揭示，人們
就只能徒然重複前人的意見。

　　歷史總是隨著不同的時代而展現出不同的面貌的。眞實的歷
史是存在的，但歷史的面貌是變動的，「人們在聲稱以『實在的』
歷史爲依據時，實際上是在運用某種『解釋』」⑧。從總體上說，沒
有永恆不變的歷史面貌，然而在變動的歷史面貌中又總有眞實的

歷史存在於其中。所以，視歷史面貌爲永恆者固屬天眞，而無視歷史眞實之存在者則爲荒唐。因爲歷史的第二重存在，歷史的硏究永遠可以一代又一代無止境地做下去；既然客觀事物總是在一定的視角上被認識的，每一個時代人們的視角不同，則所認識的歷史之面貌自然各不相同，每一個時代的人都可以建立自己的歷史觀。因爲歷史的第一重存在，每一個時代都不能完全否定前代的研究成果，都要或多或少地承繼、受惠於前代，而歷史正是在這種承繼中一步步地更多地複現出自己的原貌。這就好像絕對眞理同相對眞理的關係一樣，每一個時代對歷史的理解都是相對的，但在這種相對的理解中有著歷史眞實的絕對。

比如，拿中國詩歌的研究來說，聞一多對於中國詩史曾有過這樣一個大的分期：他把「東漢獻帝建安元年至唐玄宗天寶十四載（196—755）五百五十九年間看成是中國詩的黃金時代」，而「以唐肅宗至德元載至南宋恭帝德佑二年（756—1276）五百二十年爲詩的不同類型的餘勢發展」。他說：「一部詩史，詩的發展到北宋實際上也就完了。南宋的詞已是強弩之末。就詩的本身說，連尤楊范陸和稍後的元遺山似乎都是多餘的，重複的，以後就更不必提了。我們只覺得明清兩代關於詩的那許多運動和爭論，都是無謂的掙扎。每一度掙扎，無非重新證實那一遍掙扎的徒勞無益而已」⑨。關於南宋詩詞及金、明、清詩應如何評價這個問題暫置不論，本人感興趣的是聞一多的這個意見和清人朱庭珍的看法十分一致。朱庭珍在《筱園詩話》卷二中說：「古今大家，至曹子建始。漢代去古未遠，尙無以詩名家之學。……自建安作者，始有以詩傳世之志，觀子桓兄弟之文可見。嗣後歷代詩家，莫不欲以詩鳴，爲不朽計矣。古今合計，惟陳思王、阮步兵、陶淵明、謝康樂、李太白、杜工部、韓昌黎、蘇東坡可爲今古大

家，不止冠一代一時。」朱庭珍這一段話中關於「自建安作者，始有以詩傳世之志」的說法，十分準確地抓住了建安是一個文的自覺的時代的特徵。「以詩鳴，爲不朽計」，正是說的在個性意識覺醒基礎上的文的自覺，這便隱然含有以建安劃出詩歌史上一條重要分界的意思。而他所列八個大家中首起曹植、終於蘇東坡，則正好包括了聞一多所說詩歌發展的黃金時代和餘勢發展時期，即從建安到北宋。聞一多認爲南宋四大家和元遺山都似乎多餘了，朱庭珍也恰恰是在南宋以下沒有選出一個大家。聞一多的意見在內容上幾同於朱庭珍，然而眼界更爲宏闊，帶上了近代科學愛講劃期這樣一種外在形式。

　　對於聞一多自建安開始中國詩歌進入黃金的發展時代這一意見，我是十分欣賞的，拙著《中國中古詩歌史》便承繼了聞一多的這個分期，但是我在從建安到盛唐這段期間中又於晉宋之交劃出了一個分界。我的這一劃界也是吸取了明清詩學家們的意見的，沈德潛就說過：「詩至於宋，性情漸隱，聲色大開，詩運一轉關也」⑩。但是明清詩學家們往往僅就詩歌立論，因而對於這一分界的意義理解得還比較窄小，拙著則從政治、社會組織、思想學術等諸多方面加以了論述。

　　要之，後代對於前代總會有所繼承，又總會令歷史展開不同的面貌，使得歷史的研究更其深入豐富，這是爲歷史眞實的兩重存在關係所必然決定的。

　　從民族發展的角度說，在對歷史遺產理解的觀念之變動中，正是回響著一個民族走向未來的足音，在對歷史的新的理解中，展現著一個民族對於未來的企仰。人類的前進，永遠是在瞭望未來和回顧過去的雙重視野中前進的。這種雙重視野正是歷史必然呈現爲雙重存在的最爲深刻的原因之所在。

從歷史眞實的兩重存在性原理出發，我們對於史的研究其實也就是一種理論的創造，它體現在寫作中便是史與論的凝結。

在史與論的凝結中，既要求著眞實的客觀內容，又要求著研究者自己的理解。一部文學史（其它各領域的『史』也一樣），應該是歷史的眞實內容和個人才華的合璧。要做到這一點，首要的一條，便是必須始終嚴格堅持客觀性標準。恩格斯曾經這樣稱贊過馬克思：「他沒有一個地方以事實去遷就自己的理論，相反地，他力圖把自己的理論表現爲事實的結果」⑪。理論的力量在於他能科學地說明由事實所匯成的那一個所謂「歷史」的總體，而不是回避事實，更不是削足適履地任意擺弄事實。現在接受美學盛行。接受美學的優點在於它強調了認識的相對性和主體的選擇性，它的缺點則在於對客觀性的忽視。另一方面，事實之上升爲理論，其中有著巨大的精神的加工過程。列寧說：「即使在最簡單的概括中，在最基本的一般觀念（一般『桌子』）中，都有一定成分的幻想」⑫。如何加工整理所面對的歷史遺存，對於任何一個作者，都是一場識力與才能的嚴峻的考驗。所以，依我的看法，文學史的寫作，不僅是一種客觀規律的總結，而且也是作者本人的一種理論創造，是一種依托於歷史的理論創造。

文學史的研究作爲一種理論創造，自然要突出研究者的價值判斷，認識不單純是一種反映，而是一種建構。人們是帶著已有的觀念去從事實踐的，也就是說在實踐中獲得認識的過程是在實踐者原有的智力結構中進行的，因此新認識的產生既不是原有知識的複製，也不是純然外在印象的產物，而是原有知識同新獲得的認識相互作用的一種結晶，是新與舊碰撞、融合而產生的胎兒。正是這種建構過程決定了價值判斷存在的必然性和必要性。價值論意味著主體、自由和創造，意味著從過分強調認識的客觀性轉

向重視感受主體的建構作用。人是主動的、自由─創造的存在物，價值判斷正是人這種主動的、自由─創造本質以一種意識方式的呈露。把人視爲螺絲釘的時代已經過去了。這是一個大的具有時代意義的思想轉變。正是這個大的轉變，導致了文學研究中價值判斷傾向的抬頭。對此，我們無疑應大力加以肯定，因爲價值判斷的抬頭，標誌著思想進入了一個多元的、活躍的時代。

「對象是感覺的對象。更深入一層說，客體是在主體的界限內形成的」⑬。難以想像一個研究者沒有強烈的價值判斷，可以完成理論的創造；所以，價值論的抬頭必然決定了文學史研究之趨向於個性化和理論性。但是，正如歷史的第二重存在應盡力去把握歷史的第一重存在一樣，價值判斷必須建立在眞實性、科學性的基礎上。任何人如不講價值判斷，只講所謂純粹的科學性，這個科學性就沒有存在的外殼；但是價值判斷若不和科學性相結合，則這個外殼中也就沒有合理的內核了。價值判斷應以接近客體的原貌爲基礎和目的。一方面我們無法不通過主體的價值判斷去接近客體，另一方面我們也不能無視對象的客觀性而作自我闡釋。客觀的內容便是科學性。如果你只管借對象以闡述自我的價值判斷，一旦時過境遷，社會心理和人們的思想發生轉變以後，你的那些價值判斷就毫無判斷的價值了。中國漢代的美刺說借《詩經》以申述王化政教，中國古典小說的許多評點者大作忠孝節義的價值評判，這類東西今天還有多少價值呢？我們今天的價值判斷構成了這一時代的精神─文化現象，後人對於我們的否定也將首先從這兒開始，如果我們的研究缺乏關於客體的眞實內容，在後人的否定下我們還能剩下什麼呢？個人的思想是貧乏的，而歷史則是一個太偉大了的教師，沉思於氣勢恢廓、無比豐富的歷史之中，可以使得研究者睿智深沉起來。

　　這樣，在歷史真實的兩重存在性原理的基礎上，我們就既不會走向歷史主觀論的極端，又不會固守於歷史的純粹客觀論，而能把價值論和認識論辯證地統一起來。我們的歷史觀（具體到文學領域就是文學史觀），因此也就上升到了一個新的哲學的高度。

　　長期以來，由於只看到歷史的第一重存在，不認識歷史的第一重存在是必須通過歷史的第二重存在而存在的，於是在研究工作中乃虛懸出一個和任何認識主體都毫無關係的絕對客觀的「歷史」來。這種完全客體化了的歷史，恕我直言，不過是康德那種屬於彼岸世界的「物自體」而已，用中國的哲學語言說，這乃是一種和此岸世界隔絕了的「道」。人們似乎疑惑於客觀的歷史規律怎麼變成了你個人的理論創造了呢？其實，這有什麼難於理解的？任何個人的理論創造都應以說明客觀的歷史發展為目的，而任何客觀的歷史發展又必須通過認識主體而被認識。正是在這種主、客體的不可分解的交融中，客觀規律的揭示乃同個人的理論創造統一了起來。

　　歷史的記載在許多人眼中該是最具純然客觀面目的了，然而對於有「實錄」之稱的《史記》，班固卻稱其「論大道則先黃老而後六經，序游俠則退處士而進奸雄，述貨殖則崇勢利而羞賤貧」⑭。在這種「先」與「後」、「退」與「進」、「崇」與「羞」的論序中，不正表現著司馬遷的思想？顧亭林對《史記》在序事之中表達思想這一特點看得十分清楚，他說：「古人作史有不待論斷而於序事之中即見其指者，惟太史公能之」⑮。司馬遷沒有留下專門的哲學著作，但他在今人所寫的各種哲學史、思想史著作中卻都佔有一個重要的地位。人們在《史記》中，正是看到了一個哲學家的司馬遷之存在。中國古代詩話、詞話的作者對於古代詩人、詞客所發表的各種斷斷續續的評論，流傳至今，不也成了我國古

代文學理論的寶貴遺產？為什麼今人對於古代作品的研究，反倒要被斥之於理論創造的大門之外呢？雖然事實是如此地昭著，但在一個進行了比較僵化的唯物論宣傳的國度裡，相當多的人似乎不明白史的研究本身其實就是理論的創造活動這樣一個道理。

在中國漫長的學術研究傳統中，向來有「我注六經」和「六經注我」的兩種做法。這兩種做法都不是科學的研究方法。「我注六經」，是把自我溶化於研究對象；「六經注我」，是把研究對象溶化於自我。前者必然造成思想的狹隘和保守，後者則又易於造成對研究對象的歪曲。前者的學風易流於迂腐，後者的學風易趨於浮泛。正確的做法應該是「六經」與「我」的統一。一方面最大可能地尊重研究對象本身的客觀性，雖然這種客觀性只能在主觀的形式中獲得相對的表現，但客觀性的要求可以使我們防止跌入主觀唯心主義的泥淖。另一方面又應力求拿出嶙峋不凡的眼光和主見來，燭照研究對象。這樣兩個方面的結合，其實就正是史與論的凝結。

個人的理論創造和史的研究，在堅持客觀性標準的前提下，不僅不矛盾，而且可以互相促進。理論的創造需要有依托，沒有憑空的理論創造。如上所說，沉思於氣勢恢廓、無比豐富的歷史之中，可以使得研究者睿智深沉起來；而另一方面歷史那內在的發展邏輯，則又必然要求著一種理論形態的說明。當然，也並不是任何史的研究都能構成理論的創造，這需要研究者具有理論思維的才華。然而，明白不明白史的研究本身其實就是理論的創造活動這樣一個道理，對於史的研究所能達到的深度和高度，無疑有著極大的影響。拿中國文學史的研究來說，在古代就已經積累了豐富的成果，然而在眾多的古代研究者中最有理論創造自覺性的首推劉勰，所以他的《文心雕龍》乃成為中國古代文論中體大

思精的一部巨著。

根據以上論述，所以我認為在文學史的研究領域中，編和述的時代應該過去了，集體合作亦非理想的好形式⑱，因為理論素養各不相同的各個成員之間難以達到識力的相等，因而理論創造所必然要求的一貫性就無法得到滿足。並且一個研究對象在不同成員的切割之下，其內在邏輯往往也就難以被完整地加以追尋。史的研究就是理論的創造之原則，絕對地要求對一個研究對象作綜覽全局的總體把握，史識不盡相同、認識深度各異的不同成員難以同樣達到這一種把握。

文學史的研究終於來到了應該出現一個大的轉折的時代，歷史期待著一批有膽識、有才華、勇於探索、立志理論創造的文學史家的出現。我以史論作為拙著《中國中古詩歌史》的寫作形式，正是寄寓了在歷史的研究中進行理論創造的企仰！

第三節　整體性的三個層次

史的研究就是理論的創造這一原則是和整體性原則相聯繫的，因為理論的創造必然要求著對歷史材料的整體的把握。

從橫向說，人類生活的各方面本是一個大的有機系統，文學從來都是整體的文化活動中的一個重要的組成部分。從縱向上說，文學發展又是一個有著內在邏輯的有機過程。值得注意的是，任何一個歷史過程在其現實發展之中都有隨機和偶然的因素，雖然歷史的必然性正是透過這種種隨機和偶然的因素開闢著自己的發展道路的，然而這種隨機和偶然因素的累積往往會對一段時期歷史的具體行程產生強烈的影響。從理論上說，每一個歷史階段都存在著幾種向前發展的可能，但是生活中是不存在假如的，人類

社會生活環環相扣互為因果地前行著。一旦歷史在往昔的時空之中形成並消失以後，它就是一種不可逆的凝凍的過去的存在了。我們無法超越其中的某一環而能深刻地認識與之相聯繫的其它各環。

因為上述橫向、縱向兩個方面的原因，所以對文學發展過程的把握必須強調整體性原則。

文學史研究中的整體性可以區分為以下幾個層次：

一、就個別詩人、作家而言，要求對其全部的作品作客觀而全面的把握。

這一要求必須經歷一個由總體到分體再到個體的研究過程方能達到。我在拙著《中國中古詩歌史》的寫作中採用了這樣的工作方法：首先是通讀魏晉南北朝隋代的全部詩歌，邊讀邊摘錄下一些有代表性的詩作以供相互比較分析，在這種比較分析的基礎上形成一些或明確或模糊的總體性看法。然後進入每一編的研究時，我又將這一編所包括的那段時期的全部詩作再重讀一次或多次，以求形成一些總括這一時期詩歌發展的想法。在此基礎上選定我認為應該加以論述的詩人並確定他們各自應在何種角度和程度上被加以論述。在完成了這些工作後，我方才開始對那些被確定應加以論述的詩人作進一步的研究工作。我認為沒有這樣一個由宏觀到亞宏觀再到微觀的漸次下降的過程，就難以找出每一個詩人在詩歌史上的具體位置。

對於確定要論述的詩人，我往往對其作品加以分類。一個詩人的詩作在被作了恰當的分類後，他的詩所涉及的範圍及其側重就可以看得很清楚了，這就為全面地而不是片面地把握一個詩人建立了基礎。在此基礎上，還要進一步探究各類不同內容的作品之間在藝術風格上的異同，從而求得對其總的藝術風貌有個恰當

的概括。再進而通過同時代或不同時代詩人之間的相互比較，以弄清某一詩人全部詩作或某一類詩作在詩歌史上的貢獻及其影響。

我以為上述這樣的一種工作程序和要求，可以有助於客觀而全面地把握一個具體的詩人。當然，工作步驟的劃分不是絕對的，這些步驟往往是相互交錯的，其作用也是相輔相成的。個體的、微觀的研究，有助於補充、豐富並往往在一定程度上糾正我們對亞宏觀層次的論述，可以使我們對發展的線索看得更加清晰、細致一些，亞宏觀層次的深入研究對於宏觀的認識，也有同樣的作用。

在對具體作家的論述中，必須堅持不隱善不匿惡的「直書」精神。古代的作家當他們的作品逃過了兵燹、散佚等種種災難後，以其全部或一部擺到了今日讀者的案頭時，昔日作家們在社會地位上的差異已經不復存在。終生官不過奉朝請的吳均，同身為皇帝的三蕭，他們的詩都被置於同等的地位上加以審視，完全以其詩作的實際而獲得評品。任何人一律應以其文學家的身分而獲得其在文學史上的地位，我們不應抽象地以某種機械的標準來對作家進行劃線。公正的態度，實事求是的精神，是一個文學史家所必須具備的基本品德。然而，如果離開了對其作品客觀而全面的把握，公正和實事求是便難以實現。

二、就一個時代而言，整體性要求有著兩個方面的規定性：

1.從橫向上說，對任何一個時代，我們不僅應該重點注意那些優秀作家，而且也應該注意其他一些較為次要的作家，從而達到對一個時代文學史全貌的把握。過去的文學史著作往往僅對一些較為重要的詩人、作家作一種孤立的評述，雖然一個文學史時代的代表確實是由那些優秀的作家來擔當的，然而他們不過是海洋上最為突出的浪峰而已。將少數浪峰從文學的海洋中孤立出來

的做法並不可取，我們對於渾茫滾動的海洋應該有個鳥瞰，對於眾多的小浪尖也應有所旁及。在這樣審視的基礎上，對於少數幾個主要浪峰的詳細觀照方才能更加透徹。我認為一部優秀的文學史著作對於自己論述範圍內的作家及其作品，應該有一個相當大的覆蓋面，並且還應將這一時期產生的代表著當時創作潮流的文學理論主張同當時文學創作的實際結合在一起加以論述。

　　然而這兒有一個困難，如欲採用史論的寫法，自然要求著每一章在內容上的集中，一散則平。對於一些小作家的平列式介紹，不僅難以見出深度，而且也容易使文筆鬆散。對這一困難，拙著《中國中古詩歌史》採取這樣四個方法加以克服：

　　⑴下卷每一編的開頭，都專門寫上一段鳥瞰這一時代的總括性文字。

　　⑵對沒有突出大詩人的時代，在泛論當時的寫作風氣及審美趣味時，儘量涉及更多的詩人及作品，使這些篇章具有較大的覆蓋面。

　　⑶對一些出現了許多重要詩人的時代，由於不易、也不必再劃出一個專門的章節來加以泛論，其他一些值得提及的詩人或詩作，就用穿插的方法加以論及，但穿插過多也會破壞各章結構的緊湊，因此這種穿插在一個章節中應該有機地進行，並不宜太多。穿插的安排在拙著中有同時代和跨時代這兩種類型：比如在陸機章中述及陸云詩，在張協章中引入張載的《七哀詩二首》其一，在劉琨章中夾寫盧諶，在顏延之章中寫及湯惠休等，都屬於同時代的穿插。而在江淹章中引及王微《雜詩二首》其二，則屬於跨時代的穿插。這些穿插就每一個章節來說並不多，但是匯集起來也就大大擴展了本書所涉及的詩人的數目了。

　　⑷在上卷總論的有關章節中，有意識地插入一些下卷各章中

未曾提及而值得一提的詩人及其作品。如第三編中提及宋文帝劉義隆、宋孝武帝劉駿及謝莊詩，即屬有意識的安排。

拙著意欲藉此達到將詩海中主要的浪峰置於渾茫滾動的海面上的目的，使優秀詩人的主音調旁邊伴襯起眾多的小聲細音，從而形成一種多音調多音區的和鳴。

穿插運用得好，不僅不破壞有關章節的緊湊，相反會加深其論述的深度。穿插同歸並又是相聯繫的。既要做到對每一個重要作家的多側面的把握，又要使每一個專章都寫得比較集中，並最好能夠從一個特定的視點上逐層加以展開，這也是一個難以處理的矛盾。我的做法是將某一詩人在其專章中為了避免結構鬆散而難以涉及但又應該提到的側面，穿插到另一個或另一些詩人與之相類的側面中去，一並加以說明。這種穿插的實質乃是歸併。比如建安詩人寫過《鬥雞詩》，這是一種沒有什麼價值的無聊詩作，在重在論述建安詩人慷慨志氣的專章中難以提及於此，勉強寫上一筆亦未必引人注意。然而《鬥雞詩》不僅反映了建安文人在「狎池苑，述恩榮」⑰的生活中所滋長起來的富貴文人的無聊的一面，而且開啓了後世無聊詩作的先河，應該提及一下。拙著在論永明體詩人詩風庸俗方面的專章中述及於此，這樣一歸併使得建安專章避免了平散，永明編中的有關章節則得到了豐富。南朝民歌之不設專章，而在第九編、第十一編、第十二編中和其它問題聯繫在一起加以論述，也是因為考慮到史論寫法所要求的集中性、深入性而作出的安排。

穿插歸併法的廣泛運用，必然地要求著一種統籌全局的整體性安排。

2.從縱向上說，整體性的要求在於我們不能跳越任何一個時代。任何一個文學時代既然是客觀的存在，它就都有自己在文學

史上存在的權利，任何文學史家都無權抹掉一個文學史時代。然而，玄言詩階段就是一個長久以來被抹掉的文學史時代，正如拙著第八編所說，至今沒有一部文學史著作給玄言詩設過一個專門的章節。宮體詩數十年來在文學史著作中則僅僅在被否定的意義上得到過一些片面的敘述，文學史家應該正視每一個文學時代，哪怕這個文學時代壞到了成為一堆罪惡，成了一個恥辱的深潭的地步（這僅是一種假設），我們也應該研究它，因為它是客觀存在，以後的文學史階段正是由這一階段發展出來的。劉宋詩歌就是由東晉玄言詩階段中發展出來的，它並非直接從西晉而來，抹掉了玄言詩階段，又怎麼能對宋詩的產生有深入的認識呢？即使某一個時代充滿了許多壞作品，比如宮體詩階段吧，其所表現的美學趣味仍然值得研究。何況歷史是一種複雜的存在體，香蘭與蕭艾往往並存，珠玉與礫石時時相混。一個文學史家應該有從牛溲馬勃之中看到其孕育靈草仙芝的眼力。鍾嶸評玄言詩為「理過其辭，淡乎寡味」[18]。今之論者以此對玄言詩不屑一顧，其實在玄言詩之說理、味淡這兩個特點中，正蘊聚著我們民族思想發展、審美趣味變化的深刻的歷史內容。論者們不能理解於此，而輕易抹殺之。在這種抹殺中，文學史發展的內在邏輯，也就同時從抹殺者的頭腦中消失了。這實在是一種要不得的輕率做法。

一個文學史家應該有博大的心胸，要有廣泛的藝術包容。

應該一提的是，縱向的整體性，還要求我們對某一些比較重要題材的作品，不斷地作專線的梳理。拙著對於游仙詩、山水詩、寫佛詩等都是這樣處理的。

三、就文學同政治、哲學、社會風習等各個方面的關係來說，整體性原則要求著一種更大的綜合。

魯迅先生的《魏晉風度及文章與藥及酒之關係》一文，早就

向我們昭示了一種將特定階段的文學同特定階段的社會風習聯繫起來研究的學術路徑。我們今天應該遵循這一路徑,並且拓廣開去,在一種更加廣泛的文化背景中來研究文學。在社會風習中,我們又應特別注意那些同民族思維相聯繫的部分。正是這一類的社會風習,給予文學的發展以更加深沉的影響。

我們需要從大文化系統上來把握文學的生態環境。大文化的研究路徑,需要有對哲學的深刻探究、對社會風習的廣泛了解、對民族心理的準確把握,對其它藝術部類的橫向會心,等等。其中特別重要的是哲學,沒有哲學的基礎,一切都將是建立在沙灘上的,而後人看我們,一定認爲淺薄。我在拙著《中國中古詩歌史》第四編的末尾說,我主張一種將文學藝術的研究和哲學、社會風習及其所體現的民族的和階級的心理狀況等各方面的研究綜合起來,作爲根源於一定的經濟、政治條件之上的特定階段的民族文化—生活方式的統一性表現來理解的整體性研究方法。這兒特別應強調的是,文學研究的多方面的結合,不是一種混然的雜陳,而是以民族思維的發展爲內核,以民族文化—生活方式的展開爲表現的一種有機的綜合。

拙著《中國中古詩歌史》上卷五編,正是力圖體現此種綜合的一組篇章。

因爲文學進程的論述必須隨在地和對一個大的文化背景的敘述結合起來,所以拙著廢去過去文學史著作所慣設的介紹時代背景的專章。這種專章式說明的時代背景,不僅內容單薄,而且不能和對文學進程的論述有機地結合起來。拙著採用在各編各章中,就所論述的問題展開相關的社會文化背景的做法,這樣不僅內容上可以大大擴充,而且可以把文學的進程上升爲一種文化的進程,一種民族發展的進程。

　　總之，整體性原則的運用，不僅是所論及的作家及作品的覆蓋面的量的擴展，而且是文學進程多方面有機聯繫的顯示。在這種有機聯繫的顯示中，我們便能取得俯看文苑之起伏群巒的理論高度。

第四節　建立一個科學的邏輯結構

　　拙著《中國中古詩歌史》在寫作中，除了注意盡量貫徹史的的研究就是理論的創造和整體性這兩條原則外，還十分注目於以下兩項原則：一是努力建立一個科學的邏輯結構，二是盡力從民族文化—心理的動態的建構過程上來把握文學史的進程。

　　第三節所述整體性原則的三個層次，構成了對於研究對象的多維的總體性把握。對於對象的整體性研究，必然要求著研究主體論述中的整體性。這種主體論述中的整體性，其實就是一種對於敘述邏輯的要求，因為對於研究對象的總貌的把握勢必導向一種結構的處理。結構的處理之實質，乃在於尋找一種最為恰當的邏輯論述方式，來表達事物的辯證運動。這樣，論述的問題首先還是一個理解的問題。

　　當研究者在對歷史的闡述和評價中勾劃文學史發展的軌跡時，亦即在文學史的第二重存在中去把握文學史的第一重存在時，無疑需要借助於一種科學的理論思維的幫助，這種科學的理論思維的路子，我以為應該是黑格爾—馬克思的邏輯學思路。

　　歷史是在矛盾的對立統一中向前發展的，對於文學史發展的辯證理解，必須從矛盾的向前運動上來加以把握。拙著《中國中古詩歌史》研究的雖然只是一個時期的詩歌發展的歷程，但由於整個中國文學的發展過程是一個割不斷的連續流程，所以對任何

一段文學的矛盾運動的研究，都必須以對這一段及此前的全部文學史的廣泛理解爲其基礎。

列寧曾經把從矛盾的「細胞」形態中揭示出「一切矛盾的胚芽」，稱爲「一般辯證法的闡述（以及研究）方法」⑲。因此，我以爲中國文學的發展過程，可以而且也應該被歸結爲一個辯證的基始矛盾「從前進著的各種對立中發展起來」⑳的過程。這種「具有內在的行進」的「認識」㉑其實乃是具有內在矛盾性的客觀事物之自我運動在觀念上的清晰化了的反映。

依我的想法，中國前半段文學史（這兒「前半段」的說法不是一個嚴格的概念，而只是一個約定俗成的用語）之辯證的行進，大體上可以這樣來加以簡括的表述：

矛盾的「細胞」形態無疑是神話。歷史的起點，也就是邏輯的起點。神話是一個渾融體，其中存在著積極方面和消極方面的對立統一。神話就其本質來說，無疑是積極的。它氣魄恢宏，意向嚴肅。然而這種恢宏的氣魄和嚴肅的意向，卻常常表現爲一種怪誕荒忽的想象。神話中所反映的人的本質力量的成長，卻往往體現在一種非人的形式之中。當然，神話中包含著人類正確認識的許多萌芽，但這種認識還只是表現爲一種天眞的直覺的猜測。今人對於神話和原始宗教作了區分，但在原始人的心目中，它們本是一回事，因此神話傳說在另一種意義上，又正是人類早期蒙昧的象徵。所以，原始神話對於後世的影響，既有向上的創造的一面，又有因襲的蒙昧的一面。這種向上的創造的一面與因襲的蒙昧的一面的對立，正是當時原始人類野性未盡、人性初開狀態的反映。

野性同人性、蒙昧同理智的對立之展開，是中國春秋戰國以迄秦漢文化發展的最爲深沉的底蘊。東周以來，隨著生產力的巨

大發展，社會關係處在長期的變動之中，理性思想因而也一直在發展，原始蒙昧大大地衰退了。於是，有清新的民歌——國風的普遍產生，在原始傳統承續較重的楚文化中，也產生了像屈原這樣充滿了執著的理性追求的大詩人。

先秦文藝表現爲一種向上的轉折。一方面，原始情調仍然十分嚴重。巫術成分的殘留，原始式的名物紛繁，神話式的流轉一氣的變幻，宏闊的眼界，奔放的情趣，依然觸目可見。另一方面，清醒的理性精神在抬頭。新鮮眞實的自然描寫，屬人的思想感情的表現，對理性的企向和對理解天地萬物的渴求，親切的鄉土觀念的反映，預示著文藝在轉向一個新的方向。這兩個方面相互滲透交織在一起，表現了文明的晨光透過巫術—神話的歷史前夜開始在歷史天幕上暉麗之時的那樣一種特殊的美學情趣。

到了秦漢，由於整個民族在一種新的上升的生產關係中凝聚了巨大的力量，所以秦漢文藝表現出一種恢廓的格局和博大的氣勢。世俗生活的現實場景大量擁進文藝作品之中，政治、歷史意識的進一步成熟，促使歷史的、有政治訓誡意味的內容愈益增多，這是一方面。另一方面，適應著地上王國的政治需要，思想領域中產生了一個新的造神運動，遠古神話的自在的蒙昧，演化爲一種有著明顯的統治階級自爲色彩的蒙昧。神話資料經歷著一個哲學化的過程，被裝配到宗教神學的建構中去了。漢代文藝正是這樣兩個方面的一種對立統一。

如果說在神話裡，人性同理智是處在一種與野性和蒙昧的有機的包孕之中，對立的雙方似乎還比較和諧自得的話；那末春秋戰國時期，已經是人性和理智突破野性和蒙昧之包裹的展開期、成長期了。這是一個自然而然發生的過程，也是一個使人獲得思想解放的過程。矛盾展開了，但衝突還不十分激烈。到了漢代，

雖然理性方面成長了更大的力量，但統治力量對於蒙昧思想的利用，不僅使遠古蒙昧表現出一種新的形態，並且大大加強了其影響社會的力量。於是，對立雙方乃表現出一種十分激烈的鬥爭。這種鬥爭反映爲王充的「眞美」觀對「虛妄之美」的神學審美觀的尖銳的批判。王充的理論活動，是我們民族的思想成長到足以擺脫遠古蒙昧以及與之相沿承的漢代迷信的標誌。

當然，思想的行程同社會政治的行程常常並不完全一致。王充在東漢前期讖緯神學發展的高潮時期，就已經完成了對讖緯神學的思想批判。然而，只有到東漢末年整個社會的政治、經濟條件發生了巨大的變動時，統治整個社會的讖緯神學思想方才無可挽回地衰落下去，一種新的哲學思想方才逐漸興盛起來。

隨著王充的「眞美」觀由現實的思想變爲思想的現實，中國文藝的發展終於來到了一個轉折點：文藝的發展不再表現爲建立在野性與人性矛盾之上的蒙昧與理性的衝突了，理性已經壓倒蒙昧，「眞美」觀已經戰勝「虛妄之美」的神學審美觀。然而新的矛盾對立又在「理性」與「眞美」中萌生著。

由於理性覺醒的過程是在一個動亂的時代中進行的，所以理性精神以及與之相聯繫的個性在一定程度上的覺醒，是被包裹在一股對遷化流逝有著痛切感受的感傷主義思潮之中的。有感傷就有消釋感傷的努力，玄學隨之興起（當然，玄學的社會作用並不僅僅止於消釋感傷思潮；對玄學的社會作用，拙著《中國中古詩歌史》中有許多詳細的說明）。感傷與消釋感傷的兩股思潮相互激蕩，滋生了一系列的社會心理和社會思想。

對眞實之美的追求，有著主體和客體的兩個方面，這兩個方面雖都統一在一個「眞」字上，但又是互相矛盾的。主體內在感情過於濃烈，則客體往往就會僅僅成爲主體情感的載體，難以獲

得被獨立審視的地位。而對客體的精細眞切的刻劃，則又要求著主體情感的相對淡化。

上述兩組矛盾又是相互聯結的，前一組矛盾廣及整個社會，後一組矛盾則專在文學領域。前者具有普遍性，後者具有特殊性。普遍性蘊於特殊性之中，所以在追求眞實之美的主體與客體的矛盾之中，則又於主體這一方面蘊聚著感傷與消釋感傷兩股思潮的矛盾。於是，「眞實之美」這一概念內部便內孕著三個要素，一是與遷逝之悲相聯繫的動情和富於個性氣骨的因素，二是消釋感傷情懷的理思的因素，三是逼肖地刻劃眞實外物及在此基礎上所必然引發的追求語言精緻的因素。這三個要素的展開，便構成了整個魏晉南北朝文學的向前的發展運動。

這三個要素構成爲兩類矛盾：主體內部兩個要素的矛盾和主客體之間（情與物以及理與物）的矛盾。後一矛盾的滋生發展又是受制約於前一矛盾之態勢的。魏晉文藝可以說主要表現了主體內部兩個要素的矛盾。魏代感傷主義思潮佔優勢，所以動情與氣骨的特徵特別明顯。正始之時理思抬頭，從而晉代文學表現了一種「力弱」的特徵。東晉玄言詩大盛，理思大體消釋了感傷，於是主體內部的兩個要素的矛盾大致結束，從而開啓了南朝以下主客體之間矛盾日益發展的新格局。魏晉之時，總的來說自然外物未能取得獨立的審美地位，理思彌滿社會後，人們情懷淡了，於是自然外物乃在相當程度上佔據了審美活動的中心地位，這應該說是一種進步。但是主客體兩個方面矛盾的狀態還在進一步變動：外在的風容色澤，要求著筆下的琢字煉句，愈益精緻的表現要求，必然導致文學發展中新變潮流的產生，於是永明體、宮體相繼興起；然而對自然外物刻劃的愈益深入和與之相聯繫的對於語言精緻的愈益講求，是以主體情懷由淡而狹隘而庸俗的發展作爲條件

和代價的，從而詩格愈益下降，刻鏤塗澤之風甚囂塵上。

矛盾運動剝極必復，從王褒、庾信入北開始，一個將渾厚剛健之氣同精緻的藝術技巧結合起來的發展過程開始了。這一過程從北周歷隋代，直到唐代陳子昂、李白出，方才完成。於是，風力與聲律兼備，興寄與詞采兩存的盛唐文學風貌乃出現於中國文苑之中。從上述三要素的關係上看，這可以說是由第三要素向第一要素的回復，歷史完成了一個否定之否定的過程。

以上是我所理解的中國前半段文學進程的一個極為概括的綱要式說明。這整個進程都是基始性矛盾的辯證展開，其中每一個環節中都包含著自身的否定因素，而且到了一定的階段都必然發生向另一個環節的轉化。這是一個環環相扣，具有「內在行進」的過程，因而具有十分嚴密的整體性。

拙著《中國中古詩歌史》正是在對中國古代前半段文學發展的辯證過程作出上述思考以後，來考慮全書的邏輯結構的。其中最具關鍵意義的是邏輯起點的確定，因為只有從正確的邏輯起點出發，歷史運動的內在邏輯才能得到辯證的展開。

邏輯起點的確定，乃是研究工作完成的結果，是事物運動的內在結構被認識清楚了的結果。在敘述上表現為開頭的東西，在研究中乃屬於一種結果。馬克思說：「在形式上，敘述方法必須與研究方法不同。研究必須充分地佔有材料，分析它的各種發展形式，探尋這些形式的內在聯繫。只有這項工作完成以後，現實的運動才能適當地敘述出來。這點一旦做到，材料的生命一旦觀念地反映出來，呈現在我們面前的就好像是一個先驗的結構了」[22]。馬克思還曾經說過：「實際上，我開始寫《資本論》的順序同讀者將要看到的順序恰恰是相反的（即從第三部分——歷史部分開始寫）」[23]。雖然歷史從哪兒開始，邏輯的起點便應該在哪

兒，魏代詩歌無疑應被視爲這一段詩歌史發展的邏輯的起點，然而對於這一邏輯起點的認識是必須以對這一歷史時期全部詩作的分析研究爲基礎的，必須把「完整的表象蒸發爲抽象的規定」，這些「抽象的規定」要能「在思維行程中導致具體的再現」㉔。通過幾次迂迴反複的認識，在對魏晉南北朝隋代這一歷史時期全部詩作的一再分析和綜合中，我方才從魏代詩歌裏「蒸發」出三個抽象的規定來，這三個抽象的規定在全書的論述中可以導致此期全部詩歌發展階段的「具體的再現」。

　　然而到此，邏輯起點的確定問題還沒有完全解決，依我在上文對中國古代前半段文學發展過程的論述可以看出，王充的「眞美」觀不僅是前一個時代的終點，而且也是後一個時代的起點。由於王充的「眞美」觀是這樣緊緊地將終點和起點結合於一身，所以從更爲宏觀的角度看，以王充的「眞美」觀作爲邏輯起點對於溝通前半段的中國文學史有其更大的理論意義。似乎出現了兩個可供選擇的邏輯起點，然而這是個假象。這兩個起點本質上是一致的，如前分析，「眞實之美」的概念所內孕的三個要素，正是魏代詩歌中的三個抽象的規定性。魏代詩歌中的三個抽象規定性的核心，仍然是「眞實之美」這一概念，因而這是一個一而二、二而一的問題。「眞美」觀因爲是一種審美理想，所以帶有一種向往性，而魏代詩歌則是這種審美理想的現實化。

　　邏輯起點的問題解決以後，全書的敘述起點也就可以確定了。上卷總論部分，當然應從「眞美」觀作爲一種新的審美理想的孕育寫起。因爲「眞美」觀作爲一種審美理想，又是萌發於漢代審美情趣之中的，所以上卷以簡議漢代審美情趣爲第一編，而以對王充「眞美」觀的論述爲第二編。下卷分論闡發「眞實之美」的審美理想之現實化，自應從魏代開始。

　　邏輯起點問題確定後，邏輯展開順序也就十分明確了。

　　從上卷來說，審美情趣之從「麗」向「秀」的轉變，表明了文藝從漢代向魏晉南北朝的發展；審美理想之從「真美」向「隱秀」的演化，則表示了文藝從魏晉南北朝隋代向下一個歷史時期的推移。這樣上卷就具有了一個動勢發展的結構。和下卷的動勢發展表現為實在的歷史進程所不同的，上卷的動勢發展體現為美學範疇的變遷。

　　從下卷而論，就是要在各個階段的推移中，結合著各種具體條件加入一個又一個的中介，將起點所孕三個要素的展開，具體、透徹地闡發出來，這是就時代而言的。就詩人而言，我的這部詩歌史對於比較重要的詩人，都為其確定了一個不可換易的具體的歷史位置，也就是將其置於總的發展鏈條的一個特定的環節上，這些環節又是彼此緊密聯繫而不可或缺的。當然，每一個時代文學的具體發展形態是紛繁的、多樣的，然而文學史的敘述在反映其紛繁多樣面貌的同時，則必須把重點放在對一種有機的進程的發掘上。

　　我以為如果一個詩人還不能被安置在一個不可換易的位置上，則這個詩人對詩歌發展的特定的作用，就還沒有被認識。而如果眾多詩人的排列不能組成一個有機的進程，則詩歌史發展的內在規律就還未曾被發掘出來。總的來說，文學史的有機進程同詩人所處時代的先後是一致的，但是兩者有時也會有不一致或不盡一致的表現。「歷史常常是跳躍式地和曲折地前進的，如果必須處處跟隨著它，那就勢必不僅會注意許多無關緊要的材料，而且也會常常打斷思想進程」㉕。一部文學史所注目追蹤的，應該是文學發展環環相扣的邏輯進程。拙著總的來說，是在詩人隨著時代先後的相互承續中把握詩歌史向前的走向的，但也有時在生活時

代大體一致的平列的諸多詩人中，梳理出一個縱向發展的歷程來。

如果說時代與時代的銜接，構成了詩歌史發展的粗的鏈條，則詩人與詩人之間的有機行列，便應視之爲詩歌史發展的一種細的流動。這種細的流動，對於邏輯起點三要素的展開可以有更爲豐富細緻的闡述，從而達到對整個時期詩歌發展史進程的「具體的再現」。

文學史著作是否具有了科學的理論形態，其標誌在於有否如馬克思所說的那樣「達到能把」其研究對象「辯證地敘述出來的那種水平」㉖。達到這種水平的標誌，在於研究者建立起了對歷史運動有著恰當反映的邏輯結構。這種邏輯結構，其實就是本節開頭說的那種論述中的整體性。有了這種整體性，一部學術著作方才能成爲一個藝術的整體。

馬克思對於他的《資本論》，曾經謙遜地這樣說過：「不論我的著作有什麼缺點，它們卻有一個長處，即它們是一個藝術的整體；但是要達到這一點，只有用我的方法，在它們沒有完整地擺在我面前時，不拿去付印」㉗。是的，能否建立起一個可以稱之爲藝術整體的完善的邏輯結構，正是那些需要「辯證地分解了的整體的著作」㉘是否成熟的標誌；而要完成這樣的理論創造，必須在對極爲大量的材料進行長期艱苦思考的基礎上對研究對象有完整的把握。

由此我們可以看到，我在前面所說的史的研究就是理論的創造和整體性這兩條原則，正是在爲建立一個科學的邏輯結構的努力中，緊密地結合在一起了。

第五節　從民族文化—心理動態的
建構上把握文學史的進程

　　十分清楚，邏輯結構的建立離不開概念、範疇、命題的提出和表述，而概念、範疇、命題的提出和表述又是一個和民族文化—心理結構的理解相聯繫的問題。

　　文學的進程，從來都是和民族心理、民族思維的發展過程相一致的。我在上節所敘述的我國前半段文學的辯證進程，其實正是我們民族成長過程的一種感性的顯示。所以，不從民族心理、民族思維的角度去把握文學的進程，我們就難以懂得這種進程中最爲深沉的底蘊。比如，神話就是原始人類把握自然和歷史的那種史前的思維方式的體現。離開了這個角度，不僅神話那變幻萬千、不可思議的想象難以獲得科學的解釋，而且神話思想資料何以對後世產生了那樣巨大影響的原因，也難以有透徹的說明。春秋、戰國、秦漢時期的文藝的風貌，無一不是其時民族思維狀況的一種感性的表現。作爲新時代文學發展起點的「眞美」觀，正是以清醒的理性要求爲其基礎的。一定階段的民族心理反映在審美活動中，便形成一定的審美情趣。一定階段民族思維的狀況，直接決定了這一階段文藝發展的軌道。所以，拙著《中國中古詩歌史》將把握民族心理、民族思維的發展作爲主線，一切的論述都是圍繞這一條主線而展開的。將文學的進程視爲文化的進程雖然已是一個重大的進步，但還不夠，還必須使之上升爲一種民族思維的進程。在民族思維發展的基礎上來把握文學的進程，這是我多年來在學術研究上所致力的一個方向。

　　民族心理、民族思維的發展，有著相對靜止和變動的兩種狀

態。民族心理在變動之流的前進中，又往往有著相對穩定的前後承續。在一個新的文化一心理結構中，舊的因子依然存在。雖然民族心理、民族思維從總體上說表現爲一種歷時的變動，但是這種歷時的變動乃是由一個又一個相互交接疊合的共時的結構所組成，新的圓周和舊的圓周在相當的程度上重合著。這當然是一種純淨化了的描述。在實際過程中，新的因子的發生、積聚往往是隨時的、點滴的。在歷史的前進中，這些新因子彼此相生、互相協同，在和舊因子的既排斥又相容的複雜的關係中，導致系統的協變，從而組成一個新的文化一心理結構。因此，對於民族文化一心理結構的這種動態的建構過程，我們一方面應該有較爲抽象的範疇性反映，另外也應該有隨機的歷史的追蹤、清理。文學發展的軌跡、規律及其原因，可以從文化一心理動態的建構過程中得到更爲深入的說明。

　　一門學科只有形成了一系列的概念、範疇和命題，並且這些概念、範疇和命題間的有機聯繫得到了深入的說明和論證時，才算是具備了理論的形態，這門學科方才達到了科學的水準。中國文學史的研究者們似乎長期忽略於此了。我在前面說，截至目前爲止，古代文學史還僅僅處於前科學的狀態之中，其重要標誌之一便是中國古代文學史尚未形成一整套反映民族審美活動發展的科學的概念、範疇和命題的有機體系。沒有這樣一套體系，我們是不可能達到將歷史運動「辯證地敘述出來的那種水平」的。中國美學史作爲一門學科的建立，也必須依賴於這樣一套體系的形成。

　　中國近數十年來的文學史著作，往往運用著兩套術語：一是政治性的，諸如「人民性」、「階級性」之類，一是文藝學概論中的，「現實主義」、「浪漫主義」之類。在引入之初，人們運

用它們，對於文學發展的種種情狀在一定意義上是能夠增加一些新認識的。但是，這些概念由於不是根生在古代文學的大地上的，因而不僅在適用性上有其不周延性，而且在氣韻上也與其論述對象有著明顯的間距。加之貼標籤做法的盛行，文學史的複雜情狀便在標籤下隱沒了，僅留下線性的、片面的、以至歪曲的影象。當人們以簡單化的方法來對待認識對象時，認識對象即報復認識者，使之所知甚少。不過，當日研究的失足似乎還應從貼標籤行動本身，追究到標籤本身的合用性上。從政治學和現代文藝學概論中挪用過來的術語，能在多大程度上符合中國文學史發展的本相，這樣一個帶有前提性的問題，當時的人們並沒有思考。論者們把功夫放到屬於第二位的術語的運用上了，思維沒有達到它所應窮根究底的深度，其浮泛蒼白也就不可避免了。

　　概念、範疇與內容應具有生成的一體性，這樣它們在適用性和氣韻上便有水乳交融之妙了。所以，具有理論形態的文學史之構建勢必只有一條路，即將中國古代文論與中國古代文學史結合起來，融冶理論與創作於一爐。理論予創作以標目，創作予理論以血肉，相得益彰。如是，則文學史研究才能視界高遠，復又意韻豐融。

　　然而，中國古代文論中的概念、範疇正多，必須審視它們的內涵容量，予以層次的區分。真理的表述應是十分簡潔的，自然科學中許多複雜的原理往往用一個簡潔的公式便表達無遺。愈為簡潔的表達，方才說明你對事物認識得愈透徹。對於一段漫長的文學發展歷程，用幾個高層次範疇的流轉推移來加以宏觀的說明，這就好像藉助於高聳出歷史現象之地平線上的幾個突出的山峰來俯瞰茫茫流走的歷史一樣。

　　每個概念、範疇都應是一種綜合，必然包含著其自身的反面。

這種概念、範疇的形成應該是對大量事實進行概括的結果，而不可能僅僅憑藉於思辨的推演。所以，每一個概念、範疇和命題的論述，都應該和大量的歷史事實的提出與分析聯繫在一起。我們必須十分重視對概念、範疇的闡述方法。上文說概念、範疇和內容應具有一體性，因而每一個概念、範疇都應以豐富的文學史以至文化史材料作為其內涵展開的體現。我在闡述方法上有一種對於原生態的偏愛。魯迅有篇雜文對於我們重構文學史之闡述方法以至思想方法都是很富啟示意義的。文章雖是駁「教人當吃西瓜時，也該想到我們土地的被割碎，像這西瓜一樣」的謬說，但其中所闡發的「刪夷枝葉的人，決定得不到花果」的主張，則是具有普遍性的哲理。魯迅說：「我們所注意的是特別的精華，毫不在枝葉」，「於是所見的人或事，就如盲人摸象，摸著了腳，即以為象的樣子像柱子。中國古人，常欲得其『全』，就是製婦女用的『烏雞白鳳丸』，也將全雞連毛血都收在丸藥裏，方法固然可笑，主意卻是不錯的」㉙。魯迅這段話提醒大家不能離開枝葉獨取精華。

　　由高度抽象而達到的雲外高矚的理論視點與豐富的活潑潑流露著生機的原生態感性具象之統一，這便是我所期望的那種具有理論形態而又豐博厚重的文學史著作。

　　對於概念、範疇和命題的闡述，還應該自覺地從民族文化—心理的建構上著眼，這種闡述應該是靜態和動態的交織，也就是說，概念、範疇、命題對民族文化—心理建構的反映，既應有共時相的勾畫，又應有流轉態的描述。共時相的勾畫，應該表現為一種彼此關聯的諸要素的有機的邏輯結構；流轉態的描述，則應有一個具有內在有機聯繫的遞次展開的邏輯程序。這種邏輯程序的展開，既是為當時的歷史條件所制約的，又是為文學自身發展

的內在要求所規定的。文藝的運動本來就是在這種雙向交織的曲折途程中前進的。

　　拙著《中國中古詩歌史》上卷便是著意從高層次範疇上來把握這一時期文藝運動的部份。任何一個理論體系都是建立在幾個主要範疇上的，綜合的程度愈大、抽象的程度愈高，我們能得到的範疇便愈少。對於這種愈益凝煉、集中了的高層次範疇的闡發，便愈益需要從十分廣闊的背景上來著眼。

　　然而，一旦高層次的範疇及其相互關係闡發清楚了，理論形態也就大致形成了。當然，還需要豐富。一個理論體系不僅需要對幾個關鍵性的範疇、命題的論述來作為全部結構的主要支柱，另外也還需要對許多次要範疇和一些概念的說明來獲得豐富和展開。

　　對一些次要範疇和一些概念的說明，拙著主要是在下卷中進行的，說明的方法採用隨機的歷史的追蹤、清理法。對於我認為值得用概念或範疇來加以概括的那種歷史內容，從它一開始有所表現，拙著便予以捕捉，然後一步步地追蹤其在各個階段的發展，到一定的地方再較為集中地加以說明。歷史的追蹤說明，可以較為清楚地復現新的文化—心理因素如何滋育、發展的過程。當然，過多的細碎的追蹤往往會使文筆流於瑣碎，所以拙著常常採用歸併回溯的方法來予以說明。對於比較重要的一些範疇、概念，下卷中也時而闢出專章專節來集中予以闡發。像「淡」作為東晉一代的審美趣味，是一個比較重要的美學範疇，拙著東晉編中費去很多篇幅給予了專門討論。像「流轉圓美」這一類概念，書中都列有專節加以說明。

　　總之，下卷對於一些次要範疇和概念，是將其放在渾渾浩浩的歷史進程中加以顯現和表述的，從而力圖表現出文化—心理建

構的動態的變化過程：一個個繼起性因子是如何滲入到某一階段的文化—心理建構的共時態結構中的？某一階段的文化—心理結構又是由哪些並存性因素所組成？這些並存性因素間的關係又如何？這同上卷集中地闡述幾個關鍵性範疇的做法，是不同的。如果說上卷那種闡述方法按其本性來說，需要很高的凌空的抽象力和十分開闊而多維的視野的話；那末下卷這種說明方法按其本性而論，則需要對極爲大量材料的耐心爬梳和從細微中看出變化來的敏銳的判斷能力。

值得說明的是，雖然對一批次要範疇和概念給以論述是我在下卷撰述中所注目的一個中心，對詩歌史向前的發展，我往往是通過概念、範疇的提出或轉移來予以說明的，但是我並不打算構造一個嚴密的概念、範疇之宮，原因有三：

一、「史」的研究的特徵就在於動態感強，歷史本來就是一團永遠燃燒著的火，處在永不停息的運動之中，這同那些主要以相對靜止的共時態關係作爲研究對象的學科有所不同。

二、拙著上卷雖然引證了大量的具體的歷史材料，但浮在材料上面的卻是抽象性很高的範疇，雖然文學的進程仍然在大量的引證和分析中被給予了一定的說明，但那僅僅是較爲零散的和較爲純淨化的說明。上卷五編所體現的主要是一種範疇的流轉，這種高層次的範疇的流轉，所體現的乃是以民族思維發展爲基礎的文學的總的行程———一種大的轉移。然而，一部文學史著作要求著對於文學進程的十分細緻的考察，要求著對於作家風格的精細的分析，這應該是下卷的工作。也就是說，下卷不僅承擔著在概念、範疇的說明上豐富補充上卷的任務，而且承擔著對眾多的詩人及其大量作品進行分析的責任，還包括作一些和文學史的論述有較爲重要關係的必要的考證。應該說正是對詩人及其作品的分

析，構成了對審美情趣、審美理想之概念、範疇進行把握的基礎。這兩項任務應該在歷史進程的統一展開中有機地聯繫起來。由此，文學發展的過程方能被細緻地勾畫出來。

如果下卷僅僅評述作家、作品，則各編必平淺而缺乏理論深度，理論創造的使命便無法完成。又如果下卷著意於構造概念、範疇之宮，則歷史的具體性、豐富性的展開必大受局限，這其實乃屬藝術哲學的寫法。所以，需要的還是史與論的凝結，一定意義上可以說，上卷是史凝結到論裡，而下卷是論凝結在史中。

三、一部文學史著作對於民族文化─心理結構的顯示，不僅應該通過概念、範疇的闡發這較為理性的途徑，而且還應該通過對一個個詩人、作家的心理的剖析這較為感性的渠道。每一個詩人、作家的心理，都是一個相對完整的共時態結構。這種具體的共時態結構，又是這一個時代民族文化─心理結構的部分的反映。對於一系列有代表性的詩人、作家的心理剖析，不僅從橫向上可以構成一個時代文化─心理結構的感性顯現，而且從縱向上說，則又清楚地表現著民族文化─心理結構的動態的發展過程。所以，拙著下卷十分致力於詩人心理的複現。馬克思說：「人的本質並不是單個人所固有的抽象物。在其現實性上，它是一切社會關係的總和」⑳。對於詩人心理的複現，除了得緊緊從其作品出發外，還需要結合對當時的社會條件的說明來進行，只有把詩人們的篇什放到那一個時代中去觀照，有時還需要加以一定的前後比較，詩作的內在意蘊方才能夠活生生地顯現出來。

因為這樣三點原因，所以拙著下卷不去構造概念範疇之宮，而是在史的進程中展開論述，以便於承擔其所應負的全部責任。

歷史是總體式前進的，我們對於歷史的敘述也應該是總體式的，要力展全景式的歷史前進圖景。這要求我們的敘述不僅有一

種開闊的眼界，而且有一種磅礴的氣勢和一種深沉的筆調。

　　這樣，拙著上下卷對於民族文化—心理動態的建構過程的敘述，一共是在三個層次上進行的：第一個層次是結合了各種社會條件對詩人心理的複現以及對其作品之藝術風格的分析，第二個層次是次要範疇和概念的說明，第三個層次是對高層次範疇的闡發。這三個層次由下而上組成一個金字塔式的立體結構，並且具有極其鮮明的從美學的角度把握問題的特徵，因此這種文化—心理建構又必然是一種審美的心理建構。

　　一部文學史著作如果著意於理論創造的話，又如果其理論創造想具有一種宏闊而深邃的歷史內容的話，我以爲就應該致力於對民族審美心理建構的研究。這一研究，具有十分重要的意義。如果說一個具體個人的文化—心理結構，是這個人具體人性之所在的話；那麼一個民族的文化—心理結構，便是這個民族民族性之具體所在。對於「人」的微觀方面的研究，正是注重對人進行宏觀研究的歷史唯物主義所亟待加強的方面。馬克思恩格斯在否定了孤立抽象的人本主義的研究方法以後，使人的研究轉向於同對社會—歷史的研究，同對社會經濟關係的研究結合起來，這是一個偉大的成就。不過，我們現在還需要對人性和民族性之具體所在的文化—心理結構作出探索，這是一個新的時代的召喚。

　　在一個科技愈益高度發展的物化的世界環境中，文化—心理的因素，特別是審美的因素，將愈益突出。在東西方文化交流的背景下，對於民族性的探索更是一個牽涉到世界文化發展的意義重大的課題。文學史的研究，在探討這一課題上有其特殊的優越條件。

　　文學史家應該洞察理論發展的方向，響應現代化時代此種「大音無聲」的莊嚴呼喚，使自己的研究和時代的需要結合起來。

正是在理論發展方向這樣的層次上，古和今，中和西，歷史材料和當代意識，找到了一個有機的歷史融點。新的時代為我們的研究展開了一個新的視角，每一個文學史家又可以在這個時代視角的範圍內，以其自身的條件找到一個或多個具有個人特色的視點，由此觀照出去，歷史材料的整體，必將展現出一個全新的意義的天地。文學史家的理論創造，正在於用概念、範疇和命題對於這種新的意義，作出具有邏輯結構形式的反映了客觀事物辯證運動的表述來。

如此，則文學史研究達到科學的水平，就是完全可以期待的了。

第六節　文化發展與文學史研究意義的新沉思

對於歷史遺產的學術研究，從來不是純粹個人的事情，它首先是屬於一個民族的，因為它為民族梳理著對於過去的理解；其次它又是屬於世界的，因為中西文化體系的相互吸收、借鑑，需要各自文化體系本身的建設。中國古代文學史的研究，正是在這一方向上，可以獲得更高一層的價值。

我們民族正面臨著建設一個現代化社會的巨大的歷史任務。現代化建設需要現代人，這就必然要求著我們民族自身素質的更新。完成這種更新，一方面需要外部環境的徹底開放，另一方面又需要一種新的民族自覺意識的形成。民族的自覺意識存在於對歷史和現實的理解之中，沒有對於歷史的新的理解，就不會有民族的新的自覺意識的形成。

當然，現代科學技術的發展，愈來愈強有力地將整個世界聯成了一個有機的整體。世界在日益變小，信息流、物質流、人流

的頻繁的多向流動，撞擊著各個民族文化封閉性、排異性的壁壘，一種跨文化的眼光日益在抬頭。然而，各個民族對於這種變動著的環境，又基本上仍然是立足於各自民族心理和民族思維習慣所決定的視角上來加以觀照的。

我們也許永遠不會如同西方人那樣去認識和理解西方，因為在我們的認識中必然而且永遠總是滲透著東方人的理解和選擇。我們當然要防止把理解的對象變成理解者自身，但我們又絕對不可能完全客觀地理解被理解的對象。一個民族的自我意識，亦即是一個民族對其自身存在的認識，乃是這個民族在新的存在空間裡吸收、消化、融匯新養料的依憑。

於是，我們看到了這樣的交互作用：一方面對歷史和現實的新的理解，亦即是一種新的民族自覺意識的形成，有賴於一個開放的空間環境，有賴於有不同於自己民族的其它文化的存在，一個陷入封閉環境中的民族，是不可能真正認識自己的；另一方面對民族外部存在環境的認識，又是依憑於一個民族的自我意識的。這是一種深刻的矛盾！對環境的理解和對自我的理解，這兩者只能在交互作用中相互促進，在曲折發展中獲得前進。

我們當然要反對那種認為只需要引進科技的片面主張，這種主張不過是清末洋務派官僚「中學為體，西學為用」論的繼續，其實質是以一種雖略為喪了點氣但仍然十分狂妄自大的自我意識來對待一個新的存在空間。社會是複合的，它由物質器物層、制度層、觀念心理層包裹而成。就相對靜態的角度說，社會之核心乃是心理層，物質層需要附著於制度層和心理層上。沒有制度層、心理層的協變，僅僅引進一些機器和技術，又有多少用？生活觀念、生活方式的現代化，對於我們已經是一個十分急迫的課題了。

同時，我們也反對那種全盤西化的主張。我不相信我們這麼

一個有著如此悠久文化傳統的偉大民族，會在高度發達的西方社會面前完全喪失掉自己固有的文明。即使是一個完全電腦化了的具有更高發達程度的西方社會也不會把我們民族的文明完全融解掉，中華民族的偉大的生命力是我們自己的歷史所一再證明了的。我們這個民族從其漫長的歷程中走到今天，一方面累積了大量的歷史塵埃，需要我們十分艱苦地去清除它，另一方面也結晶出了許多珍貴的東西，這正是我們民族融匯其他民族的優點並超邁之的依據。當然，塵埃和珍寶往往交錯著，所以即使對於歷史的精華也仍有一個理性地認識並改造的任務。

無疑，西方思潮的大量引進和學習對於我們民族是非常必要的。但這裡有個悖論：局限在一種文化─思想體系中自然是不足以認識這一體系的，所謂「不識盧山眞面目，只緣身在此山中」；然而另一方面，用其它文化─思想體系作爲標準也難以完全正確地描述這一體系的全貌，因爲一定的標準便是一定的視角，一定的視角便有其濾色作用和對視野的限制。這個悖論決定了文化認識的艱難和文化選擇的困惑。

西方思潮的東漸爲我們提供了認識自身文化的參照系，然而文化在傳播過程中是會變異的。個人主義這個詞在中國歷來被看作自私自利的同義語，是萬惡之源，而在美國則意味著個人奮鬥以及個人價值和尊嚴應受到尊重等內容。一個詞的理解尚且有如此差異，一種學說以至一種文化體系的理解怎麼會不發生變異呢？變異有進步的，有退步的，變異當然也能產生創造，但不是原貌。中國人認識中國文化尚且如此不易，尚且會產生那麼多的錯誤，中國人正確地認識西方文化無疑難度更大得多。有人提出希望能有忠實地運用結構主義或現象學等西方方法來研究中國文學的著作出現。我以爲「忠實」二字是很難做到的，進一步說即使做到

了，你的著作也不過是詮釋結構主義或者現象學之類方法的一個標本，這又能有多大的意義？中國文化歷來對外來文化具有強大的同化力，佛教的漢化就是一個例子，禪宗按范文瀾的說法乃是披上袈裟的玄學。在中國的土地上，比較起現象學、結構主義之類的西方思潮來，中國文化無疑具有大得不可比擬的力量。對於西方思潮，我們只有在廣泛吸收它的基礎上加以消化，才是唯一應該也是唯一可能的出路。惟此，我們方能完成重新構建民族文化的任務。我堅信，在思想文化領域中，真正消化西方思想的人，不是僅僅傳播西方思潮的人，而是收納新潮的國學研究者。

當許多西方朋友十分驚喜地在東方文明中尋找著新理論和新藝術的靈感時，我們為什麼反倒鄙薄以至無視自己祖先的優秀遺產呢？當然，目前我們民族清除封建遺毒的任務十分艱巨而迫切，較多地把目光投向外國並批判我們的固有文化，確是完全必要的；但為了少走彎路，理論家的眼光應該更加恢闊深邃一些，應該看到兩種文化體系都有各自的優點和缺點，誰也不能完全代替誰。這就好像中醫和西醫一樣，中醫固然因其以陰陽學說為基礎而具有一個古樸的外貌，西醫因以人體解剖學、病理學等為基礎而具有一個近、現代的科學形式，但中醫仍然具有西醫所不具備的診治功效。鴉片戰爭以後，先進的中國人曾經滿懷熱情地到西方去尋求真理，這是完全正確而必要的。但是現代中華民族的理智畢竟更加成熟，在對世界有更加開闊的了解和更多觀察的基礎上，我們終於認識到無論東方和西方都不存在一種完美無缺的文化體系和生活方式，我們需要的乃是在中西文化融合中的民族文化體系的重建和民族生活方式的重新構造。這不僅需要一種敢於包容外來文化的豁達的胸懷和一種容忍「異端」的偉大的氣魄，同時也需要一種十分深沉的民族自信心。這兩者的結合，方才構成一

種泱泱大國的氣度。

　　中西兩種文化體系在長期獨立發展以後，正在走向一定程度的交匯和融合。中西自然觀，已經呈現出一種合流的趨勢。哲學上的相互探索，也有所拓展。一方面我們痛感到封建遺毒的束縛和壓抑，盼望著現代化，另一方面西方社會在享受現代化成果的同時，也爲新的麻煩和弊病所困擾。中國文化在向西方文化尋找著新的參照系，西方文化回過頭來讚美著「古樸」的東方文化：兩種文化在相互觀望。東西文化是兩棵參天巨樹，枝虯葉蟠，互相間難以一下觀望得清楚。遠未開放的環境，使得我們對西方的了解，就整個民族而言還處於比較浮淺的階段，我們絕大多數人其實仍然生活在一種固有的封閉環境之中。西方的著作家往往讚美了東方過時的東西，中國文化許多觀念的模糊性，不僅使他們摸不著頭腦，而且也使他們過多地把自我的理解滲入了其中，他們理解的往往不是東方，而是自我。東西文化系統的相互觀望、交匯將是一個幾百年的歷程，逐漸地方能找到一個正確的融點，從而使各自都展開新的面貌。在東西文化交匯中，各種文化都有其獨特的存在價值，正如一個社會中每個人的個性不會雷同一樣，世界文化大家庭中各個成員也不會面目一致。

　　以上是我所理解的世界文化發展的總趨勢。

　　從這樣一種總趨勢的角度認識問題，我們便可以明白，站在現代科學和哲學的水平上，反思包括古代文學在內的民族文化，不僅對於我們民族以自信而又開放的態度走向世界，而且對於世界文化在融合中的發展，都具有著十分重大的意義。

　　在一個物的力量愈益增長的時代，人類如果不注意對自身心靈的認識和建設，難道不會造成某種嚴重的失落？沒有一種由人類過去的審美經驗充實了的對於世界的審美的把握，物和心的平

衡能維持嗎？在人和自然的關係中如果沒有一種審美的調節，聽任人類對自然加以征服和掠奪，難道不會造成一種自然反轉過來懲罰人類的嚴重後果？在人類認識視野的無限擴展中，當人們以困惑、嚮往的心態諦聽宇宙脈博那博大而深奧的律動時，難道不需要一種審美的支持？

　　在這一類未來學問題的背景下，我們通過文學史的研究，對審美經驗的總結以及對於民族審美心理建構的探究，其深遠意義不是很值得沉思了嗎？

【附　註】

① 《現代西方歷史哲學譯文集》第184、185頁，上海譯文出版社1984年版。

② 魯迅《集外集拾遺補編・〈絳洞花主〉小引》，《魯迅全集》第8卷第145頁，人民文學出版社1987年版。

③ 拙著《中國前期文化―心理研究》第737頁，重慶出版社1991年版。

④ 《愛因斯坦文集》第1卷第221頁，商務印書館1976年版。

⑤ 〔美〕約翰・洛西《科學哲學歷史導論》第216頁，華中工學院出版社1982年版。

⑥ 〔意〕克羅齊《歷史的理論和實踐》，引自《現代西方歷史哲學譯文集》第305頁。

⑦ 《科學哲學歷史導論》第129頁。

⑧ 〔法〕馬克・加博里約《結構人類學和歷史》，引自《現代西方歷史哲學譯文集》第97頁。

⑨ 《聞一多論古典文學》第159、161頁，重慶出版社1984年版。

⑩ 《說詩晬語》。

⑪ 《馬克思恩格斯全集》第16卷第257頁，人民出版社1963年版。

⑫　《列寧全集》第38卷第421頁，人民出版社1959年版。

⑬　拙著《中國前期文化一心理研究》第529頁。

⑭　《漢書‧司馬遷傳贊》。

⑮　《日知錄》卷二十六。

⑯　　當然，對於集體編寫高校文學史教材還難以予以否定：一是罕有人能深入地通研全史，二是時時在進行的教學不能停下來作漫長的等待，三是教材不同於專著。然而，文學史教材的編寫方式則必須加以改進：一是應加強主編的宏觀指導，二是應將內在邏輯相對具有首尾的某一段文學史交由一人或學術見解相近的二、三人去撰寫。前者可使全書各編章具有一種統一性，後者則能使某一段的論述具有邏輯性，從而改變過去那種作家論匯集式的文學史面貌。無須贅言的是，一部新的文學史教材的編寫，自應盡可能全面地吸收一系列新的研究成果。

　　我本人自然熱切地期望著新穎的全史的出現，更企盼於有著流貫的內在邏輯和完備的理論形態的全史的出現；但這種全史的出現恐非易事，至少最近十數年中還不可能。所以，十分明顯，對於高校文學史教材來說，守舊是沒有出路的，而空言高論亦無濟於事，需要的是在現有可能條件下的腳踏實地的改進。並且，一部既適合於教學，又具有新穎的理論架構和深入分析的教材，也難以一蹴而就，它需要在理論性與知識性、學術性與教學性之間作出調適，這種調適不經過教學實踐的多次檢驗，也是難以完成的。

　　編寫新型的高校文學史教材是一項難度很大的工作，然而，一部高水平的具有新穎的時代面貌和先進的科學形態的文學史教材的出現，對於宏揚中華文化、惠育民族的青年一代將具有十分重大的意義！這是我們整個文學史研究界所應共同為之努力的事業。

⑰　《文心雕龍‧明詩》。

⑱　《詩品序》。

⑲　《列寧全集》第38卷第409頁。

⑳　《馬克思恩格斯選集》第3卷第531頁，人民出版社1972年版。

㉑　黑格爾《邏輯學》下卷第489頁，商務印書館1976年版。

㉒　《馬克思恩格斯全集》第23卷第23、24頁。

㉓　《馬克思恩格斯〈資本論〉書信集》第352頁，人民出版社1976年版。

㉔　《馬克思恩格斯選集》第2卷第103頁。

㉕　恩格斯《卡爾・馬克思〈政治經濟學批判〉》，《馬克思恩格斯選集》第2卷第122頁。

㉖　《馬克思恩格斯〈資本論〉書信集》第123頁。

㉗　《馬克思恩格斯〈資本論〉書信集》第196頁。

㉘　同上。

㉙　魯迅《且介亭雜文末編・「這也是生活」……》，《魯迅全集》第6卷第602、601頁。

㉚　《馬克思恩格斯選集》第1卷第18頁。

第二章　運用新邏輯學思路的例案：中古詩歌的流程

第一節　突破有著歷史傳統的中國式局限

　　上一章所述更新文學史研究的四項原則中，有三個要素，曰文化、審美、邏輯。文化這個要素講的是文學同政治、經濟、思想、社會風習、民族心理的關係，審美這個要素則講的是審美的情趣、原則、理想和文學形式的變遷發展。文學史是一種審美的文化現象，然而無論是對文化方面還是對審美方面的研究，都必須用範疇和概念加以概括，要以邏輯的形式來反映歷史的進程，這樣文學史的研究才能導致一種理論形態的建立。也就是說，文化和審美這二個要素必須凝結到邏輯這一要素中去，對於構建具有理論形態的文學史來說，邏輯這一要素具有著統會的意義。

　　然而，中國古代文學的研究者們，並不熱心於範疇的研究。雖然在中國古代文論的範圍中，範疇的研究還是比較受到重視的，大家對於探討諸如「風骨」、「情采」、「隱秀」、「意境」之類概念、範疇的含義頗爲注目，但是對範疇之間關係的研究則素來忽視，往往是孤立地以至抽象地對概念、範疇加以說明。這同黑格爾－馬克思的邏輯學思想相距還十分遙遠。黑格爾－馬克思的邏輯學思想要求建立範疇間的有機聯繫，以表現一個從抽象到具體的發展過程。這就必須如本書第一章第四節所述，從矛盾的細胞形態亦即從初始範疇出發，揭示出「一切矛盾的胚芽」②，

是如何「從前進著的各種對立中發展起來」②的，以便從理論上再現歷史發展過程。

　　中國文學史的理論建構需要的正是這種邏輯學思路的幫助，而具體的思想觀念則必須從中國文學史的具體材料中去加以發掘。

　　就中國古代文論的總體狀況而言，我們這個民族重視的是藝術的體會，而不大重視於理論的構造。中國古代文論著作中最具備理論形態的是《文心雕龍》，劉勰生活的時代玄風仍盛，《文心雕龍》的理論構造十分得力於玄學本體論的幫助。然而，眾多的中國詩話詞話著作中，大量的內容是即興式的評點和遺聞佚事的記載，是若斷若續的妙語和興之所至的發揮，講究「心有靈犀」的悟性和正邪高下的品騭，並不關心於邏輯的嚴密，怡怡然醉心於風月才情的吟味和文字技巧的擊節。我們民族確有一種直覺的把握藝術的能力，但是文學史的理論建構僅僅依靠藝術的感受力是無法完成的。雖然藝術感受力對於文學史的研究十分重要不可或缺，然而如果僅僅依憑於藝術感受力，我們就無法突破古代文論所顯示的有著歷史傳統的中國式局限。一個文學史家，應該既有敏銳的藝術感受力，又十分愛好作深刻的思辨。如果不加強思辨力，那麼我們民族在理論的建構上將始終會落後於其他許多民族，所以從我們民族的這種具體情況著眼，一個文學史家之加強思辨力，無疑比加強感受力更為重要。黑格爾—馬克思的邏輯學思想，正是展示了一種具有很強思辨色彩的思路，我們無疑應努力汲取這一筆人類共同的思想財富。

　　我們應該在前進著的各種對立的發展中來論述歷史。歷史由一個初始起點出發，在自我具體化中解決著、再生著全部的矛盾，向著愈來愈多的具體性上升。概念應該是從以前的概念之矛盾中得出來，也就是說對立面的具體統一性即是新的概念和範疇。每

一個在發展序列上較後因而也較高的概念和範疇，都是從較前因而也較低的概念和範疇的分析中引申出來的，它是由其自身所必然產生的，而不是由外部插入的。一個概念、範疇扣住另一個概念、範疇，比較抽象的概念、範疇向著愈益具體的概念、範疇發展，論述是向愈益複雜、具體的概念、範疇推演的過程，因而應形成有嚴格次序的概念、範疇序列。這種方法乃是綜合和分析的雙管齊下，是綜合指導下並向著綜合前進的分析。這是一種在邏輯連貫性中完成的從抽象上升到具體的方法。

　　開端是以後諸環節的出發點和根據，諸環節則又是開端的內容。對各個環節、各個邏輯規定之間相互聯繫、相互矛盾及其轉化之途徑、形式的說明，正是對歷史自我展開、自我發展的描述。當全部環節都獲得展開以後，也就對開端作了最好的說明，所以最後者也就是最初者，開端即是最後；正如黑格爾在《大邏輯》中所說：「科學自身在其整體中形成為一個圓圈」，因而所謂發展，乃是最初的概念、範疇將自身潛有的各種環節和邏輯規定推演、引申、展開出來的過程。

　　這種在邏輯連貫性中完成的從抽象上升到具體的方法，我們學術界還不大熟悉；就文學研究界而言，還從未有人試圖加以過運用。無疑，以邏輯形式來反映文學史的有機進程，從而建構中國文學發展的理論形態，這是一項十分複雜艱難的工作；然而，如果我們不能突破於此，則文學史理論形態化的歷史任務便難以完成。有鑑於此，拙著《中國中古詩歌史》乃依據於上述邏輯學思路，試圖構建具有理論形態的中古詩歌史。由於這一理論框架貫穿、融化於全書，而全書的篇幅又比較大，所以這一理論框架難以一下子被看清，因此需要對拙著《中國中古詩歌史》運用邏輯學思路所構建的這個理論框架作一次專門的說明。雖然我在上

一章第四節中已對這一段文學史的邏輯進程作了一些闡述，但那僅僅是從我是如何考慮中古詩歌史邏輯起點的角度上所作的十分簡略的說明。

本章意在提供對於運用邏輯學思路的例案式說明，因爲對於更新文學史研究來說，這是一個難點，也是一個重點。爲此，本章擬闡述拙著所構建的邏輯結構同文學史進程的動態契合關係：不僅以邏輯結構的展開，深層次地剔抉、詮釋繁複紛紜的文學現象中的有機聯結，而且以在空間展現上具有多樣性、在時間流程中複饒曲折性的文學史實際，將這一邏輯結構的內涵，在時代因素與個人素質、歷史邏輯的必然性與歷史發展的隨機性之交互作用中，在歷史發展及其轉換所採取的特定的途徑和形式中，具體地動態地展示出來。

應加以強調的是，這樣展示出來的邏輯學思路，乃是一種新邏輯學思路，亦即是在吸收了黑格爾邏輯學思想之精華的基礎上，又對之作出了重大改造的一種適用於史的研究領域的歷時性的邏輯學思路。新邏輯學思路問題，是一個具有相當高難度的十分複雜的理論問題，本書將在第四、五兩章集中對之加以理論上的闡述。本章擬先對這種新邏輯學思路作出例案式說明，這是展開理論闡述的一個必要前提。此外。本書也還需要先對原生態式的把握方式作出闡發，以站到一種新的哲學高度上去。

第二節　三個規定性的矛盾推移之純邏輯勾劃

根據上述邏輯學思路，我認爲整個中古詩歌史的邏輯起點，便是王充的「眞美」觀，正是在王充的「眞美」觀中滋育著這一歷史時期全部的矛盾發展。

　　由於王充的「眞美」觀是在同神學「虛妄之美」的審美觀的
鬥爭中誕生的，因此它有著對外、對內的兩重規定性：對外，它
要求如實地看待外物，而不是將外物看作災異禎祥的象徵；對內，
則要求從「潤色鴻業」③中擺脫出來，以獨特的寫作個性眞實地
抒寫自己的思想感情。主體和客體的這樣兩個方面，如同本書第
一章第四節所述，雖都統一在一個「眞」字上，但又是互相矛盾
的；主體內在感情過於濃烈，則客體往往就會僅僅成爲主體情感
的載體，難以獲得被獨立審視的地位；而對客體的精細眞切的刻
劃，則又要求著主體情感的相對淡化。此外，導向追求眞實之美
的理性思想和一定程度上覺醒的個性意識，是在漢末魏晉的動亂
中興起的。其時，整個社會彌漫著一股以生死遷化爲中心的感傷
主義思潮，這就大大地加強了上述主體和客體之間的矛盾。有感
傷思潮，就有消釋感傷思潮的努力，前者爲情而後者爲理，這又
構成一組矛盾。這一些因素決定了對於自然美的認識和欣賞，不
可能很快成爲社會注目的中心。矛盾的展開，首先必然從主體內
部情與理的推移開始，然後再由主體向客體推移。因此，本書第
一章第四節已述，「眞實之美」的邏輯起點中，內孕著三個規定
性：一是與遷逝之悲相聯繫的動情和富於個性氣骨的因素，二是
消釋感傷情懷的理思的因素，三是逼肖地刻劃眞實外物及在此基
礎上所必然引發的追求語言精緻的因素。

　　這三個規定性總共構成了三組矛盾：第一規定性與第三規定
性之間有著一種複雜的既相成又對立的關係。這是第一組矛盾。
內在的動情，引發了人們外在的善感，「嗟我懷矣，感物傷心」
④，物變驚心十分觸目地成爲詩文中一再表現的內容。隨著漢代
王化政教所要求的訓誡意味爲感蕩心靈的抒發的深情所代替，外
在景物對於詩文寫作的重要性便愈益上升，由此而下，源遠流長

的「感物」說，終於在鍾嶸「四候之感諸詩者也」⑤和劉勰「物色相召，人誰獲安」⑥的吟味中，獲得了典型的表達。自然外物從漢大賦餖飣堆垛的事功名物中走了出來，改變了作爲博大王苑充填物的屈從地位。自然景物之感染人，被提高到詩文寫作動因的地位。但是另一方面，當人的感情過於衝湧時，外在的景物必然染上主觀的色彩。從很本上說，人類總是從自我的角度來觀察外物的，但是感情的強烈與平靜，對於被寫外物所著我之色彩的濃淡仍然是大不相同的。爲抒情而寫景所形成的感情色彩濃重的情景渾融，乃是一種景依附於情，景的豐富性未曾得到展開情況下的渾融；然而眞實的客觀景物，又必然要求著自身豐富性的展開。郁勃的感情提高了自然景物在詩文寫作中的作用，但也阻礙了自然景物作爲獨立審美對象的出現。這需要內在感情的平復，因此這一組矛盾的克服，其實還得依賴於第一規定性同第二規定性即情與理這一組矛盾的解決。

　　感傷主義與理性思想對整個社會的覆被，基因於社會動亂所造成的生死遷化，它們同出一源，相互裏挾。感傷主義中有著闊大的流變感，而這種闊大的流變感又正是破除漢人比較凝固的王統回環的歷史觀的利刃。情與理二者對於沖決漢代舊的思想堤防，在許多方面是一致的、相諧相成的。但是，感傷主義和理性思想又有相克的一面，過於傷感則不利於生存，因而需要理性的消釋和制約，於是玄學愈益發展，清談日益盛行。由此，情與理的矛盾運動，前期側重於大體相諧，而後期則表現爲消釋制約，最後則以理對於情，亦即是以第二規定性對於第一規定性的壓倒而獲得解決，這同時也就掃清了第三規定性發展的道路。

　　然而，理思一方面把自然景物從郁勃之「情」中解放了出來，另一方面卻又把自然物俘獲爲自己的載體，於是另一組矛盾鬥爭

又展開了。這就是第三規定性同第二規定性之間的矛盾，這是這一歷史時期文學發展中的第三組矛盾。理愈益消釋了情，細微的刻劃也就愈益成為藝術發展的新動向；然而又正是這種對於風容色澤的煉字煉句，表明客觀的景物刻劃並不需要外加的所謂理悟，於是山光水色也就一步步澄汰了枯燥的玄言。所以，這組矛盾的發展，可以劃分為理思之促進山水文學的發展，以及山水描寫倒過來驅迫理思退出詩歌，使語言形式的研求大為上升這樣兩個階段。

　　當上述三組矛盾的推移次第完成時，文學發展的收獲主要有兩點：一是自然美認識和欣賞高潮的出現，二是精緻的語言技巧的追求洶湧起一股藝術新變的潮流。由於這兩點，人們構建了新的審美心理。但文學的失落也是嚴重的，具有感人力量的「情」被消解了，使詩文境界深微高遠的理思被革盡了，於是文學的格調乃大大下降，庸俗纖弱的風氣甚為彌漫。這時，文學的發展需要由第三規定性向第一規定性回復，不過，這是一種要求包容以前發展中全部豐富性的回復，這就又引起由北朝到隋這個漫長時期文學發展的矛盾運動過程。

　　以上所述乃是從「眞實之美」的基始性的內在矛盾出發，對於矛盾運動進程的純邏輯的勾劃。當然，這是不夠的，按照馬克思所說，我們需要的是一部世俗的範疇史，也就是說邏輯進程的描述要和實際的歷史進程相吻合，亦即是抽象要素（規定性）的消長、矛盾關係的推移，應能圓滿地導致整個歷史過程的復現，也就是應將文學史的具體發展上升到邏輯流程的高度來加以闡明。這樣一方面可以對理論框架的正確性作出有效的驗證，另一方面則又可以使文學史的敘述獲得一種理論的形態。

第三節　魏代及西晉：文人化發展中
動情、氣骨、理思之移位

　　無論是規定性之間的轉換，還是同一規定性內部因素的推移，都需要借助於種種社會條件的存在方得以實現。歷來的文藝理論愛劃分文學的內部因素和外部因素，但恰恰忘記了外部因素可以轉化為內部因素。我所說的邏輯規定性則是綜合內外的，它是由種種社會條件所轉化成的文學自身的內部要素，因而是文學內部因素與外部因素的一種凝定。這是拙著《中國中古詩歌史》理論構架的一個基點，也是拙著研究方法之不同於其它文學史著作的一個重要方面。既然邏輯規定性是外部因素向文學內部的一種轉化，則對它的理解就必須結合著種種具體的社會條件來進行。

　　種種具體的社會條件之向內的轉化，必然使具體歷史階段的文學發展表現為一種特定的進程。邏輯要素之間的轉換推移，正是在這一過程中進行的。邏輯要素之轉換推移隱入這一過程的深處體現為它的實質，浮在表面的則似乎是一個個具體的往往自有其面目的歷史過程。歷史過程的往往自有其面目，同歷史發展中的隨機性是密切聯繫著的。基於以上認識，我以為整部文學史的發展正是在每一段都有其具體的進程，而在這一進程中完成著某一種規定性和要素的轉換推移。一個又一個進程的連接，便正是邏輯之鏈的向前延伸。拙著《中國中古詩歌史》用以組織全書的，便正是這一思路。

　　前文所說的三個規定性和這一歷史時期文學發展的三個階段，正好是對應著的。魏代及西晉為第一階段，對應著第一規定性：動情與氣骨；東晉為第二階段，對應著第二規定性：理思；南朝

爲第三階段，對應著第三規定性：刻劃外物與對語言表現之精緻的追求。而由北朝到隋，則表現爲由第三規定性向第一規定性的復歸。

先述魏代。魏代一向又被區分爲建安和正始兩個小階段，建安文學更多動情的特徵，正始文學則更富於氣骨。從邏輯上說，魏代文學的發展可以歸結爲是由側重於動情向側重於氣骨的推移。建安詩歌的源頭有二：一是漢樂府民歌，二是漢末古詩。曹操平定北方以前，「世積亂離，風衰俗怨」，「文學蓬轉」⑦，文人受漢樂府民歌的滋養多；而北方輯寧以後，文人逐步離人民和現實遠了，則轉而受同樣是文人所寫的古詩的浸染深。這樣一種消長的過程，從社會原因上說是爲文人地位的變化所決定的，而其影響於文學的發展則表現爲一種文人化的發展過程。魏代文學由側重於動情向側重於氣骨的推移，正是在文人化這一具體的發展過程中實現的。

《文心雕龍‧時序》稱建安文人「雅好慷慨」、「梗概而多氣」，就說明了建安文學的動情特徵。中有悲緒，又負其志，故非長筆無以展之，形之於文，是謂「多氣」。收束漢音、振發魏嚮的曹操詩，直面時代的苦難和社會的殘破，沈雄蒼莽，卓絕一時，開創著一代新風。他的詩古直悲涼，更多地承受了「感於哀樂」⑧的樂府傳統。七子詩從其蒿目時艱之篇，到其公宴之什，再到其贈答抒懷之作，愈益增強著文人自己的色彩。他們憂生嘆死，上承漢末古詩，下啓正始。婉曲恍惚的比興體詩的出現，景物之寫的增多，正是其向文人化方向發展的標誌。曹丕詩則更多地表現了由樂府傳統向文人詩的過渡，沈德潛說「子桓詩有文士氣，一變乃父悲壯之習」⑨。他的詩顯示了一種向細膩和藻彩發展的努力，而這正是一種文人化的趨勢。從彌漫整個社會的感傷

主義思潮出發，曹丕對於抒寫離情別緒特別感到興趣。由此，我們看到動情的特徵之在其時詩歌中所佔的主要地位。

因抒寫遭受壓抑的內心痛苦，而使詩作形成愈益明顯的氣骨特徵，應從曹植開始。曹操和七子本多有慷慨之志的吟詠，這當然也是氣骨的一種表現，但氣骨是同個性相聯繫的，而個性又是在被壓抑中吟唱得最為動人，到正始被光大的氣骨正是這種類型的氣骨。曹植以前，七子中只有劉楨的詩有一些這方面的內容。鍾嶸評子建詩曰「骨氣奇高，詞采華茂」⑩，這二者正是從內容到形式文化人完成了的標誌。

曹操、七子、曹丕、曹植的詩歌，可以看作是文人化過程中遞次向前的幾個小階段。文人化過程的發展，從建安詩歌兩個源頭的影響上來說，是漢樂府民歌影響逐步下降而漢末古詩影響逐步增強的過程。從特徵上說，是由側重於動情轉向側重於氣骨。正是在這樣一種消長和轉向的基礎上，建安詩歌向正始詩歌過渡了。

正始時期，情和理二者處於相伴而生的狀態。嵇阮對於現實的世事有著十分深沉的憤懣和一種極度的鄙薄。阮籍的窮途慟哭，突出地表明了其內心湧動著一股同深廣憂憤相聯繫的激情。玄理的被引入詩文，雖也有消釋這種憂憤的功能，但更多地倒是起了助長的作用。他們把「道」引進文學，賦予一種崇高的人格意義，藉以抒寫游心太玄的思想境界和塑造一種與道俱成的豪士形象。理思與哀痛相互映襯交融，詩篇因而既深厚又有遠思。建安以來詩歌中出現的有著覺醒的自我意識的個性形象，因哲學的升華而達到了極為宏大恢廓的境界。動情、氣骨、理思三者相諧協地使嵇阮的詩歌放出了異彩。

在文人化的發展過程中，除理思有了顯著的增長外，細膩的

藝術追求，藻采、俳偶、警句的講究以至音律的研煉也都在發展，亦即是第二、三兩個規定性在魏代同時呈上升的態勢。第一規定性內部側重的推移以及第二、三規定性共偕的發展，正是魏代詩歌文人化發展的具體內涵。魏代詩歌因爲對於三個規定性的相對渾成的包孕，而崛起爲中國詩歌史上一個高高的峰巒。

西晉詩歌在中古詩歌發展中的地位，可以用兩個字來加以概括：轉折。這是一個由第一規定性向第二規定性過渡的時期。劉勰說「晉世群才，稍入輕綺」，「采縟於正始，力柔於建安」⑪。稍者，漸也。「稍入」，正是說的一種逐漸的轉折過程。「采縟」、「力弱」二句是互文，力柔爲輕，采縟爲綺，晉賢力柔采縟的消長，使得西晉詩呈現了不同於建安、正始的輕綺風貌。文人化發展本有兩個側面：一方面是對語言表現的精緻講求，另一方面則是現實主義精神的衰退和內在感情的漸趨淺薄狹窄，亦即是內質的下降。西晉詩「力弱」、「采縟」的特徵，正是上承魏代文人化發展而來的必然結果。

嵇阮詩表明情與理可以是相諧的。正是因爲第一、二兩個規定性的相諧協，嵇阮詩方才形成憂嘆中有峻骨、深厚中有遠意的崇高型的風格。理思對動情相克的一面，亦即其消釋和制約作用，需要情感主體本身的變化才能得以實現。在不同的主體中，情和理的組合關係是不相同的。情與理的組合關係，在西晉詩歌中所呈現的變動，正是在詩歌內質下降的基礎上發生的。西晉社會，政權中樞腐爛，社會風氣敗壞，「風俗淫僻，恥尙失所」⑫，文人們的品格也愈益低下了。

中古詩歌發展的三個內在規定性之間的消長變化：力弱采縟、情與理的重新組合，正是發生在這樣一種社會環境中和這樣一批文人身上的。

　　既然是一個轉折時期，那麼自必產生出比較接近前一個時代和比較接近後一個時代以及處於這二者之間的這樣三種類型的詩人。

　　繼承魏代傳統的為劉琨和左思。建安風骨的思想基礎有兩點：一是文學同人民、同現實的聯繫，二是一定程度上覺醒了的個性意識。劉琨的詩表現了同社會現實的聯繫，鍾嶸說劉琨「罹厄運，故善敍喪亂，多感恨之詞」⑬。僅就劉琨不多的存詩來看，他還遠不及曹操和七子之善敍喪亂；劉琨所注目的是抒寫他個人的遭遇，並且他也不像建安文人那樣抒發一種慷慨赴難的志氣；他的歌聲淒戾而悲愴。雖然有這樣的區別，但在反映了社會動亂、抒發了悲涼的心情上，劉琨和建安文人畢竟是相通的。「萬緒悲涼」、「哀音無次」⑭的劉琨詩，有著十分明顯的動情特徵。左思詩則繼承了個性意識的覺醒這一點，因而富有氣骨，此即左思風力也。左思在渴望建功立業、對自我才能的信心、以及人生意氣的感蕩等諸多方面，和建安風骨一脈相承。當然，左思詩沒有直接寫及社會和人民，他只是通過自己憤懣高亢的引吭，反映了當時膏粱世胄之躡乎高位而寒微英俊僅委屈下僚的現實。建安文人抒發的是積極干世的熱情，左思所寫乃是同社會的決裂。在這一點上，他更接近於憤世嫉俗的正始文人。然而，他所淒苦吟唱的寒士之悲，則是無論建安、正始文人都沒有表達過的。劉琨和左思的詩作表明，雖然動情和氣骨的特徵在西晉仍有嗣響，但力度和色彩已有相當的不同。即使在一個早已存在的特徵中，新的因子的滲入、舊的因子的消退，也都是十分明顯的，這正是一個轉折時代在承續中有所變化的體現。治史者應有在舊特徵中看出新色彩、新意蘊的眼力。

　　張協的詩風是後一個時代的先兆，他的詩表現了玄思與寫景

成分的同時上升。他所抒寫的淡然塵外之思，乃是東晉玄思詩將要來到的反映；而其「巧構形似之言」⑮的藝術技巧和清婉明淨的詩風，則已是南朝文風之先河。陸潘是中間類型，他們的詩最爲突出地反映了「力弱」、「采縟」的轉折，陸潘因而成爲西晉的主流派詩人。

如果沿著時序來勾劃西晉詩的軌跡，則我們對於情和理兩者矛盾運動的發展，便可以看得更加清楚些。西晉詩可劃分爲三個時期：傅玄和張華爲其初期，太康群英爲其中期，劉琨的詩及玄言詩風的興起爲其晚期。

傅玄把魏代愛寫樂府詩的風氣帶到晉初，然而以發揮教化作用爲鵠的。藝術一旦從內在情懷不能自已的抒寫變爲王化政教的單純工具，它的內質便無可挽回地衰落了，所以無怪乎傅玄的詩給人以「力薄」之感。西晉詩正是在「力柔」中趨向於「采縟」的。如果說魏代詩歌經歷了質勝於文和文質相稱這兩個階段的話，則西晉詩便愈益向著文過於質的方向發展了，這首先在張華的詩風中反映了出來。張華的樂府詩一改傅玄質直之風，頗事華詞。同時，詩人主體的「情」在變化：激情與氣骨在下降。在張華詩中，再不是「庶幾奮薄身」、「甘心除國疾」⑯的慷慨前行，也不是「貴得肆志，縱心無悔」⑰的得意任生，而是徘徊於進退之間，既有著「四海稱英雄」⑱的意向，又危懼於「富貴」之「爲禍媒」⑲。

主體情懷的這種變化在陸潘身上表現得更明顯。陸潘詩中甚少對社會生活的反映，他們的詩總是在表述自己的遭遇和自己複雜悲痛的心理。詩歌從晉初進入太康時代，恰如在魏代之從建安進入正始，愈益集中於抒寫詩人自我心靈的痛苦。進與退的矛盾在陸機思想中是更爲深刻了，他對吉凶紛靄的人事之反覆和天道

之變易，危懼而竦栗，於是他引進理思。在陸機詩中，我們已經可以明確地看到理與情的矛盾運動，已經從正始之際大體上相諧相伴的狀態，走到消解制約的另一種組合類型上了。潘岳的詩情懷狹小，他遭遇和看到了太多的死亡，他務傾務瀉地傾吐著對於死亡的悲哀，其作內蘊既薄又鋪寫刻劃過甚，以故他的詩比之尚存渾灝之氣的陸機詩，對於漢魏傳統表現了更多的轉折。

理對於情的消解制約，表現爲第二規定性對於第一規定性的克服，而第二規定性的上升又必然爲第三規定性的發展開闢道路，這一動向在西晉詩中已有清楚的顯露。守道不競的張協，其理思不同於陸機之主要表現爲對於死的必然性有了清醒的認識，而是更多地體現爲一種個人的處世哲學。這說明理思浸入士人的生活是更加多方面了。對外物加以刻劃的藝術趨向，正是從理思對士人生活這種多方面的浸入中愈益抬頭的。外物的被刻劃，不僅需要內在感情的平復，而且需要一種企向於蕭散恬曠風氣的支持。早在張華的詩中，當他感到吏道窘迫自拘而企向於恬曠時，即鶯鳴屬耳、鯈魚流目了。而在潘岳詩中，不是他感情十分濃烈的悼亡詩，而是他情懷平淡的《河陽縣作詩二首》，對於景物有比較眞切清新的描寫。張協正是因爲其淡泊的胸懷和玄思，故能娛意於萬物之玩，從而成爲西晉詩人中的寫景高手。

西晉詩的晚期有兩個不同的走向：一是玄言詩風的普遍抬頭，二是產生了善爲淒戾之音自有清拔之氣的劉琨詩。這裡有一個從未爲歷代詩論家和今之文學史家們所提出過的問題：即西晉末年同東漢末年一樣處於一場極大的戰亂之中，爲什麼漢末產生了建安詩風，而西晉末年則導向於東晉的玄言詩時代呢？

這主要是爲當時文人的品格及其思想狀況所決定的。建安文人慷慨任氣，磊落使才，思建金石之功以流於後世。三曹七子從

總體上說，是一個有遠大抱負的意氣風發的文人群。西晉統治集團則是一個卑鄙的陰謀集團，士人們處身於這樣一個陰惡殺奪的時代，要麼如潘岳之乾沒不已於世利，要麼如張華、陸機之徘徊於進退兩間以至於被害，要麼如左思、張協之從官場退出。劉淵、石勒起兵後，世家大族倉惶南逃，整個社會中沒有一個可以使文人們追隨的有作爲的領導集團。社會和文人自身的此種狀況，當然產生不出建安文學來。如果文人的思想和品格狀況不同，則詩歌創作的面貌便會大不一樣。在中夏蕩蕩、一時橫流之中，劉琨就寫下了蒼蒼莽莽的《扶風歌》和托意非常的《重贈盧諶詩》。士族制度也是一個重要的原因，一方面是下層文人的備受壓抑，另一方面則是上層文人因可以「平流進取，坐致公卿」⑳而不思作爲。從學術思想上說，玄學自正始到永嘉，經歷了貴無和崇有的兩個發展階段，由尊老而貴莊，行爲上的放濁、言談中的望空，成爲遍及整個統治階級的風尚，而妙暢玄旨則成爲他們的精神追求。永嘉玄言詩風就是在上述基礎上彌漫開來的。雖然與漢末一樣同爲戰亂年代，但統治階級的內部關係、社會組織機制以及文人的品格和思想狀況，都並不相同。

　　從詩歌本身發展的邏輯上來說，曹植詩對於字句之工的追求，使詞語駢麗，復又注重煉字，已肇後世律句造語之端。陸機詩則特重駢偶和秀句。詩歌的發展已經走到了一個講求字句精工的時代。此種講求在一個民族文學的發展中是一定要產生的，也是完全需要的，然而只要沿著這個方向發展，就必然地要在字句上多所試驗和琢煉，而這既要以激情和氣骨的下降爲前提，又必然帶來文氣的澆薄。詩人們過於在字句小處爭新鬥巧，則眼界胸襟自不會闊大渾厚，詩文的格調就必然下降。詩文的發展一旦走上了講求精緻的道路，它就難以再回到建安、正始時代，必然愈益走

向於緝裁巧密和圓美流轉。然而，西晉詩歌中仍然濃重的遷逝之悲以及左思詩中高邁的氣骨、劉琨詩中的托意和悲緒，一方面阻止著詩歌格調的繼續下降，另一方面則又妨礙著詩歌對於精緻形式的進一步講求。詩歌史發展的內在邏輯，要求「力」進一步「弱」下去，「采」進一步「縟」起來，也就是要求第一規定性更大的下降和第三規定性更大的上升。完成這一任務的中介環節，便是可以消解、制約濃烈感情和高昂氣骨的玄學理思的大張揚。

東晉玄言詩階段，正是在社會和文人自身各種條件的作用下，在詩歌史內在邏輯的需要下來到的。

第四節　玄言化的興衰與陶詩之融入五個因素

當理思對於感情氣骨的消釋和制約關係已成為一種普遍的狀況時，中古詩歌史就由以第一規定性佔主導地位的階段，進入了以第二規定性為標誌的時代，從而開始了理思與外物刻劃的又一組矛盾運動，這一矛盾運動體現為詩歌玄言化的歷史進程。

前已述及，外物之被客觀地加以刻劃，不僅需要內在感情的平復，而且還需要一種企向於蕭散恬曠風氣的支持。這兩個條件都在東晉玄風中得到了滿足。士族文人在自然中豁暢其情志，此即蕭散恬曠之風。「自然之道」這一對玄學具有根本性意義的概念，大大提高了自然在士人心目中的地位，從而「消散肆情志」㉑乃成為一種風氣。理思與山水伴生著：玄學理思形成並彌漫了蕭散恬曠的風氣，從而使文人們更加喜愛於山水之遊，這是一方面；另一方面，玄學理思則又藉自然山水而獲得更好的展開。從前一方面講，正是理思為山水之寫成為專門的一個文學派別開闢了道路；從後一方面說，則理思仍然妨礙著詩人們對山水作更為

具體深入的體會。

　　玄學崇有派主張獨化論和安命論，以適性安分爲逍遙，從而使人們在任所遇中尋求著即目之欣。這種玄理的導引，是同士族文人在江南建立新的安樂之國這種現實的階級需要相一致的。他們的淡盡悲痛，是由於欣悅；他們的化盡意氣，是由於不復有北風之思；而這一切，都是由於江南莊園經濟的發展，爲他們造就了安身立命的基礎。於是，山水景候從兩個方面爲士族文人所關注：一是行田視地利的現實的經濟行爲，二是作爲體悟曠蕩之大道的依憑。內在的感情與氣骨既已淡盡，而外在自然山水又頗引人注目，它不僅是物質利益之所在，而且也是一種文化活動之因藉，於是情與物在描寫比例上乃發生了一消一長的變化。與此種消長關係相伴隨的是，審美情趣上日益滋生了對靜態、清趣的喜愛。山水文學正是在這一系列的變化中，日益向著文學舞台的中心邁進的。

　　然而，如前所說，理思是自然美的解放者，又是其羈束者。玄學家抱著體悟至道的目的來到自然之中，於是自然本身固有的種種屬性的被感知，就被導向於一種對道的理解。他們在精神上企仰著曠然無累的境界，於是在山水的消散中便表現了一種注目於豁朗和清幽的情趣。所以，玄學之士的山水觀賞毋寧說是自我人格的外在的展示。但和魏代及西晉詩中景物之寫成爲對濃重感情的渲染不同的是，玄風拂塵散滯帶來了心境的寧靜與怡暢，可以使外物得到較前客觀一些的刻劃。但是，理思的彌漫對於深入細緻地表現外物仍然構成一種理障。山水文學發展的內在邏輯，要求更爲眞實細微的刻劃，而這需要詩人們由較多地關心理思，轉移爲較多地感受山水風物，因此理與物的矛盾必然還要進一步向前運動。

　　在東晉這個歷史階段中，詩歌的發展有這樣兩組矛盾：一是理與情的矛盾，二是理與物的矛盾，前一個矛盾是第二規定性對於第一規定性的克服，後一個矛盾是第三規定性對於第二規定性的排斥，這兩組矛盾綜有著三個規定性。站在東晉這個歷史階段，有可能綜合三個規定性中的全部因素，但這需要社會條件和個人條件的具備。這三個規定性共有五個因素：動情、氣骨、理思、對外物的刻劃和對語言形式的追求。情感蒼白的士族文人不可能達到這種綜合，因爲他們在極度的滿足之中，既不知道社會的苦難，又沒有對抗社會的氣骨，所以他們的詩文只能代表第二規定性對於第一規定性的克服，亦即是代表理思這一因素。處在東晉前期乃至中期也不行，因爲此時玄言詩正洶湧向前，這時理思與山水處在伴生狀態，刻劃外物的傾向還未較大地抬頭。惟有既處於「仲文始革孫、許之風，叔源大變太元之氣」[22]之後，又是一位內在具有沖湧感情與昂然氣骨的人，才有可能將上述五個因素都綜合起來。一方面，他不可能不受到彌漫一時的玄風的影響；另一方面，他又受到一個新的文學時代的召喚；再一方面，他同社會衝突以至決裂的經歷，又使他本能地傾向於富於動情和氣骨特徵的高渾的古詩傳統。因此，不僅詩文的思想內涵可以十分豐富而多色調，而且在藝術上又能將舊傳統和新成就融合起來，從而有可能達到一個更高的境界。這樣一個因具備了上述社會和個人的諸多條件而能夠創造偉大藝術成就的詩人，便是生活於晉末宋初的陶淵明。

　　因了對歷史的一種闊大的流變感以及對人生痛苦的切實的體驗，淵明詩對於歷史和人生的詠嘆有著一種開闊的規模和一種深沉的感喟。在現實生活中，陶潛具有一種獨立的人格。同嵇康的高峻鄙俗、阮藉的衝擊禮教、左思的高蹈棄世一脈相承的是，他

有堅持不爲五斗米折腰的固窮的節概。長期忍受困苦生活，需要一種堅韌的精神。這就不是外物佔有他的心，而是他對外物表示一種獨立。心靈對外物的這種獨立，使淵明保持著眞率的個性。一般人的眞率是一種天眞的眞率，而陶淵明的眞率則是一種成熟的眞率。淵明對社會有很深的閱歷，社會的醜惡他了然心中。他對世俗淡淡微笑，把它們看成身外之物，看成物累，物累蕩盡則眞性存，他生於污濁之世卻沒有被沾染。這種眞性的留存，對於陶詩在藝術上的成功關係極大。因爲上述這些原因，陶淵明能夠繼承魏代詩歌動情和富於氣骨的特徵。

另一方面，陶潛又受到玄學的深刻影響。淵明在玄學中尋求一種虛遠流化的理論解脫，汲取了達生貴我的人生態度。他嫻靜少言的性格，也有著玄學的投影。孔子早就說過「天何言哉，四時行焉，百物生焉」㉓，玄學中本有無言論，玄學清談中的簡約風尚乃企心於言約旨豐。大道曠蕩，豈名物之所能宰割哉！道隱於小成，言隱於榮華。蓄無弦琴的陶潛，他的沉默不是簡單的沉默，而是深受玄風惠沐的智慧的沉默。淵明詩中的議論較多。也明顯是沿承玄言詩而來的，但因內有眞情和氣骨，所以他的議論往往又帶有抒情的性質，這就是第一規定性與第二規定性的融合。

同許多玄言詩之枯燥說理不同，淵明在田園景候中抒寫理悟，他的語言在高古渾厚之中又別有精緻清麗在，因而陶詩又兼有第三個規定性：對外物的刻劃和對語言精緻的追求。但他又沒有像南朝詩人那樣走到過分在刻劃上下功夫的地步，因而他語言的駢儷整飾之美乃能融於自然流轉之中。

過去的傳統，時代的轉折，未來的發展，有機地交織在陶詩中。所謂「過去的傳統」，是指的古詩傳統，即第一規定性；所謂「時代的轉折」，是指洶湧一時的玄言詩在退潮，人們已不滿

於枯燥的說理，這是指的第二規定性；所謂「未來的發展」，是指南朝文風，這是第二規定性。三個規定性中的五個因素都融入了陶詩之中，陶淵明因而成為中古時期的藝術巨匠。

西晉末年出現了劉琨，東晉末年出現了陶淵明，在時代的低谷中仍然聳立起高下有差的藝術峰巒，這說明藝術家個人素質對於藝術上的成就是何等重要。然而，藝術家的個人素質仍然是通過廣泛吸收各種相互沖盪的思想和藝術的潮流而起作用的。當論者看不清這些潮流時，他們在時代的低谷與藝術高峰這強烈的反差面前，就十分容易走向偶然論。因此，一方面有機的進程中有著隨機的因素，另一方面「偶然」中又確有不偶然的必然的原因。其實，在種種思想和藝術潮流之衝突向前中，有著一種內在邏輯之鏈的伸展，而邏輯之鏈的伸展正是矛盾運動的向前推移。邏輯的進程和隨機的發展，時代的因素和個人的素質，忽視了那一個方面，都不能把握藝術史辯證前行的軌跡。

第五節　南朝：平俗化進程與詩派鬥爭

如果說魏代及西晉詩歌的發展，表現為從側重於動情向側重於氣骨的推移，並進而向理思過渡，呈現為一種文人化的過程；又如果說東晉詩歌的發展體現為理與物兩者在矛盾運動中漸漸移易其地位，呈現為詩歌玄言化的興衰過程；那末南朝詩歌的發展，則體現為從側重於外物的刻劃轉向側重於語言形式的追求，表現為文貴形似和追求新變的潮流，這種潮流使文學的發展呈現為一種平俗化的進程。

魏代及兩晉文學的發展，大體上都是由上層貴族文人推動的。到了南朝，情況有了相當的變化：一方面上層貴族文人繼續領導

著文學的發展潮流，另一方面下層寒族文人的力量在崛起，於是南朝文壇出現了兩種力量的交織和鬥爭。這不僅使得南朝文學的面貌更爲多彩，而且也使南朝文學的發展表現爲幾個流派之間的鬥爭。謝靈運以寫景來悟玄，他的詩最爲典型地表現了山水文學的新成分在玄言詩舊的母體中孕育成熟的情狀，因此從邏輯環節上說，我們可以將謝靈運的山水詩，視爲由理思這一規定性向第三規定性過渡的橋樑。此外，顏延之的對偶詩，鮑照的傾側之文，在當時也都具有革舊佈新推動詩歌史向前發展的作用。然而，他們之間的差異，則又必然導致南朝詩歌在詩派的衝蕩中向前發展。因此，南朝詩歌的矛盾運動，是從革除玄言詩風展開聲色大開的局面，發展爲詩派之間的鬥爭的。

同政治上寒人力量的興起相一致，自劉宋以來，一種市井興趣在抬頭，而民間音樂的影響自晉以來也一直在擴大。另一方面，高等士族愈益沉溺於聲色冶容、車服器玩之中，士庶雜流的情況之發展，也使高等士族的審美趣味愈趨於「俗」。於是，寒人和高等士族在文學上便共同劃出了一條平俗化的發展軌道。南朝詩派之間的鬥爭，正是在這種情況下展開的，這就必然決定了「取湮當代」㉕的鮑體，愈益增大著影響，並從而引起由側重於刻劃外物向側重於講求語言形式的階段推移，洶湧起文學新變的潮流。永明體、梁陳宮體這些新變詩體都是在這一過程中產生的。

在宋代，詩歌從東晉道足胸懷、沖漠恬淡的玄言雲靄中，落進了似乎沒有人間煙火氣的高山深壑和典飾端麗、盛服矜莊的廊廟之中。「謝、顏並起，乃各擅奇；休、鮑後出，咸亦標世」㉖，詩派之間的鬥爭，首先從顏、謝與休、鮑之間開始。這是廊廟之體同歌謠之體的鬥爭。永明之際，平俗化的進程急劇向前，詩歌廣泛進入官吏文人的世俗生活圈中。小謝把山水詩從大謝高山大壑

的人外之境引入了人境之內，隨處即目地蕭散地玩賞自然景物，著力對平常物象作細微的刻劃，表現了一種平秀的風貌。沈約詩則更為突出地表現了詩歌之向「俗」的發展。其時，謝靈運、顏延之兩人的詩風受到批評。大謝脫俗的詩風被視為「酷不入情」，其詩之篇制較大則被視為「疏慢闡緩」㉖。這二項批評的結合，正是對大謝詩體的一種革除。沈約的憲章鮑照及提倡三易之說，又是對「喜用古事」、「情喻淵深」㉗的顏體的革除。永明體正是在沿承休鮑革除謝顏二體的過程中發展起來的。代表著這種革除獲得勝利的標誌，便是由小謝提出並為沈約所贊同的「圓美流轉」主張的被成功實踐。這一主張的矛頭所向是十分清楚的：即要化釋元嘉體因駢偶過多「彌見拘束」㉘而造成的板滯痴重。

細膩的寫物技巧是永明新體詩的有機構成之一。在自覺地對自然進行藝術加工的過程中，愈益發展了的精細的感受力要求著一種與之適應的愈益精緻的表現形式。愈益精緻的表現要求，必然導致文學發展中新變潮流的產生。永明體為什麼恰恰緊跟著山水田園詩派而興起，其原因正在於這種內在的統一性。因此，從邏輯環節上說，對語言形式愈益精緻的追求，乃是處於刻劃外物之後的。所以，永明體的產生標誌著南朝詩歌的發展，已從側重於刻劃外物向側重於語言形式的追求推移了。由永明體向梁陳宮體發展，中國詩歌是愈益在語言表現上下功夫了，剝琢刻鏤之風甚囂塵上。

然而，精緻化進步的代價是詩歌格調的下降，不僅激烈沉痛的情懷和高峻的氣骨早已從詩歌中消失，而且高遠的理思也因玄言成分的革除而幾已泯焉，也就是說第一規定性和第二規定性都已被克服。眼界的狹小細碎，興趣的庸俗無聊，是永明詩人較之前代詩人的一個顯著的變化。無意味的詠物詩、遊戲詩、女色詩

以及說佛求道之作大量泛起。沿著精緻與庸俗這樣兩個方面的發展，就引發了宮體詩的狂瀾。到蕭綱等人「宮體所傳，且變朝野」㉙之時，謝顏二體式微，鮑體乃獨行於時。

謝顏鮑三家的鬥爭，以鮑體的獨昌而結束，但另一種詩派之間的鬥爭又早已在逐步展開了。

當詩歌愈趨平弱無力時，一種矯變當時文體的努力就在萌生。這一努力在齊代江淹詩中就已肇端。有趣的是，宮體紅紫之文可以溯源於鮑照的傾側之文，一種筆力比較雄峭的文體也同樣是上挑明遠的。鮑照的不少詩筆力矯舉、用字險仄。江淹的一些詩也有這一特點，因而筆力比較雄峭。江淹詩體總雜，表現了融合多種藝術成分的意向，這正是一種通變的意向。劉勰在《文心雕龍》中則特立《通變》一篇，提出了「望今制奇，參古定法」的鮮明主張。鍾嶸比之劉勰，是保守一些的通變派理論家。通變派在梁代產生了較好地體現其理論主張的詩體，這便是吳均體。這一派遙領了隋唐以後終於發展為主線的通變文學潮流的先河。

新變派帶來了詩歌技巧的大進步，也帶來了詩風的大頹靡。永明體在聲韻的研討和篇幅的縮短上，在對流轉圓美和平易藝術風格的追求上，在詩境的婉美與結構的巧思上，以及在自覺的意境詩的初步形成上，都為唐代近體詩的發展準備了條件。梁陳宮廷文人創造了用以抒寫富貴冶蕩情懷，語言通俗，風格流麗輕靡的七言歌行體；而在五言詩上，則發展了體物細微的文風，篇制結構更趨簡煉緊淨，並在聲韻上有進一步的研求，還創造了寫景以趣的手法。詩至梁陳，一方面積累了許多新鮮經驗，另一方面更為張揚了永明體中的庸俗習氣，詩風極大地頹靡了。於是，詩歌的發展需要由第三規定性向第一規定性回復。

第六節　北朝迄隋：南北文學融合中的新鑄

但是，如前所述，文學史發展的邏輯要借助於現實的社會條件才能獲得展開。文學史向前的任務，需要有完成它的物質力量——相應類型的文人群的存在。也就是說，文學發展的邏輯，需要找到一條具體實現其前行任務的發展道路。

整個南北朝隋代一共有四種文學主張：一是新變派，二是通變派，三是南北文學交融派，四是復古派。新變派是南朝文學發展的主潮。新方向的發展，難以由原有發展方向中的人在其原有的環境中來實現。對於這些人來說，必須有生活環境的大變動，他們的詩風才能發生急劇轉變。裴子野等人的復古論雖也是異趨於新變派之外的一種努力，雖然這一詩派針對新變派進行鬥爭的意味比之通變派要濃得多，但由於他們完全站在六藝和王化的立場上，不承認文學在政治之外獨立的存在價值，對文學技巧進步的必然性和自然美欣賞熱潮的進步性都缺乏了解，所以他們所主張的復古不過是一種簡單的回復，他們完成不了歷史前進所需要解決的作出綜合回復的課題。北人蘇綽之模仿《尚書》以範式文筆，乃是一種地域政治的舉措，它所標誌的是漢族士人對於少數族樸野性的一種承認。通變派在南朝則一直處於非主線的位置，它的勢力也還過於弱小，還不足以發動起一個普遍的潮流。因此，中國詩歌向前發展的任務，歷史地要由南北文學交融派來承擔了。

其實，南北文學交融派的主張，不過是通變論的具有空間形式的展開。融合南北的主張，是從融合古今的意見發展來的。顏之推的主張在調合古今之中又且融合南北，而由隋入唐的魏征則提出了典型的南北文學交融的主張。南北文化的融合過程，是建

立在民族融合的基礎上的，具體地說，它主要是依賴融冶胡漢的
關隴集團之勢力向全國的伸展來實現的。因此，南北文學交融的
主張，乃是通變派的理論結合了當時具體的社會條件的一種轉換
形式。一直到唐代陳子昂、李白等人出，通變派才以其本身的面
目出現，並成功地完成了文學史上的一次大轉變。

　　歷史往往會採取一種轉換的形式來實現其任務，這種轉換形
式乃是歷史邏輯的必然性和歷史發展隨機性的融合，是普遍性通
過特殊性而獲得的展開。認識這一點對於我們既擺脫貧乏的決定
論，又擺脫盲目的偶然論，是極爲重要的。

　　當時，南北文學的融合依據著兩條渠道在進行：一是北人學
南並逐漸超越南風，二是顏之推、蕭慤、王褒、庾信等入北南人，
在把南風帶到北方促進了漢化進程和北詩在形式技巧上的發展的
同時，他們自身的詩風也發生了向沉厚的變化。這兩條渠道的交
織使南北文學的融合經歷了三個階段：一是少數族漢化階段，二
是北人學南階段，三是北人矯正南風並超越之的階段。從而，南
北文學融合中的矛盾運動，表現爲從學習南風到擺脫、超越南風
的推移。

　　北人南化，南人北化，中古詩歌史正是在這一過程中熔鑄著
一種新的詩歌風姿：力求將精緻的形式和深厚的內容結合起來，
這是向著「隱秀」的高境界前進。「隱秀」，作爲一個新的審美
理想，是這一整個時代文藝發展所趨向的終點，同時它也就成爲
唐代文學發展的起點。於是，另一段新的行程又開始了。

　　以上所述的整個進程都是基始性矛盾的辯證展開，亦即是「
眞美」這一範疇所內孕的各個邏輯規定性相互聯繫、相互矛盾關
係的展開，正如本書第一章第四節所說，其中每一個環節都包含
著自身的否定因素，而且到了一定的階段都必然發生向另一個環

節的轉化。此種轉化，結合著種種具體的社會和個人的條件，又有其特定的途徑和形式。這是一個環環相扣的「內在的行進」㉚的過程，因而具有十分嚴密的整體性。

【附　註】

① 列寧《哲學筆記》第409頁，人民出版社1957年版。

② 《馬克思恩格斯選集》第3卷第531頁。

③ 班固《兩都賦序》。

④ 應瑒《報趙淑麗詩》。

⑤ 《詩品序》。

⑥ 《文心雕龍·物色》。

⑦ 《文心雕龍·時序》。

⑧ 《漢書·藝文志》。

⑨ 《古詩源》卷五。

⑩ 《詩品》。

⑪ 《文心雕龍·明詩》。

⑫ 干寶《〈晉紀〉總論》。

⑬ 《詩品》。

⑭ 沈德潛《古詩源》卷八。

⑮ 《詩品》。

⑯ 王粲《從軍行》。

⑰ 嵇康《四言贈兄秀才入軍詩》第十八章。

⑱ 張華《壯士篇》。

⑲ 張華《雜詩三首》其二。

⑳ 《南齊書·褚淵王儉傳論》。

㉑ 王玄之《蘭亭詩》。

㉒　《宋書・謝靈運傳論》。

㉓　《論語・陽貨》。

㉔　《詩品》。

㉕　《南齊書・文學傳論》。

㉖　《南齊書・文學傳論》。

㉗　《詩品》。

㉘　《詩品》。

㉙　《南史・梁本紀下論》。

㉚　黑格爾《邏輯學》下卷第489頁。

第三章　文學史研究中的
原生態式的把握方式

第一節　原生態式的把握方式之提出

　　本書第一章第二節中已述，一部文學史（其他各領域的「史」也一樣），應該是歷史的眞實內容和個人才華的合璧。要做到這一點，首要的一條，便是必須始終嚴格堅持客觀性標準。由此，我們可以進一步追問一個問題，如何使得個人的理論創造和歷史的眞實內容統一起來呢？亦即如何使歷史眞實的第二重存在盡可能地符契於歷史眞實的第一種存在呢？

　　當然，本書第一章所述更新文學史研究的第二、三、四項原則，便是實現上述符契的途徑。整體性原則致力於對歷史材料的整體的把握，在這一把握的三個層次中，要求著一種對文學和其它種種社會文化因素之伴生關係、因果關係、相互激盪融合等種種關係的認識。而建立一個科學的邏輯結構的努力，則要求在邏輯環節的推移中愈益包容更多的歷史具體性，這當中自然有著一種對歷史豐富性的走向。而從民族文化—心理動態的建構過程上來把握文學史進程的學術路徑，則需切入最爲深邃的歷史地層。

　　然而，如果我們進一步探究下去，便可以發現這三個原則的貫徹，必然涉及到一個問題，即文學史生長的原生態情狀及其縱向的原生態運動如何能爲我們盡可能多地加以把握和反映的問題。借用皮亞傑的一句話：「客觀性是通過逐步接近而困難地達到的」

①。我們如何能接近於那一個歷史之原初的存在呢？如何使得我們的理論創造具有更爲綜合而又更爲動態的內容呢？文學史是文學的歷史對於過去的和今日的讀者和研究者的生成，如何使得價值論和認識論統一起來，如何揚棄認識對象和認識主體之間的疏離以至對立呢？這當中必須有一個把握方式的中介。

這一把握方式，旨在使認識主體逼近認識對象，力圖使對象在主體界限中的生成具有更爲豐富的原初的色調，以盡力減低從歷史眞實的第一重存在向其第二重存在轉化時所必定會發生的簡單化以至於歪曲化的程度。原生態式的把握方式，主要是一種致知取向方式，它意在盡量渾泯主客體的畛域。

任何人對於文學史的研究，都必然地要受到其認知方式、價值觀念和參照係的影響。任何研究主體必然是從其共性之中又獨具個性的文化—審美的心理結構出發，來把握研究對象的。這當中自然有著一種捨棄、選擇及觀念的加工，而研究個性的張揚又必然伴隨著相對性的上升。因而，文學史現象從自在狀態向著自爲狀態之生成，既可能導致一種卓具識力和個性光彩的文學史著作的出現，又有可能導致過於從一個側面、一種觀點出發提純歷史的缺陷。這樣，文學史就可能成爲某種意識形態的附庸，在政治色彩強烈的時代，文學史著作就必然會淪落爲某種宣傳工具。對作家的貼標簽及劃線式研究，杜撰所謂貫串全部中國古代文學史的儒法鬥爭線索，這一類鬧劇，不是一再滑稽地在我們這個史官傳統深厚的國度內上演嗎？主、客體的疏離和對立達到這種程度，研究客體也就生吞活剝地淪入了主體的枵腹之中了。因此，只有在對歷史的第一重存在有一定程度還原的基礎上，才能談得上文學史研究者的創造；而創造，則應是對此種還原的提高。對歷史的還原無疑一定帶有還原者所處時代及其本人的色彩，但並

不能因為這種時代和個體的色彩而否認其中有著原初的成分。如果沒有這種歷史客體的原初成分，那相異的時代和相異的個體又如何在研究中溝通得起來呢？對逼近歷史原貌的否定，一定要使闡述的主體論走到極端的地步，從而不會再有一個在一定環境中有其統一性的意義世界的存在。其實，無論自然科學和社會科學，都存在一個逼近自己研究對象的問題。十分清楚，原生態式的把握方式不僅不會削弱理論建構，反而對此提出了更高的要求，它要求在整體性、複雜性、動態性基礎上的高水平的理論創造，理論創造必須能夠深層次地說明、揭示、符契於其研究對象，才有說服力、生命力，才具有為別人認同的基礎，歷史研究的理論創造之為現實生活服務，也必須在上述基礎上才能正確地實現。

值得特別說明的是，我雖然反對文學史研究中主體對於客體的吞沒，但又是一向主張研究者對於研究對象的感情投入的。這是因為我們研究的對象是文學，不僅研究者的價值取向、審美意趣，而且其感情狀態，在研究中都必然是十分活躍的。所以，我企望於文學史著作的，乃是在嚴整而思辨的論證中，又有一種充沛的力度和磅礡的氣勢。這樣的文學史著作，才能既給予讀者以認知上的啟迪、審美上的愉悅，又給予讀者以感情上的打動以至震撼。要達到這一高度，文學史著作必須具有一種多義性的思維空間和多向度的審美畛域，亦即是必須具有一種複調色彩。平庸的缺乏音調的著作且不論，即使是具有某種正確的能在一定程度上與文學史實際內容相諧和的單音調的文學史著作，亦非臻於高境，因為音調的單一，難以展示歷史的厚重和給予讀者以高遠的悟解。

當代文學史家在盡力復現歷史的第一重存在時，其實即是在參與現時的文化建構，是在為民族拓展一個文化─意義的世界。

這個文化—意義世界的廣闊性、豐厚性，同構建者心靈的廣度和深度是一致的。原生態式的把握方式，正是避免客體被主體作一種單向度提純以至曲解甚而淪為某種附庸的必由之徑；這也正是心靈實現其廣闊性和深刻性的有效津梁。因此，原生態式的把握方式，既是客觀性要求的深化，又是理論創造原則在一個更高水平上的宏揚。

第二節　原生態式的把握方式之哲學基礎

從上面的說明中可以看出，原生態式的把握方式，乃是本書第一章所述更新文學史研究諸原則的自然延伸，既然這幾項原則是以歷史真實的兩重性存在這一歷史哲學問題為其基礎的，那麼作為有效地解決兩重存在的盡可能符契與相互生成問題的原生態式的把握方式，具有更為豐富的歷史哲學內涵就是必然的了。

原生態式的把握方式有三個重要的哲學基礎：一是主客體的渾融與相互生成，二是時空關係，三是非線性的發展觀。拙著《中國前期文化—心理研究》即是運用這種把握方式，從事於研究和寫作的，因而在這本書的《序言》中，我對上述三點都作了說明，茲略加引證如次：

拙著《序言》云：「任何一種論述—結構方式，都不僅僅是一種外在的形式，它一方面是寫作主體看待歷史的眼光和方式的體現，另一方面則又是論述對象本身情狀的反映。它雖然是寫作主體對論述對象的一種思維的、藝術的加工，但這種加工的目的，應是在於更加貼近並盡量多地反映對象本身的實際。論述對象之進入論述者的視野，本就是論述者主體心靈的延伸與外化，而對象之情狀也開拓、充實、糾正著主體的心靈，從而物與心在一定

的視角上融爲一體，物的情狀與心的把握乃錯綜成文。」這一段話的要旨，正在於說明主客體的渾融與相互生成。心靈不可能先天地具有一種廣度和深度，它必須在主客體的相互生成中，逐步浚鑿出一片八荒之裔皆在其望中的廣遠天地，並鉤緬測深地把握其虛遠幽微的意義。

　　既然原生態式的把握方式的目的，乃在求得「更多地貼近於歷史的實際情狀」②，而歷史的實際情狀，又有著空間和時間的兩個相互交織的側面，那麼，主客體的渾融與相互生成，必然是在時空座標的縱橫展開中實現的。「歷史在其宏大的進程中，同時展開著它眾多的方面：伴生、共生、並列、交錯的多樣與遼闊，不僅表現了歷史的豐富性，而且展開了它闊大的空間性。這種空間性，與相承、取代、推進、轉變等無盡的歷時性發展，經緯交織了歷史之極爲廣遠的時、空幅員。當然，歷史的空間展示，仍然是要在時間的流程中完成其興盛衰亡的」③。這正是博大歷史的原生態情狀。這種原生態情狀，要求我們對於歷史的把握，必然呈現出三個方面：一是空間的多樣性展示，二是曲折的歷時發展，三是歷史的空間性展示如何在時間的流程中完成其興盛衰亡的。綜有這三個方面的把握，便是原生態式的把握。

　　拙著《中國前期文化─心理研究》從上述理解出發，「擬制了在歷時態框架中引入共時態展示的論述─結構形式，以便與歷史的原生態情狀取得一種同態性」④。這樣一種論述─結構形式，「可以使敘述方式由單線變爲多線，使審視角度由單向變爲立體。這樣一種結構方式，有利於我們在宏觀的歷時的觀照中作出面的把握。當然，這種一定程度的並列呈示，乃是置於縱向框架之中的，它們一同匯流在歷史的河床裏，因而不會造成分離、孤立的群相割裂。並且，並列呈示之間往往又有機地展開著一個愈趨具

體的進程」⑤。

　　並列呈示的空間多樣性，必然蘊含著一種殊異性、錯綜性和
發展的不平衡性，以及由此而來的發展的多線性。這種多線的發
展，又決非彼此孤立的。某一進程的開頭，雖然也會有多元孑然
自存的情況，但在往後的發展中，這多元之間卻一定會發生相互
糾纏、碰撞、爭雄、融合等種種關係。這多元匯流的縱向進程，
是艱難而奇妙的：有時一個進程正趨蓬勃時，卻被打斷了，然而
若干年後，卻又在一個不完全相同、甚至很不相同的基礎上，再
次興盛；有時阻遏了一個進程，卻又意想不到地開啓了另一種更
具生命力的進程。包括文學史在內的人類史上，一再出現大跨度
的進與退的互旋，濤生千里，潮落萬丈。因此，對於時空座標的
縱橫展開的把握，必然伴之以對一種非線性的發展觀的深切體認。

　　「人類進化及其文明發展、分流的歷史在其行程中，前面所
出現的總是一個多汊的河道。它並不恆定地一定要流向何方，人
類各民族永遠在內在可能與外在機遇的交互碰撞中前進。歷史的
發展既非預成的，也非決定論的」。「人類社會具有自組織的特
徵，通過自生與分權，或自我維持，或向著另一種可能的結構進
化。進化存在著可以理解的脈絡，它是合乎邏輯的，但不是預先
決定了的，不在在無條件的精確軌跡。」

　　「我們可以對發展作出如下的宏觀描述：進化或曰發展乃是
在不可逆的時間中，不斷被分岔點間隔開，並一再為休止期和『
災變』期所打斷的過程。它的構型是累積性、跳躍性和分叉性的，
而非直線性和漸進性的。高峰、深谷、躍前、退後、盤曲、發散、
畸形、特化、停滯、遷變等等，都是這一過程中的種種情狀。當
然，文明和社會的複雜性，從總體上說則一直在增加著」⑥。

　　對於這樣一種發展觀，我在拙著《中國前期文化—心理研究》

一書的第三編第一章《文化變遷與神話英雄的悲劇》中，再次作了詳細的闡述，這種發展觀同理性主義的和進化論的發展觀有很大的不同，既非必然論，亦非以一條雖然波動卻是一直向前的線索來勾勒人類文明前進的軌跡，並且也不是所謂多線齊進式的。這是一種非線性而又具有突出的整體性和複雜性的發展觀。我在拙著《中國前期文化－心理研究》一書中所闡發的此種新發展觀，可以簡潔地歸納爲如下數語：時空並包、分岔前進、錯綜交織、隨機多歧、迂迴突變、艱難曲折。這一發展觀，富涵著明顯的空間性和發展形態的多樣性，不僅具有一種巨大的歷史厚度，而且具有一種鳥瞰全局的歷史高度。它對於糾正我們民族歷久存在的那種淺薄的樂觀主義和近數十年來彌漫開來的狹窄僵化的眼界，無疑具有十分重要的意義。

對歷史的原生態式的把握，一言以蔽之，其實即是一種對於複雜性問題的整體把握方式。

第三節 原生態式的把握方式之內涵

原生態式的把握方式的哲學基礎既如上述，那麼它對於文學史的研究，有著何種要求呢？大略說來有以下八點：

第一是展示文學活動的空間多樣性。文學史的原生狀態是多發的、多方向的，因而是非規範的。文學的發展是與衆多其它因素伴生著的，文人們往往以塊團的形式崛起。塊團與塊團間，依據於多重關係，構成一種既競爭又溝通的文化網絡。

近代以來，因爲學科分化而日益狹隘了的文學史畛域，必須堅決地予以打破。文學在其初期的發展中，因和歷史、哲學等其它意識形態領域的相通，而具有一種厚重的意蘊；但當文學愈益

走上自我特徵明顯的發展道路時，則長歌短吟往往無非風花雪月之儔了，甚至還進而淪爲無病呻吟、鬥尖弄巧的文字遊戲，此亦可謂「前輩飛騰入，餘波綺麗爲」⑦也。文學史的研究也一樣，當它過於從純粹文學的角度劃出了自我王國的領地時，除了作瑣碎的考證和苛細的文本解析以至老生常談的技巧分析外，探討規律云云也就大半成了空話。所以，文學觀念的明確，雖然是一種進步，然而當論者們對之加以歡欣的謳歌時，卻未曾想到隨著文學觀念的愈益明確化，文學現象向著文學史的生成，也就愈益離開了它的原生狀態。

原生態式的把握方式，要求還原回去，從文學與眾多其它因素的伴生關係中，從其特定的塊團形式中把握那一種渾淪的勃動。

第二，同空間上的多發性、多方向性相一致的是，文學史的發展，在總體上是無目的的、旅進旅退的、往往是隨機選擇的。文學的發展有一種內在的邏輯進程，但如前所說，它卻不是預成的、更非決定論的。文學的發展質文沿時、崇替環流，既不是愈遠愈漓、彌近彌淡，又非文律運週、日勝其舊，而是如我在拙著《中國中古詩歌史》中所一再說明了的那樣，乃是一種突破與不及雙向並存的運動。文學家的創作以及文論家的理論倡導是有意識的，甚至是具有一種強烈的歷史主動精神的；但多種力量的衝突以及後代讀解的變化、斷裂、復興，使得文學史從總體上來說，又是無目的的。這是一個時、空、質（時間、空間、質量）相互轉換制約的一體化的連續統。空間性的多樣展示之轉化爲歷時性的交錯興替，則又必然使得文學史的運動是旅進旅退的，並且又是依據於此種交錯興替和外在社會條件的變化而隨機選擇的。文學史的內在發展要求，正是在這一曲折的過程中，以一種特定歷史環境所給予的具體形式而實現的。

如果說文學史運動在空間上的非規範性表現在它的多發性和多方向性上，那末時間上的非規範性，便體現在文學史的這種總體上無目的的縱向的曲折運動上。

第三，在文學史運動的隨機選擇的發展中，偶然性因素和個人的作用應受到重視。一個歷史新方向的開闢，是在偶然性、機遇性中，經過艱難的努力而曲折地完成的，它往往需要代代相承的努力。在總體上無目的的文學史運動中，每一個階段往往卻會有其自成首尾的進程。這一進程，雖由民族思維的發展、文學自身的內在要求及社會條件的許可等多種因素迭合而致，但傑出的文學家和理論家的作用，卻是不可或缺的。

「任何個人，既是在自身中積累了社會—文化意義的存在，又是一個具體而不可重複的個體。個性並不僅是外界環境影響的產物，它還是個人在樹立自我生活過程中自我選擇的結果。我們應當注目於個性、抱負、氣質、學術路徑與方法、審美情趣各不相同的個人，究竟將何種偶然性、特殊性帶進了當時民族的精神生活中；而這種偶然性、特殊性又是如何在由於一定的歷史氛圍和價值期待而造成的社會性認同之反饋中，得到意義性張揚，從而在民族精神生活的一個特定的位置上凝定下來的；各種殊異而又相互衝突的精神性活動，又是由於何種必然的和偶然的原因，而經由直接的或迂迴的道路在總體化整合中盛衰興替，並從而左右了民族精神史的生長方向，形成為其具體的行程」⑧。

第四，原生態式的把握方式，還必須注目於空間性的多樣展示如何匯聚到時間之流中的問題，亦即是要求將時空兩維交合到一起加以把握。這涉及到研究下列這些問題：文學史運動中的社會性讀解的有效載體和方法是什麼？其作用和影響如何？文學史是如何通過其中介環節而運動的？文學史運動的動力結構又是如

何構成的？

　　研究上述這些問題的實質，就是探究文學史的生成問題。文學史的生成有三層含義：一是眾多的文學家個人及文學塊團，在其渾淪的勃動中之各異的興替消長。二是某一作家在其後世讀解中面貌的變化，及其在一定程度上向著某種文學理想、文學風格以至文化價值之符號性代表的鑄就。三是文學秩序的排定及文學線索的梳理。對文學史之生成的這三個層次，我們不僅必須從古籍的散佚與搜輯、文學家的隱與顯等矛盾關係上加以把握，而且還必須從無序與有序的展開轉換中，去勾畫其邏輯運行的軌跡。

　　第五，既然每一個時代文學家的活動在整體上是一種渾淪的勃動，文學史乃是生成的，那麼，我們就應消除神化大詩人、大作家的傾向，並從而對今之所謂大、中、小詩人、作家的關係，作出新的處理。

　　當大詩人、大作家們經過代代讀解的認同，騰義飛辭，渙其大號，排定在文學秩序的某一個顯著位置上時，前人留給我們的往往便是對他們藝術成就的傾心驚嘆和虔誠膜拜，年積愈遠，而音徽如旦。從這種感受出發，我們極易神化他們，從而將他們已有的崇高的文學地位，看作是天經地義的。大詩人、大作家們取得其文學地位自然是應該的，卻並非是必然的。他們不是飛來之峰，兀自躍上蔥蘢四百旋，他們不僅受惠於一種文化—審美傳統，而且還是在與同時代人的相互交往中，或切磋琢磨、或自標風流地活動著的。杜甫對李白渭北春樹、江東暮雲的思念，不正落腳在「何時一尊酒，重與細論文」⑨上？高適在哥舒翰幕，子美又有詩寄曰：「嘆息高生老，新詩日又多。美名人不及，佳句法如何」⑩？杜且如此，何論他人！

　　大詩人、大作家們因其卓越的才能與突出的成績，也許在當

世就博得了如錦的美譽；然而傳播渠道的限制、文學塊團之間的
阻隔、冷漠和競爭，往往使得他們難以取得過於超凌的地位。並
且，當一世之才子都在搖筆散珠、下筆琳琅之際，也必然存在選
擇和判斷的困難；何況美學欣賞本就是隨性適分、鮮能通圓的，
以故妍蚩之評必然紛紜；而文人相輕、賤同思古的惡習，更是阻
擋了對於眞正的藝術和學術之價值的認識。至於那些開啟新方向
的文風、技法，則又往往並非在當世就能獲得廣泛的影響。

　　劉勰在撰寫《文心雕龍》時的感受帶有原初性，其《知音》
篇發端即大嘆曰：「知音其難哉！音實難知，知實難逢，逢其知
音，千載其一乎！」當然，此時彥和尚未因沈約之荐起家爲奉朝
請，他的體會更多一種未顯名的下層文人的苦辛。雖然文人們的
社會地位有高低，顯名的難易不一樣，但都需有一個從未顯名到
顯名的過程。南朝高門士族子弟雖社會地位極高，亦斤斤于以才
藝出人頭地也。

　　所以，原生態式的把握方式，要求將大詩人、大作家還原到
其時那一種渾淪的勃動之中去加以把握。這並不是說要降低他們
的文學地位，而是要從上述渾淪的勃動中，去說明其大家地位之
逐步形成的過程，而這就要求正確地說明他們與同時代其他詩人、
文士的關係。本書第一章第三節已述，一部優秀的文學史著作對
於自己論述範圍內的作家及其作品，應該有一個相當大的覆蓋面。
否則，我們不僅難以見出一個文學史時代的全貌，而且對於今日
文學史上的大詩人、大作家在其時的眞實地位，也難以有明確的
認識。許多在當時結藻高妙有俊彥之聲，而在後代卻世遠湮如了
的不幸的作家們，我們應適度恢復其地位。惟有如此，我們對於
一個時代文學面貌的勾畫，方才能較爲逼近其原初的狀態。

　　第六，「生物及人類進化史雄辯地說明了進化和發展的兩重

可能性以及在危機時刻的非線性跳躍性」⑪。人類文化也不是直線發展的，毀滅性的天災人禍，歷史的大幅度開闔動盪，常常使文化發生重大的遷躍、倒退和斷裂。文學史的非線性發展，不僅在於上面第二點所述空間性的錯綜多樣之轉化爲歷時性的交替興衰所造成的旅進旅退，而且還在於其發展的道口亦是多歧的，有時往往有邊緣突起：遠離文化中心的、非正統的、民間的、下層的以至異族的文學樣式、風格、語言、審美情趣等崛然興盛，漸次奪取了一代文學的中心以至領導的地位。這不僅造成了文壇上流派鬥爭的激盪，而且促成了文學體裁的代興。

　　有兩組矛盾左右著這一過程是顯然的：一是雅與俗的矛盾。雅指上層文學及精緻的審美講求；俗指流行於下層的文學和市井趣味。我一貫認爲：雅與俗的懸隔與會通，形成爲中國文學發展的大的格局和走向。爲什麼音樂的變化常常成爲文壇嬗變的先兆？其原因乃在於音樂（歌曲、戲劇）同娛樂欣賞有關，也就是同文化消費有關。歸根到底，是廣義的文化消費（不僅僅指娛樂欣賞）推動著文體的變遷。當然，這其中更深層次的原因還在於民族思維、民族文化—心理的發展。於是，雅與俗成爲一個循環及兩難的選擇：俗淘汰雅，俗又變成雅。過雅，則高處不勝寒；過俗，則通人嗤之以鼻。在俗的興起和雅的衰落之過程中，文人們由其社會地位、審美情趣的種種差異，或早或遲地逐步加入到俗中來，並提高著俗，使之雅化；當其雅到僅僅成爲高等文人書齋裡的玩賞物時，它也就失去了大範圍消費圈的支持，於是又不可避免地走向衰落。另一方面，俗文藝如不向雅發展，則必然停留在低層社會群體和簡陋的傳播條件中，並受到地域特徵不利的影響。俗文藝雖具有漫延的生長性，但產生的地域不同，其形態就殊異；某一特定形態的俗文藝，必然具有一種狹窄的地域性。它必須在

藝術成分多量的匯流中，方才能夠獲得內涵及質量的上升。也就是說，在層次的上升中，俗文藝才能突破其地域的狹隘性。一定的地域特徵也只有在向著雅的發展中，才能發揚爲一種能爲其它地域所了解、接受的特色。而產生出有影響的精品，顯然是某一種特定文藝樣式立定腳跟、展示自身獨特性的必要條件，否則，難以贏得廣大的讀者和觀眾。

一般來說，雅與俗的交匯期、提高期，便正是這一文體的興盛期。俗之淘汰雅復又變成雅所顯示的俗與雅既懸隔又會通的矛盾運動，是文藝發展的普遍規律。

二是少數族文學與漢族文學的矛盾。從某種意義上說，這一組矛盾和雅與俗的矛盾是交錯的。少數族的文學淳而質，心絕於道華，可謂爲俗；而漢族文學就其作爲代表的士大夫文學來說，或麗而雅、或侈而艷、或淺而綺、或訛而新，可謂爲雅。但又不盡然，少數族文藝因其原始性，往往又帶有一種原初的未分化性和一種與大自然相渾融的雄健遼獷的氣息，相對於文學類型分化了的漢族文學，又自有一種優勢在。「少數族的文明比起漢族來要低得多」，但是其「由原始草原所薰育的闊大的心胸，又何曾是侷促於『七彩紫金柱，九華白玉梁』環境中的」漢族「宮廷文人所能有？高雅文明中的『杏梁』、『蕙席』、『綠酒』、『花色』，又哪及得上大自然之原初的雄渾和深厚」[12]。因此，少數族文學與漢族文學的矛盾統一關係，不僅表現爲雅與俗的衝突，也不僅表現爲異族文學營養的吸收，而且還體現爲質與文的回流。

因而，在民族間戰爭所造成的白骨蔽平野的巨大的歷史災難以及這種災難投影在人們心頭所形成的「恨心終不歇」[13]的巨大的歷史痛苦之中，一方面原有的文學進程產生了斷裂，另一方面卻又向別的分岔方向萌發了文學發展的豐富生機。正是憑藉於此

種生機，文學的發展方才完成了歷史危機時刻的非線性跳躍。

　　當然，少數族文學與漢族文學的矛盾統一關係，往往又是和漢族文學本身的雅與俗之矛盾統一關係相扣合、相匯通而發生作用的。這兩組矛盾的扣合、匯通，不僅縮結了文化消費與文化生產兩者，而且也交融了民間的和異族的兩個方面之向著文學中心地位的侵入以至佔領。

　　一方面是邊緣突起和新生機的萌發，另一方面則又是原先佔有領導和中心地位的文體之下降。在歷史和文學發展的這種大幅度變動之中，必然發生原有讀解的失落和斷裂。文學的發展方向既已分岔，則沿著原有方向的青燈之下摛風裁興、竭才鑽思的苦辛，又如何能獲得較多、較大的社會性讀解的累積和意義性張揚呢？處在歷史當口而不識盧山真面目的文人們，難以認清文學發展潮流的轉向，加之原有文學方向所顯示的昔日的輝煌仍熠耀煒煒於眼前，而對於下層的流調俗文的鄙薄，對於胡音胡調不入大雅之堂的華夷成見，自然更加阻礙著逸才俊士們追隨著新方向前進。然而，歷史恰恰鐵冷地兜了一個旋：邊緣與中心無情地對調了位置。

　　至於因為戰亂兵火或暴虐政治而無端散佚或被禁毀了其宏富之典文、鱗萃之辭翰者，又正不知凡幾！這當然也是文學史非線性發展中的悲劇之一。

　　原生態式的把握方式，要求正視並把握文學史發展中「包孕著進步和殘酷兩個依存面」⑭的非線性跳躍。正是在這一層意義上，原生態式的把握，不僅具有了一種深刻的歷史悲劇哲學的意味，而且更有一種對於歷史的宏通的期信。

　　第七，原生態式的把握方式要求一種感性和理性相渾融的闡述方式。對這一闡述方式，我在本書第一章第五節中已然述及，

這兒還需要再加以一些說明。

　　這一闡述方式乃是本書所闡述的文學史研究方法的必然要求：史的研究就是理論創造的原則，以及建立一個科學的邏輯結構的要求，是屬於理性方面的；而整體性原則，特別是其第三個層次——文學同政治、哲學、社會風習等各方面的一個大的綜合，以及盡力從民族文化─心理的動態的建構過程上來把握文學史的進程的學術路徑，則涵有明顯的感性內容。要將文學的進程上升為一種文化的進程、民族發展的進程，要使文學研究的多方面結合成為以民族思維的發展為內核，以民族文化─生活方式的展開為表現的一種有機的綜合，不僅需要有高層次範疇的籠罩統領，而且需要有充沛的感性的呈現，才能達到既根柢槃深，復又枝葉峻茂的境地。沒有感性的充沛，就不可能有民族文化─生活方式的展開。

　　從原生態式的把握方式來說，在空間多樣性的展示和多種發展形態的錯綜中，感性的因素是顯然的；而對殊異性、偶然性、個人作用的表述，亦必然導致對於感性的重視。原生態式的把握方式之目的，既在於努力逼近歷史真實之原初的存在，則原初存在之盡可能多的勾沉和復現，自必要求感性顯示的上升。

　　理論研究之忽視感性由來已久；從事於文學史研究和文學理論研究，所面對的本是以形象性為特徵的研究對象，但也彌漫著一股忽視感性的風氣。這種偏向自然也是近代學科分化所造成的，因而至今仍被一些學人奉為理所當然。然而，馬克思早就指出：「人不僅在思維中，而且以全部感覺在對象世界中肯定自己」，「感性必須是一切科學的基礎」⑮。感性和理性渾融的闡述方式，符合人類的認識規律和讀者的接受規律。人在認知的過程中，其主體認知圖式乃是各種意識狀態的綜合統一體，人的思維是一個全

部意識都在共時地相互作用、而又無限地隨機組合的時空質的連續統。因此，人們所最樂意的閱讀方式乃是一種悟解式的閱讀。

這種悟解式閱讀有下列三個要求：一是它需要有感性的充沛展示，亦即是需要有大量論據的提出，二是它又需要有理性的導引和啓示，三是它必然伴隨著一種情感的和審美的活動⑯。一方面感性的雜多、粗糙及其表層性，需要理性的疏導、整理，使之成爲具有一定秩序和規則的信息，並在思想的深度加工之中呈現出本質。作者別具卓見的整理和深度加工，照亮了感性材料的內在意蘊，當讀者感受和認同了這種照亮時，也就必然有了一種悟解，並會油然而生一種愉悅感。另一方面，又正因爲感性的雜多、粗糙及其表面性，使它具有了多種整理和加工的可能。在閱讀過程中，多種意識的活躍的隨機組合，思維場中生氣貫注的思場流效應，都可以使讀者產生聯想以至靈感。特別是閱讀那些善於從材料的深處探取驪珠的妙文時，讀者在一種優秀的思維活動的導引下，勢將逆聲而擊節、觀綺而躍心者也。

此外，又惟有感性和理性渾融的闡述方式，方才有利於情感的投入和語言的文質兼備，由此，讀者的接受過程才能在求知的艱難中而有湖光山色之賞心，從中不僅獲致認知上的啓迪，而且得到感情上的薰染以至震憾。

那末，感性和理性的渾融應如何進行呢？正如本書第一章第五節所已經說到的，這需要強調兩點：一是概念、範疇同感性材料應具有生成上的一體性。理論的剖析與邏輯環節的推進，不能僅依靠純思辨的推演，而必須和大量作爲特定概念、範疇、理論主張產生基礎的材料水乳交融在一起。二是應將具有雲外高矚的理論視點的邏輯體系，同豐富的活潑潑流露著生機的原生態感性具象統一起來。這是一種富涵充沛感性並從感性中崛起的理性，

它消釋了乾癟和枯燥；這又是一種散射著理性光彩的感性，它又避免了零亂和淺薄。在感性與理性渾融中的邏輯推進，材料因一種理性之光而顯示出其有機的聯繫，因而它不會形成堆垛，所以它厚重而不呆滯、嚴密而不機械。

惟此，我們的論著，方能在睿智的意義指稱中，既曠望高遠，又豐韻逸出。

第八，以前述新的發展觀爲內涵，同融合感性和理性的闡述方法相一致，原生態式的把握方式必然要求形成一種深沉、崇高、大氣包舉並富涵極濃郁的哲學意味的闡述風格。

如果說將同時空關係密切聯繫的新發展觀融和在具體的歷史進程中加以有機的表達，或者更準確地說，以此種發展觀作爲歷史進程中的內在靈魂，是原生態式的把握方法在內容上的側重；那末渾融感性和理性的闡述方式，便是原生態式的把握之形諸語言文字的體現；而上述那種闡述風格，則是其美學風貌之顯示。

闡述風格問題同語言是密切相關的。自然界在一定的歷史階段依據於人的感知能力的變動發展，「而收縮爲一個或大或小的現象界。人對於歷史以至社會的感知，也同樣具有這種特點。正是從人類認知世界的生成這一點上，我們可以理解到語言及其它符號系統對於人類群體之構成的存在論、本體論意義」⑱。人類活動於具有相對客觀性質的認知世界中，認知世界依靠語言等符號系統而生成。對於歷史和社會加以探究的著作，正是一個特定的認知世界；這一特定的認知世界，是依靠特定的語言文字而展開的。語言文字具有何種性能、特徵，這一認知世界必然呈現爲何種角度與色彩。長期以來，人們往往認爲社會科學著作可以不考慮語言的色彩與個性問題，只要將意思說清楚就行，因而社會科學著作中遣字行文千人一面、味同嚼蠟的現象極爲嚴重，許多

論著常常因其乏味的語言而影響了內容表達的精彩性。更其甚者，將平實而無個性的語言自視為洗煉，由於力有不及而厭惡於高深而漂亮的文風。內容高深不好，難道淺薄好？文字漂亮不好，難道枯燥好？語言既是一個特定的認知世界展開的憑藉，則其體現在一部論著中，就不僅僅只是一個文采的問題，而是作者個體精神世界的整體映現。

　　我一向主張史的寫作在總體結構和行文上，都應追求一種磅礡的氣勢和渾厚的意韻，要融萬象於一爐，全景式地展示歷史。博大厚重、史詩氣韻，是一部高品位大著作所必須具備的素質。高品位的大著作，既要有一種包孕萬有的筆力，又需充溢一股智慧之氣，呈現一種靈動的逸姿，且予人以突出的力度感。

　　原生態式的把握方式，必然要求研究者在獨特的認知中飽含一種強烈的感性生命體驗。因為愈是逼近於歷史的原初存在，我們便愈能切入那一個時代人們的生存狀態，把握到文學家們的心靈深處，從而必定激起研究者自身的生命體驗。特別是前已述及的，當面對歷史上多次發生的中州板蕩、世積亂離、文學蓬轉的巨大災難，以及歷史那鐵冷的非線性跳躍所造成的天旋地轉時，就更會進而形成一種悲劇生存感。

　　當然，歷史發展的可能性又是無限的，它在踐踏了成片的死亡之後，又會在一個新的方向上彷彿甦醒過來似地重新蓬勃發展。由此，一個歷史學家、文學史家，如果不具備對於歷史的宏通的期信，則亦難以理解歷史的天運斡旋。宏通的歷史期信是一種更廣闊的生存意識，亦即是一種長時段的生命體驗[19]。

　　如果沒有一種深沉、崇高、大氣包舉的風格，如何能將飽含著歷史哲理的生命體驗表現出來？又如何能使讀者同時受到理性和情感的雙重震撼？！

　　一位文學史家，應該有一種擁抱研究對象的精神力量。這種精神力量，不僅在於一種嶄新而獨到的理論透視力、恢宏而博大的體系構造力以及細密剖析的思辨力，而且還在於一種情感、氣勢、力度對於研究對象的充沛的浸潤。在邏輯嚴密的行文中，不僅應以環環相扣引人入勝，使卓見睿識時出意外，而且感情的潛流亦應不時躍出紙面，沖湧回蕩於字裏行間。並且，當一位文學史家眞正在一定程度上切入了歷史那原初的存在時，他的語言也必定會有一種特殊的色調和光彩；這種色調和光彩，乃是主客體交融在感性生命體驗中的產物。

　　要之，任何一位文學史家如欲寫出高品位的大著作來，自必需要具有一種高品位的闡述風格。一部優秀的文學史著作的完成，其實即是一個文化—意義的世界的出現。文學史家之形成深沉、崇高、大氣包舉並富涵極濃郁哲學意味的闡述風格，正是他所構建的文化—意義世界之向著高品位大著作之生成。

【附　註】

① 　《發生認識論原理》第92頁，商務印書館1981年版。
② 　《中國前期文化—心理研究，序言》第6頁。
③ 　《中國前期文化—心理研究，序言》第7頁。
④ 　同上。
⑤ 　《中國前期文化—心理研究，序言》第6、7頁。
⑥ 　《中國前期文化—心理研究，序言》第4頁。
⑦ 　杜甫《偶題》。
⑧ 　拙作《〈中國文人心態史叢書〉總序》，見本書附錄。
⑨ 　《春日憶李白》。
⑩ 　《寄高三十五書記》。

⑪　《中國前期文化—心理研究》第258頁。

⑫　拙著《中國中古詩歌史》第772、773頁，江蘇教育出版社1988年版。

⑬　庾信《擬詠懷詩》其七。

⑭　《中國前期文化—心理研究，序言》第2頁。

⑮　《1844年經濟學—哲學手稿》第79、81頁，人民出版社1983年版，著重點原有，下同。

⑯　當然，有時妙言警句，往往一瞥之間，便會使人思飛天外，然而，這種頓悟的產生，一定是以平素的閱讀積累和生活閱歷以及憤悱之思索爲基礎的。在這種悟解中，仍然有著感性基礎、理性啓示以及情感上的愉悅以至快樂這樣三個方面的因素。

⑰　《中國前期文化—心理研究》第85頁。

⑱　同上。

⑲　《中國中古詩歌史》第761頁，《中國前期文化—心理研究》第228、229、260頁，對此均有詳細說明，請參見。

第四章　對黑格爾發展觀的批判

第一節　絕對精神的漫遊史

現在，我們需要進一步研究一個問題，即如何將原生態式的把握方式與黑格爾的邏輯學思路統一起來。唯有邏輯學思路和原生態式的把握方式之結合，文學史研究方能達到既盡可能符契於歷史的原初存在，又具有嚴密完備的理論形態的高境。

原生態式的把握方式的哲學基礎，上一章第二節已然詳述。原生態式的把握方式與邏輯學思路的結合，必然導致以新發展觀為突出標誌的上述哲學基礎對於邏輯學思路的滲透，從而促使體現於《美學》、《哲學史講演錄》中的黑格爾的邏輯學思路更新其形態，亦即形成一種揚棄：黑格爾的邏輯學思路下降成為新的邏輯學思路的部分規定性。構造一種適用於史的研究領域的歷時性的邏輯學思路，乃是使得理論形態的創造盡可能符契於歷史的原初存在的關鍵之所在。它的意義自然不局限於文學史研究領域，然而，無疑它必須是文學史新方法體系的重要的構成部分。要完成對於黑格爾運用於史的研究領域的邏輯學思路的改造，是一件艱難的工作，但我們不能迴避艱難。

本章主旨在於對黑格爾發展觀的缺陷給予批判。黑格爾的發展觀貫穿在他的整個體系之中，因此，本章需要先對他的學說作一個概述；為了本書研究課題的需要，對於他的《美學》一書所勾畫的藝術史的運動，應稍作一些詳細的說明。對黑格爾發展觀的批判，本章往往落腳在與原生態式的把握方式的比較上，以便

更爲清晰地將兩種思維方式的區別呈示出來。

　　黑格爾認定精神的事業就是認識自己，他的整個學說就是陳述絕對精神的漫遊史：在邏輯階段，絕對精神是作爲純粹邏輯概念而運動的，從有（存在）經過無、變易、定在、自爲存在……一直到絕對理念。絕對理念的內容，即是前此的整個體系。於是，他的邏輯學便以「把握住它自身的概念，作爲理念之所以爲理念的純理念的概念而告結束」①，達到這「理念是唯一全體的認識」，便是「目的的達到」②。於是，絕對理念開始外化爲自然。自然的最後階段是人，絕對理念因而體現到人類歷史中，此即精神階段。在精神階段，絕對理念通過漫長的過程，回復到它自己。至此，它已展示了自身全部的豐富性，從而達到了完全自覺、完全認識自己的階段，於是發展也最後結束了。這個結束之處，便是他本人的哲學。

　　黑格爾從不由外部去尋找運動的根由，他認爲概念自己分化其自身，把自己區別爲它的各個環節。「概念已經是潛在的特殊性。但是在概念本身內，特殊性還沒有顯著地發揮出來，而是仍然與普遍性有著明顯的統一。……植物的種子誠然業已包含有根、枝、葉等等特殊部分，但這些特殊的成分最初只是潛在的，直至種子展開其自身時，才得到實現」③。如果將他這段話中的「概念」一詞換置爲「事物」一詞，則其由事物內部矛盾性尋求發展的根源，並由此種內部矛盾性出發把握事物的必然運動的思想，自然是極深刻的辯證法精義。但這樣一來，運動就完全是由必然性決定的了。

　　我們且看他在《美學》一書中，是如何論述藝術史的運動的，他在《全書序論》中，曾簡括地說明過他這本書的總思路，是闡明藝術的「各個部分如何從藝術即絕對理念的表現這個總概念推

演出來」④的。他對於美的定義是「理念的感性顯現」⑤，理念
為藝術的內容，感性形象是藝術的表現形式。理念和感性這兩個
要素，並非是抽象的，而是具體的，因而雙方又是相互包含的。
具體的內容本身就已含有外在的、實在的、也就是感性的表現作
為它的一個因素，另一方面感性事物在本質上就是訴諸於內心生
活的，由此，兩個要素方才能夠相互結合以至吻合。但是，這當
中還有一個內容要適宜於表現的問題。因此，內容的適宜與否便
引起了它和感性形式的矛盾運動。「這種由心靈自生發的內容的
演進過程就和直接與它聯繫的藝術表現的演進過程相對應」⑥，
於是，產生了藝術發展的階段和類型以及藝術的各種門類。

　　「藝術類型不過是內容和形象之間的各種不同的關係，這些
關係其實就是從理念本身生發出來的」⑦。由內容意義和形象的
互不適應所進行的持續不斷的鬥爭，產生了象徵型藝術，從不自
覺的象徵到崇高的象徵以至達到自覺的象徵。在象徵藝術中，理
念只是以抽象的確定或不確定的形式進入意識，從而使得意義與
形象的符合也是抽象的，這雙重缺陷的克服便形成了古典型藝術。
在古典型藝術中，由於精神性因素的增長和明晰，藝術的內容是
具體的理念，亦即具體的心靈性的東西。這具體的理念是作為具
體的個性，直接從人體中表現出來的，而人體形態最為適合表現
心靈性的東西。由於內容和形象的諧合，因而古典型藝術達到了
美。但是，古典型藝術表現的是人的心靈，這是有限的，精神性
內容要從身體形狀中流露出來，所以它就不能自由地表現自己。
因這一缺陷，古典型藝術便瓦解而轉入更高的浪漫型藝術。浪漫
型藝術取消了內容與形象的統一，「在較高的階段上回到象徵型
藝術所沒有克服的理念與現實的差異和對立」⑧。精神從直接存
在中解放了出來，藝術超越了藝術本身。「內在世界慶祝它對外

在世界的勝利」⑨，而感性現象就淪為沒有價值的東西了。於是，外在事物受到內心的任意驅遣，「外在方面和內在方面一般都變成偶然的，而這兩方面又是彼此割裂的。由於這種情況，藝術就否定了它自己，就顯示出意識有必要找比藝術更高的形式去掌握真實」⑩。這更高的形式便是宗教。三種類型的藝術，即是藝術發展中對於美始而追求、繼而達到、終於超越的三個階段。

每一種類型的藝術，又有與之對應的藝術種類：建築藝術的基本類型為象徵型藝術，因其作為一堆笨重的物質堆，只能從外面指點出內在心靈生活；雕刻卻能在人體形象中表現心靈性的東西，因而古典型藝術為其基本類型；形式與內容提高到觀念性的繪畫，表現人類情感、意志等主體內在生活的音樂和詩，其基本類型自然屬於浪漫型藝術了。這三種藝術之間，又呈現出物質性愈益下降、精神性愈益上升的關係。詩是最高階段，「但是到了這最高的階段，藝術又超越了自己，因為他放棄了心靈借感性因素達到和諧表現的原則，由表現想像的詩變成表現思想的散文了」⑪。

「藝術到了最高的階段是與宗教直接相聯繫的」⑫，而「宗教對於實際意識也先已在感性現實界中作為一種散文性的現成事跡而存在」⑬。所謂散文性存在，是指絕對精神跳出這偶然性的世界而把自己集中到精神的內在方面，獨立自主地成為真實，這個真實即是宗教。

宗教與哲學又是密切關聯的⑭。思維最初在宗教的範圍內活動；繼而它堅強起來反對宗教，而不能在對方中認識自己；最後，哲學對於宗教的內容通過思辨的概念予以合理的解釋，從而，它就在宗教之中認識到了自己，並將宗教看成自我的一個環節。「哲學知識的觀點本身同時就是內容最豐富和最具體的觀點，是許多過程所達到的結果。所以哲學知識須以意識的許多具體的形態，

如道德、倫理、藝術、宗教等爲前提」⑮。

　　這樣一個綜合各學科在世界史的範圍中展現的絕對理念的運動過程，其規模之龐大、氣魄之恢宏，是令人驚嘆的！並且更爲可貴的是，對這些不同的領域，「黑格爾都力求找出並指出貫穿這些領域的發展線索」⑯。構造這樣一個體係自然要花費極艱苦的思想工作。恩格斯說，黑格爾「由於『體系』的需要」，「常常不得不求救於強制性的結構」，「但是這些結構僅僅是他的建築物的骨架和腳手架；人們只要不是無謂地停留在它們面前，而是深入到大廈裡面去，那就會發現無數的珍寶」⑰。其實，即使是黑格爾的體系，由於貫注了歷史發展的生氣，也有很多值得我們深思的地方。比如，他將幾種主要的藝術門類，分別對應於某一種藝術類型和藝術階段，雖有爲了體系硬加機械劃分之嫌，卻是正確地表明了各種藝術門類不僅有其獨特性，而且其興衰也是同時代精神密切相關的。

　　但問題在於：一方面黑格爾的體系是頭足倒置的，另一方面他的發展觀又是單向性的，所以他在如何使得歷史與邏輯統一上存在不少缺陷，茲以四節的編幅分項剖析之。

第二節　頭足倒置、必然的向上性及等次劃分

　　第一，對於歷史和邏輯的關係，黑格爾是倒置的，由此他必然難以將兩者密合起來。他說：「在哲學史上，邏輯理念的不同階段是以前後相繼的不同的哲學體系的姿態而出現」⑱，這是說，是邏輯理念的發展顯現爲哲學史的發展。他又說：「歷史上的那些哲學系統的次序，與理念裡的那些概念規定的邏輯推演的次序是相同的。」「如果我們能夠對哲學史裡面出現的各個系統的基本

概念，完全剝掉它們的外在形態和特殊應用，我們就可以得到理念自身發展的各個不同的階段的邏輯概念了。反之，如果掌握了邏輯的進程，我們亦可從它裡面的各主要環節得到歷史現象的進程」⑲。在黑格爾看來，哲學史不過是精神愈益豐富地認識自己的歷史，因而他所關心的乃是理念自身的發展。他的《哲學史講演錄》所體現的歷史與邏輯的統一，乃是一種哲學史符應於邏輯概念的過程。他甚至還強調說：「我們必須指出，有些概念乃是在邏輯上有而在哲學史上卻沒有的」⑳，於是邏輯與歷史便分離了。誠然，呈現在研究者面前的歷史對象總是有缺環的，恢復缺環是史的研究的重要任務，而許多缺環之終於無法恢復，也是史的研究者的永遠的悵恨。然而，這不是歷史的發展中原本沒有，而是它遺失了。我們可以在邏輯推導中，指出必有某種缺環的存在，以至於對這一缺環的一些內容作出一定的猜測，但不能反轉過來說，歷史中原本沒有這些環節。黑格爾意在以歷史符應於邏輯，因而二者間自難盡以吻合，於是他乃以一個先驗的邏輯順序去剪裁歷史，取其相符者，捨其不符者。由此，他在構造哲學史發展階段和邏輯範疇推移之間的關係時，便以愛利亞學派巴曼尼得斯的哲學為哲學史的起點，來對應於他的邏輯學上的「有」這一範疇，而將早於愛利亞學派一個多世紀的希臘最早的唯物論哲學派別米利都學派置於不顧。他說：「因為哲學一般是思維著的認識活動，而在這裡（指巴曼尼得斯——引者按）第一次抓住了純思維」。這是他的「邏輯開始之處實即真正的哲學史開始之處」㉑這種歷史與邏輯顛倒論的必然產物。他的《邏輯學》過於形式主義地按三段式予以排列（馬克思 1868年1月8日給恩格斯的信中曾嘲笑過這種「死板的三分法」），而且概念之間的推演、諸範疇的聯繫和轉化，往往牽強附會。列寧曾針對黑格爾《邏輯學》

的這一缺陷批評說：「這些東西給人一種非常勉強而又空洞的印象」㉒。他的《精神現象學》，不僅對於階段、環節的劃分並不清楚，而且對於意識形態之間的過渡的說明亦多矯揉造作之處。這一缺陷，是使歷史去符合邏輯的結果。

　　第二，黑格爾的發展觀最鮮明的特徵，是一種曲折向上性，並且這種向上性又是必然的。他自己明確說過：「概念的發展在哲學裡面是必然的，同樣概念發展的歷史也是必然的」㉓。對這種發展觀在當時所體現出來的革命意義，恩格斯作了如下論述：「歷史上依次更替的一切社會制度都只是人類社會由低級到高級的無窮發展進程中的一些暫時階段。每一個階段都是必然的，因此，對它所由發生的時代和條件說來，都有它存在的理由；但是對它自己內部逐漸發展起來的新的、更高的條件來說，它就變成過時的和沒有存在的理由了；它不得不讓位於更高的階段，而這更高的階段也同樣是要走向衰落和滅亡的。」「在它面前，不存在任何最終的、絕對的、神聖的東西；它指出所有一切事物的暫時性；在它面前，除了發生和消滅、無止境地由低級上升到高級的不斷的過程，什麼都不存在」㉔。這種發展觀在認識論上的意義，乃在於表明「真理是包含在認識過程本身中，包含在科學的長期的歷史發展中，而科學從認識的較低階段上升到較高階段，愈升愈高」㉕。恩格斯充分估價了黑格爾辯證法的意義。這種永遠向上前進、愈升愈高的發展觀，其基調是樂觀的，它間接地反映了資產階級依靠大工業、競爭和世界市場，而在實踐中推翻了一切穩固的、歷來受人尊崇的制度的勝利進程。當時以及此後世界上的許多思想家、政治家以至文化巨人所持有的，都是這樣一種基調樂觀、愈升愈高的發展觀。

　　然而，對於這種發展觀的重要批判，其實也早由恩格斯表述

了：「自然科學預言了地球本身的可能的末日和它的可居性的相當確實的末日，從而承認，人類歷史不僅有上升的過程，而且也有下降的過程」㉖。然而可惜的是，恩格斯卻又將這一問題擱置了下來，他說：「無論如何，我們現在距離社會歷史開始下降的轉折點還相當遠，我們也不能要求黑格爾哲學去研究當時還根本沒有被自然科學提到日程上來的問題。」㉗顯然，馬克思、恩格斯當時集注精力於將黑格爾哲學革命的方面從被其過分茂密的保守的方面悶死的境地中解脫出來，亦即是要批判地消滅它的形式，而要救出通過這個形式獲得的新內容；此外，馬克思、恩格斯對於黑格爾辯證法作為材料的加工方法的改造，明顯地是屬於共時態模式展開的那種類型，這已是一個極為困難的任務了；因此，黑格爾哲學同未來歷史發展是否相符的問題，還不能作為現實的課題被加以自覺的充分注目。

雖然我們離人類歷史開始下降的轉折點還相當遠，但是就一個民族的歷程而言，則不少民族確是有其上升、下降以至於滅亡的歷程。我們如果就一個民族的歷史展開研究，那麼我們還是繞不過歷史發展不僅有上升、而且也有下降的過程的問題。

黑格爾雖然也說在精神解放自身達到自我意識的途中，須有許多曲折的道路，但早期的體系被後來的體系所揚棄，並被包括在自身之中，因此這仍然是一個不斷向上的進程。他所說的「精神的道路是間接的，是曲折的」㉘一語，就表明他之所謂曲折，是同間接性相關的。黑格爾所說的曲折，乃指精神認識自我的過程需要經過漫長的時間和一系列環節。因而，他說：「世界精神從一個範疇到另一個範疇，常常需要好幾百年」㉙，「精神曾經費了很長的時間去發揮出哲學來，而這時間之長初看起來是可驚異的，有點像天文學上所說的空間那樣遼闊」㉚。當然，「曲折」一

詞也還包括他所說的圓圈式發展的意思，但圓圈式乃是一種螺旋式上升㉛。

　　黑格爾此種曲折向上的發展觀，還同他的體系的目的性相關。前引他的「達到了『理念是唯一全體』的認識」，便是「目的的達到」的闡述，已經鮮明地表現了其體系的目的性。他在《哲學史講演錄・導言》中更爲明確地說過：「進展的步驟似乎可以延至無窮，但它卻有一絕對的目的」。他的整個論述，即有一個有意要趨向的目的：人類精神的發展終止於他本人的體系。

　　原生態式的把握方式認爲：「人類歷史的發展，是一個非目的性過程。亦即是說，它並沒有一個有意要趨向的特定的狀態」㉜。原生態式的把握方式也堅決要求從事物的內在矛盾性中尋求某一發展進程的必然性，因而不否認歷史中存在著邏輯，但不承認這種邏輯的預成性、單線性、目的性及其單純的向上性，並認爲必然性和或然性是相互交織而作用於歷史的。

　　第三，由必然性的愈升愈高的發展觀出發，黑格爾愛對發展進程劃分由低到高的等次。黑格爾構建哲學史，依據的「是『發展』和『具體』這兩個原則」㉝。這兩個原則，其實也是他整個思想之精髓的一個簡潔的表達。在《小邏輯》第25節中，黑格爾十分簡括地說明他這本書的宗旨，在「發揮一種根本見解，即指出，一般人對於認識、信仰等等的本性的觀念，總以爲完全是具體的東西，其實均可回溯到簡單的思想範疇，這些思想範疇只有在邏輯學裡才得到眞正透徹的處理」㉞。所謂透徹處理，是因爲邏輯學是講純思維的運動的。黑格爾在這兒說的根本見解，即是從簡單的範疇發展出具體的東西。他對他的《精神現象學》──恩格斯稱之爲「同精神胚胎學和精神古生物學類似的學問，是對個人意識各個發展階段的闡述，這些階段可以看做人的意識在歷

史上所經過的各個階段的縮影」㉟——的說明，可以看作是上引一段話的具體展開。他說：「在我的《精神現象學》一書裡，我是採取這樣的進程，從最初、最簡單的精神現象，直接意識開始，進而從直接意識的辯證進展（Dialektik）逐步發展以達到哲學的觀點，完全從意識辯證進展的過程去指出達到哲學觀點的必然性」㊱。由這一思路出發，在他的邏輯學、哲學、美學著作中，他總是排列出一個由低到高的等次來。

拿邏輯學與哲學史的對應來說，黑格爾認爲純有亦即純存在，既是純思，又是無規定性的單純的直接性，所以將其視爲邏輯學的開端，並以巴曼尼德斯的哲學與之對應。這一點，前已述及。有與無的統一是變易，「變易既是第一個具體的思想範疇，同時也是第一個眞正的思想範疇」㊲，黑格爾將主張一切皆在流動的赫拉克利特的哲學與之對應。從存在到變易，「變易形成到定在的過渡」㊳，包含存在與定在於自身內，爲其被揚棄了的理想的環節，便是自爲存在，哲學史上「原子論的哲學就是這種學說，將絕對界說爲自爲存在」㊴。這是一個發展的過程，是一個從抽象到具體的過程。在《美學》中，黑格爾將自然美劃分爲平衡對稱、符合規律、和諧三個等次，而在平衡對稱中，又劃出結晶體、植物、動物的上升階梯。一致性與不一致性的結合，亦即是差異破壞了單一的同一，就產生了平衡對稱；進而於整體中見出本質上的差異面及其統一，則爲符合規律；而在差異面中見出協調則爲和諧。這也是一個漸次向上的進程。

就黑格爾給哲學史、美學史貫注一種可貴的歷史生氣，使哲學史、美學史成爲一個有機的發展過程而言，他的貢獻是偉大的；但這裡也隱含著一種危險，即機械的從低到高的發展論。黑格爾一再說：「那初期開始的哲學思想是潛在的、直接的、抽象的、

一般的，亦即尚未高度發展的思想。而那較具體較豐富的總是較晚出現；最初的也就是內容最貧乏的」⑩。辯證法大師的這段話聽起來頗有點絕對論的味道。雖然從總的歷史進程上來說，「最初期的哲學是最貧乏最抽象的哲學。在這些哲學裡面，理念得著最少的規定，它們只停滯在一般的看法上，沒有充實起來」，而「時間較晚的進一步發揮出來的哲學乃是思維精神的先行工作所獲得的主要結果；它為較早的觀點驅迫著前進，並不是孤立地自己生長起來的」⑪。然而，黑格爾忽視了意識形態的發展與社會的發展之間往往存在不平衡關係。

不止是藝術，而且哲學，「他的一定的繁盛時期決不是同社會的一般發展成比例的，因而也決不是同彷彿是社會組織的骨骼的物質基礎的一般發展成比例的」⑫。此外，理論體系的建立和藝術作品的完成，需要通過人的創造，而人的素質、能力、學養均有差異，因此，後代絕對地高於前代，前代一定低於後代，是未必盡然的。更為重要的是，「在藝術本身的領域內，某些有重大意義的藝術形式只有在藝術發展的不發達階段上才是可能的」⑬。藝術往往具有一次性，這是由特定的思維方式、審美心理和情趣所決定的。還有，藝術種類的等次也是難以劃定的。比如，黑格爾將自然美置於其美學體系的最低的層次上，還一再聲言：「就自然美來說，概念不確定，又沒有什麼標準，因此，這種比較研究就不會有什麼意思」，所以「要把自然美排除於美學範圍之外」⑭。其實，不僅對自然美的認識和欣賞，是始終貫串於整個人類的藝術史的，而且在藝術發展史上，自然美往往作為一種更高的理想美引致無數藝術家為之競折腰。自然美的無限多姿，甚至可包容一切藝術個性的藝術家於其懷抱之中，化育冶鑄之。

第三節　單線性、不重視多樣性及其一組矛盾的辯證論述

　　第四，黑格爾的《哲學史講演錄》和《美學》所闡發的辯證運動，無疑是以西方世界為對象的。他所謂的世界史，其實乃是西方史。他對於東方民族有著一種明顯的鄙夷，這還不是一種多元世界文化的眼光。

　　十九世紀初、中期，人類學已興起。人類學在黑格爾於1831年逝世後的幾十年中獲得了巨大的發展：愛德華・B・泰勒的《原始文化》一書出版於1871年。摩爾根的《古代社會》出版於 1877年。在美國，佛蒙特大學最早開設人類學導論課並給予學分，這時已是1885年了。五年以後，弗雷澤《金枝》的第一版（兩卷集，約830頁）問世。當達爾文在倫敦近郊研究進化論時，馬克思正在市區梅特蘭公園路41號從事《資本論》最初的寫作。對於達爾文《物種起源》一書於1859年的出版，馬克思、恩格斯是極其興奮的。他們受到達爾文學說的影響比較早、也比較大，恩格斯多次高度評價了達爾文的功績。而馬克思、恩格斯明顯地受到人類學的影響則已到了他們的晚年。馬克思研讀摩爾根的《古代社會》離開他的逝世（1883年3月14日），其間僅相隔一年多的時間。而恩格斯於1884年終於指出：「在論述社會的原始狀況方面，現在有一本像達爾文學說對於生物學那樣具有決定意義的書，這本書當然也是被馬克思發現的，這就是摩爾根的《古代社會》（1877年版）」[45]。同年3月底到5月底，恩格斯以執行馬克思遺言的態度寫作了《家庭、私有制和國家的起源》一書，並於1884年10月初在蘇黎世出版。到恩格斯逝世（1895

年8月5日）前四年，他還對此書加以修訂和補充，出版了增訂本，並爲之寫了第四版序言。隨著人類學的發展，一種以實證科學爲基礎的全球性的跨文化的眼光，方才日益深入地影響到整個社會科學領域。人類學也產生了古典進化學派、文化傳播學派、文化功能學派、文化歷史主義、文化生態學、結構主義人類學等衆多學派。歐洲中心主義的文化觀於是日益沒落了。

黑格爾的體系明顯是一種單線的發展觀，這同他所受的時代限制是有關的。

第五，出於單線的發展觀，黑格爾不給予多樣性以重要地位。他說：「多樣性是在流動中，本質上必須認作在發展運動中，是一個暫時的過渡的環節」[46]。他曾用譬喻的方法，說明過希臘哲學的進展階段。最初是一般地思維，如普遍的空間。其次出現了最簡單的空間範疇：從點出發，進到線與角。第三步是點、線、角結合在三角形中，這個三角形的面還是最初形式的總體，還是有限制的總體，之後三角形的每一條線都發展爲一個三角形。這三邊上的三角形再結合爲一個總體，這才是完全的空間範疇[47]。這個例子形象地說明了他認爲多樣性之作爲一個暫時的過渡環節必然被結合在一個總體中。空間性實質上消融在時間性裡了。

黑格爾的學識眼界是博大寬廣的，但由於對多樣性的輕忽，他不注意文化的多歧發展，而是將各民族綜合到世界精神的統一進程中。他說：「理念的某一形式某一階段在某一民族裡得到自覺；而這一民族在這一時間內，只表現這一形式，即在這一形式內它造成它的世界，它造成它的情況。反之，那較高的階段，在許多世紀以後，又發現在另一民族裡」[48]。處在時間之外的世界精神，「說它利用了許多民族、許多世代的人類來完成它尋求自我意識的工作，說它造成了萬物生生滅滅的龐大展覽，也還不夠。

它有充分富足的資源來作無限的展覽，它大規模地進行它的工作，它有無數的國家，無數的個人供它使用」㊾。個人、民族淪爲精神的工具，這是黑格爾的老生常談。這兒值得注意的是，黑格爾所說的這種空間的多樣性，我們可以借用他在《小邏輯》中論述純有的話來予以評論，乃是一個「純粹的抽象，因此是絕對的否定。這種否定，直接地說來，也就是無」㊿。多樣性被視作世界精神的各階段，無怪乎他喜愛對各民族的哲學和藝術作生硬的等次的劃分，因此多樣性也就表現爲精神向上發展的一條單線。在黑格爾的這種理論視野中，文化有高低之分，卻沒有多線發展。被絕對理念使用過而遺棄了的民族、時代，就不再處於黑格爾的發展視界之內，於是空間性也就被抽象否定掉了，它實際上不過是時間。

　　恩格斯曾經贊揚說：「黑格爾的思維方式不同於所有其他哲學家的地方，就是他的思維方式有巨大的歷史感作基礎。形式儘管是那麼抽象和唯心，他的思想發展卻總是與世界歷史的發展緊緊地平行著」[51]。然而，黑格爾的空間感似乎遠不如他的時間感，而且他在對於哲學史和美學史的構建中，也還不會將時空質構造爲一個連續統。當然，他說得對：「空間的眞理性是時間」[52]，因爲如上章所說，空間的多樣性必然匯流到時間之中，但這種匯流又必然形成文化的多歧面貌和多線發展。歷史之河不只一條，並且也還必須注意空間多樣性在時間之流中的興衰問題，此外，如上章所述，歷時性的交替，則又必然使得歷史的運動呈現一種旅進旅退的狀況。如果承認到這一步，則黑格爾的世界精神的統一的向前的進程就崩潰了。

　　原生態式的把握方式，正是在時空並包且相互轉化這一思維特徵上，明顯優越於黑格爾的邏輯學思路。正是出於對這種優越

性的響往，拙著《中國前期文化—心理研究》擬制了在歷時態框架中引入共時態展示的論述—結構形式，「歷史的存在和發展原是多面而又多線的」⑬。

第六，出於單線性和不重視多樣性，黑格爾整個的辯證論述，乃是由一組矛盾沿著一個單線方向的前進，雖然其軌跡是正、反、合的。《美學》一書以理念同形象始而不適應、繼而相符、終而超越的矛盾運動，勾畫了十九世紀以前全部的藝術史。他對於宗教與哲學的關係，也只是用哲學在宗教之內的不自由，到哲學感覺到自己是建築在自己的基礎上因而對宗教採取敵對態度，終止於哲學揚棄宗教於自身之內的這一矛盾推移，來加以說明的。

雖然某一領域的歷史發展，可以是由一組基本矛盾決定的，然而，這一基本矛盾在前進的過程中，因各種條件的作用，應繼續派生出若干次要的矛盾。並且，某一領域中的基本矛盾，雖對於這個領域來說是具有普遍性、根本性的，但在整個意識形態領域以至社會、歷史當中，則又顯示爲一種特殊性和次要環節上的矛盾。它必然要受到具有更大的普遍性和有更根本意義的矛盾的重大影響，並同其它領域中的基本矛盾相糾結，因此任何一個領域的矛盾運動都必然是一種多組矛盾的交錯。當然，這多組矛盾有其統一的生發根源，並在歷史的展開中有其序次的推移，但又必然有其相互生成、相互激蕩、相互克服的關係。黑格爾構造體系煞費苦心，而其許多環節的推移轉換仍不清晰以至牽強附會，和這一缺陷也是有關的。

恩格斯對辯證法有過這樣一個表述：「一極已經作爲胚胎存在於另一極之中，一極到了一定點時就轉化爲另一極，整個邏輯都只是從前進著的各種對立中發展起來的」⑭。恩格斯所說的「各種對立」一語值得注意。後來，列寧在《談談辯證法問題》中，

稱馬克思在商品這個「細胞」中，「揭示出現代社會的一切矛盾
（或一切矛盾的胚芽）。往後的敘述爲我們揭明了這些矛盾以及
這個社會在其各個部分的總和中自始至終的發展（和生長，和運
動）。」列寧又說：「可見，在任何一個命題中，好像在一個基
層的『單位』（『細胞』）中一樣，都可以（而且應當）發現辯
證法一切要素的萌芽」⑮。列寧三次用了「一切」一詞，並在第
一個下面加了著重號。所謂「一切矛盾的胚芽」，即是「一切要
素的萌芽」。可見列寧所強調的乃是在一個矛盾的細胞中，解剖
出一切的萌芽狀態的要素，以後的敘述應表明這些要素的發展、
矛盾及推移關係，一般辯證法的研究及闡述方法正應該如此。這
就從辯證敘述的根本基點上揚棄了黑格爾。列寧的這一論述，我
以爲雖是從對《資本論》的說明中引申出來的，卻提供了歷時性
的歷史與邏輯之統一的研究與論述方法的一項重要基礎。

第四節　對歷史大幅度的漲落
與旋轉缺少深切感受

　　第七，進而，黑格爾對於歷史中的「大動蕩式的衰與興」⑯
和文化發展大幅度的漲落以至滅絕，明顯地缺乏認識。

　　因爲絕對精神必須處於一個連續的愈益豐富的自我認識的過
程中，所以，他一方面反覆叮囑不能妄加一些結論和論斷給過去
的哲學家，不能用我們的思想方式去改鑄古代哲學家，其本意乃
在於保持開端的貧乏性，因爲如果古代希臘哲學家太深刻了的話，
他的哲學史關於思想之發展和發揮出來的次序又該如何安排呢？
另一方面他對於像中世紀這樣一個他也承認「不可能發揮出眞正
的哲學」⑰來的時代，則盡量淡化其倒退的一面，而津津談論其

比之古代社會前進的一面。他說：「宗教觀念與思辨並不是彼此
距離得那麼遠，像人們通常所以爲的那樣」，因此他要求人們不
要以「在基督教前期的祖先」「爲可恥」⑱。他在《小邏輯》中
說：「直到基督教時期，思想才獲得充分的承認……基督教的歐
洲之所以不復有奴隸的眞正根據，不在別的地方，而應從基督教
原則本身去尋求。基督教是絕對自由的宗教，只有對於基督徒，
人才被當作人，有其無限性和普遍性」⑲。他將對自由的認識劃
分爲三個階段：雖然雅典人、羅馬公民是自由的，但說到一個人
依其本質生來就是自由的，柏拉圖、亞里士多德、西塞羅、羅馬
立法者均不知道。「只有在基督教的教義裡，個人的人格和精神
才第一次被認作有無限的絕對的價值」。基督教裡有這樣的教義：
「在上帝面前所有的人都是自由的，所有的人都是平等的」，「
這些原則使人的自由不依賴於出身、地位、和文化程度」⑳。由
基督教爲中介，人類才達到對自由構成人之所以爲人的概念的認
識。黑格爾將基督教的一神視爲普遍精神，因此對之大唱贊歌。
他用基督教的教義作爲歐洲沒有奴隸制的原因，這是用思想來解
釋現實。西羅馬帝國是在蠻族入侵與奴隸、隸農、貧民起義的打
擊下潰亡的。這一歷時約兩個世紀的反復鬥爭，既造成了西羅馬
奴隸制的瓦解，也造成了日耳曼部落原始公社制度的解體。於是，
中世紀農奴制乃興起了。

　　黑格爾心目中的歷史是一個向前的歷史。所以，對於文藝復
興時期之使古典文藝、古典哲學獲得了新生命，黑格爾即直斥之
爲「把木乃伊帶到活人裡面去是不能在那裡支持很久的」，甚至
斷言要復興古希臘哲學「既無異於把更完善，更深入自身的精神
帶回到一個較早的階段。但這樣的事是沒有的。這也是不可能的，
甚至是極愚蠢的事」㉑。厭惡之情溢於言表。其實，人類意識之

流「是不斷『回旋』著『後退』著而向前奔流的」⑫。

　　上述例子，不僅說明黑格爾對於文化發展中大幅度的漲與洛確是缺乏深切的感受，並且還表明他對於在歷史的動盪開闊中讀解的斷裂、轉換亦未曾理解。他之聲言「在哲學方面所要提到名字的，只限於有推動性原則的系統，以及將哲學推進了一步的系統」，「至於一種學說傳播的歷史，所遭遇的命運，以及那些只講授別人的學說的人」，「我都略過了」⑬，乃是必然的。他的目光既注意著精神的自我認識的向前，則傳播和反饋這類與空間性、與回旋前進相關的問題，自然難以引起他的興趣。正是由於這個原因，就必然會簡化歷史。這樣，也就難以完整而複雜地把握對象整體了。

　　與之相對照的，我們可以看看恩格斯在《家庭、私有制和國家的起源》一書中，是如何論述中世紀的。恩格斯一方面說明「廣大民眾在過了四百年以後好像完全又回到他們原來的狀況上去了」⑭，這是因為生產水平在這四百年間沒有根本性的下降和上升，農業與工業的發展程度很低，以至於使得這四百年看起來多麼像白白度過。另一方面恩格斯又詳細論述了德意志人以其高級階段野蠻人的特徵和氏族制度的果實，如何「使一個在垂死的文明中掙扎的世界年輕起來」⑮。恩格斯沒有回避中世紀的停滯，並且也提到了農奴制的殘酷，但又從中梳理了新時代的新的發展的起點。這正是表現了正視歷史苦難與對歷史有著宏通期信的結合。

　　當然，由於黑格爾將哲學史分為三個時期：希臘、中古、近代，認為整個說來只有兩個哲學：希臘哲學與日耳曼哲學，在第一個時期與近代之間有一個醞釀近代哲學的中間時期，這就是中世紀，所以他需要論述中世紀作為中介的過渡性，從這個意義上

說，他發掘其進步的方面是正確的，可以理解的。恩格斯在反對歷史領域中的非歷史觀點時也說過：「中世紀被看做是由千年來普遍野蠻狀態所引起的歷史的簡單中斷；中世紀的巨大進步——歐洲文化領域的擴大，在那裡一個挨著一個形成的富有生命力的大民族，以及十四和十五世紀的巨大的技術進步，這一切都沒有被人看到」⑯。恩格斯這段話是針對非歷史的觀點而發，目的在於闡發歷史聯繫，而反對歷史的簡單中斷論。然而，《家庭、私有制和國家的起源》中的論述，畢竟是一個全面的把握。

黑格爾在發展觀上的此項缺陷，同他調和矛盾的保守態度也有關。在論悲劇時，他說：「悲劇的結局也不應總是通過有關人物的毀滅而消除雙方的片面性」⑰，並且聲言：「我倒比較喜歡幸運或圓滿的結果。爲什麼不該這樣呢？我看不出有什麼理由說，單純的災禍，只因爲是災禍，就勝於幸運的收場，除非世間有那麼一些敏感的先生們欣賞的就是苦痛和災禍，覺得苦痛和災禍比他們日常看到的那種不太苦痛的情況還更有趣些」⑱。這一段話中尋求淺薄樂觀的短視的市民味實在太濃厚了。無怪乎恩格斯稱他和歌德一樣拖著一根庸人的辮子，沒有完全脫去德國人的庸人氣味。

恩格斯對於歷史的潮漲潮落，對於歷史發展中的旋轉，一再有過精彩的論述。他曾經對法國大革命後的社會狀況作過如下的描述：十八世紀的法國哲學家們求助於理性來批判現實，要求建立理性國家、理性社會。當法國革命實現了這一理想時，「新制度就表明，不論它較之舊制度如何合理，卻決不是絕對合乎理性的。理性的國家完全破產了。盧梭的社會契約在恐怖時代獲得了實現，對自己的政治能力喪失了信心的市民等級爲了擺脫這種恐怖，起初求助於腐敗的督政府，最後則托庇於拿破侖的專制統治。

早先許下的永久和平變成了一場無休止的掠奪戰爭。理性的社會遭遇也並不更好一些。富有和貧窮的對立並沒有在普遍的幸福中得到解決，反而由於溝通這種對立的行會特權和其他特權的廢除，由於緩和這種對立的教會慈善設施的取消而更加尖銳化了」，現金交易日益成為社會的唯一紐帶，犯罪率在上升。「商業日益變成欺詐。革命的箴言『博愛』在競爭的詭計和嫉妒中獲得了實現。賄賂代替了暴力壓迫，金錢代替了刀劍，成為社會權力的第一槓桿。初夜權從封建領主手中轉到了資產階級工廠主的手中。賣淫增加到了前所未聞的程度。婚姻本身和以前一樣仍然是法律承認的賣淫的形式，是賣淫的官方的外衣，並且還以不勝枚舉的通奸作為補充。總之，和啟蒙學者的華美約言比起來，由『理性的勝利』建立起來的社會制度和政治制度竟是一幅令人極度失望的諷刺畫」[69]。恩格斯將社會在進步中的退步，理想在現實中的顛倒，將歷史的罪惡以另一種形式的繼續，描寫得可謂淋漓盡致。這是一種真正直面現實的態度，是對歷史發展情狀的極深刻的勾畫。

其實，又何止是法國大革命後的社會如此，這種華美約言與殘酷現實的兜轉，歷史罪惡在一種新形式下的猖獗，不正是歷史發展中常見的景觀嗎？

原生態式的把握方式所要求的正是這樣一種對於歷史的表述。

第五節　忽視個人作用、排斥偶然性、缺乏隨機性

第八，黑格爾的辯證論述方法，重在個別、特殊與普遍的相互包含及其在差異對立中的統一，這自然是深刻的。然而，他所注目的乃是普遍的決定作用，亦即是絕對精神在各個階段的自我

認識。個別和特殊的作用，乃在於普遍的現實化。個別和特殊對於普遍，在黑格爾的哲學和美學中，總體上說來，是軟弱無力的。

與黑格爾對「普遍」的尊崇及其必然性的邏輯相一致的，是他對於個人作用的忽視。當他說「個人是他的民族、他的世界的產兒。他的民族和世界的結構和性格都表現在他的形體裡」[70]時，他是對的；當他說「個人無論怎樣為所欲為地飛揚伸張——他也不能超越他的時代、世界」[71]時，他是錯的。自然，在他看來，個人不過是普遍精神亦即絕對精神的一種特殊形式的體現，「這普遍精神就是他的實質和本質，他如何會從它裡面超越出來呢？」而「哲學就是這普遍精神對它自身的思維」[72]，因而能將多方面的全體都反映於其中。所謂「時代精神」一詞，乃是說的每一個特定階段精神所達到的自我意識，因而當黑格爾作出時代的實質乃是個人的實質，沒有人能真正超出他的時代，正如沒有人能夠超出他的皮膚的結論時，他是將個人的獨特性和獨創性化融在絕對精神無處不在的強烈光照之下了。這正如中世紀將塵世凡人化融在上帝的靈光之中一樣，絕對理念正是黑格爾的上帝。他的《哲學史講演錄》和《美學》所論述的個人、學派、民族，不過是理念藉以認識自己的一個個遞次的蹄筌。向絕對精神復歸的過程就是一切。這樣，黑格爾對於個人如何將自己的特殊性帶給歷史的問題，就不予考慮了。在他的《美學》中，內容與形式之間，主要是不相符合、符合、超越之類的關係。然而，形式和內容其實是相互生成的。時代精神、民族精神——當然不是絕對理念的自我意識——自然是必須探究的，但這種探究的本身就包括梳理個人給予時代和民族的印記問題。文藝史研究更是必須把握個人的獨特性、獨創性以及文藝的形式問題。

原生態式的把握方式，要求把握個人藝術獨特性之在歷史傳

承中的凝定。比如，《離騷》之用香草美人以寓君臣之義，即形成為中國文學的一個傳統。而《九歌》、《九章》的影響，則又在相當一段時間中使得沿波追風者群起，漢代有王褒《九懷》、劉向《九嘆》、王逸《九思》等，由此，「九」一時蔚為一種文體。原生態式的把握方式，要求在運用邏輯學思路時，從一種渾淪的勃動和讀解的累積及變化中，去把握個人的作用，從而達到對於時代和民族精神及其外在特定形式的一體把握。

第九，與忽視個人作用相一致的是，黑格爾明確地排斥偶然性，由此，他的歷史觀中缺乏隨機性這一概念。

黑格爾認為普遍是概念的無窮財產，在它的實在性中把它的諸範疇自由地揭示出來。所謂普遍即是絕對精神，所謂在它的實在性中即在它實現自身的過程中。特定的個人和民族，不過是絕對精神展示自己豐富性的憑藉而已。於是，他進一步排斥偶然性。他說：「相信人世間的事變不是受『偶然』所支配，應該已經是一個理性的信仰」[73]，「偶然性必須於進入哲學領域時立即排除掉」[74]。黑格爾之鄙夷偶然性是一貫的。他在《小邏輯·導言》中說：「在哲學歷史上所表述的思維進展的過程，也同樣是在哲學本身裡所表述的思維進展的過程，不過在哲學本身裡，它是擺脫了那歷史的外在性或偶然性，而純粹從思維的本質去發揮思維進展的邏輯過程罷了」[75]。他又說：在這種變化性和偶然性的領域裡，我們無法形成正確的概念」[76]。他稱像歷史學這樣的經驗科學，是「把聚集在一起的雜多現象對立化，而揚棄制約它們那些條件的外在偶然的情況，從而使得普遍原則明白顯現出來」，從而成為「理解人事以及人類行為的科學」[77]的。

他在《美學》中談到悲劇時說：「悲劇結局有時也可以只是由不利的環境和外界偶然事故所引起的，這種環境和偶然事故只

要稍微改變一下，就可能導致圓滿的結果。這種情況只能使我們感到近代人物由於性格的具體分化，以及環境和事態的偶合就得聽任塵世事物無常性的擺布，接受有限事物的命運」⑦。黑格爾舉例說，朱麗葉和羅密歐「這兩朵柔嫩的鮮花都種植在不相宜的土壤裡，我們只有哀悼這樣一場美好的愛情竟如此可悲地消逝了，就像一枝含葩的薔薇生在這個偶然世界裡還未破蕊，就被狂風暴雨在好心腸好心眼的無力的營救計謀中一掃而空了」⑦。他在論述浪漫型藝術主客體的分裂時就說，浪漫型藝術的「唯一興趣或是集中在偶然的外在事物上，或是集中在同樣偶然的主體性上」⑧，「客觀存在方面被看成偶然的，全憑幻想任意驅遣，這幻想隨一時的心血來潮，可以把現前的東西照實反映出來，也可以歪曲外在世界，把它弄得顛倒錯亂，怪誕離奇」⑧。當心靈從外在世界以及它和這外在世界的統一退出以後，藝術表現的形象就不再自在自為地具有它的概念和意義。作為對照，黑格爾稱讚達到美的古典型藝術之運用人體形狀，「並不只是作為感性的存在，而是完全作為心靈的外在存在和自然形態，因此它沒有純然感性的事物的一切欠缺以及現象的偶然性與有限性」⑧。他稱讚雕刻，也是說它「所表現的心靈在本身就是堅實的，不是受偶然機會和情欲的影響而變成四分五裂」⑧。他用「偶然」一詞時，有時同「一縱即逝」⑧並列，有時又同「歪曲」⑧相連。

這大量的例子說明，黑格爾不僅在理性思維的哲學、邏輯學領域，而且在偶然性起著重大作用的歷史領域和文藝領域中，都排斥偶然性。

雖然他在《小邏輯》中說偶然性在自然界和精神世界有相當地位，並說：「任何科學的研究，如果太片面地採取排斥偶然性、單求必然性的趨向，將不免受到空疏的『把戲』和『固執的學究

氣』的正當的譏評」[86]；但這仍然是排斥偶然性的，不過口氣有所緩和而已。

　　黑格爾之否認偶然性同他忽視個人的作用是一致的。然而眞實歷史的發展昭示我們，在隨機漲落中出現的突變分岔口，往往同個人作用、偶然性事件相關。所謂偶然性事件，就是說這不是一定會發生或一定以某種形式向著某種方向發展的，它是或然的。它之所以發生和以某一形式向著某一方向發展，同個人的作用及當時一系列非必然的條件的迭合有關。當然，深入探究下去，許多偶然中往往隱伏著必然；而必然又常常是通過一系列條件及個人作用，以化了裝的形式開闢自己的道路的。這種開闢道路的方式即是歷史的隨機性，而此種化了裝的外在形式便是歷史發展中的偶然性因素。

　　偶然性因素的作用，不僅在於它給予歷史的發展以一種特定的形式和色澤，而且還在於它在多種條件的作用下有時也會左右歷史前進的方向。恩格斯在《論日耳曼人的古代歷史》中，敘述日耳曼凱魯斯奇人的部落貴族阿爾米紐斯如何以在羅馬人看來是欺詐和反叛的方法，使羅馬統帥瓦魯斯率領的三個軍團遭到覆沒的經過，然後評論這次會戰的意義說：「同瓦魯斯的會戰，是歷史上最有決定意義的轉折點之一。這次會戰使日耳曼尼亞永遠擺脫羅馬而取得了獨立。關於這種獨立對日耳曼人本身是否有很大的好處，能夠作許多翻來覆去的無益爭論，但可以肯定，沒有這種獨立，全部歷史就會朝另一個方向發展。雖然，日耳曼人自此以後的全部歷史，實際上幾乎純粹是一長串的民族不幸事件（這大部分要由他們自己負責），因而最可靠的成績也幾乎每次都變成了人民的災難，但是還應該說，日耳曼人在當時，在他們歷史的初期，的確有過好運氣」[87]。恩格斯這段話，表現了一種深刻

的歷史觀：一是歷史發展的艱難性、沉重性，二是歷史得失的非
簡單評判，三是個別事件對於歷史的影響有時可能大到左右歷史
發展方向的地步。由於有了日耳曼人的獨立和羅馬的衰弱，方才
有後來日耳曼人之大舉進入羅馬各行省，四百年的中世紀由是開
端。

　　歷史的偶然性是造成歷史發展隨機性的重要原因。歷史發展
的隨機性，不僅表現在同樣實質的發展，在不同的歷史條件下會
採取不同的途徑和方式；還表現在極爲相似的事情，在不同的歷
史環境中出現就會引起完全不同的結果。恩格斯在《路德維希‧
費爾巴哈和德國古典哲學的終結》中，對十六世紀馬丁‧路德領
導的宗教改革失敗後的歐洲歷史的闡述，是這方面的一個範例。
他說：「從那時起，德國有整整三個世紀從那些能獨立地干預歷
史的國家的行列中消失了。」「當路德的宗教改革在德國已經蛻
化並把德國引向滅亡的時候，加爾文的宗教改革卻成了日內瓦、
荷蘭和蘇格蘭共和黨人的旗幟，使荷蘭擺脫了西班牙和德意志帝
國的統治，並爲英國發生的資產階級革命的第二幕提供了意識形
態的外衣。在這裡，加爾文教是當時資產階級利益的眞正的宗教
外衣，因此，在1689年革命由於一部分貴族同資產階級間的妥
協而結束以後，它也沒有得到完全的承認。英國的國教會恢復了，
但不是恢復到它以前的形式，即由國王充任教皇的天主教，而是
強烈地加爾文教化了。」「在法國， 1685年加爾文教的少數派
曾遭到鎮壓，被迫歸依天主教或者被驅逐出境。但是這有什麼用
處呢？那時自由思想家比埃爾‧培爾已經在進行活動，1694年
伏爾泰誕生了。路易十四的暴力措施只是方便了法國的市民階級，
使他們可以賦予自己的革命以唯一同已經發展起來的資產階級相
適應的、非宗教的、純粹政治的形式。出席國民會議的不是新教

派，而是自由思想家了。由此可見，基督教已經踏進了最後階段。此後，它已不能成為任何進步階級的意向的意識形態外衣了」⑱。這一論述，不僅予人以顯著的空間感，而且就其實質來說，乃是對於歷史發展之非線性的精彩表達。馬丁·路德宗教改革在德國失敗，德國的發展因而嚴重受挫；而加爾文的宗教改革，卻在荷蘭、英國推進了歷史。當法國鎮壓了加爾文教少數派，從而阻遏了一個舊有的方向時，卻方便了市民階級開啓了另一個新的發展方向。市民階級反對封建主義的鬥爭不僅曲折迂迴，而且在不同的歷史時期有不同的歷史形式；同一種歷史形式之在不同的國度裡，則又有不同的結局。歷史發展的非線性、隨機性，在這一論述中，顯示得再鮮明不過了。

偶然性和隨機性，不僅是歷史發展呈現出大幅度的漲落進退以及非線性跳躍的重要原因——這同黑格爾所說的精神的道路是曲折的含義迥異，而且還會造成文化發展的分岔和可能的特化。

本章對黑格爾的發展觀的缺陷給予了批判，但這種批判的目的不是要拋棄他的邏輯學思路，而是要改造他的邏輯學思路，以建立一種科學的、區別於共時性模式之展開的、歷時性的歷史與邏輯的統一。

【附　註】

① 《小邏輯》第427頁，商務印書館1982年版。

② 同上。

③ 《小邏輯》第339頁。

④ 《美學》第1卷第87頁，商務印書館1982年版。

⑤ 《美學》第1卷第142頁。

⑥ 《美學》第1卷第90頁。

⑦ 《美學》第1卷第95頁。

⑧ 《美學》第1卷第99頁。

⑨ 《美學》第1卷第101頁。

⑩ 《美學》第2卷第288頁。

⑪ 《美學》第1卷第113頁。

⑫ 《美學》第1卷第105頁。

⑬ 《美學》第2卷第285頁。

⑭ 黑格爾在《美學》第1卷《序論》中說：「藝術是和宗教與哲學屬於同一領域的。」

⑮ 《小邏輯》第94頁。

⑯ 恩格斯《路德維希·費爾巴哈和德國古典哲學的終結》，《馬克思恩格斯選集》第4卷第215頁。

⑰ 同上。

⑱ 《小邏輯》第190頁。

⑲ 《哲學史講演錄》第1卷第34頁，商務印書館1959年版。

⑳ 《哲學史講演錄》第1卷第331頁。

㉑ 《小邏輯》第191頁。

㉒ 《哲學筆記》第92頁。

㉓ 《哲學史講演錄》第1卷第40頁。

㉔ 《馬克思恩格斯選集》第4卷第212—213頁。

㉕ 《馬克思恩格斯選集》第4卷第212頁。

㉖ 《馬克思恩格斯選集》第4卷第213頁。

㉗ 同上。

㉘ 《哲學史講演錄》第1卷第39頁。

㉙ 《哲學史講演錄》第1卷第101頁。

㉚ 《哲學史講演錄》第1卷第39頁。

㉛　近數十年來彌漫一時成為人們口頭禪的「道路是曲折的，前途是光明的」這　說法，其理論的最初淵源即可遠追到黑格爾這種曲折向上的發展觀。這一說法同目的論、必然性、單線論是相融的，而這些也正是黑格爾發展觀的內涵。當然，摩爾根《古代社會》一書中那種以一條雖然波動卻是一直向前的線索來勾勒人類文明前進之軌跡的發展觀，也是上述說法的理論淵源之一。這曾經是一個世界性的普遍觀念，它至少深入過數億人的頭腦，至今也還仍有相當的力量。原生態式的把握方式所涵有的新發展觀，與此種發展觀有相當大的區別。

㉜　《中國前期文化—心理研究》第437—438頁。

㉝　《哲學史講演錄》第1卷第25頁。

㉞　《小邏輯》第94頁。

㉟　《馬克思恩格斯選集》第4卷第215頁。

㊱　《小邏輯》第93頁。

㊲　《小邏輯》第199頁。

㊳　《小邏輯》第217頁。定在，亦即限有，是具有一種規定性的存在。

㊴　《小邏輯》第214頁。

㊵　《哲學史講演錄》第1卷第43頁。

㊶　《哲學史講演錄》第1卷第44、45頁。

㊷　馬克思《〈政治經濟學批判導言〉》，《馬克思恩格斯選集》第2卷第112、113頁。

㊸　《馬克思恩格斯選集》第2卷第113頁。

㊹　《美學》第1卷第5、6頁。

㊺　《馬克思恩格斯全集》第36卷第112頁。

㊻　《哲學史講演錄》第1卷第37、38頁。

㊼　《哲學史講演錄》第1卷第103頁。

㊽　《哲學史講演錄》第1卷第37頁。

㊾　《哲學史講演錄》第1卷第39頁。

㊿　《小邏輯》第192頁。

(51)　《馬克思恩格斯選集》第2卷第121頁。

(52)　《自然哲學》第47頁。

(53)　《中國前期文化—心理研究》第107頁。

(54)　《自然辯證法》，《馬克思恩格斯選集》第3卷第531頁。

(55)　《哲學筆記》第363頁。

(56)　《中國前期文化—心理研究》第260頁。

(57)　《哲學史講演錄》第1卷第49頁。

(58)　《哲學史講演錄》第1卷第105頁。

(59)　《小邏輯》第332、333頁。

(60)　《哲學史講演錄》第1卷第51、52頁。

(61)　《哲學史講演錄》第1卷第49頁。

(62)　《中國中古詩歌史》第641頁。

(63)　《哲學史講演錄》第1卷第113頁。

(64)　《馬克思恩格斯選集》第4卷第150頁。

(65)　《馬克思恩格斯選集》第4卷第153頁。

(66)　《馬克思恩格斯選集》第4卷第225頁。

(67)　《美學》第3卷下冊第313頁。

(68)　《美學》第3卷下冊第329頁。

(69)　《馬克思恩格斯選集》第3卷第407、408頁。

(70)　《哲學史講演錄》第1卷第48頁。

(71)　同上。

(72)　同上。

(73)　《哲學史講演錄》第1卷第35頁。

⑭　《哲學史講演錄》第1卷第40頁。

⑮　《小邏輯》第55頁。

⑯　《小邏輯》第57頁。

⑰　《小邏輯》第58頁。

⑱　《美學》第3卷下冊第328頁。

⑲　《美學》第3卷下冊329頁。

⑳　《美學》第2卷第382頁。

㉑　《美學》第1卷第102頁。

㉒　《美學》第1卷第98頁。

㉓　《美學》第1卷第107頁。

㉔　《美學》第1卷第4頁。

㉕　《美學》第1卷第106頁。

㉖　《小邏輯》第303頁。

㉗　《馬克思恩格斯全集》第19卷第505、506頁。

㉘　《馬克思恩格斯選集》第4卷第252頁。

第五章　建立歷時性的歷史
與邏輯之統一

第一節　歷史與邏輯統一的兩種類型

馬克思對政治經濟學研究的邏輯學方法，有兩個過程：前一個過程，「從表象中的具體達到越來越稀薄的抽象」以至「達到一些最簡單的規定」①，這是說的研究過程。這一研究過程，對於任何試圖運用邏輯學思路爲研究方法的研究對象都是適用的。後一個過程，「抽象的規定在思維的行程中導致具體的再現」②，這是說的敘述方法。這一敘述方法的運用，我以爲應根據研究對象的不同而有形態的不同。

值得注意的是，恩格斯在《卡爾・馬克思〈政治經濟學批判〉》一文中說了這樣一段話：「對經濟學的批判，即使按照已經得到的方法，也可以採用兩種方式：按照歷史或者按照邏輯」，「邏輯的研究方式是唯一適用的方式。但是，實際上這種方式無非是歷史的研究方式，不過擺脫了歷史的形式以及起擾亂作用的偶然性而已。歷史從哪裡開始，思想進程也應當從哪裡開始，而思想進程的進一步發展不過是歷史過程在抽象的、理論上前後一貫的形式上的反映；這種反映是經過修正的，然而是按照現實的歷史過程本身的規律修正的，這時，每一個要素可以在它完全成熟而具有典範形式的發展點上加以考察」③。這段話依我的理解，是在將歷史和邏輯區分爲兩種方法的基礎上，復又著重說明這兩種

方法的內在統一性。

　　然而，既然是兩種方法，那麼就必定有差異。這種差異，恩格斯也已經指明了：一是邏輯的方法「擺脫了歷史的形式以及起擾亂作用的偶然性」；二是邏輯進程的展開，乃是「歷史過程在抽象的、理論上前後一貫的形式上的反映」，這一反映是「經過修正的」，三是邏輯的方法要求對於每一要素「在它完全成熟而具有典範形式的發展點上加以考察」。然而，歷來的馬克思主義研究者以及政治經濟學家們，似乎僅僅把這段話看作是對邏輯與歷史的統一性的說明，於是，兩種方法的差異消失了。其實，在恩格斯對於邏輯方法特徵的說明中，不正是隱含了以歷史的方法作為其參照系的論點麼？而且，恩格斯明明在前面說「寫經濟學史又不能撇開資產階級社會的歷史，這就會使工作漫無止境，因為一切準備工作都還沒有作」④，然後方才接著說：「因此，邏輯的研究方式是唯一適用的方式」。這段話在說明採用邏輯方法的客觀原因時，不已明顯地含有如果準備工作做好了的話也是可以採用歷史的方法來從事於經濟學批判的意思麼？

　　因此，我以為邏輯與歷史的統一應該有兩種方法：一是從歷史出發的統一，一是從邏輯出發的統一。這兩種方法體現為兩種形態。

　　相對於歷史之縱向性，邏輯的方法便具有共時性，或者準確地說，是歷時性考察化入於共時性的邏輯模式之展開中。《資本論》的邏輯結構，是在一般抽象的規定向著愈益發展的具體上升的層次關係中，容納了歷史的考察。從敘述方法上說，這是將歷史的分析納入於理論的展開之中。鑑於「比較簡單的範疇，雖然在歷史上可以在比較具體的範疇之前存在，但是，它的充分深入而廣泛的發展恰恰只能屬於一個複雜的社會形式，而比較具體的

範疇在一個比較不發展的社會形式中有過比較充分的發展」⑤，所以，馬克思明確說：「把經濟範疇按它們在歷史上起決定作用的先後次序來安排是不行的、錯誤的。它們的次序倒是由它們在現代資產階級社會中的相互關係決定的，這種關係同看來是它們的合乎自然的次序或者同符合歷史發展次序的東西恰好相反。問題不在於各種經濟關係在不同社會形式的相繼更替的序列中在歷史上佔有什麼地位，更不在於它們在『觀念上』……的次序。而在於它們在現代資產階級社會內部的結構」⑥。

　　因此，需要的是從內在結構出發，而不是從歷史順序出發。馬克思說：「我們的方法表明必然包含著歷史考察之點，也就是說，表明僅僅作為生產過程的歷史形式的資產階級經濟，包含著超越自己的、對早先的歷史生產方式加以說明之點。因此，要揭示資產階級經濟的規律，無須描述生產關係的真實歷史」⑦。目的既在於揭示規律，亦即意在一種純淨化的思想進程的發展，自然無需描述真實歷史。

　　恩格斯指出：「採用這個方法時，邏輯的發展完全不必限於純抽象的領域。相反，它需要歷史的例證，需要不斷接觸現實」，其目的乃在於「舉出」「各種各樣的例證，有的指出各個社會發展階段上的現實歷史進程，有的指出經濟文獻，以便從頭追溯明確作出經濟關係的各種規定的過程」⑧。恩格斯的這段話，可以說是對於馬克思所說「我們的方法表明必然包含著歷史考察之點」一語的詳明闡發。

　　列寧在《談談辯證法問題》一文中，對馬克的上述研究方法，也曾有沿承。他在論「哲學上的『圓圈』」時說：「人物的年表是否一定需要呢？不！」他就「古代」所列的序次是：「從德謨克利特到柏拉圖以及赫拉克利特的辯證法」⑨。在生年上，赫拉

克利特早於德謨克利特約八十年，早於柏拉圖約一百一十餘年。值得注意的是，列寧在這段談「哲學上的『圓圈』」的話以後，又說：「辯證法是活生生的、多方面的（方面的數目永遠增加著的）認識，其中包含著無數的各式各樣觀察現實、接近現實的成分」②。所謂辯證認識包含各式各樣觀察、接近現實的成分，其實即是馬克思所說的「歷史考察之點」，亦即是恩格斯所說的「需要不斷接觸現實」。所以，列寧所說的人物年表不一定需要，其意即是馬克思所認為的不必按歷史上的先後次序來安排範疇，目的在於揭示認識發展的規律，因此，這仍是屬於共時態的邏輯表述。

上引馬克思、恩格斯的論述，對這種共時態邏輯表述的特點，已說得十分清楚了。我之所以稱其為共時態，就在於它要求從內部結構而不是從歷史先後上來安排範疇。理論中包含著歷史之考察，而歷史則是理論之「各種各樣的例證」。雖然在相當多的部分可以有明顯的史的內容以至史的順序，但從總體上看，它仍然是以內部結構關係為其特色的。要之，這是以理論來顯示歷史，而不是從歷史進程中來展開理論；其表現形式是一個邏輯模式，而不是先後更替的時間性序列。

對於文學史的研究，自然不妨從事於將歷時性考察化入於共時性邏輯模式之呈示中的探究，然而如果是要寫一部史的著作，是要按照歷時性的先後順序來展開邏輯，則自然應該運用恩格斯所說的歷史的方法。

因為邏輯與歷史的統一可以有兩種統一這一點，在歷來關於邏輯學和辯證法的論著中從未得到揭明，因而史的研究中如何運用邏輯學思路的問題，不僅未曾獲得解決，甚至從未被學術界提出過。

困難在於，這是一項前人所未曾做過的工作。馬克思畢生從事《資本論》的研究和寫作，從十九世紀四十年代直到他逝世。他在世時，《資本論》只出版了第一卷。以後二卷是在他逝世後，由恩格斯整理出版的。在1858年1月中旬給恩格斯的信中，馬克思說他想寫一部專門研究辯證方法的著作，並說他又把黑格爾的《邏輯學》瀏覽了一遍，這在材料加工的方法上幫了他很大的忙。從1857年10月到1858年5月，他寫下了長達五十多印張的手稿，這是後來《資本論》最初的草稿，但專門研究辯證方法的這部書馬克思最終沒有寫。列寧說：「雖說馬克思沒有遺留下『邏輯』（大寫字母的），但他遺留下《資本論》的邏輯」⑪。列寧還說：「不鑽研和不理解黑格爾的全部邏輯學，就不能完全理解馬克思的《資本論》」⑫。十分明顯，馬克思研究辯證方法的著作所想寫的，即是恩格斯所說「馬克思對於政治經濟學批判就是以這個方法作基礎的」⑬方法，亦即屬於黑格爾《邏輯學》一書所表現的那種類型的方法——當然是使之從唯心主義外殼中解救了出來的，但不是屬於黑格爾《哲學史講演錄》和《美學》那種史的類型的方法。

黑格爾的《哲學史講演錄》和《美學》中的大部分內容，從大的分期上說，是由歷史發展來表現其所謂理念發展的邏輯的，因此，他的這兩部書提供了我們思考在史的研究中如何實現歷史與邏輯之統一的憑藉。然而，《哲學史講演錄》、《美學》與《邏輯學》在內容上雖有史與非史的差別，但它們在方法論上是一致的。也就是說，不僅是頭足倒置的，而且還表明黑格爾未曾區分出共時態模式和歷時性展開這兩種不同的形態。因此，對於黑格爾《哲學史講演錄》和《美學》這兩部書中邏輯學思路的批判改造，不僅在於要使之倒轉其頭足之位置，而且還在於要扣住史

的特點來進行。

前一點，已然由馬克思天才地完成了；對於後一點的進行，則必須以一種科學的歷史觀、發展觀作為基礎。讓一種建立在當代科學和哲學發展新水平上的發展觀滲入邏輯學思路之中，並從而改造之，是我們能否建立歷時性的歷史與邏輯相統一的新方法的關鍵之所在。完成此項工作，是今日之理論工作者的任務。顯然，要讓新發展觀滲入邏輯學思路之中，對於黑格爾的歷史發展觀或因其哲學體系而決定的、或因時代局限而造成的種種缺點，給予過細的批判，乃是我們建立上述新方法的不可或缺的理論基礎。所以，本書上一章對黑格爾體系頭足倒置的缺陷只簡略作了闡述，而主要是以我在拙著《中國前期文化─心理研究》一書中所闡發的新發展觀對之進行批判，並使之與本書第三章所論述的原生態式的把握方式相對照，以便說明應如何才能達到對於歷史的更加符契於其原初狀態的把握。

在這一批判中，我多次引用了馬克思、恩格斯對世界史上一些歷史階段的論述，來與黑格爾的同類論述或其歷史觀相比較。恩格斯曾說過：「歷史就是我們的一切，我們比任何一個哲學學派，甚至比黑格爾，都更重視歷史」⑭。因為這種將歷史視為一切的對歷史的極為高度的重視，在馬克思、恩格斯對於歷史的把握方式中，便包含了許多遠勝黑格爾的地方，可以給我們以穎悟。此外，我還引述了恩格斯和列寧關於辯證表述應從前進著的各種對立中發展起來，要從「細胞」中揭示一切要素的萌芽的意見，並稱這一意見提供了歷時性的歷史與邏輯之統一的研究與論述方法的一項重要基礎。

現在，還需要加以強調的是，馬克思從完整的表象蒸發出抽象的規定的研究方法應該得到繼承，因為離開了使以後歷史據以

展開的抽象規定，邏輯學思路的運用就無從談起。還有，「抽象的規定在思維的行程中導致具體的再現」這一點，也應該是史的研究的目標。

不過，在如何導致具體的再現上，應有別於共時態的邏輯模式的展開。要結合史的特點，就不能擺脫歷史的形式和偶然性，也不能僅僅如同物理學家那樣「在自然過程表現得最確實、最少受干擾的地方」，「以其純粹形態」⑮，亦即是在其「完全成熟而具有典範形式的發展點上加以考察」。一者因爲歷史是渾融的，二者歷史的考察應注目於一個逐漸生成的過程，三者這一反映應是盡力忠實於歷史原貌的，並且不是舉出歷史作爲理論的例證，而應是歷史自身渾融感性、理性的全景式展開。並且也不能像共時性模式之可以有時不顧歷史上的先後序次，而從「科學在其固有的內部聯繫中」⑯著眼，從邏輯說明的需要出發，來安排範疇。它雖然可以在共時的呈示中梳理出一個縱向的歷程，卻不能顛倒歷史順序地加以結構。

既然歷時性與共時性是相背的兩種類型，那麼共時性區別於歷時性的特點，反轉過來則成爲歷時性區別於共時性的特徵。

共時性模式遇到的是一個層次展開的問題，重視於反映了現實運動的概念、範疇之推移轉換中的必然性、普遍性。它的運動，乃是從本質深處向具體表象的上浮，其鵠的爲一個思維的整體之浮現。而歷時性邏輯遇到的則是歷史發展觀問題，亦即歷史究竟是如何發展著的，重視的是如何使邏輯與歷史密合。它的運動，乃是一個由若干抽象的規定性之間的關係所構成的矛盾不斷解決、又不斷生成的過程。密合於歷史發展之實況的能夠予歷史以深層次的通貫首尾的整體性把握的理論結構，則是這一方法心期之所在。它不是邏輯顯示爲歷史，歷史驗證了邏輯；而是歷史展現出

邏輯，邏輯說明了歷史。

　　總之，歷史與邏輯的統一有兩種類型。本書的一個理論目的，即在於將原生態式的把握方式與邏輯學思路融合起來，從而建立一種運用於史的研究領域的歷史與邏輯的統一，亦即是上文所說的從歷史出發的統一。

　　為了較為清楚地陳述這一新的邏輯學思路的要點，我不憚詞費，再將其要點歸納如次：一是完整的表象蒸發為抽象的規定，再由抽象的規定在思維的行程中導致具體的再現。二是從矛盾的細胞形態中揭示出一切矛盾的胚芽，從一個基始性矛盾出發，在前進著的各種對立中，以邏輯規定性之間相互聯繫、相互矛盾及其轉化之途徑、形式的說明來展開歷史。所謂發展，乃是最初的概念、範疇將自身潛存的各種環節和邏輯規定，依據種種現實條件推演、引申、展開出來的過程。三是以一種新發展觀為主要基礎的原生態式的把握方式：時空並包且相互轉換所形成的文化發展的多歧與錯綜、迂迴與反覆及其在匯流中的興衰沉浮，從而形成了某種特定的發展狀況；歷史的生成性與隨機性、轉換性及其非線性跳躍性；感性、理性相渾融的闡述方式所形成的理論結構與豐博感性的統一；等等。四是以上這一切都必須坐落到民族思維的發展以及民族文化—心理建構的過程上來。

　　值得說明的是，上述四點在理論說明中雖可分列，但在實際運用中，則是相互滲透而融為一體的。這種關係正如黑格爾論概念所說的那樣：「在概念裡那些區別開的東西，直接地同時被設定為彼此同一、並與全體同一的東西。而每一區別開的東西的規定性又被設定為整個概念的一個自由的存在」⑰。並且，我們也可以看到，正如上一章第一節開頭所說，在本書所建立的這樣一種新的邏輯學思路中，黑格爾《哲學史講演錄》、《美學》這兩

部書中所體現的邏輯學思路下降爲其部分的規定性，並在與其它一些規定性的結合中更新了其形態。新邏輯學思路的內容，比之黑格爾那兩部書中的邏輯學思路，不僅在內涵上有了相當大的豐富，而且在層次的深入、境界的高遠及史的氣韻的沉雄等方面，都將躍上一個新質狀態。

第二節　兩部拙著在研究方法上的一致性與不同側重

　　我明確提出原生態式的把握方式，是在撰寫《中國前期文化─心理研究》一書中，時在1990年。1991年7月在大連召開的全國文學史理論問題討論會上，我正式向學術界提出了這一新的研究方法概念，於是有的論者似乎認爲這是我對《中國古詩歌史》所運用的方法的一個補充，這一看法是不正確的。原生態式的把握方式在《中國中古詩歌史》一書中已有運用，而我在撰寫《中國中古詩歌史》時所運用的許多研究方法，在《中國前期文化─心理研究》一書中也仍在貫徹。

　　當然，兩部書在研究方法的側重上有差異，因而也顯出了特色的不同，這主要是因爲這兩部書的研究對象不同。《中國中古詩歌史》研究從建安到隋代的詩歌運動，研究對象的歷史階段性很強，因而此書自以嚴密的邏輯鏈組織了的時間性進程爲主要特色。《中國前路期文化─心理研究》探討從遠古至唐代民族深層精神的運動，而這一論述又是置於整個人類文明萌生、發展的大進程中來進行的，時空跨度極大，不可能作出精細的歷史階段劃分。並且，人類意識及民族精神的多側面是一種並列交融關係，往往並非是相承取代關係，雖然它們在發生學上有其先後的次序。

像時空感受、審美、形象思維和符號—邏輯思維這四項能力,「便是人類先後產生復又交錯發展的最爲重要的幾項文化—心理能力」⑱。這四項能力在產生的歷史階段上有早有遲,但一經產生便構成人把握世界的感性直觀形式和思維方法。自然界在這種感性直觀形式和思維方法中,生成爲現象與本質相統一的人文的世界。借用德國古典哲學家費希特的術語來說,即是「自我」由此而構建出「非我」來。在人類的認識和審美活動中,人的各種意識要素是貫通融合而形成爲統一整體的,並在共時性地相互作用。當然,隨著具體從事的精神活動的形式之不同,這些意識要素(包括文化—心理能力)有其顯或隱、主或次的區別,並且其組合關係也不一致。主體認識圖式的這種整體功能的性質,決定了在人類的和民族的深層精神流動中,共時性因素必然佔有重要位置。像悲劇感、生死觀、宗教觀等,幾乎是人類恆久的相互伴生著的意識。

　　既然人類(民族)精神活動的各個側面,不是可以切割而成爲先後相承取代的序次的,那麼,《中國前期文化—心理研究》一書,就無法像《中國中古詩歌史》那樣以嚴密組織了的時間性進程爲其特色,而只能依研究對象本身的性質,擬制一種在歷時態框架中的共時態呈示,更爲注目於對一種整體性的面的把握。當然,如同本書第三章第二節中所已引述的,「這種一定程度的並列呈示,乃是置於縱向框架之中的,它們一同匯流在歷史的河床裡,因而不會造成分離、孤立的群相割裂。並且,並列呈示之間往往又有機地展開著一個愈趨具體的進程」⑲。

　　《中國前期文化—心理研究》一書,出於「從原始意識中發掘中國思想文化的根源」⑳的論旨,研究重點偏於史前,那正是一個渾淪的勃動期,各部族文化發展的殊異性特別明顯:「面對

著自然環境的變化所造成的巨大壓力，亦即是自發的、無計劃的、機遇性的自然選擇的作用，卻是一個文化發展很低以因襲保守為特徵的原始人類，因此不僅文化變遷的過程特別艱難，並且上述原始人類的總體性生存狀態也展現出一種分外多歧的面貌；因文化變遷成功而發展；因文化凝固而衰退以至滅絕；因某種因素適合了機遇而一時繁茂，久後又敗落；原先長期停滯，後來因某一突變分岔的出現而甦醒過來，勃發出生生活力」⑳。這種多歧性，不僅表現在空間展示的多種形態上，而且也表現為這多種形態在交替興衰的過程中所形成的歷史行程的曲折、迂迴、反覆及其多向性。空間性因素之轉化為時間性因素極為突出，偶然性、機遇性的作用十分活躍。

　　但在中國，因為史官文化和正統觀念的影響，人們早已習慣於堯舜禹夏商周相承而下的直線時間流觀念了。這對於歷史真實之原初的存在是一種極大的障蔽，因此《中國前期文化—心理研究》一書，意在一個十分開闊遼遠的時空幅員中，展現歷史那錯綜、多歧的渾浩進程，以擊破經代代儒學的思想加工和漫長的讀解累積而認同了的單薄的正統歷史觀，從而逼近那個時、空、質連續統的歷史之原初存在。這就決定了此書必然要注目於原生態式的把握方式之明確提出和對其著重的闡發與運用。

　　在《中國中古詩歌史》一書中，我雖未明確提出原生態式的把握方式這一概念，但這一把握方式的一些主要內容，在《中國中古詩歌史》中也都存在。在此書中，對於黑格爾的邏輯學思路，我已作了多方面的改造，這是為在史的研究領域中運用邏輯學思路自必扣住史的特點而進行所必然決定了的。

第三節　整體構架及不離開歷史的外在形式

　　如果要將本章第一節所論述的新的邏輯學思路運用到文學史研究中，自然還必須在相當程度上結合文學史研究本身的特點。

　　在下面三節中，我將著重說明拙著《中國中古詩歌史》所運用的邏輯學思路之區別於黑格爾的地方，及其在邏輯學思路的運用中滲透有原生態式的把握方式之處，換言之，即是說明新邏輯學思路之在拙著中的體現。由於我在本書第一章第四節及整個第二章中對拙著之運用邏輯學思路已作了相當詳盡的闡述，所以本章僅擇要說明之。在這一說明中，我將必須適當引用拙著《中國中古詩歌史》以及本書第一、二章中的一些論述，以爲佐證。其目的不僅在於說明兩部拙著在方法論上的一致性、貫通性，還更在於對新邏輯學思路之運用於文學史研究中應如何結合文學史研究本身的特點，作出實例的闡述。

　　拙著上下兩卷的整體結構同黑格爾《美學》的結構有重要區別。黑格爾《美學》第二、三（上、下）卷論述藝術史和藝術種類的由理念和感性形象的矛盾關係而產生的從低到高的運動，對此，我在本書第四章第一節中已經作了概述，茲不復贅。因爲那一章旨在批判黑格爾的發展觀，所以未對其第一卷作出概述。爲了對黑格爾《美學》的整體結構有個全面的了解，本節需對之略加敘述。黑格爾自己曾十分概括地總結過這一卷的內容：「在這第一卷裡我們首先討論了美的普遍理念是什麼，其次討論了在自然美裡美的普遍理念只得到有缺陷的客觀存在，第三從這兩點出發，才深入研究了理想，即美的充分體現。關於理想，我們首先是按照它的普遍概念來討論的，其次才討論到理想如何出現於有

定性的表現方式。藝術作品既然是由心靈產生出來的，它就需要一種主體的創造活動，它就是這種創造活動的產品；作爲這種產品，它是爲旁人的，爲聽衆的觀照和感受的。這種創造活動就是藝術家的想象。所以我們最後還要談一談理想的這第三方面，研究藝術作品如何屬於主體的內在生活，作爲這種內在生活的產品，它還沒有脫胎出來，投到現實界，而只是還停留在創造的主體性裡，在藝術家的才能和天才裡」㉒。簡言之，即是從美的理念說到自然美，再說到藝術美，最後講到藝術家的才能、靈感、風格、獨創性等。這大體上屬於藝術概論的內容（當然，其中仍然包含了一定的史的發展的內容）。黑格爾《美學》的構架是概論、藝術史類型以及藝術種類三大部分。

　　我們可以看出，黑格爾的《美學》無論那一卷，都並沒有運用審美概念、範疇的推移轉換來概括藝術史的進程。雖然象徵型、古典型、浪漫型的劃分，有一定的範疇意味，但如聯繫他在這三種類型下所列的細目來考慮，他的藝術史進程仍然是構築在類的劃分上的。

　　拙著《中國中古詩歌史》對於概念、範疇，不僅作出比較簡單和比較具體的分別，而且還依其覆蓋面的大小作出層次的區劃。本書第一章第五節已述，拙著上卷著意於從高層次審美範疇上來把握這一時期的文藝運動，而下卷中則對一批次要的審美範疇和概念加以論述。中古詩歌向前的發展，往往是通過概念、範疇的提出或轉移來予以說明的。以上這些，同黑格爾《美學》的構架是不一樣的。

　　黑格爾的《美學》注目於建立藝術史類型與藝術種類之間的對應關係，拙著所著意的則是上下兩卷之間在邏輯上的一致性及其在分工上的相互配合。

在上卷中，王充作爲一位前孕型思想家，其針對漢代虛妄的神學審美觀而提出的「眞美」觀中，所包含的對審美眞實性、情感和個性、以及文采的強調這三項內容，恰和中古文學的三項特徵——動情與氣骨、眞實與形似、新變與精緻，大體對應。而中古文學的這三個詩徵，「大略地說正好涉及到藝術表現之主體、藝術表現之客體和藝術表現本身這樣三個方面，這三個方面既有相互交織的平列聯繫關係，又有一個總體上的遞次轉移的發展關係：由主體人相當程度地從神學束縛中解放出來，眞實地看待社會和人生，從而產生動情和氣骨的特徵；再由眞實地看待外物，產生文貴形似的文學風尚，而使得人們內在感受力愈益精細；更進一步達到由於這種精細感受力所要求的，文學在新變潮流中向著精緻的發展。這正是一連串相互關聯的發展環節。抓住了這一連串發展環節，我們也就抓住了這一歷史時期文學發展的必然的內在走向」㉓。

而「以少總多」這一審美原則的形成，則「表明我們民族在清除了讖緯神學的迷妄」，「成長了足夠的對於理性地把握萬物的信心和走向眞實之美的勇氣」㉔以後，更進一步具有了「如何把握萬物，如何表現現實之美的深沉智慧」㉕。顯然，「以少總多」是一個包容「眞實之美」於自身之內而又具有了更豐富意蘊的，因而是一個更爲具體了的概念。

「以少總多」的審美原則體現在審美理想上，便是「隱秀」。「隱秀」這一範疇，除了有以少總多的含義外，還要求將卓絕爲巧和復意爲工，亦即是將深厚的內容與精緻的藝術表現結合起來，這就昭示了從庾信、王褒入北開始以至盛唐的文學發展道路；將建安風骨和南朝新變包容於一體。

在漢末，王充的「眞美」觀，從前孕型思想家的審美理想向

現實轉化。這種轉化必然地受到感傷與消釋感傷這既相伴生又相矛盾的社會思潮的影響（本書第一章第四節中已說過，這是一組廣及整個社會的矛盾）。王充的思想在漢末，又本有「作為清談和玄學發端的那樣一種新的思想起點的作用」㉖。因而，在王充「眞美」觀的內涵之轉化爲魏代詩歌的三個邏輯規定中，不僅其對情感和個性的強調這一點，必然因同遷逝之悲相聯繫而具有一種歷史的具體形式；而且生死遷化的現實及玄思的興起，又必然使理思成爲和動情與骨氣相成相克的一個規定性；而王充「眞美」觀對於文采的強調，在其時實際的文學活動中，又必然會擴展了內涵。從而，魏代文學乃從「眞美」觀的現實轉化中，形成了本書第一、二章均已述及的三個規定性。拙著的下卷便是以對於魏代文學三個規定性之間相互聯繫、相互矛盾及其轉化之途徑、形式的說明，來展開中古詩歌史的流程的。

　　這樣，上下兩卷是相合的，都表現的是同一個歷史邏輯過程：上卷體現爲美學範疇史的形態，而下卷則展開爲文學史的實在的進程。

　　原生態式的把握方式要求盡可能符契於歷史之原初存在，然而過於緊隨歷史，就會如同本書第一章第四節所引恩格斯的話那樣：「勢必不僅會注意許多無關緊要的材料，而且也會常常打斷思想進程」㉗，亦即是會陷於瑣碎之中，而使得歷史的進程模糊起來。另一方面如過於從瑣碎的微觀中超脫出來，又有使思維凌空化的危險，從而必然大大限制了歷史多樣性的展開。如何將這兩個方面統一起來，使之既提綱挈領地清晰地表現出歷史的進程，又盡可能有機地而不是雜亂堆積地展示歷史細部的豐富性呢？文藝史同哲學史不盡一樣，它的本性要求細膩和更多的感性。這是在文學史研究中運用邏輯學思路的一個重要矛盾。

　　這一矛盾在拙著上下卷的分工中可以得到解決。本書第一章第五節中已述，一部文學史著作要求著對於文學進程的十分細緻的考察，要求著對於作家風格的精細的分析，這應該是下卷的工作。也就是說，下卷不僅承擔著對眾多的詩人及其大量作品進行分析的責任，還包括作一些和文學史的論述有較爲重要關係的必要考證。應該說正是對詩人及其作品的分析，構成了對審美情趣、審美理想之概念、範疇進行把握的基礎。這兩項任務應該在歷史進程的統一展開中有機地聯繫起來。由此，文學發展的過程方能被細緻地勾畫出來。兩卷之間的這種分工和配合，意在達到前述由高度抽象所獲致的雲外高矚的理論視點與豐富的活潑潑流露著生機的原生態感性具象之統一，使歷史進程的整體性和明晰性，同歷史展開的豐富性結合起來。

　　史的研究中邏輯學思路的運用，不可能構造一部純概念的運動史；它應是在感性和理性的同時把握中，揭示開端所蘊含的對於這一段文學史具有貫通意義的幾個簡單的規定性，而在此後的發展中，規定性的推移也是潛入於歷史過程的深處的。也就是說，文藝史研究之運用邏輯學思路應始終不離開歷史的外在形式。拙著《中國中古詩歌史》上卷，雖呈現爲美學範疇發展史的形態，但其闡述方式也與黑格爾之擺脫「歷史的外在性或偶然性，而純粹從思維的本質去發揮思維進展」[28]以構造邏輯過程不同，乃是首先著力於展示其時人們的感受方式和文化—生活方式，並從其中呈現出表露著一個民族之發展處於何種特定的狀態中的社會心理。「在社會心理中，感性和理性處在一種渾融的狀態之中。社會心理對於思想理論的產生起著巨大的孳乳作用」[29]。在上述豐博感性的基礎上，經由感性對於理性的孳乳之中介，拙著方才進而上升到對於概念、範疇之形成途徑、內涵、意義的闡述，並說

明這一概念、範疇之在文學進程中的體現：對於具有現實性的審美概念和範疇，是說明其如何從某種文學進程中導引出來的，而對於帶有向前的指向性的屬於審美理想的概念和範疇，則是說明文學的發展是如何趨向之的，亦即它是如何轉化爲現實的。而這一切又都是以對民族思維的走向、民族文化—心理結構的變動之抉發，爲其最深的底蘊。這是一種體用一如、感理渾融的闡述方法，精神與物質、虛遠與具體，密切地交融著。這種闡述方式，也是原生態式的把握方式貫注於文學史研究之邏輯學思路的運用中的一個不同於共時性邏輯模式之展開的重要特點。

　　同黑格爾《邏輯學》那種脫離了個體的純理性的推演相異，拙著對範疇、概念的發掘闡述，首先總是從某一範疇、概念提出者本人所運用的含義的說明上入手的，在這種含義中，既有時代的要求通過個人表達出來的成分，也有理論家自身的個性色彩及偶然性因素在其中的凝定，有爲後世所發揚的部分，也有爲後世所批判或冷落的部分，有積極向前的內容，也有時代或傳統所給予的限制。它是複雜的，並不純淨。因此，它向著另一個概念、範疇的轉化，其途徑及表現也是多樣的。重要的範疇和概念，其適用範圍雖往往有特定的學科性，但其形成的因素卻是深廣的，並且其意蘊的覆蓋面也是廣闊的。所以，「對於理論研究來說絕對必要的是，必須把理論家自己對其理論的闡發同這一理論在歷史上的客觀意義區別開來。因爲一般來說，即使是一個優秀的理論家對於自己理論的客觀的歷史意義，由於受到種種條件的限制，也常常並不能認識得很全面、很深刻」⑳，因此，我主張「一方面既要扣住理論家本身的論述來說明其理論的內容，另一方面又要求開拓出去，從民族思想的發展上闡發其理論所映現的歷史的客觀底蘊」㉛。這就不是無人身的理性在自身之外，沒有自己的

地盤和可以與之結合的主體了㉜。這個主體，不僅是理論家本人，而且是處在一個特定發展階段的民族。它的地盤，即它所由形成的諸多渠道及其覆蓋的範圍。

第四節　雙向並存的運動規律
與時空之並包、轉換

對於在文藝史研究中運用新邏輯學思路來說，十分重要的是，既要不離開歷史的外在形式，又要抓住其獨特的發展規律。

拙著《中國中古詩歌史》同黑格爾的必然性的向上發展觀，表現了迥然不同的意趣。「歷史始終是在進步和退步的交融中前進的」㉝，是拙著的一個基本論點。拙著認爲，進步和退步常常是「那樣密切地交織在一起，一方面是進步，另一方面卻又是退步。進步會以一種退步的形式來表現，退步當中又會蘊含著進步的內核」㉞。「肯定的歷史環節會走向否定的結果，否定的歷史環節也會導致肯定的後果，肯定、否定的交織倚伏，要求我們不能把任何一個歷史階段的歷史作用僅僅看成是單向的，它必然是雙向的」㉟。拙著還強調說：「歷史的前進，往往存在於一種片面的形式之中」，或者說，「歷史往往以一種片面的形式在發展，這是我們應該樹立的一個重要的歷史觀」㊱。

根據上述發展觀，拙著著力於揭示文學史運動雙向並存的發展規律。拙著在謝朓章的末尾說：「一方面有突過，一方面也就有不及，當小謝『平秀』的藝術風貌成爲人們所驚嘆的對象以後，大謝表現自然美的『高秀』風貌也就成了一種徒然爲人們所企仰的高格了。」「當然，藝術史的流水總是奔騰向前的，我們對於文學藝術史的考察，自然要注目於後代對於前代的發展和推進。

然而，如果我們僅僅看到發展和推進，而不同時把握失去和不及，那末我們對於文學藝術史發展的理解，就會單線化、直線化。」「自建安、正始以後，一方面是氣骨的愈益漓薄，一方面又是刻劃外物及字句的愈益精工，前者是不及，後者是突過。南朝以後，這種雙向的運動更是加速地向前發展著。魏晉南北朝整個歷史時期的文藝發展，最爲清楚地昭示了文藝史發展的這種突過和不及的雙向並存的運動規律」㊲。在江淹章的開頭，我又一次從批駁元稹的話中，發揮這一論點。既批評了文學發展每況愈下論，也反對了今勝於古的主張，並進而強調說：「文藝史發展的規律是雙向的，這是我在本書中首次提出並用以貫穿於全書撰寫之中的一個重要論點」㊳。

　　雙向發展規律表明，在發展中我們總會有遺失。歷史上後起的思想和藝術的形式，難以將前代的豐富性全部包涵於自身。雖然從宏觀上說，歷史的發展確是呈現一連串的圓圈形，但合題對於正題、反題的綜合，不僅需要相續的思想的或藝術的運動，而且這一綜合也是就其主要價值的融合而言的。

　　尤其是在文藝史上，特定藝術形式、風格、境界的不可重覆性特別明顯。如果合題的綜合眞能包容了前代正、反題階段的一切豐富性，則達到合題以前階段的藝術，也就不會留存至今了，至多也只能陳列到黑格爾所說的那種衆神像的廟堂中去了，而不會長久地活在一個民族的文化生活中。像神話、《詩經》、《離騷》、《九歌》這些屬於中國文學源頭和初始階段的作品，又何以衣被詞人非一代也，起到後進追取而非晚，前修文用而未先，往者雖舊而餘味日新，如泰山偏雨、河潤千里的作用的呢？

　　並且，藝術美的種種典範——不僅是馬克思所已指出的史詩，就中國文學而言還有諸如唐詩、宋詞、元曲等等——往往在某一

藝術種類發展的前期和中期產生。此後的發展倒是強弩之末了。
「文學藝術的發展，並非總是後來的發展階段超過前行的發展階
段」㊴。像著名的北朝少數族民歌《敕勒歌》，此詩「筆觸之簡
潔，氣韻之深沉，境界之博大，都是十分出色的。穹廬之喻，牛
羊之景，點染出塞上風光。而其所表達的蒼茫四野的心理感受，
亦爲游牧民族所特擅。少數族的文明比起漢族來要低得多」，「
《敕勒歌》確是沒有什麼刻劃細微之處」，「它就以其明淨的語
言、本色的表達取勝」，然而「南朝那積案盈箱的佻巧小碎、刻
琢雕煉之詩，又有哪一首及得上它」㊵？！即使是和唐宋文人創
作相比，《敕勒歌》的藝術成就也是超越於大部分唐詩宋詞之上
的。

　　如果依照黑格爾的發展觀，而不從雙向並存的規律出發，則
不僅對一個民族自身各階段藝術成就之高下、各種文體和藝術種
類的興衰難以把握，而且對於民族間藝術成就的比較，也一定會
淪入簡單機械的泥沼之中，就像黑格爾本人將東方哲學粗暴地趕
出了哲學史一樣㊶。由此，對於藝術、哲學以至世界文化，在發
展程度有別的各民族的鬥爭交融中，特別是對其在野蠻人與文明
人之間的對流中的發展，便會無法理解。

　　所以，我在拙著《中國前期文化—心理研究》中說：「審美
是人類最爲複雜的精神活動之一，它絕對地要求一種多元觀。各
民族的社會發展有階段的高低，但難以說社會發展階段低的文藝
就必定不如社會發展階段高的文藝。文明的發展是多線的，審美
的發展也是多線的，從不同的社會發展階段中萌生成長的文藝，
只要它有眞實的歷史內容，不是虛假的，不是爲一個階級、一個
集團以至一個統治者的欺騙目的所服務的，那末它的風格、它的
審美意趣，就會永遠帶上那一個歷史時代才能具有的歷史色澤，

從而它就是不可代替的了。」「本書想加以強調的是，從不同的社會文化、物質狀況出發，各民族的藝術會發展出特色各異的表現手法體系。達到古典型階段的希臘神話，促使希臘文藝向著寫實與再現的方向發展；而大體上處於象徵型階段的中國神話，則使得文藝向著抽象和表現的方向前進。兩種文學、藝術，由此而開始了歷史性的分流」㊷。

發展觀問題，必然地同時空意識問題相契合。在審美的多線發展中，已包容一種空間性於時間性之中。在一定的地域範圍和歷史環境中，這審美的多線發展又往往匯流而錯綜交織起來，這就又在時間性中涵有了空間性。

我對於時空觀念問題有一種特殊的興趣，所以，兩部拙著中均列有闡述時空觀念變遷的專論。《中國中古詩歌史》一書，在縱向的邏輯之鏈中，復又時時顯現共時態的關係。如第三編《中古文學特徵論》的小序總括此期文學之發展曰：「前進和後退，清流和污濁，是如此奇妙地相互交織著、倚伏著。整個社會中各種力量迭起的沖蕩，各種趨向紛異的探索，混沌錯綜，眩人眼目。歷史以其整體的複雜性前進著，在種種弊病和血污之中，時而隱約、時而分明、時而緩慢、時而急速地劃出了一條蜿曲向前的軌跡」㊸。這一段話不僅意在說明共時中的多種殊異性之並存，而且顯然有著一種空間因素向時間因素轉化的內容。拙著第十一編《頹靡中有前進的梁、陳詩》的小序概述此段詩史曰：「梁陳之際，是一個十分活躍的時期，各種傾向都在發展：有的向前，有的向後，有的似前進而實後退，有的似後退而實前進，原有的發展方向在沿承，新的發展方向在尋求，種種情況相互交織匯成一片。前進與後退的辯證法呈現了特別複雜的形態。」「一方面新鮮的藝術經驗，不斷地產生著；另一方面頹靡的風習幾乎席捲了

整個詩壇，產生了引人注目的弊端。於是，對於時弊的批評在滋生，以至乃有復古主張的抬頭。」「詩歌史在種種意見的相互衝突中，積累著對於自身的反思。在奔湧的『新變』潮流中，在對不同發展方向的探尋中，歷史在逐漸地、曲折地準備著向下一個階段延伸的憑藉」㊹。這一說明，不也力圖在共時態的多樣性呈示中把握其向歷時態的轉化？

　　在對詩歌史邏輯的梳理上，拙著多有著力於時空並包且相互轉換之處。拙著第七編第三章對於鍾嶸在太康時代最為看重的三位詩人──陸機、潘岳、張協──應如何論述，曾作了如下說明：「從橫向上看，陸機、潘岳、張協三人詩同為太康詩風之代表；而從縱向上看，三人詩風之差異實又構成遞次向前之序列。在此一發展序列中，一種較為渾厚的與過去的傳統相聯繫的風格漸次衰退了，一種有著精緻意趣的新風格在逐漸興起。」「在對平列的太康代表詩人的論述中，梳理出一種縱向發展的系列，便是本編三、四、五章立論之所在」㊺。這是在同時代的藝術差異之中，見出歷時的消長。對於南朝詩歌，拙著則著意從詩派之鬥爭上來加以闡述。劉宋之時，謝、顏、鮑三家並出，革除玄言詩風，展開了聲色大開的局面，且發展為詩派鬥爭。這一鬥爭首先從顏、謝和休、鮑之間開始。永明體正是在沿承休鮑、革除謝顏的過程中發展起來的，而到宮體所傳且變朝野之時，謝顏二體式微，鮑體乃獨昌。而另一種詩派之間的鬥爭又早已在展開中，與齊梁之際以永明體和宮體為代表的洶湧的新變潮流異趨的，是一種望今制奇、參古定法的通變的藝術努力在萌生成長，這同樣是發端於鮑照，而下沿於江淹、吳均，劉勰、鍾嶸則是這一藝術走向之在理論上的代表。這一些，本書第二章第五節已然對拙著第九、十、十一編中的有關內容作了概括。這種從謝、顏、鮑三家共時的異

趨中產生的詩派鬥爭之在後世的興替，以及因這種歷時的興替而又引發的共時的藝術爭鋒，正是文學史進程中所體現的空間因素與時間因素的相互轉換。

文藝史研究的對象範圍愈是擴大，則這種對於藝術之共時異趨和歷時興替及其相生相克關係的整體把握，就愈益構成爲一種對於研究對象的全局性駕馭能力。

審美對於多元觀的絕對要求，使得我們在文藝史研究中運用新邏輯學思路時，必須牢牢把握住時空並包及其相互轉換問題。

第五節　多組矛盾、隨機性及藝術獨特性之凝定

時空並包且相互轉換，必然呈現爲多線的錯綜。與黑格爾《美學》僅用一組矛盾的運動來勾畫藝術史的進程不同，拙著《中國中古詩歌史》下卷，是以由一個基始性矛盾所產生出來的三組矛盾的遞次推進，來展開論述的，文學與社會諸因素由此而凝爲一個整體。

一方面由於內在矛盾的多重性，另一方面又由於外在歷史條件的變動性，所以文學史的行程不可能是單純向上的。

社會文化進程的漲落，對於文學發展的作用是顯然的。比如，拙著中所述及的，元魏政權在漢化上已取得顯著進步，文學上北人之學南在元魏之時早已在進行了，但由於六鎮鮮卑勢力的崛起，元魏政權崩潰，造成了漢化過程的倒退。高歡的北齊政權，乃是鮮卑人壓制漢人的政權。在這種環境中，入北南人蕭慤、顏子推的作品，自然不能發生較大的影響了。同是南人入北卻發生了很大影響的是庾信和王褒，因爲他們所處的北周，「宇文泰、宇文

邕父子自覺推行漢化政策」，「王褒、庾信入周，受到了宇文集團的熱烈歡迎」⑯，歷史再一次演出少數族漢化的新場面，庾信、王褒正是因爲處於這樣一個政治、社會環境中，適應著民族融合的需要，「所以他們的詩文才發生了很大的影響」⑰。不了解歷史上這種大跨度的進與退，又如何能了解文學史發展之曲折迂迴、錯綜反覆的情狀呢？

因此，極爲相似的事情在不同的環境中，便會有完全不同的結果。西晉末年同東漢末年一樣處於一場極大的戰亂之中，但漢末卻產生了建安詩風，而西晉末年則導向於東晉的玄言詩時代。其原因拙著《中國中古詩歌史》第八編及本書第二章第三節中，均給予了說明。

拙著《中國前期文化—心理研究》第三編第一章、第四編第三章，對於歷史如何在偶然性、機遇性中艱難曲折地開闢出一個新的方向，以及這一新方向的開闢所引起的社會和文化的複雜鬥爭；對於歷史的隨機演化——各民族在各自特定的內外部條件下，走著不同的道路，以至內在根據大致相同的民族，在不同的社會環境中，其前進的路徑亦迥異，都作了詳明的闡述。

與黑格爾之缺乏隨機性相反，拙著《中國中古詩歌史》極爲重視歷史發展的隨機性問題。歷史的隨機性的重要表現形式之一，便是歷史發展途徑與形式的轉換性。如拙著《中國中古詩歌史》第十二編第三章和本書第二章第六節所均已述及的，南北文學交融派的主張，不過是通變論的具有空間形式的展示，是通變派的理論結合了當時民族融合之具體的社會條件的一種轉換形式。

隨機性概念的引入，對於突破黑格爾邏輯學思路之側重於必然性、普遍性是完全必要的；並且這也是使得邏輯學思路眞正能得以貫通於史的研究之中的關鍵。然而，問題的難點還在於如何

能使歷史的隨機發展同邏輯學思路的運用有機地結合起來，這一結合，正是新邏輯學思路的一項重要內容。無疑，這是一項難度很高而又沒有任何借鑑的課題。

拙著《中國中古詩歌史》探索了本書上章第三節所已詳述了的這樣一種做法：由一個基始性矛盾所萌生的邏輯規定性，應是由種種社會條件轉化而成的文學自身的內部要素，因而是文學內部因素與外部因素的一種凝定。種種具體的社會條件之向內的轉化，必然使具體歷史階段的文學發展表現為一種特定的進程。邏輯要素之間的轉換推移，正是在這一過程中進行的。邏輯要素之轉換隱入這一過程的深處體現為它的實質，浮在表面的則似乎是一個個具體的往往自有其面目的歷史過程。歷史過程的往往自有其面目，同歷史發展中的隨機性是密切聯繫著的。整部文學史的發展，正是在每一段都有其具體的進程，而在這一進程中完成著某一種規定性和要素的轉換推移，一個又一個進程的連接，便正是邏輯之鏈的向前的延伸。拙著《中國中古詩歌史》用以組織全書的，便正是這一思路。

此外，拙著下卷對於一些次要的概念、範疇，採用隨機的歷史的追蹤、清理法，到適當地方復又較為集中地對之加以闡述，這也是將隨機性和邏輯學思路結合起來的一個方面。本書第一章第五節中已詳述，無庸再贅。

與強調歷史的隨機性相一致，新邏輯學思路重視個人的作用，要求把握藝術獨特性之在歷史傳承中的凝定。

在文學史的研究中，我們一方面要注意藝術家的個人素質及其作品是如何在時代的爐冶中產生的，另一方面又必須注意時代的內容是如何經過藝術個性的過濾、染色而具有了特定的文學特質的。無論是民族氣派，還是時代精神，都要通過作家藝術個性

的規範和熔鑄，才能凝定成某種風格。也就是說，審美心理除了具有繼承性、時代性外，還有個體性。審美心理的承續及其在一個新的時代中的變動，雖具有普遍性，但其具體的建構則還是通過個體心靈而實現的。個體的氣質及心靈的寬廣度，無疑地成為選擇作用所賴以進行的基礎。正是在這個基礎上，生成著屬於作家個人的感受方式和意象群，亦即是生成著屬於作家個人的藝術世界。當然不可忽視的是，作家的心靈狀態亦非恆定而不變動的。任何作家，由於其個體的氣質及心靈的寬廣度，其心靈之光折射到社會和自然物象上，總有幾個主要的窗口，其作品的意象群，大體上正是透過這些窗口，而加以集聚和融鑄的。

所以，文學史的研究，要求對時代因素和個人素質作貫通的把握。拙著陶淵明章就是從陶潛所處的時代環境及他個人素質的綜合出發，說明他何以能將過去的傳統、時代的轉折、未來的發展有機交織於其詩歌中，從而成為中古藝術巨匠的。

拙著在一系列的作家專章中，不僅評述了這些作家在後代的不同的藝術命運，還進而說明表現在對一個作家的不同評價中所反映出來的不同美學標準和理想的鬥爭，並由此抉發出文學史的實質性進程來。全書這樣寫法的專章較多，陸機章、庾信章尤其著者也。此種寫法的實質，即是引入反饋的因素，以見出個人的藝術地位是如何在讀解之消長轉換的過程中，得以凝定的⑱。

以上三節僅是擇要說明新邏輯學思路之在拙著《中國中古詩歌史》中的體現，前已述及，這三節的主要目的，乃在於對新邏輯學思路之運用於文學史研究應如何扣住這一領域的特點作出實例性說明。所以，其中雖引述了本書前面的一些論述，但顯然針對性並不一樣。鑑於拙著原書具在，學界中從頭至尾讀過拙著者

亦較多，固無庸過爲繁言也。

第六節　文學史新方法體系的內在 關係及其學術路徑

　　本書在詳細闡述了原生態式把握方式與邏輯學思路的融合，以建立歷時性的歷史與邏輯的統一這一命題以後，還需要進一步論證本書所提出的整個方法論體系的內在關係及其所賴以展開的學術路徑。

　　本書所提出的方法論體系，是一個有著密切的內在聯繫的有機整體。

　　如果要說到文化、審美、邏輯這三個要素同原生態式的把握方式的關係，則文化、審美是文學史的內容：文化爲其與諸意識形態及社會相聯繫、相通貫的普遍性內容，審美爲其特殊性內容，文學乃是一種審美的文化活動。原生態式的把握方式，是文學史家盡力貼近於歷史之原初的存在的一種思維方式；而邏輯學思路，則爲文學史家將這種運用原生態式的把握方式去貼近於歷史之原初的存在而得到的認知表達出來的形式，亦即馬克思所說材料加工的方法。由於這一表達形式，文學史才能具有理論形態。但邏輯學思路應盡力符契於歷史之原初的存在，也就是說它應是歷史自身情狀表層與深層相統一的展開。原生態式的把握方式對於理論創造提出了更高的要求，指明了理論創造符契於歷史眞實情狀的途徑。所以，應將原生態式的把握方式滲透到邏輯學思路中，於是，這就需要對黑格爾的《美學》及《哲學史講演錄》中所體現的運用於史的領域的邏輯學思路，加以批判改造，以建立歷時性的歷史與邏輯之統一，亦即是形成一條新的邏輯學思路。

　　如果從整體講更新文學史研究的四項原則同原生態式的把握方式之間的關係，則原生態式的把握方式與整體性原則，史的研究就是理論的創造原則與邏輯學思路，乃是兩組各自相互包容、相互映現的概念、命題。亦即是在一組之中的兩個概念，它們各自都將對方涵育於自身之中，作為自身的具體規定性之一部分，認作自身的一個環節，各自都能從對方概念中看到自我。本書第三章第二節已述，原生態式的把握方式，乃是一種整體的複雜的把握方式。而整體性原則，又是以盡可能貼近那個文學史全體為目標的。史的研究即理論的創造原則與邏輯學思路，也是這樣相互包容、相互映現的。恩格斯說：「要思維就必須有邏輯範疇」⑭，理論創造離不開邏輯學思路的運用，而邏輯結構的建立則正是理論形態形成的標誌。雖說這兩組概念、命題是各自相互包容、相互映現的，然而又各有其側重，其內涵也並不完全一致，並且每一方又有其自我的表現方式，亦即是有其定在的規定性。

　　這兩組概念、命題之間又有著一種密切的依存關係，這樣一種依存關係，其實就是一種相互生成的關係。對歷史的原初的整體性存在的盡可能的貼近，必須要以一種恰當的理論形態反映出來。那種草木叢生式的零散狀態，那種灌木與蔓藤糾纏的情狀，沒有知性範疇的整理，難以給人以一種意義性的識別。而以一個科學的邏輯結構為標誌的理論創造，則又必須以對歷史真實的盡可能的認知與感受為基礎，否則，不僅必然空疏，還必然偏離於歷史的真實，因而也就失去其科學價值。這兩組概念、命題的關係，其實正是歷史真實的二重存在的關係。這樣，本書經過十餘萬字的論述以後，其實又正是返回到它的初始的基點上了。而這一整套文學史方法論，不過是這個起點內涵的必然的展開。

　　關於盡力從民族文化─心理動態的建構過程上來把握文學史

的進程，這是說的上述方法論體系所賴以安置和展開的學術路徑。對於這條學術路徑，我1989年在《我寫〈中國中古詩歌史〉》一文中，已經作過一次簡明的概括：「我多年來的學術研究，其路徑可以用一句話加以概括：即在理解民族思維發展的基礎上來把握文學的進程。我以爲這是一條前人所未曾走過，而今人也還未曾注意到的學術路徑。」拓寬來說，這就是一條以民族思維的發展爲底蘊的文化─心理的學術路徑。

　　一方面對於歷史的整體性的原初狀態的盡力貼近，有個切入的基點問題，另一方面理論的創造也有一個方向問題，民族文化─心理的動態的建構過程，正是提供了這樣的一個基點和方向。本書第一章第五節已述：邏輯結構的建立離不開概念、範疇、命題的提出和表述，而概念、範疇、命題的提出和表述又是一個和民族文化─心理結構的理解相聯繫的問題。因此，民族文化─心理動態的建構問題，乃是充融於上述四個概念、命題中的一種普遍質，借用馬克思的話來說：「這是一種普照的光」，「這是一種特殊的以太」⑩。

　　並且，這一學術路徑，還提供了文學史研究同整個文化研究，同新時代中民族新文化建構相互聯結的基礎。本書序中已經述及，文學史研究並不僅僅只具有其自身的意義，它不能在自足狀態中自存起來。如果沒有文學史研究向其它意識形態領域和整個社會文化的幅射及轉化，則正如沒有哲學、歷史、宗教、思維科學等眾多其它學科以及社會和時代的文化精神向文學史研究的幅射和轉化一樣，便沒有文學史研究作爲整個文化中的一個子系統的活躍的存在，則這一子系統因失去活力，而將必然萎縮。文學史應該有專屬於自身的內容，即文本研究、文體研究、流派研究以及作家、作品的種種考證；但文學史決不能僅僅只限於這種內容，

否則，文學史的讀者就只有一個狹小的專門家的圈子。

對於民族文化—心理建構的探究，正是提供了文學史同其它意識形態領域以及整個社會文化相匯通的中介。文學史研究在對民族審美心理建構的探究上，具有一種獨特的作用。這一探究，不僅可以提供其它意識形態領域中對於民族文化—心理研究的重要借鑑，而且由於包括審美心理在內的民族文化—心理結構內部各因素的整體性和相互滲透性，文學史研究就必然向其它意識形態領域輻射、轉化。

民族的審美活動，總是時時刻刻在進行的，雖然不同時代有雅與俗、文與質、高與低等種種不同的組合，但民族審美心理必然有其延續性。張揚我們民族優秀的審美傳統，可以予現實的審美活動以更爲多元、豐富的滋養，並從而引導審美的現實界向審美的理想界趨近。

顯然，對民族審美心理的把握，離不開對於整個民族文化—心理建構的動態的探究。文學史研究，正是在民族文化—心理的恢宏的視域和深層次的觀照下，不僅將解決許多單純在文學的視界中所不能解決的問題，而且還將饒具一種沉雄博大的氣韻，文學史著作由此方能升躍而取得高品位大著作的價值。僅僅是文本研究、作家作品研究，是甚難企及於此種境界的。其東面而視，不見水端也。

而且，整個社會科學研究的極重要的價值之一，乃在於爲民族構建一個文化—意義的世界。在這個文化—意義世界的引導下，民族活動的現實界才能獲得方向，世界也才能得到其所以然的界定。每日重複的、單調的、往往是偶然的個人的行動，方才取得了一種目的。單個的人，正是憑藉著這一文化—意義的世界，「去抵禦存在的偶然性、艱難性，並將存在的非理性轉化爲理性的，

於是存在便意義化了」⑪。而整個民族，又正是在這一意義化中，凝結爲一體的；並以此爲航標，而渡越歷史中那時而平緩散紓的波流、時而急浪奔湧的驚濤的。文學史研究，如能以其渾涵了豐博歷史內容的審美的光彩，映現在這一民族文化─意義的世界中，則文學史研究對於民族的存在和發展，就作出了特殊的貢獻了。

　　至於在世界文化的發展和未來學問題的背景下，探求文學史研究的意義，則本書第一章第六節中已詳述，此不復贅。

　　因爲文化─心理研究乃是文學史研究打破自足自存走向一種遠爲開闊宏大境界的必由之路，所以，它才成爲本書所述整個文學史方法論的一個基礎，這一基礎，上文已述，其實乃是一種學術路徑。拓開這一其空間、時間都渾無涯際的研究領域，自然是一件十分艱難的工作。然而，文學史的學科建設如欲有實質性的拓進，則捨此，無可爲能也。

　　因爲這個緣故，所以，我在拙著《中國中古詩歌史》完成以後，沒有像不少朋友所估計或鼓勵的那樣，順流而下，去寫《唐詩史》，也沒有立即著手溯流而上，去寫《先秦兩漢文學史》。對於我本人構建一個獨特的文學史方法論體系而言，我清楚地明白：我必須沿著拙著《中國中古詩歌史》一書「著重從民族思維的發展、社會思潮的流變以及審美情趣的變化、審美心理的建構上來把握詩歌史各個階段的遞次的邏輯前進，以展示我們民族四百年心靈史，並注目於藝術哲學之闡發」⑫的學術道路，更加深廣地拓寬爲一條特色鮮明的文化─心理研究的學術路徑，而這又是一個在相當程度上，同對世界文化了解的廣度和深度密切相關的問題。於是，我的第二部大型學術專著乃以《中國前期文化─心理研究》爲題，也就是必然的了。

　　方法論的研究，必須同實際著述結合在一起而不是徒發空論，

才能概括出有實踐意義的理論。沒有在研究實踐中被檢驗過的方法論，至多具有一種假想的性質。而我在文學史研究上，是從不願意僅僅從事於假想的猜測的。當然，實際的研究和著述，又須在方法論的指引下，方才能夠沿著一個正確的新方向，上升到一個新的境界。

寫到這兒，我想起了恩格斯《自然辯證法》中的一段話：「不管自然科學家採取什麼樣的態度，他們還是得受哲學的支配。問題只在於：他們是願意受某種壞的時髦哲學的支配，還是願意受一種建立在通曉思維的歷史和成就的基礎上的理論思維的支配」，「而那些侮辱哲學最厲害的恰好是最壞哲學的最壞、最庸俗的殘餘的奴隸」⑬。文學史研究同文學史方法論亦即文學史學之間的關係，不也是這樣嗎？！

在新時期以來的文學史研究中，一方面有舊路徑的慣性沿承，另一方面又有因急於求新但又缺乏必須具備的理論素養所造成的一知半解、食西不化、名詞填塞。而真正的革新，首先要求整個思維模式的轉換，自然是極為艱難的。不求變革者、圖省力者，難以去走一條前人沒有走過的荊棘叢生的道路。當然，研究應該是也必然是多元的。各種研究，無論其路徑與方法如何——只要這種研究是認真的、刻苦的，也都有其身的價值。但顯然，任何人都明白：學科前進的希望，乃在於適應著社會文化的轉型而從事於極為艱難的真正的革新。只有有了這種真正的革新，文學史研究才能劃出一個嶄新的時代！

本書第一章第二節已述，文學史的研究終於來到了應該表現出一個大的轉折的時代，歷史期待著一批有膽識、有才華、勇於探索、立志理論創造的文學史家的出現。

【附註】

① 　《馬克思恩格斯選集》第2卷第103頁。

② 　同上。

③ 　《馬克思恩格斯選集》第2卷第122頁。

④ 　同上。

⑤ 　《馬克思恩格斯選集》第2卷第106頁。

⑥ 　《馬克思恩格斯選集》第2卷第110頁。

⑦ 　《馬克思恩格斯全集》第46卷上冊第458頁。

⑧ 　《馬克思恩格斯選集》第2卷第124頁。

⑨ 　《哲學筆記》第364頁。

⑩ 　同上。

⑪ 　《哲學筆記》第233頁。

⑫ 　《哲學筆記》第165頁。

⑬ 　《馬克思恩格斯選集》第2卷第122頁。

⑭ 　《馬克思恩格斯全集》第1卷第650頁。

⑮ 　馬克思《〈資本論〉第一卷第一版序言》，《馬克思恩格斯選集》
　　　第2卷第206頁。

⑯ 　《馬克思恩格斯選集》第2卷第119頁。

⑰ 　《小邏輯》第329頁。

⑱ 　《中國前期文化—心理研究》第3、4頁。

⑲ 　《中國前期文化—心理研究・序言》第7頁。

⑳ 　《中國前期文化—心理研究・序言》第6頁。

㉑ 　《中國前期文化—心理研究》第229頁。

㉒ 　《美學》第1卷第356頁。

㉓ 　《中國中古詩歌史》第127頁。

㉔ 　《中國中古詩歌史》第159、160頁。

㉕　《中國中古詩歌史》第160頁。

㉖　《中國前期文化—心理研究》第558頁。

㉗　《馬克思恩格斯選集》第2卷第122頁。

㉘　《小邏輯》第55頁。

㉙　《中國中古詩歌史》第167頁。

㉚　《中國中古詩歌史》第192、193頁。

㉛　《中國中古詩歌史》第193頁。

㉜　馬克思在《哲學的貧困》第二章第一節中曾說：「理性在自身中把
　　自己和自身區分開來。這是什麼意思呢？因爲無人身的理性在自身
　　之外既沒有可以安置自己的地盤，又沒有可與自己對置的客體，也
　　沒有自己可與之結合的主體，所以它只得把自己顛來倒去：安置自
　　己，把自己跟自己對置起來，自相結合——安置、對置、結合。用
　　希臘語來說，這就是：正題、反題、合題。」這是對黑格爾主義脫
　　離了個體的純理性的語言，對其沒有個體的純粹普遍方式的批判。

㉝　《中國中古詩歌史》第212頁。

㉞　《中國中古詩歌史》第145頁。

㉟　《中國中古詩歌史》第527頁。

㊱　《中國中古詩歌史》第701頁。

㊲　《中國中古詩歌史》第641頁。

㊳　《中國中古詩歌史》第697頁。

㊴　《中國中古詩歌史》第779頁。

㊵　《中國中古詩歌史》第773頁。

㊶　黑格爾在《哲學史講演錄‧導言》裡明確說：「東方的思想必須排
　　除在哲學史以外；但大體上我將對於東方哲學附帶說幾句，特別是
　　關於印度和中國的哲學。」「眞正的哲學是自西方開始。」

㊷　《中國前期文化—心理研究》第427頁。

㊸　《中國中古詩歌史》第71頁。

㊹　《中國中古詩歌史》第677頁。

㊺　《中國中古詩歌史》第366頁。

㊻　《中國中古詩歌史》第793頁。

㊼　《中國中古詩歌史》第794頁。

㊽　對於藝術獨特性、作家的個人地位是如何在歷史的傳承中凝定的問題，本書第七、八、九章中還將作較爲詳細的討論。

㊾　《馬克思恩格斯選集》第3卷第533頁。

㊿　《馬克思恩格斯選集》第2卷第109頁。

○51　拙作《〈中國文人心態史叢書〉總序》。

○52　《中國中古詩歌史》第861頁。

○53　《馬克思恩格斯選集》第3卷第533頁。

第六章　中國文學史的原生態生長情狀

第一節　方法與內容是相互生成的

　　黑格爾說得對:「方法並不是外在的形式,而是內容的靈魂和概念」①。方法是內容自身運動在形式上的意識,也就是說,內容反映爲方法,方法揭示了內容自身運動的辯證法。

　　一個文學史家對於文學史「內容的靈魂」的認識達到何種程度,便會形成爲何種方法。方法意識乃是對於內容本質的自覺。缺少方法意識,說明對於內容的本質還沒有形成自覺意識。方法陳舊,則說明對於內容本質的認識還處在一種十分狹隘、片面以至歪曲的狀態之中。反過來說,文學史的原初的存在內容,又是通過文學史家對其「靈魂」的認識而被勾畫出來的。因此,文學史乃是在文學史家的方法所展示的視野和框架中生成的。文學史家具有何種方法論觀點或體系,其文學史著作的內容便體現出相應的寬度、深度、形態及品位。文如其人,文學史著作亦如同文學史家其人也。所以,我們應該進一步地說,方法與內容是相互生成的。講到這兒,我們就又回到本書第三章論原生態式的把握方式之哲學基礎時所說的主客體的渾融與相互生成了。

　　本書第三章第一節中曾述及,原生態式的把握方式乃是認識對象與認識主體之間的中介,其目的在於將文學史生長的原生態情狀及其縱向的原生態運動盡可能多地反映出來。同章第三節又

說到，要研究下列問題：文學史運動中的社會性讀解的有效載體和方法是什麼？其作用和影響如何？文學史是如何通過其中介環節而運動的？文學史運動的動力結構又是如何構成的？在此節中我還講到，研究這些問題的實質乃在於探索文學史的生成問題。

既然方法是對於內容實質的自覺意識，方法與內容是相互生成的，因此，本書對於「文學史新方法」這一論題的研究，就應該還有一個側面，即對於上述諸問題作一些要點式的勾畫；而且，既然如同上章第六節所說，邏輯學思路，乃是文學史家將運用原生態式的把握方式去貼近於歷史之原初的存在而得到的認知表達出來的形式，那麼我們就應對文學史的原生態生長和運動本身的一些特點，作出一定的闡發。所以，我在引言中曾說明本書的兩個方面的內容：一是探討如何更新文學史研究的路徑，二是陳述我對文學史的複雜的巨系統運動的認識。這兩個方面，其實也正是相輔相成、相互映現、相互包容的一個整體。

本章論述文學史的原生態情狀，主要是一種共時態的勾畫；第七章和第八章，論述文學史縱向的原生態運動；第九章，論述文學史運動的中介及動力結構。

第二節　東方國家形態與家族色調

我在拙著《中國前期文化－心理研究》第四編第五章中曾說，中國上古國家「是在父系家族制的基礎上發展起來的，於是其內外關係便沿著父家長制本身所固有的四種關係而展開了。從血緣關係出發，便衍生出宗法制；從婚姻關係出發，便擴展出宗盟關係；從對非自由人的奴役出發，便矗立出龐大的奴隸制；從權力與血緣的關係出發，便展開爲地緣對血緣、政權對族權的整合。

正是從對父家長制內在所固有的四種關係和矛盾及其向著國家形態的生長上，我們便可以高屋建瓴地抓住中國上古史展開的矛盾胚胎，把握住中國文化之根。」由這樣四種矛盾所構成的東方國家形態，便是中國文人所生活的社會環境。文學史的原生情狀，必然地是與東方國家形態相契合的；並且，後者還是前者的基礎。

從奴役關係出發，便產生了民間文學與廟堂文學的分野；從宗法關係中，就展衍出家族文學；從政權與族權的關係及宗盟關係出發，婚宦二字乃成為中國古代文人所注目的中心。婚姻既然是宗盟關係所由產生的根由，那麼，它就不是以男女之愛為其目標了，婚姻之所講究的或是門當戶對、或是聯姻高門；而美婚則為巧宦之門徑，婚與宦乃不可分解。於是，文人們所追求的便是雲龍風虎的君臣際遇，所著意者則為師友之間的理解與支持，而兒女情長卻要受到鄙薄②。從而，感遇、抒懷、唱酬之類的詩文蔚為大宗，甚至思婦詩、相思詩亦往往用以寓君臣之大義。這就是說，東方國家形態不僅決定了文人之所以行事，而且也決定了何種題材之受到重視與輕視，甚至還決定了其特定的表達方法。

從縱向上說，東方國家形態有四個層次：一是國家，二是鄉邦，三是宗族，四是個人。個人依血緣所決定的身分生活在宗族裡，而宗族存在於鄉邦中。孔子在陳，有「吾黨之小子狂簡，斐然成章，不知所以裁之」③之語，《論語・子罕》又記有「達巷黨人」之言，而《鄉黨》篇則云：「孔子於鄉黨，恂恂如也，似不能言者」。鄉邦已是一種地域概念，雖然地方政權的支柱仍然是宗族。各地方政權之上，便是溥天之下莫非王土的王權，亦即國家了。

中國文人作為個人要想浮現到歷史的河面上來，必須從宗族、鄉邦之中升到國家這一層次上。這一浮升的過程是艱難的。並且，

這還是一個矛盾的過程：一方面只有突破宗族、鄉邦的狹隘圈子才能浮升上去，另一方面這種浮升又必須依憑於宗族和鄉邦。單個的人是無力的，特別是在以宗法制爲主要組織方式的社會中。然而，宗族內部亦有其親疏、等級、權利等難以逾越的界限，而各個宗族之間的競爭又是激烈以至殘酷的。中國文人立身顯名所走的往往是一條崎嶇小道，沉淪了大片大片的士子，方才冒出了一小批顯於朝的達官名吏、文人雅士。

　　然而，歷史的流水則又無情地沖淡、洗刷著一切舊時的榮耀。宇宙悠邈，黎獻紛雜，日月流邁，蕭蕭物化，故榮名以爲寶也。是以魏文既發志士大痛之嘆，而對士人乃作寄身翰墨、見意篇籍以自傳聲名於後的懇誠。文章無窮，雖聲華消歇、世遠翳如而遺集猶存。士子既明此理，迫於奄忽之慮，乃爭浮沉於文苑之中。人生實劬勞，而古往今來，寒暑不廢，燃膏繼晷，乃至於逆境中發憤走筆，孜孜於濡墨擒文者，正不知凡幾。

　　政化貴文，事跡貴文，修身貴文；而百齡影徂，千載心在；文學史在當世和身後的雙重需要下，乃逐步地生長著。

　　由東方國家形態所產生的中國文人的生活環境，決定了文學史的原生態生長情狀中必然有著三個因素：一是宗族或家族的色調，二是鄉邦印記，三是文人們爲突破狹小的血緣和地域交際圈所形成的師友交往。下文茲分項述之。

　　在家族勢力根深蒂固的中國封建社會中，文名與家聲緊緊地結合著，文名廣延則易於得仕。拙著《中國中古詩歌史》第三編第三章已然論及，本節茲於《宋史·文苑傳》略舉二例以證之：「（安）德裕性介潔，以風鑑自負。王禹偁、孫何皆初遊詞場，德裕力爲延譽。及領考試，何又其首選」④。「時徐鉉以宿儒爲士子所宗，覽積文甚奇之，爲延譽於朝。是年登進士第，調補眞

定束鹿主簿」⑤。得宦則家勢壯。於是中國文學史的運動中，家族的勢力乃爭鬥於筆場之中，這應該是中國文學史原生態情狀的一個基本的方面。文學史家們長期以來忽視於此。五四以後，家族本位瓦解，於是文學史家的眼中，即僅見個體、流派之類，而不見家族了。其實，中國文人，尤其是世家大族文人，因其歷世多有文華，又復相互幫襯扶掖之，往往正是以家族塊團的形式浮沉於文苑之中的。王、謝子弟自有一種風神者，正在於一種文化精神氛圍的長期薰育。明代長洲文徵明頗有詩名，雖詩格不高而意境拔俗，然其家學淵源則來自其祖文洪，三世而後方鳴於世，文徵明之子孫亦尙能克紹箕裘。唐宋八大家中，蘇氏三人更是家族勢力浮現到文學大家行列中的一個顯例；三袁兄弟形成公安派又正是家族勢力蔚成文學流派之景觀也。兄弟聯手結藻浮沉於文苑而其文收爲一輯者，唐有《二皇甫集》（皇甫冉、皇甫曾），宋有《清江三孔集》（孔文仲、孔武仲、孔平仲），金有《二妙集》（段克己、段成己），明有《二溫詩集》（溫新、溫秀），清有《瑞竹亭合稿》（王愈擴、王愈融），《棣華書屋近刻》（朱湘、朱絳、朱綱），而元之《圭塘欸乃集》則弟兄之外又益以父子門客也。

　　昔盛漢安平崔氏、汝南應氏即累世有文才。魏代曹家以帝王之尊而文才奕世，胡應麟嘆曰，魏武「集至三十卷，又逸集十卷，新集十卷。」「陳思集亦五十卷，魏文二十三卷，明帝十卷。吁，曹氏一門，何盛也！」「高貴鄉公最聰穎有文」⑥。而南朝范氏七葉之中更是人人有集，王氏之盛又過於范氏。劉彥和贊曰：「王、袁聯宗以龍章，顏、謝重葉以鳳彩」⑦。文才相繼，是中國封建社會家族勢力籠罩下的必然現象，於是乃有裒輯先世之文爲一書者，這既是爲了頌世德以褒家聲，也是爲了存先人之手澤。

有明一代，周泰編《存存稿》十卷，其裔孫又編《續集》三卷，吳宗周編有《來蘇吳氏原泉詩集》八卷，始於宋而迄於明，內鄉李氏輯二世六人之詩為《六李集》三十四卷，豐城孫氏為望族，世有聞人自亦不甘寂寞，孫梗乃編次先世詩文自明初訖嘉靖中凡廿四人，號曰《世玉集選》。鳳山鄭孔道、鄭大亨叔侄詩本已為曹學佺《八代詩選》所採錄，其後人又即《八代詩選》所錄別刊一本，曰《鳳山鄭氏詩選》，其光揚門楣的用心亦可謂良苦矣！蕭自開以《奕世文集》命其所輯先世文集五種，此自矜文雅世家之意甚顯。姚衰為布衣，雖富甲一鄉，而能折節為詩，輯父悅與己詩，而衰之子舜聰又以詩綴後，是乃成《尚元齋三世詩》。大名成氏輯四世五人詩為《成氏詩集》，而歙縣程文潞輯程氏先世遺詩，自後唐迄明，乃至百有四人，曰《順則集》。

　　有清一代，復有《蕭氏世集》、《澄遠堂三世詩存》、《楊氏五家文鈔》、《湖陵江氏集》。桐成方氏輯其三世詩為《述本堂詩集》，侯官許氏輯其五世七人詩曰《篤敘堂詩集》，林其茂輯其曾祖以下四世之詩為《長林四世引治集》。鄭氏自宋建炎至明初合族而居者十三世，有義門之稱，鄭爾垣繼明鄭昺輯先世詩三卷，又續編四卷成七卷，還編次遺文得十五種，分命書名曰《義門鄭氏奕葉吟集》、《義門鄭氏奕葉集》，二書均標「奕葉」二字，其自矜之意則又甚於蕭自開也。作為家世觀念的一種衍射。康熙間劉云份乃輯《全唐詩》所載八個劉姓詩人：劉叉、劉商、劉言史、劉得仁、劉駕、劉滄、劉兼、劉威之詩，為《八劉唐人詩》。且又輯《全唐劉氏詩》，自序云：「四唐詩惟李氏為盛，約一百六十餘家，諸王孫居其半；次王氏，約一百三十餘家；次張氏，約八十餘家；次劉氏，約六十餘家。余姓劉也，閑中輯劉氏唐詩成帙矣。」此序以姓氏亦即放大了的宗族眼光看唐詩，對

李、王、張、劉四姓各作了詩人數目的統計，且明言因自己姓劉而有是輯也。

明白了家族勢力之在文學史原生態生長中的地位，我們對於文學史的認識便可以深入一層：

從對於作家本人風格的形成上說，如黃庭堅之學韓愈即是受其父黃庶的影響，並且其生新矯拔的路徑也是子承於父的。不過，黃庭堅魄力更爲雄闊，運用古事，熔鑄翦裁亦比其父工巧耳。然而，先河後海，其淵源有自也。

從一個文學流派的發展上說，南朝山水詩派中即多有謝氏詩人。謝混的《遊西池詩》揭開了山水詩興起的序幕，謝靈運繼起而名動京師。謝混爲康樂從叔，混作烏衣之遊以文義賞會，靈運亦預焉。謝惠連爲康樂從弟，且輔翼之。永明中，小謝又崛起。後代有些詩話家往往將大小謝及惠連統稱之爲「三謝」，這是一個有關山水詩的文學史集群概念。又如上文提到的公安派，其興起、顯揚、糾偏的過程正是由其三兄弟相續而完成的。「先是，王、李之學盛行，袁氏兄弟獨心非之。宗道在館中，與同館黃輝力排其說。於唐好白樂天，於宋好蘇軾，名其齋曰白蘇。至宏道，益矯以清新輕俊，學者多捨王、李而從之，目爲公安體。然戲謔嘲笑，間雜俚語，空疏者便之」⑧。袁宏道晚年頗自悔少作，其弟中道更明確地由宏道之主趣、講發抒性靈，轉而提倡情、法交融。他在《阮集之詩序》中說：「先兄中郎」「其意以發抒性靈爲主，始大暢其意所欲言」，「耳目爲之一新，及其後也，學之者稍入俚易，境無不收，情無不寫，未免衝口而發，不復檢括，詩道又復病矣。由此觀之，凡學之者，害之者也；變之者，功之者也」⑨。進而他要求毋捨法，在《花雲賦引》中他兼顧兩面地說：「性情之發，無所不吐」，「法律之持，無所不束」⑩。袁

氏兄弟三人的承接，正好展示了一個文學流派發展的全貌。

從對於一個時代文學的把握上來說，像太康時代有三張二陸兩潘的名目，《晉書・張載傳論》且云：「二陸入洛，三張減價」。由此，我們不僅可以知道當日文壇中家族因素之著人眼目，而且從家族文學勢力的消長中又可以覘見其時文學風會之變遷及時人好尚之所在也。

從理解一個大的歷史時期的文學史上來說，如中古詩史中即多有家族和宗族力量的整塊浮現：三曹為志深筆長的建安文人集團的首領，趙翼稱其曠絕百代。齊梁二朝帝王宗室亦多文才。齊高帝蕭道成為領軍時曾與謝超宗共屬文，見武陵王曄效康樂體詩，即戒之曰：「康樂放蕩，作體不辨首尾，安仁、士衡深可宗尚。顏延之抑其次也」⑪。蕭道成的這一意見對於謝靈運詩體在齊代的逐步式微，無疑有相當作用。其諸子中亦多以才著者，鄱陽王鏘好文章，桂陽王鑠好名理，人稱鄱桂。江夏王鋒曾作《修柏賦》。蕭梁父子四人領袖梁代文壇。梁武之愛好西曲、吳歌，仿民歌作艷詞，當為宮體詩風直接的先源。蕭統之編《文選》，《選》學籠罩唐代文學的發展實至深，清中葉駢文興起，《文選》又受推崇。簡文序其詩稱七歲有詩癖，長弗倦也。其《與湘東王書》則欲操文壇月旦之評類彼汝南許劭，而使清濁得辨也。梁元才辨敏速，與其兄簡文同為梁代宮廷文人集團之風流稱首。簡文子大心、大連善屬文，而大鈞學詩。梁元諸子中亦多有好文史者。庾肩吾父子、徐摛父子均為宮體詩人集團中的重要成員，庾信入北和王褒一起發生了牢籠一代的影響，徐陵於陳則成為一代文宗。

要之，中國文學史原生態情狀之最初的一個層次，便是家族和宗族。可以說這是中國文學史原生態情狀的一層底色，或者乾脆說，這是宗法制社會裡文學產生中所必然帶上的胎記，因而也

最爲觸目。

第三節　鄉邦文化與地域文學集群

家族本位觀念的衍射便形成鄉邦觀念。

在封建社會中，文人姓名之前冠以籍貫邑里乃是通例。魏晉南北朝士族社會講究地望，王家雖爲大族第一，然瑯琊王氏、太原王氏乃爲盛貴。大家族瓜瓞綿綿，多有分化，於是房望亦有高下懸隔。流風而下乃如劉知己所云：「世重高門，人輕寒竸，竸以姓望所出，邑里相矜」。「至於碑頌所勒，茅土定名，虛引他邦，冒爲己邑。」甚至在一些歷史著作中，亦不嫌詞費，屢標州壤，「周、隋二史，每述王、庾諸事，高、楊數公，必云瑯琊王褒，新野庾信，弘農楊素，渤海高熲」⑫。

高門世家與地望的聯繫，成爲鄉邦文化的支柱。正是這種家族關係與地緣關係的一定程度的迭合，提供了地域文化形成的基礎。就宋代學術而言，關、蜀、洛、閩學派的區劃是以地域形式表現出來的。而文學中的流派也往往從一定的地區發端，由此文人們還形成了愛用地望指稱或代稱流派的習慣，江西派、公安派、竟陵派皆直以地稱也，唐、宋古文派王愼中、唐順之「天下稱之曰王、唐，又曰晉江、毘陵」⑬，此則以地名代稱流派也。

在這種觀念和風氣之下，包括文學總集在內的鄉邦文獻的搜集便爲世所重了。鄉邦文獻的匯輯可以由居住或出生於其地的文人鄉紳進行，也可以由地方官著手。宋孔延之博加搜採，旁及碑版石刻，自漢迄宋，成《會稽掇英總集》二十卷，宋董弅輯嚴州詩文，稽考載籍，搜求碑版，所得逸文甚多，又得郡人家所藏書，廣求備錄，自謝靈運、沈約以下迄於南宋之初，成《嚴陵集》九

卷。那個自請監押賈似道殺之於木綿庵的鄭虎臣，編有《吳都文粹》，於吳郡遺文綜輯頗富。元汪澤民、張師愚輯宋、元詩一千三百九十三首，成《宛陵群英集》。被譽爲以武人司選政而其書不愧善書者惟此一集的《滄海遺珠》四卷，輯明初流寓遷謫於雲南者二十人之作計三百餘首，這就帶有了客籍鄉邦文學的色彩。而明人程敏政的《新安文獻志》一百卷，南北朝以後文章事跡之有關於新安者悉採錄之，繁博淹貫，徽州一郡之典故匯萃極爲賅博，因而被推爲鉅制。同樣，明周復俊所編《全蜀藝文志》六十四卷，博採漢魏以降詩文之有關於蜀者，匯爲此書，網羅亦極賅洽。錢谷遊長洲文徵仲之門，日取插架書讀之，鈔異書至老不倦，輯成《吳都文粹續編》，而採輯之富以至遺碑斷碣，視鄭虎臣《吳都文粹》幾增至十倍，吳中文獻多藉以有徵。

　　如是，則中國大地上往往地有其集：秦中有明胡纘宗的《雍音》，始於泰伯、文、武、周公、成、宣諸逸篇，下迄於元。溫州有明趙諫因蔡璞本而增損的《東甌詩集》及他本人所輯的《續集》。福州在晉爲晉安郡，故明人徐𤊹乃編《晉安風雅》，錄洪武迄萬曆間二百六十四人詩，其例多仿高棅《唐詩品匯》。金華有《金華詩粹》，輯自梁迄明婺人所作詩二百五十四家。崑山有《崑山雜詠》，明俞允文在宋龔昱明、王綸二書基礎上，溯晉唐以來，增爲二十八卷。陶淵明所記之桃源縣則有《桃花源集》，明馮子京取宋人舊集，補其闕逸，更爲詮次，又增以元、明之作。常熟有《海虞文苑》，乃明張應遴輯有明一代賦詩雜文爲之。范芸茂於明末嘗選山西之文二十卷，成《晉國垂棘》一書，其子清范鄗鼎復取其鄉近人之文，匯成《續垂棘編》。黃宗羲編《桃江逸詩》，自南齊迄明，而清倪繼宗則又取清代之詩，即以梨州爲首，成《續姚江逸詩》。清人胡亦堂選臨川一縣宋三人、明十人、

清二人之文，成《臨川文獻》。勞峰錄陽信一縣明嘉靖以後迄清雍正以前共三十三人之詩，成《倪城風雅》。馬長淑輯磁州自明迄清之詩，成《渠風集略》。吳定璋搜歷代文士之生於太湖七十二峰間之所作，成《七十二峰足徵集》，每姓各以類從，旨在因詩以存人。鄭王臣選興化一府自唐至清詩，凡三千餘篇，一千九百餘人，成《莆風清籟集》。梁善長在黃登《五朝詩選》的基礎上更加搜訪，自唐至清，成《廣東詩粹》。劉紹攽錄清關中一百四十人詩，名曰《二南遺音》。

　　鄉邦文獻的搜輯，往往是同地方志相配合的。像明王心官郴州同知，既輯《郴志》六卷，又與郴諸生集古今之文爲郴而作者，勒成《郴州文志》七卷，以輔於《志》。地方志的編纂在中國有悠久的傳統，其目的是爲了將地方性的人文資料保存下來。

　　人類本是從大自然的蠻荒中開拓出一個文化的世界的，早在原始人以圖騰─神話意識來把握世界時，就開始了地理環境的人文化過程。與某一地域中特定的自然條件相結合著的人類物質的、精神的活動，必然形成一個個文化的叢結⑭，沒有文化沉積的自然，乃是一種非人的自然。人是必須生活在一種特定的文化叢結中的，所以保存地方人文資料的努力從其深層來說，乃是人類對構建一個文化─意義的生存空間的努力。

　　然而，在其表層上，鄉邦文化的建立則必然烙上從事這種努力的具體的人的種種印記，從而方志與鄉邦總集的編輯，乃產生了爲人所詬病的一些弊端，主要有以下三點：

　　一曰借材之誚。以地域爲紐結的文化叢既一個個勃生於大地，則這些文化叢各自勢必都要盡可能地擴大自我的文化─意義空間，以努力建立自己超凌於其它文化叢的優勢，至少也要爭取不弱於其它的文化叢，於是鄉邦文獻的搜剔必然以地理空間爲中介，藤

蔓一樣地伸展開去。明人徐㶏所編《閩南唐雅》，錄閩中有唐一
代之詩，但像秦系、周樸、韓偓乃屬一時流寓而其詩又不關於閩
地，亦一概闌入。清人馬長淑所編《渠風集略》將蘇轍列入流寓
類中，但蘇轍並未寓居過安邱。而《七十二峰足徵集》，「稱濮
夢爲吳季札之孫，錄其《高山詩》三章，其詩自古未聞，不識出
何典記，稱周術即用里先生，爲泰伯之後，載其《紫芝歌》一首，
無論四皓姓名出於附會，先儒辨之已明，即舊籍流傳，此歌亦但
稱四皓，未云獨出用里也，是蓋家牒地志自古相沿之通病」⑮。
楊明照先生亦曾指出：「明人纂《諸子匯函》者，謂舍人（指劉
勰──引者按）嘗於青州府南雲門山讀書，自號雲門子，乃傅會
杜撰。清世之修山東方志者，亦復展轉沿襲，系舍人虛名於本土，
廣書耆舊，無非誇示鄉賢耳」⑯。而明何炯所編《清河文獻》，
則乾脆在義例上即分寓賢（僑寓於此者）、逊賢（其身未家於此，
而子孫載族以徙者）、孕賢（誕生其地及其父祖爲本地者）、郡
賢（荐紳）數種，且旁及藩王、武弁、布衣、閨秀、釋子、女冠、
羽士，而在文體上則詩賦雜文悉加甄錄，並將從未曾到過其郡的
王曾、邱濬列入援以爲重，乃遭失於限斷之譏。

　　二曰失之泛濫。鄉邦文獻之編輯，於昔因意主誇飾風土，不
免附會古人；而於近則難免鄉曲之私，而易失之泛濫。當然，年
祀浸遠，散佚愈甚，客觀上勢必遠略而近詳。明人許鳴遠編《天
台詩選》，在自序中說明他的動機乃因天台先正詩多湮沒失傳，
慮後學並此近今者而失之，因加搜羅。其搜輯甚廣，間入仙釋占
籍之士，自南宋迄明得二百二十四家，但是元以前僅得二十多人，
餘皆明人。清人聶芳聲編《豐陽人文紀略》十卷，始於宋而至於
明，然宋、元亦不過十人，餘皆爲明人。但是，牽於鄉曲恩怨而
不免有所濫收，也是遠略近詳的一個重要原因。《海虞文苑》即

不免此弊，清人孫翔所編《崇川詩集》輯通州及州屬如皋、泰興、海門三邑之詩，自宋、元至清，但其第十卷所載卻都是同時人之作，這就違反了《文選》以何遜猶在而不錄其詩的義例。

三曰以己作附驥。將自己接續到一種文化傳承中去，是史學觀念強烈的中國士大夫的普遍願望。當然，承續聖人之道統，這是最富於瑰偉色彩的夢了。不過，屈指數來，聖人也不過堯舜禹文武周公孔孟八人耳，韓、程、朱諸子尚有發明聖道之盛績，而一般的凡胎俗子則只能禮贊聖人，於是徵聖注經之徒蜂起。劉勰很聰明，他早就看到了雖「敷贊聖旨，莫若注經，而馬、鄭諸儒，弘之已精，就有深解，未足立家」，「於是搦筆和墨，乃始論文」⑰。但是，在全國冒尖出來將自己承續到一種大文統之中亦非易事，於是退而求其次，存在於一種地方文化的傳統中也就不錯了。並且，全國性的大文化圈同地方文化圈又是通聯著的，從地方名人上升到全國名人、以一方諸侯而取得全國性重視的情況，不是不斷地在發生嗎？當人們扳著指頭數點人物時，不是往往有從地域上著眼的習慣嗎？將自己的文章編入地方文獻總集之中，這些文章就超出了個人別集而獲得了一種地域性的存在，這就使得它不僅易於為同時人而且也易於為後人所了解、闡釋，於是手持編輯權的文人乃謀以附驥了。其實，早在漢代，王逸撰《楚辭章句》，就曾將己作《九思》增入；南朝徐陵編《玉台新詠》，也在第八、九兩卷中共收己作六首；唐人芮挺章的《國秀集》中，亦選入己作二首。這些總集雖非地方文獻，卻為在地方文獻中闌入己作開了先例，先例一開，後滋濫甚。

明代邱吉輯湖州元明二代之詩，成《吳興絕唱集》，既以絕唱為書名而復載入己作，故遭自炫之譏。明陳有守、汪淮、李敏同編《徽郡詩》，三人均將己作附於書末。清人王崇炳錄金華一

郡之文自漢迄清，成《金華文略》，亦自錄己作。楊方晃錄磁州之詩自唐迄清八十餘人，得詩千餘首，成《磁人詩》，意在表彰，未能嚴於抉擇，第八卷至第十卷悉載方晃及校刊此集的孫濂之詩。

　　鄉邦文化的構建，除了鄉邦文獻的搜輯外，還有賴於山川寺觀古跡之題詠的蔚然興盛。如果人文遺跡同山川形勝相聯結，則更易產生出文化衍生的現象來。

　　比如，祁陽縣南五里的浯溪，唐著名詩人道州刺史元結所撰《中興頌》，由顏眞卿書之，即摩崖刻於溪上。這就吸引了歷代好多文人，題詠考證相續日繁。黃魯直有詩云：「春風吹舩著浯溪，扶藜上讀《中興碑》。平生半世看墨本，摩挲石刻鬢成絲」⑱。至南宋，胡仔已說他「往來湘中，屢遊浯溪，徘徊摩崖碑下，讀諸賢留題」⑲。明人黃焯更取元結以下至明代的題詠碑銘爲《浯溪詩文集》，明人陳斗又輯《訂補》。又如，白居易守杭，與卓錫西湖巢塢的沙門韜光相倡和，韜光之庵踞山之勝，故歷代遊人亦多有題詠。

　　一個更爲突出的例子是鎮江焦山的摩崖石刻，我們不妨多費一點筆墨，用爲典型分析。

　　焦山因漢末焦光隱於此山而得名。山西麓雷轟岩上有《瘞鶴銘》刻石，此銘爲陶弘景所撰、書，而托名仙侶華陽眞逸撰、上皇山樵書，黃庭堅稱之爲大字之祖。此銘楷書之中參以篆、隸、草書之意，融秦漢遺風與隋唐新局於一體，行筆遒健蒼古、方圓並用，結字錯落疏宕、富於變化，筆法渾穆，風格古拙奇峭、雄偉飛逸，甚饒南朝韻勢，具有從隸書向楷書過渡時代的特徵。龔自珍有《瘞鶴銘》詩二首，其第一首稱「萬古焦山一片石」，並表示自己「從今誓學南朝書」。其第二首更是極贊之曰：「二王只合爲奴僕，何況唐碑八百通。欲與此銘分浩逸，北朝差許鄭文

公。」鄭文公者，指北魏書法家鄭道昭，其生活年代大體與陶弘景同時。清嘉慶、道光年間，鄭道昭所書《登雲峰山觀海詩》、《論經書詩》摩崖刻石，在山東雲峰山等處發現，其書結體寬博、筆力雄強，爲臨習北碑者所宗尚。其鄭文公上下碑⑳萃聚篆勢、分韻、草情於一體。以此，定庵方「差許」與《瘞鶴銘》「分浩逸」也。焦山羅漢岩上又有唐僧貞觀所書《金剛經》四句偈：「一切有爲法，如夢幻泡影，如露亦如電，應作如是觀。」此刻方勁嚴整、渾厚健峻，高踞於岩壁之巔，以求矚目也。然而釋子刻經於名山在全國多有，故成爲焦山特色者乃《瘞鶴銘》。此銘以其極高的書法價值聳動四方聽聞，並從而產生了十分引人注目的文化衍生現象。

　　首先，作者的疑團即成爲一個學術探討的問題，舊說以爲王羲之所書，歐陽修《集古錄》疑顧況號華陽眞逸，北宋書法家黃伯思《東觀餘論》考爲陶弘景書，此外又有唐王瓚、皮日休諸說。

　　其次是眾多文人包括許多著名文人前來觀看，或寫作詩文，或題名刻石。米芾題名石刻曰：「仲宣、法芝、米芾元祐辛未孟夏來觀山樵書」。元祐辛未爲元祐六年，仲宣爲鎮江甘露寺僧，法芝爲鎮江金山寺僧。山樵書者，即上皇山樵所書《瘞鶴銘》也。米芾《觀音岩》詩亦有「海雲常覺護山樵」句。工行書極似米芾而自有峻峭氣格的南宋人吳琚，聞名全國的鎮江北固山所鐫「天下第一江山」爲其所書，其《遊焦山觀瘞鶴銘》詩云：「昔愛山樵書，今踏焦山路。江邊春事動，梅柳皆可賦。犖硞石徑微，白浪洒衣履。臨淵魚龍驚，捫崖猿鳥懼。古刻難細讀，斷缺蒼蘚護。歲月豈易考，書法但增慕。摩挲發三嘆，欲去還小住。習氣未掃除，齒髮恨遲暮。華亭鶴自歸，長江只東注。寂寥千古意，落日起煙霧。」詩中「歲月豈易考，書法但增慕」二句，正是說到了

因撰、書者的疑團而引致的考證活動。而「昔愛山樵書」、「摩娑發三嘆」等句，則更道出了《瘞鶴銘》之為焦山樹立了文化特色，由此吸引了遊人的流連。吳琚並書《心經》刻於焦山，且有題名。

　　浮玉岩畔的陸游題刻，正楷大字書寫，剛勁端正，文曰：「陸務觀、何德器、張玉仲、韓無咎隆興甲申閏月廿九日踏雪觀《瘞鶴銘》，置酒上方。烽火未息，望風檣戰鑑在煙靄間，慨然盡醉。薄晚，泛舟自甘露寺以歸。」文末另有兩行字略小云：「明年二月壬午，圜禪師刻之石。務觀書。」陸游此刻文字簡潔而氣象深雄。此前一年，即隆興元年，張浚北伐失敗。隆興二年八月，張浚死。陸游有《送王景文》詩云：「張公遂如此，海內共悲辛。逆虜猶遺種，皇天奪老臣。」同年，「閏十一月壬申，許昌韓無咎以新番陽守來省太夫人於潤。」陸游時通判潤州郡事，「與無咎別，蓋逾年矣。相與道舊故，問朋遊，覽觀江山，舉酒相屬」。所謂「覽觀江山」者，即指「踏雪觀《瘞鶴銘》」及「望風檣戰艦在煙靄間」；而「舉酒相屬」者，即刻石所云「置酒上方」。得陸游此文，焦山摩崖於書法之浩逸外，更增散文之壯美也。

　　南宋趙孟奎為書「浮玉」二大字，亦刻之石。此二字下有巨石伸入江中，坐石上極目，頓覺宇宙之大，於是，胸中之浩茫乃與雲天之開闊相吞吐矣！回眺歷代之題刻，則思古之幽情復與蓊鬱之山色互蘊藉也，請勒微吟於翠屏的雅念自油然而興。故明、清二代焦山題刻尤夥，且文人中亦多尋訪鶴銘之舉。清人齊彥槐《棧道岩觀米海岳、吳雲壑、陸放翁題名》詩云：「名題山石遍，兩宋識三人。」清人張井《棧道岩觀米元章、吳雲壑、陸務觀題名》詩云：「懸崖如棧道，題刻太縱橫」。「千秋心共切，異代眼才明」。「異代」一句所說正是前代文化積累對於後代的吸引

力。王漁洋門人張力臣曾辨《瘞鶴銘》，故士禎題其小照云：「《瘞鶴銘》邊攜屐日，羊侯祠下卸帆時。吳山楚水探奇遍，不覺秋霜點鬢絲」。首句即指其辨《瘞鶴銘》事也。厲鶚《焦山看月·分得聲字》詩云：「珉石興來吊鶴瘞，瓊田望去呼龍耕。」後句用李賀《天上謠》「呼龍耕煙種瑤草」意，前句指《瘞鶴銘》。珉石，似玉美石，此謂焦山石刻也。甚至到1920年還有近人刻石云：「為廢不平約，呼號過神州。來此暫偃息，行作世界遊。」

焦山摩崖石刻以有書法冠冕之譽的《瘞鶴銘》為中心而蔓延，一千餘年中沉積了豐富的歷史和文化內涵，浮玉岩、觀音岩、羅漢岩、雷轟岩、棧道岩，百餘米長度的山崖上，刻有各種題名石刻二百餘塊，雖代遠漫漶，但清晰可考者尚有四十餘塊。這些石刻幾覆蓋面向金山的半座焦山，米芾、吳琚、陸游、康有為等著名文人的題刻一直熠耀焜煌於江城㉑之畔。「華嚴靈館壓嶕嶢，一片風煙接寂寥。大地星河圍永夜，中江燈火見南朝」㉒的焦山，在中流砥柱的自然偉觀之外，復膺書法之山的美稱也。

焦山於石刻代增而外，又衍生出碑林來。這是因為山石崩裂，鑴崖之字往往隨石落在山下或江中，人們搜尋撈置之，則自需建亭、屋以儲也。北宋慶曆八年，時錢惟演從弟易之子彥遠知潤州，在焦山建寶墨亭。蘇舜欽有詩記此事，詩題為《丹陽子高得逸少瘞鶴銘於焦山之下及梁唐諸賢四石刻共作一亭以「寶墨」名之集賢伯鎮為之作記遠來求詩因作長句以寄》，詩曰：「山陰不見換鵝經，京口今存《瘞鶴銘》。瀟灑集仙來作記，風流太守為開亭。兩篇玉蕊塵初滌，四體銀鉤蘚尚青。我久臨池無所得，願觀遺法快沈冥。」子高為彥遠字。蘇舜欽以此銘歸屬王羲之，故有開頭二句。「換鵝經」者，用王羲之書《黃庭經》與山陰道士換鵝事。集賢校理章岷為「寶墨亭」作記，詩中「瀟灑」句指此。《新唐

書‧張說傳》云：「帝召說與禮官學士置酒集仙殿，曰：『朕今與賢者樂於此，當遂爲集賢殿。』」故蘇詩以「集仙」代「集賢」也。精深於天文學和藥物學的蘇頌，亦有《潤州錢祠部新建墨寶亭》詩記此事，有句曰：「古寺購尋遺刻在，新亭龕置斷珉奇。」「墨藪書評多逸事，何妨揮翰與題辭。」這幾句說的正是文化衍生現象。至明代，墨寶亭擴建爲墨寶軒，1960年更設爲碑林，有碑刻五百餘方。內藏《蘭亭序帖》隋代開皇、宋代定武和米芾臨本。唐代儀鳳二年的《魏法師碑》、李德裕的《重瘞舍利石函題記》、南宋的《禹跡圖》、董其昌的《觀音像題跋》、清刻《秦碣石門刻石》及全套《澄鑑堂石刻》等，都是十分可貴的珍品。

焦山由《瘞鶴銘》作爲源頭的文化衍生，沿著三條線在進行：一是對於撰、書者的考證及對此銘藝術價值的種種評價，即蘇頌所謂「墨藪書評多逸事」也。二是眾多文人的題名刻石及寫作詩文，蘇頌所云「揮翰與題辭」屬於此類。三是碑林的產生，這是「新亭龕置斷珉奇」的做法經過代代積累後的碩果。因此，書法之山的焦山，乃是一個融文學與書法（在一定程度上還包括美術）於一體的十分典型的文化衍生的實例。

焦山的這種文化衍生，構成了鎮江文化特色的一個側面，推而廣之，由此我們可以悟及鄉邦地域文化特色之形成，一定同文化衍生現象密切相關，或者更準確地說，文化特色乃是在文化衍生中凝定的。

至於黃鶴樓、藤王閣、岳陽樓、太白樓等，均乃光耀宇內的人文遺跡；而泰山、華山、嵩山、黃山等，又皆爲人愛登覽的天下名山。這一類地方附著的文化沉積自是十分豐厚。而《燕山八景圖詩》、《靜安八詠詩集》這一類詩集的產生，則又是地志記名勝必八景、十景這一習氣在詩文題詠中的衍展。要之，勝跡題

詠乃是中國古代文人的一種重要的文學活動。

　　題詠的星羅棋布，不僅造成了燦爛的文化景象，自然的文化化由是而加深；而且也爲鄉邦文化的構建接納了源源而來的活水，並從而有利於國內各個鄉邦文化叢之間的交流和溝通。題詠盛況的形成，無疑同古代詩文的傳播方式密切有關。詩文的傳播，除了坊刻書籍外（詩文集的版刻從中唐始），便只有藉助於題詠歌唱了。雖然投贈和即席賦詩也是一種方法，但範圍太小，甚不如題詠歌唱之可以遠播。所以，愈是有古跡有勝景的地方愈是傳播詩文的集散地。歐陽詹詩云：「舊友親題壁上詩，傷看緣跡不緣詞。門前猶是長安道，無復回車下筆時」㉓。鄭谷詩云：「勝地昔年詩板在」㉔。歐陽詹所述是在交通要道處題詩，鄭谷所說則爲名勝之地。像蘇州虎丘山，李紳、白居易、張祜、李商隱、羅隱等人都爲其名妓貞娘墓題過詩。寺觀中亦多有題詩，劉禹錫即稱碧澗寺「廊下題詩滿壁塵」㉕。城市中的勾欄歌場、酒樓妓院是詩文的另一種轉運處，香車寶馬、人群流動，詩人文士之名亦隨之遠揚矣。如果說城市中的流通途徑，便於取得一時之名；那末古跡勝景之處的鐫刻，則易於代系間的傳播。文人們欲求詩文流傳不朽，乃寄希望於刻石。李白在《泛沔州城南郎官湖序》中曾明確地說過：「賦詩記事，刻石湖側，將與大別山共相磨滅焉。」前述浯溪顏書元文、焦山陶書鶴銘在後世均廣爲流布。張耒《讀中興頌碑》詩云「時有遊人打碑賣」，晁公武《遊焦山》詩亦曰「過客爭模《瘞鶴銘》」。由於刻石具有較爲久遠地保存文獻的作用，故學者治學乃究心於此，由此而豐富了金石學㉖，歐陽修的《集古錄》、趙明誠的《金石錄》二書即爲其著者。許多鄉邦文獻的編輯，往往有賴於摩崖和碑刻的材料，像《會稽掇英總集》「所錄詩文，大都由搜岩剔藪而得之，故多出名人集本之外，爲

世所罕見」㉗。明人陳登「於六書本原，博考詳究，用力甚勤。自周、秦以來，殘碑斷碣，必窮搜摩拓，審度而辨定之」㉘。

依托於前賢之遺跡，可以是自發地滋生出題詠詩文，以形成一種文化景觀；也可以是自覺地上接芳軌。如廣州城東南大忠祠側有抗風軒，明初孫蕡、趙介、李德、黃哲、王佐酬唱於此，稱南園五子，又稱廣中五先生。其後，歐大任、梁有譽、黎民表、吳旦、李時行即以後五子自任。

鄉邦文學的形成，不僅構成了一種文雅宏煥的當世之氛圍，而且在勝代遺澤的風流標映之下還往往會形成一種傳統，並產生出有地方特色的文學集群。這種特色不僅僅是因為自然之內化為人的情志，而更是因為在一種文化承續中所日趨凝定的特質之殊異於其它鄉邦文化叢。龔自珍詩云：「天下名士有部落，東南無與常匹儔」㉙。常州在經學上是清代今文學派的發祥地，在文學上產生了陽湖派和常州詞派。龔自珍本人二十八歲曾在京從常州劉逢祿學習《公羊春秋》，因而他自然十分稱讚常州的人文之盛。不過，令我更感興趣的，倒是他這二句詩不期然地說出了人才興起的塊團形式及其與鄉邦地域的關係。

檢點《明史・文苑傳》，地域文學集群的現象十分突出，茲稍加舉例如下：

「明初，吳下多詩人，（高）啟與楊基、張羽、徐賁稱四傑，以配唐王、楊、盧、駱云。」

「初，高啟家北郭，與（王）行比鄰，徐賁、高遜志、唐肅、宋克、余堯臣、張羽、呂敏、陳則皆卜居相近，號北郭十友，又稱十才子。」

「閩中善詩者，稱十才子，（林）鴻為之冠。」

「（徐）禎卿少與祝允明、唐寅、文徵明齊名，號『吳中四

才子』。」

「初，（顧）璘與同里陳沂、王韋，號『金陵三俊』。」

茅坤子維「能詩，與同郡臧懋循、吳稼竳、吳夢陽，並稱四子。」

「自（袁）宏道矯王、李之弊，倡以清真，（鍾）惺復矯其弊，變而爲幽深孤峭。與同里譚元春評選唐人之詩爲《唐詩歸》，又評選隋以前詩爲《古詩歸》。鍾、譚之名滿天下，謂之竟陵體。然兩人學不甚富，其識解多僻，大爲通人所譏。」

「萬曆末，場屋文腐爛，（艾）南英深疾之，與同郡章世純、羅萬藻、陳際泰以興起斯文爲任，乃刻四人所作行之世。世人翕然歸之，稱爲章、羅、陳、艾。」

張溥「與同里張采共學齊名，號『婁東二張』。」

胡應麟曾曰：「國初聞人，率由越產，如宋景濂、王子充、劉伯溫、方希古、蘇平仲、張孟兼、唐處敬輩，諸方無抗衡者。而詩人則出吳中，高、楊、張、徐、貝瓊、袁凱，亦皆雄視海內。至弘、正間，中原、關右始盛；嘉、隆後，復自北而南矣」⑩。這一段話更進一步說到了地域文化優勢以及這種優勢之在不同地域間的轉移。

地域文學集群的形成及其特色的張揚，本能地趨向於突破自身的狹隘性。當然，狹隘性的能否突破取決於兩個條件：一是這一文學集群在文學主張、審美情趣上是否具有一種獨特性？並且，這種獨特性是否具有向全國覆蓋的價值？是否適應了文學史向前發展的需要？此外，這一文學集群的創作，是否有與某種社會心理、審美習尙拍合的地方？二是交友，一個文學集群要突破自身的狹隘性，則自必要擴大交際面；一種文學主張、審美情趣的影響之擴展，自必要求有桴鼓相應者。當然，關鍵還在於第一項條

件。爲人嚴冷不喜接俗客的鍾惺照樣名滿天下，這當中有一個文學史運動的中介問題。這一問題將在本書第九章中詳論。

同林鴻在明初閩派詩人中的地位相似，南宋永嘉地區的四靈詩派以潘檉（字德久）爲首。葉適序其《轉庵集》云：「德久十五、六，詩律已就。永嘉言詩者，皆本德久。」潘檉倡爲唐詩，而趙師秀、徐照、翁卷、徐璣繹尋遺緒，「日鍛月煉，一字不苟下，由是唐體盛行。其詩清新圓美」[31]，葉水心「嘖嘖嘆賞之，於是四靈天下莫不聞」[32]！王綽論其影響曰：「永嘉之作唐詩者，首四靈。繼靈之後，則有劉詠道、戴文子、張直翁、潘幼明、趙幾道、劉成道、盧次夔、趙叔魯、趙端行、陳叔方者作，而鼓舞倡率，從容指論，則又有瓜盧隱君薛景石者焉。……繼諸家後，又有徐太古、陳居端、胡象德、高竹友之倫。風流相沿，用意益篤，永嘉視昔之江西幾似矣，豈不盛哉」[33]！四靈詩派衍爲一個幅員廣大的江湖詩派，影響直至宋末。這是一個地區性的文學集群升浮爲全國性的文學潮流的顯例。閩地南宋、明代二次倡導唐詩，均造成了覆蓋全國的影響。

總之，渾淪勃動著的鄉邦地域文化叢，既是多個家族和宗族文學力量的結合體，同時又本能地要求著對自身的突破，以便浮升到全國性的層面上。一些地域性的文學集群，確是發展成爲了某種重要的文學流派，並發端出覆蓋全國的文學思潮。然而，這種浮升往往需要一個跨地域的交際圈——這便是師友圈。

第四節　師友唱和與文學潮流之變動

中國文人除了家族、鄉邦以外，還有一個人際圈子：師生朋友。這是一個突破地域狹隘性的交際圈。賴乎此，具有孤立傾向

的家族和鄉邦體系得以被打破；尤其是朋友圈子帶有不穩定性；它的邊界是不斷在變動的——雖然朋友以至師生關係，往往也仍然是從家族和鄉邦的基礎上衍展出來的，並有著某種迭合。師生朋友間的詩酒唱和，不僅是一種自我的愉悅，而且更是一種社會的交際，由此在中國文人文化活動的方式中，師友唱和乃佔據了顯著的位置。

歷代評論家，特別是今日的文學史家們對於應酬之作均加斥責。誠然，應酬之作佳者不多，更少精品，文學創作要求全心全意的感情投入，這就要求對於淺薄的社會功利目的之超脫，將詩文視爲交際手段，確實是一種褻瀆。然而，論者們忽視了文學活動不是在一種孤立的環境中進行的。在相當多的情況中，它都是一種伴生物：因仕宦的需要乃學而優，因揚名和擴大交往圈的需要而篇什贈酬。沒有一種社會性的需求，就不會有詩文寫作的內驅力。這樣的一種說法對於爲藝術而藝術論者，自屬不入耳的鄙調，然而這卻是實實在在的生活。我之所以提出原生態式的把握方式，就在於要逼近那個原初狀態去把握文學活動的眞實展開，反對用單線的、孤立的因而必然附加了曲解的眼光去看待歷史。詩酒唱和雖產生了許多庸俗之作；但另一方面它也造成了一種文化的、文學的氛圍，從而有利於篇什的流布和文學技巧的探討；並且更爲重要的是，一些各方面的條件有所配合的師友唱和，有時還會造成或大或小範圍中的某種熱潮，以至於萌發地區性的或全國性的文學潮流。師友之間的唱和，豈可小視哉！中國詩歌史在相當一些歷史階段是藉唱和而展開的，地區性的、跨地區性的文學塊團之存在形式，便是唱和。

文人之間的唱和，如果追溯上去，則漢代即有柏梁聯語，當然這是由皇帝領頭的，尚不能完全納入師友唱和的範圍中。西晉

石崇有別館在河陽之金谷，時與潘岳、劉琨等人唱和於其間，潘岳爲製《金谷詩序》，金谷唱和詩在士族文人中有一定影響。東晉永和九年，王羲之等人爲修禊事而作蘭亭之會，群賢畢至，少長咸集，與會者四十一人，有詩者二十六人，王羲之爲製序，「或以潘岳《金谷詩序》方其文，羲之比於石崇，聞而甚喜」㉞。東晉之時，釋慧遠在廬山曾率衆立誓，諸人唱和輯爲《念佛三昧集》，慧遠爲之作序。白居易任江州司馬時，即「常與廬山長老於東林寺經藏中，披閱遠大師與諸文士唱和集卷」㉟。

　　至唐，初唐的高氏三宴詩，中唐的浙東唱和與白居易等人的九老會詩，以及晚唐的皮、陸唱和，均甚著名。高正臣將自己所參加的三次宴會中與宴者們所作的詩裒爲一集，一會一卷，名《高氏三宴詩集》，陳子昂、周彥暉、長孫正隱各爲一卷作序。陳序云：「有勃海之宗英，是平陽之貴戚」，「冠纓濟濟，多延戚里之賓；鸞鳳鏘鏘，自有文雅之客。凡二十一人」。郎余令、解琬、周思鈞、張錫、高瑾、王茂時、高紹、高嶠等，均與會者也。大曆年間，浙東唱和達五十餘人，是一次較大規模的文學活動。九老會詩爲會昌五年（845）事，白居易時以刑部尚書致仕。其東都洛陽所居履道坊，疏沼種樹，構石樓香山，鑿八節灘，稱香山居士。與胡杲、吉皎、鄭據、劉眞、盧貞（前侍御史內供奉官）、張渾、狄兼謨、盧貞（河南尹）八人燕集，合成尚齒之會，宴罷賦詩。因狄兼謨、盧貞（河南尹）年未七十，雖與會而不及列。其年夏，洛中遺老李元爽年一百三十六，歸洛僧如滿年九十五，亦來斯會。「續命書姓名年齒，寫其形貌，附於圖右，與前七名，題爲《九老圖》」㊱。香山九老會對於宋代的唱和活動有明顯影響。皮陸唱和當崔璞以諫議大夫任蘇州刺史時，崔璞辟皮日休爲從事，陸龜蒙適以所業謁崔，因與皮日休相贈答，同時顏萱、張

賁等人亦相隨有作，裒爲《松陵集》十卷。「唐人倡和裒爲集者
凡三：《斷金集》久佚，王士禎記湖廣莫進士有《漢上題襟集》，
求之不獲，今亦未見傳本，其有者惟此一集」，「尙可想見一時
文雅之盛也」㊲。其他唐代文人相互之間的唱酬亦多見。白居易、元
稹之間的唱和，引起了巴蜀江楚間洎長安中少年遞相仿效其千言
或五百言律詩以及杯酒光景間小碎篇章，興起了元和體。元稹卒
後，白居易又與劉禹錫唱和，號劉白，有《劉白唱和集》流布海
內。徐寅忤朱全忠遁歸於閩，乃與司空圖、羅隱遙相唱和。

　　宋初唱和詩風甚盛。爲文章慕白居易的李昉，以劉白唱和爲
不朽之盛事，瓣香之，乃與李至酬唱，有《二李唱和集》。王禹
偁則先後與傅翺、羅處約、馮伉等唱酬，輯有《商于唱和集》。
而楊億等十七人，又有《西昆酬唱集》，一時衍爲西昆體。楊億
《西昆酬唱集序》云：「予景德中，忝佐修書之任，得接群公之
遊。時今紫微錢君希聖，秘閣劉君子儀，並負懿文，尤精雅道，
雕章麗句，膾炙人口。予得以遊其牆藩而咨其模楷。……因以歷
覽遺編，研味前作，挹其芳潤，發於希慕，更迭唱和，互相切劘。」
正是在這種更迭唱和中，文壇風氣一變矣。文彥博「與富弼、司
馬光等十二人，用白居易九老會故事，置酒賦詩自樂，序齒不序
官，爲堂，繪像其中，謂之『洛陽耆英會』，好事者莫不慕之」
㊳。蘇軾、蘇轍兄唱弟和，蘇門六君子亦屬和二蘇之詩，宋人邵
浩曾摭而錄之，曰《蘇門酬唱集》。道學家本輕文，而朱熹與張
栻、林用中同遊南岳，亦唱和也。

　　詩社正是詩友間贈答唱和的產物。宋人吳渭嘗官義烏令，入
元後退居吳溪，立月泉吟社。至元丙戌丁亥間曾徵集春日田園雜
興五、七律，還延請方鳳、謝翱、吳思齊閱卷，在傳統的上巳節
開榜，入選二百八十人，大都爲宋遺老。王士禎《池北偶談》評

之爲清新尖刻別自一家。這次徵詩活動具有一種特殊的含義：宋
之故老，易代後多懷故國之思，作詩者甚衆，特藉此次詩社以抒
懷也。

　　宋末結社吟詠風氣之影響於元，趙翼曾論曰：「元季士大夫
好以文墨相尚，每歲必聯詩社，四方名士畢集，讌賞窮日夜，詩
勝者輒有厚贈。」「松江呂璜溪，嘗走金帛，聘四方能詩之士，
請楊鐵崖爲主考，第其甲乙，厚有贈遺，一時文人畢至，傾動三
吳。」「獨怪有元之世，文學甚輕」，「科舉亦屢興屢廢，宜乎
風雅之事棄如弁髦，乃搢紳之徒風流相尚如此。蓋自南宋遺民故
老，相與唱嘆於荒江寂寞之濱，流風餘韻，久而弗替，遂成風會，
固不繫乎朝廷令甲之輕重也歟」㊴。

　　以是，元代崑山人顧瑛將詩酒倡和推到了極致。顧瑛家甚富，
所居池館之盛，甲於東南，本人又文雅好客，故一時勝流多從之
遊宴。顧瑛亦以羅致名士作難再之盛會爲樂，因此展開了在規模
和持續時間上都空前的詩文倡和活動。顧瑛自己編有《玉山名勝
集》，此爲園林題詠之作，故以地名爲綱，「元季知名之士，列
其間者十之八九」㊵。崑山以外，如蘇州的天平山、靈岩山、虎
丘、吳江，杭州的西湖等地，顧瑛等人亦往遊。每遊必有詩，袁
華乃類次成帙曰《玉山紀遊》。顧瑛又仿唐人段成式《漢上題襟
集》例，編唱和之作爲《草堂雅集》。集中亦簡錄贈答之人的平
生之作，「元季詩家，此數十人括其大凡，數十人之詩，此十餘
卷見其梗概」，以至於紀昀等人以「一代精華，略備於是」㊶相
評。顧瑛的草堂聚會，將題詠、紀遊、宴樂諸端融爲一體，集中
地體現了中國士大夫的一種雅士生活：山水清音、琴樽佳興、翰
墨意韻、園林情味。其文采風流，照映一世，數百年後文人們且
猶想見之也。我們現在對於顧瑛等人的詩文儘可有不同於前人的

評價，但玉山雅集無論在當時還是在後世，影響都是很大的。不僅其傳本甚多，而且元季詩文之盛惟玉山唱酬諸家最稱風雅的說法，在明清人士中又頗爲流行。清代冒闢疆所居亦有諸勝景，晚年家居觴詠，亦仿顧瑛草堂雅集，輯酬答詩文爲《同人集》十二卷。

　　一部文學史著作如果對於這種照映一世並使後人仿效的唱和活動不屑一顧，或者僅以鄙詞付之，又如何能理解其時文人美學情趣之所寄呢？必須從鮮活的有著毛茸茸質感的原生狀態中，從文學與其它因素直接和間接的伴生關係中去把握文學的歷史情狀，惟此，我們才能得到眞實的作爲整個文化活動之一個重要構成部分的文學。

　　這種以篇什唱和造成一種或大或小文化景觀的情況，在明清亦多見。李東陽《麓堂詩話》云：「元季國初，東南人士重詩社，每一有力者爲主，聘詩人爲考官，隔歲封題於諸郡之能詩者，期以明春集卷。私試開榜次名，仍刻其優者，略加科舉之法。」詩社之集以至於開榜次名而略如科舉之法，它的隆重就可想而知了。其優勝者，自然成爲傾慕的對象。明末番禺人黎遂球於揚州社集詠黃牡丹詩十首被推爲第一，返回廣東後，同里追和者即有九人，人各十首。清人陳文藻編《南園後五子詩集》時，乃附刻於後，用以備粵詩故實也。

　　明嘉靖年間，福建人祝時泰遊於杭州，與高應冕、方九敘、童漢臣、王寅、劉子伯、沈仕諸人分主八次社集，成《西湖八社詩帖》一書。而明人徐咸致仕歸海鹽，築園城闉，名小瀛州，亦招朱樸、錢琦等十人爲社，裒集而爲《小瀛州社集》。明人石有禮、陳經等八人致仕後，結社於北郭禪林，輯所作爲《海岱會集》十二卷。

　　清初結社之風亦甚盛，楊鳳苞《秋室集》卷一《書南山草堂遺集》云：「明社既屋，士之憔悴失職，高蹈而能文者，相率結爲詩社，以抒寫其舊國舊君之感，大江以南，無地無之。其最盛者東越則甬上，三吳則松陵」。清代朱彝尊所選《洛如詩鈔》，皆康熙年間平湖人社集之作。而清人王厚所選《于野集》，亦爲同郡三十二人唱和之作。可以估計，明清兩代詩社、文社，曾產生過不少此類詩文集。

　　王漁洋吊傷亡明的《秋柳》四首之唱和，也曾造成一時盛況。其《彩根詩集序》曰：「順治丁酉秋，予客濟南，時正秋賦，諸名士雲集明湖。一日，會飲水面亭，亭下楊柳十餘株，披拂水際，綽約近人，葉始微黃，乍染秋色，若有搖落之態。予悵然有感，賦詩四章，一時和者十人。又三年，予至廣陵，則四詩流傳已久，大江南北，和者益衆。」而《漁洋山人自撰年譜》則更明確地說：「《秋柳詩》四章，詩傳四方，和者數百人」。

　　由於中國文人有以齊家、治國、平天下爲己任的傳統，文與道乃結不解之緣，所以，詩文的社集在一定的社會條件下，往往會升格爲一種政治性群集，明代復社即其顯例也。清代有懲於此，統治階級著力於反對文人中的浮華交會，而倡導奴隸主義的敦實誠厚、諄諄以士習文風勤頒諮誡，雍正十年，特旨以清眞雅正、理法兼備曉諭考官，以爲拔文之標準。然而，唱和以至攀附之風仍然到處可見。陳增新於順治初與同里魏學渠等人結成詩社相唱和，即以其地號柳州八子，既而攀附者日衆，因遞次所作錄爲《柳州詩集》凡七十餘人，「其詩體格相似，大抵五言多宗選體，七言悉學唐音」㊷，儼然是一個有宗旨的文學社團。這一風氣是根絕不了的，因爲這是基於中國封建文人一種基本的活動方式而產生的文化現象，也是文學發展中所必然要產生的塊團組合形式

之體現。

　　不過，清代文人的群集，不像明代一些社團之染上明顯的政治色彩，而往往是以師生相從的方式來表現的。王士禛任刑部尚書時，曾乞假旋里改窆其親，載書數車以歸，他的門人楊州人禹之鼎爲之繪「載書圖」，一時多爲題詠。漁洋輯爲《載書圖詩》一書，其中門人所作題圖詩八十六首，朝臣所作贈行詩二十四首，門人的附庸十分突出。門人的奔趨對於形成宗師地位自然是重要的，對這一點，不少地位高的文士是心有靈犀的。以一個宗師圍繞一大群學生，從而形成一個學派或文藝流派，這是自先秦即開始的中國文化發展的一種格局。因此，爲師者乃注意於栽培學生。

　　吳偉業採同里十人之詩爲《太倉十子詩選》，紀昀等稱其「風格如出一手，不免域於流派，是亦宗一先生之故耳」[43]。太倉文人群宗於一先生，而此一先生又採錄其詩爲之序，這當中的聲氣相應是不言而喻的，故紀昀等評之爲「猶明季詩社餘風也」[44]。李振裕督學江南時，選錄諸生詩賦雜文，隨時續鋟，輾轉增益，成《群雅集》十二卷，可謂十分傾力了。而宗師們的明爭暗鬥，亦往往在此。王士禛和宋犖都是詩壇宿老。漁洋寄犖詩云：「尚書北闕霜侵鬢，開府江南雪滿頭。誰識朱顏兩年少，王楊州與宋黃州」[45]。作此詩時，王士禛官刑部尚書，宋犖任蘇州巡撫，詩前二句即寫此。第三、四句是說他任揚州推官之日，犖爲黃州通判。此詩嘆息二人均已朱顏爲白髮，二人平生交誼於詩中略可見也。然而，正是在蘇州巡撫任上，宋犖拔境內能文之士十五人成《江左十五子詩選》，其動因乃欲攀比於王士禛之選同時人之作爲《十子詩選》也。

　　這種宗師與門生的組合在中國文化史上是一個突出的現象，中國思想史、文學史格局之變動，同由宗師門生所組成的多個學

術、文藝塊團之間的競爭密切相關。就宋以後而言，書院制度是宗師和門生相組合的一種重要的社會形式。這一制度自然更有關於思想史，但於文學史亦有相當關係，故本節亦略述之，以說明師友關係組合形式之多樣也。

對於書院的歷史，清人喻成龍在《池陽書院記》中曾作過概括性的說明：「歷稽往牒，自漢集諸生於白虎觀，講《五經》同異，鄭元（玄）、馬融及隋王通，皆廣集生徒，共相授受，然書院之名未立也。名之立自唐始。開元初建麗正書院，以張說為使。代宗作蓬萊殿舍，以李泌為使。憲宗創石鼓待四方學者，以李寬為使。南唐升元則岳麓有建也。太平興國則鹿洞有建也。嵩陽、鶴山，奏置院長；建安、麗澤，掌以布衣。而至元之太極，天曆之橫渠，隆慶、天啓之靈濟、首善，又班班可數也」⑯。書院往往是新學派興起的搖籃。由宋及清：濂洛關閩四學、程朱學派、湖湘學派、陸王學派、泰州學派、蕺山學派、浙東學派、顏李學派、乾嘉學派，都曾依憑於書院而宣傳學理，擴大影響。

書院有講會，如南宋乾道三年（1167）朱熹與張栻會講於岳麓，此即明人李束陽在《重建岳麓書院記》中所云：「孝宗時，二先生實講會焉」。淳熙二年（1175）呂祖謙在江西信州主持由朱熹和二陸相爭論的著名的「鵝湖之會」。值得注意的是，即使在這樣的純哲學的研討中，仍多有賦詩屬文的文學活動。特別是鵝湖之會，更是別致地以二陸誦讀表達自己學術見解的詩來開端的。陸九淵的一首曰：「墟墓興哀宗廟欽，斯人千古不磨心。涓流積至滄溟水，拳石崇成泰華岑。易簡工夫終久大，支離事業竟浮沉。欲知自下升高處，眞偽先須辨只今」⑰。所謂「易簡工夫」「支離事業」者，即是以其發明本心之旨批評朱熹之格物致知讀書窮理也。朱熹聽了大為不悅。淳熙六年初於陸九齡再訪之

際，朱熹亦和詩一首云：「德義風流夙所欽，別離三載更關心。偶扶藜杖出寒谷，又枉籃輿度遠岑。舊學商量加邃密，新知培養轉深沉。只愁說到無言處，不信人間有古今」⑱。末聯批評陸學之師心自用盡廢講學也。哲學主張、學派之間的論戰，乃藉唱和形式以展開。

理學和心學都是在書院中興起並發展的。被稱為開伊洛之先的宋初三先生——孫復、胡瑗、石介，就曾舉辦泰山書院、月河精舍及徂徠書院。周敦頤創濂溪書堂。二程舉辦伊皋書院並講學於嵩陽書院，其弟子楊時講學於龜山書院。南宋四大書院中白鹿洞、象山二處，即分別由朱熹、陸九淵所主持⑲。據有人統計，朱熹一生曾在六十六所書院中講學或為之題額作記。南宋末年，推崇程朱使理學在慶元學禁後重又振起與有力焉的魏了翁，曾講學於鶴山書院，並曾受賜「御書唐人嚴武詩及『鶴山書院』四大字」⑳。元代趙復講學太極書院傳播程朱理學。明代王守仁在江西修濂溪書院，在浙江闢稽山書院，重振心學。「陽明歿後，緒山、龍溪所在講學，於是涇縣有水西會，寧國有同善會，江陰有君山會，貴池有光岳會，太平有九龍會，廣德有復初會，江北有南譙精舍，新安有程氏世廟會，復州復有心齋講堂，幾乎比戶可封矣」㉑。初與王守仁同學後各立宗旨的湛若水，其弟子亦眾，也多建書院，以相抗衡。

文學上的不同流派，在書院教學中也會反映出來。桐城派的姚鼐先後主持揚州梅花書院、安慶敬敷書院、徽州紫陽書院、南京鍾山書院四十餘年，廣授生徒以桐城古文。主漢學、倡駢文的阮元，則於杭州西湖孤山立詁經精舍，又於廣州粵秀山立學海堂，不僅供奉許慎、鄭玄木主，且以規矩漢晉、熟精蕭《選》為號召。張鑒《詁經精舍初稿》記阮元署楹帖十六字云：「公羊經傳，司

馬著史，白虎德記，雕龍文心」。

　　不僅是書院裡詩文教授中的異趣有影響文學風氣的作用，更重要的是理學、心學、樸學藉助於書院制度向社會的覆蓋，其影響於文學的發展至為深巨。然而，同本節論旨更為相關的是，書院於學術研究與論爭之中，又經常有詩文的賦詠。中國文人有著唱和的積習，由此，思想史與文學史乃更其互相融入了。

　　師友唱和形成或大或小範圍中的文化熱潮上文已述，而其萌發出地區性以至全國性的文學潮流，除了前面已舉唐宋二代元和體、西崑體等例子外，這兒再就明代文學的發展情況加以說明。

　　《明史・文苑・林鴻傳》云：「造其門，二玄（周玄、黃玄——引者按）請誦所作，曰：『吾家詩也。』鴻延之入社。」由此可見，林鴻是結社的，既延之入社，則社已早存。鴻之弟子，除二玄外，趙迪、林敏、陳仲宏、鄭關、林伯璟、張友謙亦皆以能詩名。閩詩之追蹤盛唐，以林鴻為倡首也，其論詩，「大指謂漢、魏骨氣雖雄，而菁華不足。晉祖玄虛，宋尚條暢，齊、梁以下但務春華，少秋實。惟唐作者可謂大成。然貞觀尚習故陋，神龍漸變常調，開元、天寶間聲律大備，學者當以是為楷式。閩人言詩者率本於鴻」[52]。此後，列名閩中十才子之高棅，纂《唐詩品匯》、《唐詩正聲》，「終明之世，館閣宗之」[53]。盛唐風範之廣被明代，林鴻這一文學集群與有力焉！

　　有承於此，「李夢陽、何景明倡言復古，文自西京，詩自中唐而下，一切吐棄，操觚談藝之士翕然宗之。明之詩文，於斯一變」[54]。當李夢陽卓然以復古自命時，康海與之相倡和。李、何、康及徐禎卿、邊貢、朱應登、顧璘、陳沂、鄭善夫、王九思號十才子。十才子中李、何、徐、邊、康、王六人與王廷相又號稱七才子。吳人黃省曾、越人周祚，千里致書，願為弟子。李夢陽這一

文學集群，一時間形成了一個很大的聲勢。迨嘉靖朝，李攀龍、
王世貞出，復古的文學潮流又起洪波。後七子的復古高潮，也是
藉結社倡和而發端的。「攀龍之始官刑曹也，與濮州李先芳、臨
清謝榛、孝豐吳維岳輩倡詩社。王世貞初釋褐，先芳引入社，遂
與攀龍定交。明年，先芳出爲外吏。又二年，宗臣、梁有譽入，
是爲五子。未幾，徐中行、吳國倫亦至，乃改稱七子。」「七子
之名播天下」，「諸子翕然和之」⑤。至於排擊王、李，譏嘲時
風之「計騙杜工部，囤紮李空同，一個八寸三分帽子，人人戴得」⑯，
而主張「不效顰於漢、魏，不學步於盛唐，任性而發」⑰，以通
於人之喜怒哀樂嗜好情欲的袁宏道，「年十六爲諸生，即結社城
南，爲之長」⑱。萬曆二十六年，袁氏三兄弟偕志同道合者於北
京城西崇國寺蒲桃林結社。公安派的文學活動發生了使王、李之
風漸息的重要影響，錢謙益云：「萬曆中年，王、李之學盛行，
黃茅白葦，彌望皆是。……中郎之論出，王、李之雲霧一掃，天
下之文人才士始知疏瀹心靈，搜剔慧性，以蕩滌摹擬涂澤之病，
其功偉矣」⑲。

　　從明代文學發展的例子上我們可以看出，師友之間的結社唱
和，乃是中國古代文人從事於文學活動的基本方式。這樣一種活
動方式使文人們大大突破了血緣和地域的限制──雖然其家族和
鄉邦的色調是濃重的，由此，可以結同道、熾聲勢，並在主客觀
條件具備的情況下發生傾動一時、擅聲館閣的影響，從而使文學
潮流、文學風會發生顯著的變動。文學潮流、文學風會之顯著變
動，正是文學史發展的主幹部分。

第五節　三個層次之縱橫纏結、遞次上升

　　在作出分項說明後，值得重點強調的是，中國封建文人的三種基本活動方式，在現實中是縱橫纏結，而展開爲一個時空幅員的。

　　在鄉邦文獻的搜輯中，不僅有著前文所說以己作附驥的行事，而且有著表彰家族的舉措。如邱吉的《吳興絕唱集》中即選有其父之詩，而馬長淑編《渠風集略》，其第五卷竟專輯馬氏一家詩。並且，文派、學派的因素也會滲透進來。如清人宋弼輯明代山東一省之詩爲《山左明詩鈔》，「其體例全仿朱彝尊之《明詩綜》，其去取之間，則謹守王士禎之門徑，纖毫不肯異同也」⑩。而學術觀點的差異，亦會導致不同編輯方針的鬥爭。明人趙鶴、唐邦佐的《金華正學編》輯宋呂祖謙、何基、王柏，元金履祥、許謙，明章懋諸儒之文合於講學者數篇，及其本傳、行狀、墓志等。趙鶴又編有《金華文統》，於正學編外，兼取金華耆舊之文。二書均具有明顯的朱熹學派的特色，故於唐仲友一字不錄，這就引起了戚雄的不滿，乃重編《婺賢文軌》，取呂祖謙、陳亮、唐仲友等二十三人之文薈錄之，並謂唐仲友雖與朱子爲難而善不可沒。

　　家族、鄉邦、師友三個因素又往往是交織於一個個文學叢結之中的。拿明代來說，以林鴻爲首的閩中十才子，王褒爲其兄子婿也；其中有學生，周玄、黃玄是也；有後輩如高棅；亦有年輩相仿者，如鄭定、陳亮。在這個地域性的文學叢結中，有著親戚、師友、前後輩等多種因素。而後七子之結社，其中既有兄弟之扶攜，又更多朋友之意氣相投。王世懋爲王世貞弟，「好學，善詩文，名亞其兄。世貞力推引之，以爲勝己，攀龍、道昆輩因稱爲

『少美』」⑪。李攀龍於後七子中雖名最高，獨心重王世貞，此則爲師友間的相契。而以地名命名的詩社如宋代的豫章詩社、西湖詩社、山陰詩社等，其參加者又不一定均爲本地人士。吳自牧《夢梁錄》卷十九曰：「文人有西湖詩社，此乃行都搢紳之士及四方流寓儒人，寄興適情賦詠，膾炙人口，流傳四方」。行都士大夫、寓居詩人均非杭人，而其影響則亦超出一地而流傳四方也。

　　然而，這三種基本活動方式作爲三個層次的區分又是清楚的，它們是一個包含於另一個的：家族和宗族包含於鄉邦地域之中，而鄉邦地域關係又包含於師友唱和講學之中。也就是說，在師友的唱和講學中，可以有家族和宗族的成員，也可以有同一鄉里、地區之人，自然也還有這兩個圈子之外的人。因此，這三個概念乃是一個比一個具有更多的豐富性亦即是更爲具體的概念。這樣一個遞次而上的概念系統，正好同東方國家形態是一致的，或者更準確地說，前者乃是後者的反映，是國家形態決定了文學的生長情狀。

　　由此，上述三個層次的文學之原生態生長情狀，同東方國家的政治生活的特點也頗爲相契。它也呈現爲一個金字塔形。大部分互不通聲氣的文學叢結之散布全國，又正是馬克思所說的東方國家公社與公社之間缺乏聯繫的社會狀況之在文學活動中的表現。中國古代文人要想以詩文鳴而自通於來葉，亦即是進入到文學史中，就必須從家族和宗族這一基點出發經鄉邦地域而達到全國性的層面上，許許多多家族性的、地方性的文學叢結都未能上升到全國性的層面上，它們不斷地產生著，又不斷地消失著。朝華又夕謝，紛紛開且落。而少數浮升上來的文學叢結之間以及某一文學叢結內部則往往發生爭盟騷壇的鬥爭，這又頗類似於東方國家政治生活中多有爭奪統治權的戰爭與政變一樣。明代後七子之中

的排擯。即是一場爭為首的內部鬥爭，李攀龍為勝利者，而謝榛、李先芳、吳維岳則為失敗者。而李攀龍等人之才高氣銳，視當世無人，以及謂文自西京、詩自天寶而下俱無足觀的大言欺人和「非是，則詆為宋學」⑫的專制，則又頗有文壇帝王、權相、驕將之口吻也。史書所謂領袖文苑，主要乃在於擅聲館閣、揚名京城，這不正是東方國家中央集權的性質之在文學領域中的反映？由下層文人組成的地方性的文化叢結向京城發展不易，而高居台閣播名天下則甚易，此亦地勢使之然也。當然，文學創作同政治運營不同，庸官可以維持，庸人有時還特別容易升官，但庸文則難以瞞天下人之耳目。然而，文學的多元競爭，正如東方國家政治生活中的競爭一樣，也是先天地不平等的。故劉彥和喟然長嘆曰：「將相以位隆特達，文士以職卑多誚，此江河所以騰湧，涓流所以寸折者也」⑬。

我在拙著《中國前期文化－心理研究》第四編第五章中曾說：「從馬克思的東方國家理論，我讀懂了中國神話；從中國神話，我又讀懂了綿延數千年的中國文化心理。」現在我還要再補充一句，即也是從對東方國家形態的認識出發，我明白了中國文學史的原生態情狀。

總之，中國古代文學史的原初的存在情狀，便是因家族、鄉邦、師友關係及其錯綜的交織而形成的多個文學群集、社團之同時存在、爭相發展、衝突融匯、顯揚沉淪的過程。

文學史正是在這一過程中生成的。為了對這種共時多元之漲落興替中的文學史的生成，有較為深入的闡述，本書還必須進一步探究文學作品的代際傳播問題，並對文學史的原生態運動作出勾畫。

【附　註】

① 《小邏輯》第427頁。

② 參見《中國中古詩歌史》第404頁。

③ 《論語·公冶長》。

④ 《文苑傳》二《安德裕傳》。

⑤ 《文苑傳》三《盧稹傳》。

⑥ 《詩藪·雜編》卷二。

⑦ 《文心雕龍·時序》。

⑧ 《明史·文苑傳·袁宏道傳》。

⑨ 《柯雪齋文集》卷二。

⑩ 《柯雪齋文集》卷一。

⑪ 《南齊書·武陵昭王曄傳》。

⑫ 《史通·邑里》。

⑬ 《明史·文苑·王慎中傳》。

⑭ 拙著《中國前期文化—心理研究》第四編第五章對於「文化叢」概念，有發生學的說明。

⑮ 《四庫全書總目》卷一九四。

⑯ 《文心雕龍拾遺·梁書劉勰傳箋注》。

⑰ 《文心雕龍·序志》。

⑱ 《笤溪漁隱叢話前集》第323頁，人民文學出版社，1984。

⑲ 《山谷詩集注》卷二十。

⑳ 此碑全稱爲《魏故中書令秘書監使持節兗州諸軍事安東將軍兗州刺史南陽文公鄭君之碑》。

㉑ 陸游隆興二年於鎮江作《送呂彥升參謀》詩，尾聯云：「遙憐霜曉朝衣冷，深愧江城睡足時」，鎮江有江城之稱也。

㉒ 清王昼《焦山夜泊》。

㉓ 《睹亡友題詩處》。

㉔ 《送進士吳延保及第後南遊》。

㉕ 《碧澗寺見元九侍御和展上人詩有三生之句因以和》。

㉖ 金石學還有研究文字演變和書法藝術等內容。

㉗ 《四庫全書總目》卷一八六。

㉘ 《明史・文苑・陳登傳》。

㉙ 《常州高材篇，送丁若士履恆》，《定庵文集補》下卷。

㉚ 《詩藪・續編》卷一。

㉛ 《薛瓜廬墓志銘》。

㉜ 《兩浙名賢傳》卷四十六。

㉝ 趙汝回《薛師石〈瓜廬詩〉序》。

㉞ 《晉書・王羲之傳》。

㉟ 《東林寺白氏文集記》。

㊱ 《九老圖詩序》，《白居易集箋校・外集卷上・詩文補遺一》。

㊲ 《四庫全書總目》卷一八六。

㊳ 《宋史・文彥博傳》。

㊴ 《廿二史札記》第四五二條《元季風雅相尚》。

㊵ 《四庫全書總目》卷一八八。

㊶ 同上。

㊷ 《四庫全書總目》卷一九四。

㊸ 同上。

㊹ 同上。

㊺ 《嘆老口號寄宋牧仲開府》。

㊻ 《重修安徽通志》卷九十二。

㊼ 《鵝湖和教授兄韻》，《象山全集》卷二十五。

㊽ 《鵝湖寺和陸子壽》，《朱文公文集》卷四。

㊾　其它二個書院：麗澤、岳麓則由呂祖謙、張栻分別主持。

(50)　《宋史・魏了翁傳》。

(51)　《明儒學案・南中王門學案》。

(52)　《明史・文苑・林鴻傳》。

(53)　《明史・文苑・高棅傳》。

(54)　《明史・文苑傳序》。

(55)　《明史・文苑・李攀龍傳》。

(56)　《與張幼于》。

(57)　《序小修詩》。

(58)　《明史・文苑・袁宏道傳》。

(59)　《歷朝詩集小傳・袁稽勛宏道》。

(60)　《四庫全書總目》卷一九四。

(61)　《明史・文苑・王世懋傳》。

(62)　《明史・文苑・李攀龍傳》。

(63)　《文心雕龍・程器》。

第七章　文學史運動的內在機制與外在形式

第一節　文化積累與文化發展的規律

　　歷史上產生過的無法數清的眾多別集和基於家族、鄉邦、師友關係上產生的以及為了宣揚某種文學主張或旨在羅備一代的種種總集（依《四庫全書》的區分，單個人的文集為別集，輯兩人以上詩文者即為總集），真是沉沉夥兮！它們之間有認同、有立異、有標榜、有攻伐，有孑然自存了不相關，有正否剝復遞轉相生，然而它們又都一齊捲入無休無止的時流之中。《老子》曰：「天下之至柔，馳騁天下之至堅」①。默默的時流，水一般地侵蝕著、瓦解著、淹沒著、蕩滌著一切。人類以類的形式延續著生命，所以人類文化便有著整體上的連續性，但類生命的延續是通過一個個個體生命來實現的，而個體生命則有著一定的自存性、結群性，人類並非一個渾然的整塊，於是人類文化乃又分解為個體的和社群的形式。廣闊空間中散點似的以個體、社群的形式存在的文化，雖然共同交錯而成一個時代的總的文化，但它們並不可能都進入發展的縱向鏈條之中。前代的文化遺存能不能進入縱向的系列之中，乃在於它是否得到代際傳播的社會性的文本讀解和意義性張揚。所謂一個文人、一個流派的歷史地位，便取決於得到讀解和張揚的程度。代際傳播的社會性的文本讀解和意義性張揚，乃是文學史運動的內在機制。

　　一代又一代的人創造著文化，無數的學者、作家、藝術家都要創造自己的業績，於是圖籍乃滙成海洋。但是，如本書第三章第三節所述，文化不是直線延續的，毀滅性的天災人禍，歷史的大幅度開闔動蕩，常常使文化發生重大的遷躍、倒退和斷裂。圖籍也不是只增不減的，它的發展是雙向的：「新刻日增，舊編日減」②。當日富的新書變爲舊籍時，它就進入了日減的淘汰和損耗之中，其時又一代的新書又正在日增著。撰寫著日富的新書的作者，一般來說總是希望並認爲自己的著作可以傳世。基於這種信念，文藝和學術乃獲得了一種向前的活力，病樹前頭的萬木因而年年春色，沉舟側畔於是依然千帆競過。然而，生與死是連續的，歷史的生機乃是踏著一代又一代的死亡而蔚成前行中的新景的。如果放眼時流的湧動，我們便可以感到一股高樹多悲風的蕭瑟。後人的是否讀解，取決於讀解者個人的好惡和社會的需要，但任何時代的個人好惡都是紛繁錯雜的，而後代社會的需要亦難以卜算，從而著作的能否傳世乃帶有了存佚靡恆的相當的不確定性。

　　《四庫全書》的編輯官們嘆曰：「隋、唐志所著述，《宋志》十不存一；《宋志》所著錄，今又十不存一」③。清人王昶對此作過一個更爲具體的說明：「蓋書之薈萃藏弆，上古已然。自六經之後，散爲諸子百家，經劉向父子校定，而《藝文志》因之，著錄凡一萬三千二百六十餘卷。《隋書‧經籍志》所錄，又幾倍之。至於唐宋，著述益繁。今統計之，存者不逮百分之一」④。百不存一的書籍留存率，不正像冥冥之中有一柄閃著寒光的刈鐮？紀昀等人於是感慨道：「天地英華所聚、卓然不可磨滅者，一代不過數十人。其餘可傳可不傳者，則繫乎有幸有不幸」⑤。這一議論自然是睿智的，但還不夠徹底。所謂卓然不可磨滅者，也不

是預定的，他們仍然是由後世的讀解而產生的，因此也還有「幸與不幸」的問題。大詩人如李白，唐李陽冰序其《草堂集》且云：「當時著述，十喪其九，今所存者，皆得之他人焉。」

在後人的讀解中，前代的文化創造方才能夠獲得一種意義性的存在，而只有意義性的存在才能進入時時進行著的構成一個民族存在的基本狀態的理解活動之中。這種讀解自然是一個有選擇的過程。許多書籍因長期失去讀解而散佚以至消亡。當然，兵燹禍亂是圖書大量亡佚的重要原因。隋代牛弘就已歷數過歷史上圖書的五厄：秦皇馭宇，下焚書之令，先王墳籍掃地皆盡；王莽之末，赤眉入關，宮室圖書，并從焚盡；董卓移都，圖書縑帛，皆取為帷囊，所收而西才七十餘乘，屬西京大亂，一時燔蕩；劉、石凭陵，京華覆滅，朝章國典，從而失墜；周師入郢，蕭繹悉焚所集江表圖書，所收十才一二。明代胡應麟在《少室山房筆叢》卷一中，又續補了牛弘以後的五厄：煬帝江都被殺，一時大亂，圖書被焚；安祿山入關，玄宗奔蜀，書籍損失殆盡；黃巢進長安，僖宗出走，書籍焚毀不少；金人入汴，圖書散佚無算；伯顏軍入臨安，圖書禮器，運走一空。此謂中國圖書之十厄。這十厄也還沒有將中國的書災都算進去。像唐初，「王世充平，得隋舊書八千餘卷，太府卿宗遵貴監運東都，浮舟沂河，西致京師，經砥柱舟覆，盡亡其書」以及唐末「昭宗播遷，京城制置使孫惟晟斂書本軍，寓教坊於秘閣，有詔還其書，命監察御史韋昌範等諸道求購，及徙洛陽，蕩然無遺矣」⑥這兩次書災，即未計入。至於清廷的屠戮燒殺、文字獄及大量銷毀所謂「禁書」造成的損失，當然就更不可能被計算在內了。

然而，十厄主要是講的皇室藏書，清代的毀書矛頭所指是有違礙文字的書，因此，這還不足以說明包括民間藏書在內的整個

圖書嚴重亡佚的原因。這一問題，應該從書籍的傳播和一個民族思想文化的發展乃是在讀解中進行的角度上來加以理解。圖籍佚亡的主要原因還是在於後世讀解的冷落。

　　有幸由於諸種歷史、社會以至個人的原因而成為一代又一代眾多詮釋集注對象的思想家、文學家、學者，則會從新刻舊編所滙成的叢林中漸次崛起為令人仰望的大小峰巒，他們的著作自然會得到細心的收集整理和愈益廣泛的傳播。另一方面，這些為當代和後世的讀解者所注目的作品，亦同時經歷著一種意義的展衍、附加以至變形的過程。文本固有的意義與增益的意義，舊的因子和新的創造，在讀解活動中雜錯交糅。於是，在前代的歷史面貌隨著不同時代的讀解而處於變動之中時，後世的文化建構也就在歷史的延伸中漸次展開了。文化積累與文化發展的規律如此，文學史的前進步武亦如此。

第二節　當世的傳播與後代的傳世

　　如果我們再對這個文化累積是如何進行的，文化體系是如何構建的問題深入一步加以追究，我們便不能不從社會傳播的角度去看待文藝的複雜運動。

　　我們可以看到困難還不完全在於文化創造者們身後，首先還在於其身前。也就是說，首要的還不是傳世，而是當世的傳播。傳世是一種縱向的代系間的流通，當世的傳播乃是一種橫向的空間的流通。文化的創造活動是時時刻刻在進行著的。尤其是建安以後，以詩文求不朽的觀念既已形成，燃燭繼晷、搦翰爭勝者，誰不渴望作鳳凰之長鳴，為戾天之翰飛？然而，一種文化創造只有進入了傳播的過程中，它才取得了社會性的存在。正是傳播的

對象和範圍，決定了這種社會性存在的性質。

　　散在於各地的種種文化創造，大量的便因缺少進入傳播過程的條件而消失了。太小區域中的存在亦易佚亡。李覯的家鄉黎灘鎮，宋以後人文頗盛，元人虞集曾作《新城學記》述之，但除了李覯《旴江集》孤行外，其餘多不顯於世。不顯於世者，就是說沒有越出鄉邦而進入更大的以至全國範圍的傳播過程中。同樣，那些鐫山刻石的詩文碑記，當其或仆臥荒烟之中，亦即如蘇軾《墨妙亭記》所說「其刻畫尚存而僵仆斷缺於荒陂野草之間」，或因遊人冷落而寂寞地獨處山隅時，也就大體上退出了傳播過程。可謂一時盛況的大歷浙東唱和，雖有鐫刻，至清代錄唐詩者咸不能舉其姓氏。歷史上這一類全國性的或地方性的、知名的或不知名的文學活動，湮沒無聞的正不知多少了！如嚴州詩文，若非宋人董弅搜求碑版，稽考載籍，並得郡人喻彥先家藏書，廣求備錄而成《嚴陵集》一書，則數十人的詩文就沉埋了。紀昀等人評此書曰：「今有不知其名者，有知名而不見其集者，藉弅是編，尚存梗概」⑦。有人知名而無集，有人並姓名亦消歇，雖經後人努力，也只能「尚存梗概」了。「梗概」二字，令我們生起多少歷史的嘆息！

　　那些有幸成書而獲得在全國範圍和代系之間流通可能的篇什，往往並不能將這種可能完全變為現實。在唐代，由於是靠手寫本流傳，故詩文的佚落現象甚為嚴重。僅據鳴沙石室佚書所收唐寫本唐人選唐詩，則《全唐詩》即佚李昂、陶翰詩各二篇，邱為詩五篇，高適詩集本佚一篇，王昌齡詩集本佚十四篇。由此我們可以想見，在詩的唐代，又有多少豪傑、雅士、淑女、才媛的詩佚失了。留存下來被收入《全唐詩》中的詩，雖已達到四萬八千九百餘首的巨量，但恐怕還只是滄海之一甕耳！即使宋以後，印刷

術已普遍應用於刻印經史，但手寫傳鈔的情況仍為多見。元代馬祖常的《石田集》、許有壬的《至止集》、王惲的《秋澗集》，就是靠輾轉傳鈔而流傳的，所以舛譌滋甚。相當多的古書流傳範圍並不廣。宋孔延之所編《會稽掇英總集》，搜訪甚勤，紀昀等人以為此書「在宋人總集之中最為珍籍，其精博在嚴陵諸集上」⑧；但就是這樣一部好書，卻世鮮流傳，藏弆家多未著錄。《竇氏聯珠集》宋代傳本頗稀，藉鈔寫而流傳，到南宋才有蘄州雕版，而生活於南宋後半期的劉克莊仍稱惜未見之。即如號稱宋代四大書之一的《文苑英華》，南宋周必大《平園集》尚稱於士夫間絕無而僅有。明代正德之末書籍的流通情況，顧炎武曾述曰：「其時天下惟王府官司及建寧書坊，乃有刻板。其流布於人間者，不過《四書》、《五經》、《通鑑》、性理之書，他書即有刻者，非好古之家不能蓄」⑨。

　　由於抄本或刊本的破損湮滅以及流傳範圍的狹小，許多古書極易散佚。宋末柴望及從弟隨亨、元亨、元彪入元俱遁迹不仕，時稱柴氏四隱，均有著述。至明代萬曆年間其十一世孫搜羅遺稿時，元亨之作已無存，而傳世者僅柴望《秋堂》一集焉。這種情況是普遍的，「宋人文集名著史冊者，今已十佚其八九」⑩，至於名姓無聞、篇章湮滅者，更是指不勝數。元、明二代的佚亡情況也很嚴重。姚燧本集五十卷、富珠哩翀本集六十餘卷見於著錄，久佚不傳，惟明劉昌所編《中州名賢文表》中僅存姚燧八卷、富珠哩翀二卷。《中州名賢文表》序謂有內集、外集、正集、雜集，而到了清代，此書就只見內集了。嘉興一郡之詩，在明景泰中曾有朱翰編為《橋李英華》，崇禎末蔣之翹續為《橋李詩乘》，卷帙十倍於朱編，然而到了清代，即已散佚無有傳本，清人沈季友只得重加捃摭搜訪，編《橋李詩系》。明人劉溥與湯允勣、蘇平、

蘇正、沈愚、王淮、晏鐸、鄔亮、蔣忠、王貞慶九人，合稱景泰十才子，至清則九人之集皆亡，惟劉溥《草窗集》存。這一類例子可謂多不勝舉。

對於古書之傳播往往逾時而失的原因，王昶曾加以探討曰：「蓋未嘗旁搜博取，合經史子集四部萃為一書，復錄之版以流通於世，故遺佚如是其易也」⑪。這是從釋、道二家滙刻經典上得到啟發而發的議論。但是，宋元明清中已經滙刻過相當多量的像《中州名賢文表》這樣的總集，不仍然散佚了許多？並且日增的新書更是時在淪滅。不僅物敝時遷，書籍的淘汰勢在必行；而且書籍的傳播過程，如同信息的傳遞一樣，必然是一種耗散的過程。即使這部書很有價值，但是假如識貨的人未遇上，而持有的人不識貨，又或者是時代的氣氛、社會的情勢不利於此書價值的被發現，那末這本書就會漸漸沈晦而至於被遺忘，久而久之，則就會佚散了。宋人詩話如劉攽、歐陽修、司馬光、陳師道、呂居仁、周紫芝、許顗、張表臣、葉夢得、陳岩肖諸人之作，在「文必秦漢，詩必盛唐」論調彌漫的明代，皆為秘籍。至清，風氣轉移，上述詩話才成為通行之書。

當然，一邊有散佚，一邊就有輯佚，一邊有淪亡，一邊又有持續的古籍整理，人類的文化創造，賴此而得以維持著一個累加的勢頭。但是書籍這種大量的沈晦和佚亡，對於後代從讀解本文中建構諸如哲學、文學等意識形態領域的歷史，便產生了重大的影響。

王充的《論衡》對於漢代神學的終結和玄學的發端，其功厥偉，由此，他在漢代以至整個中國哲學史、思想史上擁有了突出的地位。漢人周長生，王充對他很欽佩。《論衡·超奇篇》曰：「長生之才，非徒銳於牒牘也，作《洞歷》十篇，上自黃帝，下

至漢朝，鋒芒毛髮之事，莫不記載，與太史公《表》、《紀》相似類也。上通下達，故曰『洞歷』。然則長生非徒文人，所謂鴻儒者也。……文王之文在孔子，孔子之文在仲舒。仲舒既死，豈在長生之徒與？」比之太史公、董仲舒，稱之鴻儒，周長生在王充心目中的地位於此可見。然其著作《洞歷》佚亡，後人即難以知其詳了，甚至若非《論衡》所記，周長生連姓名也早已不存。一個在後世被讀解爲傑出的思想家，另一個則寂焉湮滅，懸殊竟這樣大！

文學上這一類例子也很多。在梁代，何遜與何思澄、何子朗三人俱擅文名。何遜在唐代得到杜甫的美評曰：「能詩何水曹」⑫，其文學史上的地位自此確立，歷代的詩學家循杜甫之評不斷地對何遜詩予以讀解，何遜詩的藝術營養隨之不斷地沾漑於後代。但是，與之齊名的思澄、子朗卻都聲華消歇了。何思澄有文集十五卷，至今僅留下詩三首；何子朗在當時名聲甚高，「世人語曰：『人中爽爽何子朗』……文集行於世」⑬，至有人物題目語云：「東海三何，子朗最多」⑭，然而也只留下了三首詩；並且，兩人的詩還是因爲被《玉台新咏》所收才留存下來的，否則他們的詩就全部佚亡了。

梁有三何事，宋則有三劉、三孔之例。劉渙、劉恕、劉義仲祖孫三代均有史才，劉恕并得司馬光稱贊，但南宋之末，他們的文集即無傳本了。咸淳中，其裔孫劉元亨掇拾零殘，只收羅到八首詩文和一篇《通鑑問疑》，於是三劉也就基本上失去了被後世讀解的可能性了。三孔爲孔文仲及其弟武仲、平仲，與蘇軾、蘇轍同時，並以文章名一世，以故黃庭堅曾有二蘇聯璧、三孔分鼎之語。然而，南渡後三孔遺文即散佚，慶元中，王葒搜求刊刻成《清江三孔集》四十卷。然而至清，據王士禎《居易錄》所載，

宋犖寄《三孔文集》通僅五卷了，王、宋皆家富圖籍，可見其佚散亦久矣。但到紀昀等人編《四庫全書》時獨又發現全本了，也不知是哪一個藏書世家孤本秘傳的。然而，書一旦被秘藏，也就退出了傳播過程了，二蘇取得了極高的文學史地位，而三孔則早已不爲人知矣。

沈晦之書的隱而復出雖亦幸事，但哲學、文學、史學等領域中的歷史乃是一個相因相成的進程，沈晦之書即使很好，也已失去了在建構過程中發揮作用的一段時機。如李耆卿所撰《文章精義》一卷，是一本有見地的書，「其論文多原本六經，不屑屑於聲律章句。而於工拙繁簡之間、源流得失之辨，皆一一如別白黑，具有鑒裁。其言蘇氏之文不離乎縱橫，程氏之文不離乎訓詁，持平之論，破除洛、蜀之門戶，尤南宋人所不肯言。又世傳韓文如潮、蘇文如海及春蠶作繭之說，皆習用而昧其出處，今檢核斯語，亦具見於是書」[15]。但這樣一本書竟然世間幾無傳本，諸家書目亦不載，惟焦竑《經籍志》錄李塗《文章精義》一卷，似稍近之，亦無法得辨。若非《永樂大典》輯入，則斷必佚亡。紀昀等人曰：「蓋其初本爲世所傳誦，故遺文剩語，口授至今，嗣以卷帙寥寥，易於散佚，沈晦者遂數百年。今逢聖代右文，得以復見於世，亦其名言至理有不可磨滅者歟」[16]！從其用語成爲世之習語上看，此書的一度爲世傳誦是可以肯定的，人們已無法確知其沉晦的原因了，紀昀等人推測其因散佚而沈晦至數百年。誠如是，實爲可嘆！由於幾百年失去讀解，以至於此書的確切時代以及作者的情況，人們均茫昧莫明了，更何論判別其在當時的作用。所以，雖是一部好書，雖曾一度爲世傳誦，一旦沉晦，則此書在文學批評史上也就失去了它本應具有的地位了。《四庫全書》的編修官們歌頌聖代的詞藻，無寧對歷史多了一種淺薄的樂觀，而少了一種

直面歷史殘酷的深沉感。

　　其實何止於李耆卿此書，僅就詩文評一類而言，周密的《浩然齋雅談》是又一個例子。此書「所記佚篇斷闋，什九爲他書所不載。朱彝尊編《詞綜》、厲鶚編《宋詩紀事》、符曾等七人編《南宋雜事詩》，皆博采群書，號爲繁富，而是書所載故實，亦皆未嘗引據，則希覯可知矣。……宋人詩話傳者如林，大抵陳陳相因、輾轉援引，是書頗具鑒裁」⑰，然而亦沈晦至清，方由《永樂大典》中輯出。這本書現在也不大爲今之文論家所注目。

　　這似乎是個謎，到底是散佚造成了失去讀解呢？還是失去讀解而造成散佚呢？一時的讀解較少，又何以料定以後的讀解也少？一時的讀解較多，又何以判斷它以後一直能多被讀解呢？文學史上多有傳誦一時或得到過著名文人稱贊或引用的名句、名篇之佚失。《何水部集》宋敏求家所傳本卷數雖尚與《梁書》相符，而爲杜甫所引「昏鴉接翅歸，金粟裹搔頭」等句，宋人黃伯思在《東觀余論・何遜集跋》中，即稱不見於集。陳子昂在《與東方左史虬修竹篇序》中大力推贊東方虬的《咏孤桐篇》，其曰：「一昨於解三處見明公《咏孤桐篇》，骨氣端翔，音情頓挫，光英朗練，有金石聲。遂用洗心飾視，發揮幽郁。不圖正始之音，復睹於茲，可使建安作者相視而笑。解君云：『張茂先、何敬祖、東方生與其比肩』，仆亦以爲知言也」。然而，《咏孤桐篇》卻佚失了，而陳子昂藉之倡導漢魏風骨的這篇《序》卻成爲歷久彌新的名文。文本和讀解來了個轉換，陳子昂的讀解流傳而爲文本，而原有的文本卻只留下了陳子昂的讀解。與李華齊名的蕭穎士爲當代所重，其《與宰相崔圓書》爲史所稱，而《蕭茂挺文集》不載。元稹在《和李校書新題樂府二十首》序中述及的李紳的《樂府新題二十首》亦均佚失了。劉蛻於唐末纂組俳儷之文盛行時，

毅然獨以復古自任，原本揚雄，風格奇奧，險於孫樵而易於樊宗師，其《文冢銘》最爲世所傳；以「文泉」命集，意在不竭，而十卷之書不傳，明代閩人韓錫於崇禎間從《文苑英華》僅采編出一卷。韋驤少以詞賦名世，其《借箸賦》得王安石盛推，但其《錢塘集》中卻未見此作，而其賦集二十卷則又佚之矣。李荐豪邁英杰，蘇軾稱其文筆墨瀾翻有飛沙走石之勢，李之儀譽爲如大江東去晝夜不息不至於海不止，呂本中極贊其《贈汝州太守詩》，而其《濟南集》中亦不見載，他的《祭蘇軾文》當時播誦海內，然亦未能全篇下傳。潘閬，「蘇軾嘗稱其《夏日宿西禪詩》，又稱其《題資福院石井詩》不在石曼卿、蘇子美下，劉攽《中山詩話》稱其《歲暮自桐廬歸錢塘詩》不減劉長卿，《事實類苑》稱其《苦吟詩》、《貧居詩》、《峽中聞猿詩》、《哭高舍人詩》、《寄張咏詩》諸佳句。劉克莊《後村詩話》稱其《客舍詩》。方回《瀛奎律髓》稱其《渭上秋夕閑望詩》、《秋日題瑯琊寺詩》、《落葉詩》。《事實類苑》又記其在浙江時，好事者畫爲潘閬咏潮圖。郭若虛《圖畫見聞志》又記長安許道寧愛其《華山詩》，畫爲潘閬倒騎驢圖。一時若王禹偁、柳開、寇準、宋白、林逋諸人皆與贈答，蓋宋人絕重之也。《讀書志》載《逍遙詩》三卷，《宋史・藝文志》則作《潘閬集》一卷，原本久佚」[18]。紀昀等人僅從《永樂大典》等書中輯出一卷，於《宋志》所載亦不過得其八九，於晁氏著錄之數距離尚遠。

　　人類的歷史是活生生的、變化的，人類的讀解史也是靈動的。但無論如何，有一點十分明確，著述、詩文在當代取得影響獲致傳播，對於以後的傳世無疑甚爲有利。雖然「一個作家在不同的時代，會有不同的命運：有的人在當時名聲微弱，而在後世則可能斐然騰聲，浸浸然入於偉大藝術家的行列。有的人活著時備受

贊揚，乃至贏得了巨大的藝術成功，但死後卻迭遭批評。也有的
人可能會長久地處在褒貶交織的境地」[19]，但是他們都必須已經
進入了傳播過程中，才能產生讀解的變化。當然，在文學史向前
的運動中不斷有向後的發掘，前代文人的位置在後代是經常被重
新排列的；但這些被發掘者、被重新排列者，大多已在當世取得
了一定的名聲和地位。詩文的名聲可以引動後人對其作品的搜輯。
然而，如果作品散佚太甚，則往日的文壇光彩就只有埋入記憶的
地層中，漸次消減以至淪沒了。

第三節　中國後半段詩歌、散文發展　　道路在讀解中的開闢

　　文本既處於不斷的佚失中，那末意義性張揚的讀解活動往往
就需要以對前代典籍的發掘為其前提，也就是說讀解活動乃是在
文本的散佚和搜輯的矛盾中進行的，而文學史向前的運動正是由
此而實現的。拿中國後半段亦即宋以後中國詩歌、散文發展方向
的開闢來說，就是在對唐代典籍的搜輯發掘和讀解中進行的，李
杜韓柳的地位，正是在這一重新排列的過程中扶搖而上的。

　　以唐人所選唐詩集而言：唐寫本是一個殘卷，僅有六人詩：
李昂、王昌齡、邱為、陶翰、李白、高適。其中，李白詩最多，
共四十三首；次為王昌齡，十七首；高適僅二首，而邱為則有六
首。《河岳英靈集》選入二十四人詩，以常建開頭，錄十五首；
次列李白，錄十三首；再次列王維，錄十五首；王昌齡最多，為
十六首；高適與崔國輔齊均為十三首，崔顥十一首，王灣八首；
杜甫未錄。《國秀集》選入四十人，李白、杜甫均落選；為今人
所不知名的盧僎最多，十三首，一人已占全部詩集的六分之一；

次爲崔顥、王維、孟浩然，均爲七首；再次爲王昌齡，五首；常建、高適、王灣，都只有一首。在《極玄集》中，李、杜亦未被選入。但到了韋莊所選《又玄集》中，則首列杜甫、次列李白，不過子美入選七首中，三吏、三別、北征、秋興諸名篇並不在內。韋穀的《才調集》序雖云：「暇日因閱李杜集、元白詩」，但集中未選杜詩，元稹的詩倒選入了五十七首之多。《搜玉小集》中，李白、王維、孟浩然、高適均榜上無名。

　　僅從上面這並不完備的叙述中，便可以看出，唐人心目中的唐詩面目相互間差異頗大。當然，有一部分穩定的知名詩人爲各家所注目，但其所受到重視的程度則頗相異。由今日的眼光來看唐人選本，則已被寫入文學史的名家大詩人與衆多不曾被寫入今之文學史中的詩人，是混然相處著的。李、杜雖是名詩人，但並沒有太過超凌的地位。李、杜相較，青蓮地位優於子美。日人山田鈍《文筆眼心抄序》稱遍照金剛入唐「在貞元、元和之際」，其《文鏡秘府論》「言不及杜少陵、韓昌黎」，蓋因「少陵變詩格，昌黎唱古文，久而後行，當時言之者少」。韓愈《調張籍》詩云：「李杜文章在，光芒萬丈長。不知群兒愚，那用故謗傷！」可見，當時一方面有尊崇，一方面也有詆毀，李、杜也還沒有穩坐在詩國的峰巔上。唐人的這種選詩以及唐人的議論，雖然已經滲透著他們的讀解，但無疑比後代的讀解更多歷史的眞實內容，因爲他們的選詩和議論本身就是唐詩史原生狀態的一部分。

　　其時，杜甫詩的流傳情況亦不甚理想。潤州刺史樊晃《杜工部小集序》云：「文集六十卷，行於江漢之南。……屬時方用武，斯文將墜，故不爲東人之所知。江左詞人所傳誦者，皆公之戲題劇論耳，曾不知君有大雅之作，當今一人而已。今采其遺文，凡二百九十篇，各以事類，分爲六卷，且行於江左。」因爲戰爭的

原因，杜甫的大雅之作不行於江左。中唐之時，元、白從「惟歌生民病」[20]的角度認識了杜甫，因而推崇杜甫，估計這對杜詩的搜輯和傳播起到了相當的作用。但一到五代，賈島成為俗流呼佛鑄金的對象，於是李、杜復遭冷落以至調笑。

宋初，楊、劉唱和，西崑集行，「後進學者爭效之，風雅一變，謂西崑體。由是唐賢諸詩集幾廢而不行。陳公時偶得杜集舊本，文多脫誤」[21]。樂史據李陽冰所纂《草堂集》十卷，增輯校勘為《李翰林集》及《別集》。後又有宋敏求、曾鞏繼續搜求、整理，成為此後傳世的李白集。當然，仍有佚亡。宋敏求《李太白文集後序》云：「得王文獻公溥家藏白詩集上、中二帙，凡廣一百四篇，惜遺其下帙焉。」下帙之中，有沒有未錄的歌詩呢？杜詩的搜輯、整理，比之李白詩要艱難得多。宋初蘇舜欽曰：「杜甫本傳云，有集六十卷，今所存者才二十卷，又未經學者編輯，古、律錯亂，前後不倫，蓋不為近世所尚，墜逸過半。吁！可痛閔也」[22]。然而，不為近世所尚的杜甫在宋代卻交上了好運。姑蘇郡守王琪述其盛況曰：「近世學者，爭言杜詩，愛之深者，至剽掠句語，迨所用險字而模畫之，沛然自以絕洪流而窮深源矣。又人人購其亡逸，多或百餘篇，少數十句，藏弆矜大，復自以為有得」[23]。經過孫僅、劉敞、蘇舜欽、王洙、王琪、王安石、蔡夢弼等人的增輯、編校、刊印，今之所傳杜集方大體成形。韓、柳集也經歷了一個被宋人發現的過程，柳開、智圓、穆修、歐陽修等人都作出了貢獻。采秘府名公之室，訪天下士人之所得，旁及刻石碑版，長年不懈，朱黃雜施，斯亦辛勞矣！

這是一個持續了數十年以至上百年的發現過程：發掘先唐諸籍。這種發掘的過程，正是一個新方向的開闢過程[24]。然而，如本書第三章第三節所述，文學史的原生狀態，不僅在於散點式分

布著的集群和個人往往有著異趣的喜好，從而導引了多方向的探求，引發出不同文藝思想和美學情趣的鬥爭；而且還在於向前的探求是旅進旅退的，甚至有大幅度的波動。這後一方面正是由前一方面決定的，空間中的異趣由於影響的消長而轉化爲時間上的進退。

柳開、王禹偁尊崇韓柳，倡導古文，這是針對五代的革新舉措。宋太宗太平興國、雍熙年間，韓、柳、元、白之文時未甚傳，而陳子昂、張說、張九齡、李翱諸文籍更不經見，所以李昉、徐鉉等人編《文苑英華》時，「於柳宗元、白居易、權德輿、李商隱、顧雲、羅隱或全卷收入」[25]。嗣後，上文已述，楊大年與錢、劉等人唱和，剽剝故事，雕刻破碎，時人反爭效之，「變天下正音四十餘年」[26]，於是，不僅柳開等人的努力未能成功，即唐賢諸詩集，亦幾廢而不行。楊、劉取法晚唐，雖削五代蕪鄙之氣，然其懿文不過以雕章麗句爲勝。宋眞宗於大中祥符二年（1009）下詔復古時，西崑唱和正酣，學子從學愈甚。發出詔令的直接原因，乃緣楊、劉等唱和宣曲詩，述前代掖庭事，辭多浮艷。這對於崑體的滋蔓不啻是一個急剎車的警令！二年後，姚鉉倡導古文的《唐文粹》問世了。但是，時隔十餘年後，炫示「時文」者仍以言語聲偶摘裂爲務。宋仁宗天聖七年（1029）又下詔指斥浮華。然而，直到嘉祐二年（1057）歐陽修知貢舉黜太學體，宋代的古文運動才得以順利展開。

一個新方向的開闢是要經過持續的努力的。歐陽修以前可以說是宋代文學尋求自我發展道路的階段，這種尋求又正是以對唐賢詩文的讀解爲其外在形式的。所謂復古，不過是一種讀解而已。正是在這種讀解中，李杜韓柳的地位，從不具備太過超凌的地位而大體上仍與眾多知名的唐代文人混然一體的狀態中振翮騰越，

登上了統領中國古代詩歌、散文的珠峰之巔！當王禹偁用「韓柳文章李杜詩」㉗一語來表達他的「所好」時，他其實不僅是喊出了宋代一朝的追求，而且不自覺地說出了整個中國後半段詩文的發展路徑。

　　「韓柳文章李杜詩」一語，在我看來，正是勾劃出了中國後半段文學史中傳統文體：詩歌、散文發展的基本格局。當然，韓柳李杜中，韓及杜是主帥。王安石選李杜韓歐四家詩，列杜爲首而置李於末，李杜的位置變動了。從王安石的先杜後李到江西派的專門學杜，宋詩的基本面貌便形成了。杜甫作詩，既愛講法又愛講悟，宋元明清詩論中「活法」與「妙悟」的兩大派，可以說都能從杜詩中找到源頭。在散文上，韓愈集道統與文統於一身，他雖自比於當世之孟子，以衛道自任，其實乃是以一個文學家的身份來扮演一個思想家的角色。道與文的矛盾在韓愈身上是潛伏著的。王禹偁在《答張扶書》中說：「夫文傳道而明心也，古聖人不得已而爲之也。……既不得已而爲之，又欲乎句之難道邪？又欲乎義之難曉邪？」傳道明心四字，決定了宋文之求平易。傳道研道學，明心啓心學。道學和心學之徒之勃起而反抗文學之士，又正是由此四字而決定了的。於是，爲文與爲道乃漸次分離。宋代有歐蘇王曾一路的古文，也有眞德秀一路的濂洛風雅；有江西詩派圖，也有濂洛詩派圖。有了道統，於是也就有了文統。由歐蘇王曾下接歸有光、唐順之、茅坤等人，於是有了八大家的文統，並下延於桐城派。這一整個過程，乃是在一定方向上的隨機性發展中滋生出複雜結構的進程，也是基始矛盾在前進著的各種對立中發展起來的歷史。當然，以上僅是對中國後半段文學史詩歌、散文發展的一個輪廓式的勾勒。

　　從宏觀的角度看中國文學史，天寶十四年以後至唐末，是成

功達到中國詩歌頂峰階段的唐人爲此後中國文學的發展孕育新起點的階段。從五代到歐陽修，是中國後半段詩文尋找新起點的階段。這樣，後半段的起點與前半段的終點在邏輯深層上便通連一氣了。

然而，我們不可忘記的是，這樣一個孕育和尋找的過程，乃是在不斷的讀解中，從散佚和搜輯的矛盾關係中，由渾淪一氣的變動裡，生成、發展而至完成的。

多年來，人們對於文學史向前的運動，往往是從社會經濟、政治的影響上來加以把握的，近年來論者們則愛從文化的角度來加以探討。雖然後者比之前者視野已大大拓寬，並且理論闡發的深度也因此而明顯加強，然而外因論、決定論則往往是兩者所共有的，也就是說，它們仍是將文學的發展看成是一種受動的運動。鑒於此，本章意在從文學發展之通過讀解和反饋的前進，從文學史之在理解中生成的角度，亦即是從主體的、能動的理論視點上，來論述之。就是說，是將文學運動看成是一種有著人的主動精神充分發揮的，並在多元因素互動整合中自我前進著的過程。

這一觀點並不否認經濟、政治、文化對於文學發展的深刻影響，劉勰早就說過：「文變染乎世情，興廢繫乎時序」[28]，這是正確的。但我們還需要再上升一個層次：將受動與使動結合起來。值得再加強調的是，在上述觀點中，不僅有著一種主體的、能動的視點，而且還有著一種多元因素互動整合的高度。

第四節　文學史運動中偶然性因素的作用

當然，社會性的文本讀解和意義性張揚之最深的根源，無疑來自於民族思維及文化—心理結構的發展變化，因而，文學道路

的開闔內在地有著一種必然性。但在具體進程上，偶然性、個人
的作用是巨人的。偶然性和個人的作用，不僅對於某一文學進程
之緩速，而且對於這一進程具有何種色彩，都是至關重要的。也
就是說，正是偶然性和個人的作用，將種種社會的和個人的色彩
鈐印給了文學的進程，使之具有了一種特定性。偶然機遇的可能
與限制，個人正確的思想與偏執的謬誤，統統一齊納入於這種特
定性中。這不僅造成了某一文學進程的自我面貌，而且也往往構
成為屬於這一進程的某種具體矛盾。將邏輯之律透過種種個人的
作用、偶然的機遇而表現出來，以便盡可能地逼近真實的歷史，
反映其鮮活活的生成過程，便是我近年中所提出的原生態式的把
握方式心香之所寄。

　　如果說本書第二章第三節中所說，種種具體的社會條件之向
內的轉化，必然使具體歷史階段的文學發展表現為一種特定的進
程，是就社會對於文學發展的影響立論的特定性；那末，文學發
展之通過讀解和反饋的前進，以及原初的歷史之在理解中的被構
建，則是從主體的、能動的方面所著眼的特定性。相對於前述基
源於民族思維和文化—心理結構的發展變化而來的文學道路的開
闔，此種特定性便可謂之文學史發展的一種外在的形式——浮在
表面的自有其面目的歷史過程和某些個人因素、偶然性因素之在
代際延續的讀解中的凝定。當然，外與內的區分是相對的，某一
特定性之對於某一進程來說，又具有內在性了。但對於本章所論
文學史運動的內在機制而言，這些特定性既然是此種內在機制通
過種種具體的、個人的、偶然的因素的展開，則又可以視為一種
外在性。不過，某種特定性之作為外在性，是從整個文學史的運
動上考慮的。範圍不一樣，則內在與外在便互易其位置了。

　　明白了個人的作用會鈐印在歷史的進程上，明白了個人乃是

將正確的、錯誤的東西一併給予歷史的,那末文學史上許多難解
的現象就可以找到解釋了。

比如,孔融不應列入建安七子的行列中,不僅是因為他的年
輩高於王、徐、應、劉,也不僅因為他並不屬於體貌英逸的二公
子曹丕、曹植的文學圈子,更重要的還在於他在政治上是反對曹
操的。然而,曹丕在他的《典論・論文》中,歷數「今之文人」
——其實僅是曹氏統治圈中的文人時,首列孔融,並以「斯七子
者」一語相概括。曹丕此語並非《典論・論文》的要旨,其論重
在規勸文人應致力於翰墨篇籍,以使聲名自傳於後,並說明文非
一體人各有善,勿文人相輕。這一論旨自然是正確的,沾漑了歷
代文士。七子的歸納在他來說,有著個人喜好的因素,魏文深好
孔融文辭,嘗嘆其為揚、班儔也,募天下有上融文辭者,輒賞以
金帛。曹丕作出這一歸納後,不僅文學史上建安七子這一概念,
經過代代認同以後已無法動搖;而且就中國文學史而言,這一用
數字表達一個文學集群的做法,還滋生出一個悠長的景觀。二陸、
三張、三劉、三孔、三蘇、五子、七子、十才子之類的說法,遍
及各朝;地方性的炫耀,則更難以計數。中國文學史的大框架,
也往往賴此成形。

當然,歷代的認同有著深刻的民族文化心理的原因。由於建
安文學影響於後世至為深遠,列名於可垂不朽的七子式的文學集
群之中,乃成為文士們景慕的目標。作為建安七子這一概念提出
者的曹丕,卻由此而始料未及地在中國文學史上鈐上了自己的印
記。七子中的應瑒存詩已甚少,據逯欽立所輯,僅五題六首,但
因列於七子之一而垂名。前已述及,柴氏四隱中柴元亨的詩文已
復無存,但其集名卻仍標以四隱,以故柴元亨之名及行事大節,
至今仍能為讀書人翻檢到。

　　因爲諸如七子之類的歸納帶有一定的偶然性，所以清人儲欣曾想反抗唐宋八大家的名號，輯《唐宋十大家全集》五十一卷，增李翶、孫樵二人，自序曰大家豈有定數，可以八即可以十。紀昀等人以爲「其說良是」⑳。袁枚反抗唐宋八大家這一概念的態度更爲激烈，其曰：「明代門戶之習，始於國事而終於詩文，故於詩則分唐、宋，分盛、中、晚，於古文又分爲八，皆好事者之爲也，不可以爲定稱也。夫文莫盛於唐，僅占其二；文亦莫盛於宋，蘇占其三。鹿門當日其果取兩朝文而博觀之乎？抑亦就所見所知者而撮合之乎？且所謂一家者，謂其蹊逕之各異也。三蘇之文如出一手，固不得判而爲三；曾文平鈍，如大軒駢骨，連綴不得斷，實開南宋理學一門，又安得與半山、六一較伯仲也」㉚？袁枚對於八大家概念的批評，應該說是擊中要害的。劉開對八大家這一組合也給予批評，他說：「八家之稱何自乎？自歸安茅氏始也。韓退之之才上追揚子云，自班固以下皆不及，而乃與蘇子由同列於八家，異矣！韓子之文，冠於八家之前而猶屈；子由之文，即次於八家之末而猶慚。使後人不足於八家者，蘇子由爲之也；使八家不遠於古人者，韓退之爲之也」㉛。雖然，「可以八即可以十」和「不可以爲定稱也」的想法，抽象地看似乎是合理的，並且在名號初出之際確實也是如此，但當一個讀解和認同的過程展開以後，這一名號就具有了歷史性，從而取得了一種相對的固定性。它就不是少數人的幾次異議所能撼動了。儲欣的努力歸於失敗，十大家的名號未能成立，袁枚和劉開的意見亦久已沉湮，而八大家的名號則煌煌然進了文學史。

　　在茅坤對八大家的歸納中，自有他的個人喜好這一偶然性因素在起作用。然而，正是在這種看似無序的偶然性中成長著有序，滋生出一種結構，並愈益產生複雜性。這正像雪花的形成一樣，

當水凍結時，晶體伸出小尖來，然後抓取潮濕空氣中落下的水分子，形成一排分支，「而這一排分支又變成從未見過的複雜結構」。晶體「邊界上任何一小片，只要走在鄰居前面一點，就獲得抓住新的水分子的優勢，因此長得稍快——『避雷針效應』。形成新的分支，然後是新的子分支」㉜。被用名號加以概括的詩人文士容易受到注意，被納入到某一系列以後就易於留存。在歷代的讀解中，他們身上累積了多少後人的思想和情趣，由此，這些被讀解者乃聳起而支撐出一個複雜的文學史框架。而在得到認同的七子、十才子、八大家這一類名號下，則又沉埋了多少矻矻窮年的志士和氣華豐美的才子。宋湘曾有詩云：「讀書萬卷眞須破，念佛千聲好是空。多少英雄齊下淚，一生纏死筆頭中」㉝。文苑筆戰之中，激浪之心未騁而終老青燈，陵雲之意雖騰而伺步篷戶者，又何可以數計哉！這是文學史的事實，我們無法回避它。

明白文學史形成過程中的這種原生態式的浮沉情狀，有利於我們更爲眞切地逼近歷史眞實的第一重存在——其原初的存在。

第五節　文學狀況的復原與讀解的梳理之統一

文學史運動的內在機制透過其外在具體形式的展開已如上述，那末文學史著作的撰寫應如何逼近這一歷史運動呢？我以爲，這需要遵循文學狀況的復原與讀解的梳理之統一的原則。一方面我們應尊重前人的讀解，因爲前人的讀解也是一種歷史。文學史應該敘述這樣一個讀解的過程，並論述其時代的、社會的、文化的原因。文學史從一定意義上來說，就是一部讀解史。另一方面我們還應該將被前人的讀解遮蔽掉的部分，就現存文獻所能提供的範圍盡可能多地復原出來，只要它是在當時存在並獲得了影響的，

足以說明那一個時代某種文學風氣和藝術追求的。對於某一個時代文學狀況的復原和對於此後的讀解的梳理，正是一部文學史所應具有的兩翼。

從根本上說，復原的工作與讀解的梳理，本是融合爲一的。後者必須置於前者之中進行，否則我們難以知道某一種讀解發生、滋長的環境。而復原要能夠成功，則必須從大文化背景上著眼並貫徹整體性原則，這就已然有著一種讀解在內了。這種讀解不僅是屬於今日之讀者和研究者的，而且必然也吸收了前人的意見。更爲重要的是，每一個時代，文學作品一邊產生著，一邊讀解就在進行著，從而沉與浮、佚亡與張揚的過程也就已在開始，所以復原工作勢必應包括復原這種當代進行著的讀解在內。並且，一種靜態的、共時的關係，若不被置於一種動態的、歷時的視野之中，它就必然失去了意義的指稱而變得難以識別，更難以詮釋。

復原的工作較爲側重於靜態的、共時的關係，讀解的梳理較爲側重於動態的、歷時的關係。然而，這種區分是相對的，在共時中正是滋生著歷時，而歷時的滋長又在某一時間段上體現爲一種共時的關係。在無序的充滿偶然因素的運動中，有著有序的結構之搏聚。汩汩前行的時流，一方面大江東去般地汰沙而下，另一方面也會凝結出一些或大或小的江中之島。這些島嶼一旦形成，便會從無序的江流中吸取有序，並將有序流集中於自身。於是，島嶼自身膨大了，島嶼與島嶼相連接了，從而一片長著豐草茂樹、美葩修竹的廣袤大地便成形了。然而，某一有序的結構在時流的沖蕩下又往往會變動：或解體，其部分構件溶入其它正在興起的結構之中；或分岔而轉向另一發展方向，滋生出另一種複雜的適應結構。

作爲復原工作與讀解的梳理之統一，我們應該既要鳥瞰一個

時代散點式的各個集群、個體渾淪的勃動，把握住他們之間直接
與間接的種種關係；又要將某一被考察的詩人文士，放在家族、
鄉邦、師友的多重社會關係的交織中，加以具體的剖析。人既是
與環境同時成長的，而環境又因人的作用而變動著。時勢既造英
雄，英雄也造時勢。不僅是個人的思想、氣質、文風受到時代的
導引，而且個人也將自己的思想、學說、文風烙印給時代。導引
的過程是複雜的：哲學的、社會風習的、政治的、經濟的種種因
素，都在起作用；烙印的留下，也是在時代、群體、個人之複雜
的格局變動中逐漸產生的。這樣的一種寫法即是原生態式的，應
該為我們所追求。

　　這樣一種原生態式的把握，不是線性的，而是非線性的，不
是決定論的，也不是純粹偶然論的；而是有序與無序的統一，偶
然與必然的統一；隨機中有著有序，有序中又有著隨機，無序中
孕生著有序，有序復化裝成隨機。用這樣的思路去構建文學史，
勢必要求盡量發掘巨量的歷史資料，並需要十分細心地譯解當時
文壇消長的各種信息，這既需要持久的沉潛工夫，又需要有洞察
底蘊的識力。

　　但是，任何一位優秀的文學史家都無法完美地做到上述要求，
因為資料已大量佚亡。如果某一段的典籍及資料闕失過甚，則任
何巧匠都難以在沒有相應的材料的條件下來構建一座大廈。即使
是當時的人，也難以完全復現上述這樣的一個過程，這不僅在於
當時人難於掌握到那樣巨量的信息，而且在於這許多信息一邊產
生著，一邊也就消失著。一個人日日月月產生著多少事情，一年
下來又遺忘了多少？一生呢？個人如此，一個社會不也如此？

　　即以唐人題詩而言，無論是題於詩板上的還是直接寫在牆上
的，均極易漫滅。張祜干越亭題詩曰：「古板題詩字已訛」。鄭

谷《浣陂》詩云：「舊題詩句沒蒼苔」。並且，題詩還又容易被人爲地破壞或消滅掉。劉禹錫就曾將巫山神女廟題詩，悉去千餘首，惟留沈佺期、王無競、李端、皇甫冉四章而已。元稹、白居易亦曾令將長安慈恩寺塔前後的大量題詩悉除去諸家牌，惟留章八元詩。而薛能途經飛泉亭讀罷打去詩板百餘，僅留李端《巫山高》一首。

　　更爲重要的是，時間在推移著，讀解也就在進行著，對過去的理解也就常常發生著變化，因此，我們實際上必然是從一種被讀解的意義上去構建文學史的。理解對於人類的存在，具有本體性意義，因此它也就無時不存在。在人類意識形態領域中，沒有一片絲毫未人化的荒莽之地。當文學史經過一代代的讀解而形成一種面貌後，我們難以從根本上改變它。毋寧說，我們現在寫文學史，在許多方面是按照我們祖先一代代讀解了的面貌去寫的。試問寫中古詩史誰敢僅許陶淵明以「隱逸詩人之宗」[34]的地位？鍾嶸《詩品》之被後世譏彈其列品不當，其中便有後世之讀解不同於當時風尚的緣故。如果按純客觀論，則寫中古詩史和唐詩史便未得以最爲突出之位以置陶、杜。由於不明白文學史的面貌是生成的這一道理，所以不僅在諸如鍾嶸列品之當與不當上發生了過多的膠柱鼓瑟的爭論；而且對於文學史活的運動、對於文學史與民族審美意趣之變動的相互關係，也就不可能有透徹的論述了。但是，如果後代的讀解愈益遠離開當時人的讀解，造成明顯的歪曲，以及使得歷史變得過於單調乾癟時，我們便應著力去追尋當時人的種種理解。由此，一個文學史家必然要對前人的讀解作出或大或小的糾正和補充，在文學秩序的還原上，應有相當程度的調整和豐富。

　　當然，這一切又都必須以對一個完整的理論框架之深思熟慮

爲前提。這一完整的理論框架，應以民族思維的發展變化作爲它最深沉的底蘊；並著力展示在民族思維走向的導引下所產生的由社會風習、哲學思潮、感受方式等種種因素交織而成的巨大變動；以及因了這種變動而來的新舊文體的交替、文學流派的鬥爭以及某一時代文學發展的總體特徵；然後在上述整體格局中來把握具體詩人文士之作品的思想內容、藝術風格及其在文學發展中的作用、地位、傳承和影響。

在此種理論框架中的原生態式的把握，或者更正確地說，是在由原生態式的把握所形成的理論框架中，對於歷史的豐富性、複雜性、靈動性、多歧性，可以有更爲充分的表現。由這樣一種論述所提供的對於歷史發展的邏輯說明，方才不是乾癟的、機械的，從而可以達到本書第一章所述那種由高度抽象而獲致的雲外高矚的理論體系與豐富的活潑潑流露著生機的原生態感性情狀之統一的理想境界。

文學史運動的內在機制透過其外在形式的展開，必然產生極爲複雜多變的文學史現象。對於這種複雜多變的文學史現象，我們可以用一個概念加以統括：這就是文壇浮沉。我們對於文學史的研究，不僅應深入下去發掘文學史運動之所由產生的最爲深邃的根源，而且還應對於現象界有充沛的呈示，惟此，我們方能達到文學史研究的理想境界。

【附　註】

① 《老子》第四十三章。
② 《四庫全書總目》卷一四八。
③ 同上。
④ 《春融堂集》卷四十八。

⑤　《四庫全書總目》卷一四八。

⑥　《新唐書‧藝文志序》。

⑦　《四庫全書總目》卷一八七。

⑧　《四庫全書總目》卷一八六。

⑨　《鈔書自序》。

⑩　《四庫全書總目》卷一八七。

⑪　《春融堂集》卷四十八。

⑫　《北鄰》。

⑬　《梁書‧文學下‧何子朗傳》。

⑭　《梁書‧文學下‧何思澄傳》。

⑮　《四庫全書總目》卷一九五。

⑯　同上。

⑰　同上。

⑱　《四庫全書總目》卷一五二。

⑲　《中國中古詩歌史》第1頁。

⑳　白居易《寄唐生》。

㉑　歐陽修《六一詩話》。

㉒　《題杜子美別集後》。

㉓　《杜集後記》。

㉕　《四庫全書總目》卷一八六。

㉖　石介《與君貺學士書》。

㉕　意大利的文藝復興運動也正是這樣發端的。其時，古希臘、羅馬文
　　化傳統隨著西方城市的沒落早已漸滅殆盡，敵視異教文化的中古教
　　會長期銷毀古代文物和書籍，而自五、六世紀以來，羅馬時代的公
　　私藏書一直在散失。恩格斯稱之為新時代的最初一位詩人的但丁，
　　布克哈特稱他是首先把古代文化推向民族文化的最前列的人。在他

之後，佛羅倫薩的又一位著名詩人彼特拉克，不僅搜集古代的抄本，而且竭力摹仿古典作品，被視爲古代文化的活代表。人文主義名著《十日談》的作者卜伽丘曾清理過衆多意大利寺院中的藏書以搜求古典作品的舊抄本，他當日乃是由於編輯拉丁文的神話、地理書和傳記而在全歐州出名的。文藝復興運動正是藉古希臘、羅馬文化的重新發現和發掘而展開的。由此我們可以看出，這是文藝史發展的一條規律。

㉗　王禹偁《小畜集》卷十《贈朱嚴詩》云：「惟憐所好還同我，韓柳文章李杜詩」。

㉘㉙　《四庫全書總目》卷一九四。

㉚　《書茅氏八家文選》。

㉛　《與阮芸台宮保論文書》。

㉜　〔美〕詹姆斯‧格萊克《混沌：開創新科學》第323頁，上海譯文出版社1990年版。

㉝　《說詩八首》其八。

㉞　鍾嶸《詩品》。

第八章　紛紜渾淪的文壇浮沉與文學史進程

第一節　顯揚沉淪的多樣景觀

　　文壇浮沉是一個十分複雜的現象：紛紜渾淪，必然性和偶然性交互作用，雅與俗遞相轉換——雅向俗流動，俗裝扮爲雅，讀解有累加也有衰減。歷史之河洶湧著、旋轉著，它時而改變流向，時而急沖直下，時而又向後回旋。文學秩序時時在變動著，共時多元的文學史見解在歷史之河中序化整合，建構出一個結構，旋即又部分或大部分瓦解，於是再一次序化整合，而文學家、理論家們的地位也就隨潮起落：大家夷爲小家，後秀超越前賢——從而一種結構轉換成了另一種結構。許多一代之俊彥牆傾楫摧、戟斷戈殘於文學史的河畔，而文學史的長河底部誰知又沉積了多少無名的泥沙！

　　歷史之河像一片暗夜之波，它的前行永遠令人難以猜度。文學家們沿著一個傳統的方向正蒸蒸日上，突然間漁陽鼙鼓動地而來，一下子歷史斷裂了，旁支與主流、市井與大雅，旋了一個轉。寒人的歌吟、勾欄瓦舍中的說書演劇、豆棚瓜架下的姑妄言之，在一度受到鄙視之後，卻蔚然風行，甚至崛起占據了文學史上的大家地位，而台閣體、廟堂文學以及支撐起一代文宗聲譽的詔策檄奏等軍國大制作，卻愈益日落西山地暗淡了下去。

　　爲了能更加深入地體會文學史原生態的縱向運動，本章特將

文壇浮沉情況分為十類，並舉例說明之。

第一，原先顯名而後不顯者。

唐詩人沈亞之，字下賢。李賀集中有《送沈亞之歌》稱之為「吳興才人」，並以「雄光寶礦」、「黃金」、「龍馬」相喻。杜牧有悼詩題曰《沈下賢》云：「斯人清唱何人和？草徑苔蕪不可尋。一夕小敷山下夢，水如環珮月如襟。」此以「清唱」稱其詩，而李商隱集中則有《擬沈下賢》詩。所以，紀昀等人以為「亞之固以詩名世」①，但沈亞之詩名後世頗不振。唐張為撰《詩人主客圖》，以白居易、孟雲卿、李益、鮑溶、孟郊、武元衡為主統領之。孟雲卿為高古奧逸主，韋應物為其上入室，李賀、杜牧、李餘、劉猛、李涉、胡幽貞為其入室。鮑溶為博解宏拔主，李群玉為其上入室，而張為以己為之入室。武元衡為瓌奇美麗主，劉禹錫為其上入室，趙嘏、長孫佐輔、曹唐為其入室。圖中所排列的今日不知名的詩人甚多，想必當年這些詩人還是有相當地位的。孟、鮑、武被列為三主，置於韋應物、李賀、杜牧、劉禹錫之上，這當中雖可能有張為個人的審美喜好在起作用，但既被封為一派首領，則其知名度在當時當不會低。否則恐難以為主，並且張為亦不會願意將自己列在其下。如果像今日文學史中，韋應物、李賀、杜牧、劉禹錫之遠較此二主地位為高，則主客關係就會轉換了。由此可見，不僅與韋、李、杜、劉同列的那些詩人在代際傳播中已失落了其名聲，即以三主而論，亦早已淪入唐代眾多詩人的渾渾波濤之中——了不起眼了。

對這種原先顯名而後世不顯的情況，歐陽修曾就其親身見聞而屢加記錄，並發過感慨，其《六一詩話》云：「鄭谷詩名盛於唐末，號《雲台編》，而世俗但稱其官，為『鄭都官』詩。其詩極有意思，亦多佳句，但其格不甚高。以其易曉，人家多以教小

兒，余爲兒時猶誦之，今其集不行於世矣」②。「國朝浮圖，以詩名世者九人，故時有集號《九僧詩》，今不復傳矣。余少時聞人多稱之。其一曰惠崇，餘八人者，忘其名字也。余亦略記其詩，有云：『馬放降來地，鵰盤戰後云。』又云：『春生桂嶺外，人在海門西。』其佳句多類此。其集已亡，今人多不知有所謂九僧者矣，是可嘆也！」「唐之晚年，詩人無復李杜豪放之格，然亦務以精意相高。如周樸者，構思尤艱，每有所得，必極其雕琢，故時人稱朴詩『月鍛季煉，未及成篇，已播人口』。其名重當時如此，而今不復傳矣。余少時猶見其集，其句有云：『風暖鳥聲碎，日高花影重。』又云：『曉來山鳥鬧，雨過杏花稀。』誠佳句也。」又如宋人王令，最爲王安石所看重，同時勝流劉敞等人亦並推服，然其集後世卻久無刊本，傳寫譌脫幾不可讀。

當日在文壇上大噪名聲甚至一度領袖風騷而於後世斂束了聲華的情況，在文學史進程中是屢屢發生的。不僅每一代中要從大批的文人中淘汰出一小批來，而且代際之間也是相互淘汰的，所以一時的名聲還不是後世的名聲。此外，還應該考慮到，當世的名聲往往由複雜的因素構成，眞才實學、學術和藝術的成就、人事、地位、機遇等多種因素都在起作用。并列其名者不一定才能與成就相等，有的甚至僅僅是評論者一時的隨興陟黜，所謂文人品目多一時興到之詞，更有甚者僅根據道聽途說而言之。這種並稱的情況在另一種情境中就會變化，所以，有的在當世就會因不般配而不再被稱說，有的則在代際傳播中被重新組合。當世之人事、地位、機遇等因素難以有持續的影響，而眞實的才能與成就方會在較長的時間中發揮作用。

第二，原不甚顯名而後一時或長久甚顯者。

陶淵明、杜甫都屬於當時不甚顯而後世則永恒地登上了詩國

珠峰之巔的著例，本書前已述及，茲不復贅。這兒再舉一例：姚合在北宋並不甚顯，但到了南宋永嘉四靈則奉之以爲宗。趙帥秀編有《二妙集》與《衆妙集》，後書入選錢起、劉得仁、方干、許渾、皮日休、杜荀鶴等七十六家詩計二百二十八首，前書入選賈島和姚合詩，賈詩八十一首，姚詩竟至一百二十一首。四靈派追蹤姚、賈詩風，以至趙汝回在《〈瓜廬詩〉序》中稱其「冶擇淬煉，字字玉響，雜之姚、賈中，人不能辨」。嚴羽《滄浪詩話・詩辨》曰：「近世趙紫芝、翁靈舒輩獨喜賈島、姚合之詩，稍稍復就清苦之風，江湖詩人多效其體，一時自謂之唐音」。嚴羽說出了賈、姚受到重視的原因乃在於其時詩風的轉變。劉克莊說得更清楚：「近世理學興而詩律壞，惟永嘉四靈復爲言，苦吟過於郊、島」③。四靈詩風的產生，乃是因反對濂洛派詩人以窮經相尚，時或言志取足而止，不暇體驗聲病俾律呂之相宜的弊端，而形成的向唐詩的復歸。這是文學史之河回旋著前進的又一實例。正是在文學史之河的回旋中，姚合一時成爲名星。

宋以後中國詩史發展的一個最重要的特徵，便是在向後回旋之中向前進。特別是明以下，宗唐、宗宋，派別判然，而宗唐之中則又有宗盛唐與宗晚唐等等的區分。這既是打著亡靈的旗幟在演出歷史的新場面，又是歷史在現實中的多渠道延伸。

第三，始同途以至齊名而後高下相異者。

在一個文學塊團中浮起而方駕者，或文學主張與路徑雖不同而齊名者，日後的顯揚沉淪卻迥異；而一樣從事於新方向之開闢者，其後的文學地位也常會大相懸殊。

唐代李觀、歐陽詹與韓愈聯第，此榜皆天下選，時稱「龍虎榜」。三人並以古文相砥礪，韓愈成爲文起八代之衰的大師，其文雄視百世，而李觀、歐陽詹二人之集，則寥寥僅存。韓愈《北

極贈李觀》詩有云：「我年二十五，求友昧其人。哀歌西京市，乃與夫子親。所尚苟同趣，賢愚豈異倫？方為金石姿，萬世無緇磷。無為兒女態，憔悴悲賤貧。」具寫二人之友誼及相勉於同趣之意。《新唐書・文藝傳》稱：「觀屬文，不旁沿前人，時謂與韓愈相上下。及觀少夭，而愈後文益工，議者以觀文未極，愈老不休，故卒擅名。陸希聲以為『觀尚辭，故辭勝理；愈尚質，故理勝辭。雖愈窮老，終不能加觀之辭；觀後愈死，亦不能逮愈之質』云。」歐陽詹與韓愈情誼篤厚，詹年四十餘卒，昌黎為作《歐陽生哀辭》云：「閩越之人，舉進士由詹始。建中、貞元間，余就食江南，未接人事，往往聞詹名閭巷間，詹之稱於江南也久。貞元三年，余始至京師，舉進土，聞詹名尤甚。」「詹雖未得位，其名聲流於人人」。無論時謂李觀與韓愈相上下，也無論歐陽詹名聲之流於人人，二人後世文名均不能望愈之項背也。

在宋代，「范杲好古學，尤重開文，世稱『柳、范』」④。《宋史・梁周翰傳》云：「五代以來，文體卑弱，周翰與高錫、柳開、范杲習尚淳古，齊名友善，當時有『高、梁、柳、范』之稱」。然而，柳開因開闢古文新途的突出貢獻而垂名於宋代古文運動先行者之列，高、梁、范則黯黯然於文學史矣！明人張泰與陸釴、陸容，少齊名，號「婁東三鳳」。泰「詩名亞李東陽。弘治間，藝苑皆稱李懷麓、張滄洲，東陽有《懷麓堂集》，泰有《滄洲集》也」⑤。李張時並稱，而後世婁東亦遠遜於茶陵。

第四，後來居上者。

在文學史上，有人開派立宗而成為祖師，韓、柳即是；有人追隨前輩與同友之先步，乃聲名大振並凌越之，歐陽修是也。當然，不獨文學史，後來居上乃是各領域中的普遍情況。

范仲淹在《尹師魯〈河南集〉序》中對於宋代古文運動的展

開，曾作過敘述：「唐貞元、元和之間，韓退之主盟於文而古道
最盛。懿、僖以降，浸及五代，其體薄弱。皇朝柳仲塗起而麾之，
髦俊率從焉。仲涂門人能師經探道、有文於天下者多矣。洎楊大
年以應用之才，獨步當世，學者刻辭鏤意，依稀依佛，未暇及古
也。其間甚者專事藻飾，破碎大雅，反謂古道不適於用，廢而弗
學者久之。洛陽尹師魯少有高議，不逐時輩，從穆伯長遊，力爲
古文。而師魯深於《春秋》，故其文謹嚴，辭約而理精，章奏疏
議，大見風采，士林方聳慕焉。遽得歐陽永叔，從而大振之，由
是天下之文一變。」邵伯溫對歐陽修之受到尹師魯的影響說得很
具體，其《聞見錄》云：「天聖、明道中，錢文僖公自樞密留守
西都，謝希深爲通判，邵陽永叔爲推官，尹師魯爲掌書記，梅聖
俞爲主簿，皆天下之士。錢相遇之甚厚，多會於普明院，白樂天
故宅也，有唐九老畫像，錢相與希深而下亦畫其旁。因府第起雙
桂樓，西城建臨園驛，命永叔、師魯作記。永叔文先成，凡千餘
言。師魯曰：『某止用五百字可記』，及成，永叔服其簡古，永
叔自此始爲古文。」尹洙而外，蘇舜欽爲古文也在歐陽修之前。
修自曰：「子美之齒少於予，而予學古文反在其後。天聖之間，
予舉進士於有司，見時學者務以言語聲偶相摘裂，號爲時文，以
相誇尚。而子美獨與其兄才翁及穆參軍伯長，作爲古歌詩雜文，
時人頗共非笑之，而子美不顧也」⑥。由上面三人所述可見，宋
代古文運動的傳承，是由柳開而穆修，而尹洙、蘇舜欽，再至歐
陽修的。在詩歌革新上，歐陽修承接於王禹偁。清吳之振《宋詩
鈔·小畜集鈔序》曰：「元之（王禹偁字——引者按）獨開有宋
風氣，於是歐陽文忠得以承接流響。文忠之詩，雄深過於元之，
然元之固其濫觴矣。穆修、尹洙爲古文於人所不爲之時，元之則
爲杜詩於人所不爲之時者也。」然而，歐陽修雖從事於詩文革新

在後，卻崛起成爲這一運動的主將和領袖。

以後，歐陽修又識拔了王安石、三蘇、曾鞏、司馬光。王安石在推行新政上度越范（仲淹）、歐，而蘇東坡則在文學上出歐陽修一頭地也。隨著這兩度的後來居上，宋代詩文也就達到了它的最高峰。

就對前代文集的注釋而言，宋方崧卿曾作《韓集舉正》，朱熹病其偏信閣本，因方氏此書而作《韓文考異》，盛名所掩，原本遂微，越及元明，幾希泯滅。前修未密，後出轉精，乃是學術研究的規律。

第五，幾經起落者。

元白詩在當時流於民間，疏於屏壁，子父女母交口教授，在唐代詩人中可以稱爲在世時影響最大者。白居易《與元九書》自叙云：「自長安抵江西，三四千里，凡鄉校、佛寺、逆旅、行舟之中往往有題仆詩者，士庶、僧徒、孀婦、處女之口每每有咏仆詩者。」宋初，白體詩風張揚，一時作者往往衍長慶餘緒。而自楊劉唱和以後，李商隱被揰撦，元白影響下降。江西詩派起而崇杜，則李商隱又遭厄運，「終宋之世，作詩者不以爲宗。胡仔《漁隱叢話》至摘其《馬嵬》詩、《渾河中》詩詆爲淺近。後江西一派漸流於生硬粗鄙，詩家又返而講溫、李」⑦。在明代，李攀龍的《唐詩選》於白居易一首不選，而如本書第六章第二節所已引及的袁宗道至以「白蘇」題其齋名，至鍾、譚《唐詩歸》則又僅選白居易七首詩，此又顛簸矣！清代毛奇齡《唐七律選》選了白居易二十二首，僅次於杜甫；於李商隱，則僅《馬嵬》一首入選。而王士禎的《唐賢三昧集》則又不選白詩，他的《唐人萬首絕句選》七絕以李商隱最多，入選三十八首。以上所述，已可概見樂天、義山之屢經起落也。

在中國文學史上，除了李、杜、韓、柳、王維起落較小外，其他作家往往都會遭逢這種顛簸的命運。這當然是審美風氣轉移的結果。能夠顛而不倒，即表明已在文學史上確立了不可抹煞的地位。這不僅是因爲這些作家在藝術上的成就，而且還因爲他們往往成爲了某種審美情趣、審美理想之象徵。

上述起伏是文學史地位的升降，還有一種起伏則表現爲詩文集的散佚與行世之轉換，這往往是一些未能在文學史中穩占地位而最終又未曾被淘汰者的命運。只要集子沒有絕版，就還存在被讀解的憑藉，亦即是就還具有在某種程度或某種意義上進入文學史的可能——這自然要求這位作家的集子中有著某種文學史價值的存在。因此，這與文學史地位的升降，乃是一明一暗而又互相通連的兩線起伏。

北宋蔡襄起初以一首和政局有關的詩而大噪名。《宋史》本傳云：「范仲淹以言事去國，余靖論救之，尹洙請與同貶，歐陽修移書責司諫高若納，由是三人者皆坐譴。襄作《四賢一不肖詩》，都人士爭相傳寫，鬻書者市之，得厚利。契丹使適至，買以歸，張於幽州館。」其後，襄集漸不行，「乾道四年王十朋出知泉州，已求其本而不得」⑧，後鍾離松訪得其書，乃復行於世，「元代版復散佚，明人皆未睹全帙，閩謝肇淛嘗從葉向高入秘閣檢尋，亦僅有目無書」⑨，由萬曆至清，才先後有盧、陳、蔡、宋及其裔孫廷魁所編諸本行世。

明暗二線的起伏乃是文學史縱向進程中原生態情狀的重要體現。

第二節　讀解中的變異與新趨

第六，讀解的轉換與斷裂。

文壇浮沉的一個重要原因便在於此。審美風氣的變化會引起對作家評價的不同，在讀解的累積中同一個作家在不同人的眼光中也會呈現出不同的面貌。

孟郊，韓愈極推服之。其《醉留東野》詩云：「昔年因讀李白杜甫詩，長恨二人不相從。吾與東野生並世，如何復攝二子蹤。……我願身爲雲，東野變爲龍。四方上下逐東野，雖有離別無由逢。」此詩雖略有戲謔之意，但自比爲雲而喻孟爲龍，視東野爲極高也。然而，蘇東坡卻不喜孟詩，至有空螯小魚之誚。元好問《論詩絕句》亦云：「東野窮愁死不休，高天厚地一詩囚。江山萬古潮陽筆，合在元龍百尺樓。」此乃以韓、孟相對照也。從韓之推孟到孟成爲韓的反面映襯，這種讀解眞是轉過了一百八十度！

屈賦由於衣被詞人非一代的巨大影響，在歷代的流傳中沉積了豐厚的讀解，然而這些讀解的旨趣卻往往迥異。朱熹的《楚辭集注》一書旨在以靈均放逐寓正人之貶。而宋人吳仁杰《離騷草木疏》則謂《離騷》之文多本《山海經》，以故書中引用每以《山海經》爲斷，《四庫全書總目》乃嘲之曰：「瓊枝、若木之屬，固有寓言；澧蘭、沅芷之類，亦多即目。必舉其隨時抒望，觸物興懷，悉引之於大荒之外，使靈均所賦，悉出伯益所書，是澤畔行吟，主於侈其博贍，非以寫其哀怨，是亦好奇之過矣」[10]！清人林仲懿《離騷中正》一書，則以道學家的迂執眼光，倡言屈賦「以執中爲宗派，主敬爲根柢」，「陳述帝王心法，與四子書相表裡」[11]。而清人屈復撰《楚辭新注》，因其工詩乃意在求比興之微，並於字句、錯簡上自逞臆見。僅以上四人之讀騷，有寓意抒懷者，有拘於言筌者，有涉於理路者，有果於師心者。各人的身世及學、識、才不同，屈子的面貌即變異矣。我在拙著《中國

中古詩歌史》中亦多述及此類情況，茲不再爲繁舉也。

大的政治變動、社會文化心理的轉換、文體的衰興，都會造成讀解的斷裂。比如，奏議是封建社會的一種重要的應用文體。劉勰云：「陳政事，獻典儀，上急變，劾愆謬，總謂之奏」⑫。「議之言宜，審事宜也。」「議惟疇政，名實相課。斷理必綱，摛辭無懦」⑬。陸贄的奏議論事明白激切，堪稱典範。《舊唐書》本傳稱讚「其於議論應對，明練理體，敷陳剖判，下筆如神，當時名流，無不推挹。」《新唐書》例不錄排偶之作，而獨錄陸贄奏議五篇於傳，司馬光《資治通鑑》采入陸贄奏議更多，蘇軾亦建議校正贄文以進讀。陸贄奏議爲歷代封建文人欲求經國之要者所珍視。宋人田錫的奏議也甚受器重。《國老談苑》載曰：「（宋）太宗嘗幸龍圖閣閱書，指西北架一漆函上親自署鑰者，謂學士陳堯咨曰：『此田錫章疏也。』已而，愴然久之。」田錫死後，蘇東坡曾序其奏議而比之賈誼。然而，隨著封建社會的終結，詔策、章表、奏啓、議對這一類的文體，便不再有昭明軍國的作用了。於是，陸贄、田錫作爲這種文體的典範也就失落了其地位。不僅沒有人再去研讀以求輔弼之術，而且這一類的實用文體已被劃出了文學史的範圍，從而文學性的讀解也就懸崖般地劃斷了。

同文體的與時而變相比，文學中潮流的漲落要快得多。熱點一旦時過境遷就門前冷落車馬稀了。通俗文學雖具有一時風靡的影響，但其風氣的轉移更快。今日傳唱《山坡羊》，明日乃歌《打棗竿》，後日又流行《刮地風》。東移西易的時風往往瞬息消散，當芻狗被丟置時，也就沒有人關心了。

第七，民族融合中的新趨向。

舊的讀解的衰減、斷裂和新的讀解的興起是並行的。這兒必須強調民族融合的重大作用，因爲在中國歷史上發生過多次大規

模的民族融合的過程，這對於中國文化的發展影響深巨，文學的發展自亦莫能外。民族融合往往形成文學發展的新方向，以至造成新文體的崛起。

一個民族本身不同的歷史時期以及其內部雅與俗的兩個圈子中的審美風氣和水平自然有重大的差異，但代際有嬗變之迹，雅與俗於懸隔之中又有會通；而不同民族之間由於文化體系的不同，其審美水平與風氣的差異就極其鮮明了。這種巨大的差異難以在舊格局中予以統一，這就決定了文學的發展將會有大的走向上的變動。

應加以強調的是，當少數族弓馬利箭入主中原之時，漢族政權被強力所打破；少數族的往往是未分化的文化娛樂活動無論其發展水平如何，也就隨著這股強力而進入了漢族社會中。因爲這是勝利者所習慣和喜愛的，其流行也就是必然的了。

少數族文藝活動方式的流行，對於漢族原有的文學進程無疑具有一種強烈的打破作用，並且，少數族的文化娛樂活動還必然有不同於或不完全相同於漢族的聲樂系統和表演形式，這就爲漢族文學的發展提供了一種新的選擇的可能。少數族的文藝活動因其發展水平低，因而首先和漢族的俗文藝圈子相滙合，形成一種具有明顯的新成分的市俗文化。這種新的市俗文化，又必然潮水般地沖擊著漢族文人們原有的審美習慣。文人們漸次向市俗文化融入，在一種新的文藝選擇的基礎上對其作雅的提高，這就可能造成新文體的崛起。

新文體的能否崛起，又同漢族原有文學進程是否還具有強大的生命力有關。如果漢族文學的進程仍具有強大的生命力，則民族融合的貢獻即在於爲這一進程提供一種特定的歷史途徑。像南北朝時期，雖然宮體詩頹靡已極，但自江淹即已發端的通變文學

潮流仍然具有將中國詩歌帶入一個更高發展階段的可能。其後，南北文學的融合雖是通過關隴集團勢力向全國伸展過程中所造成的南北審美趣味的變化這一途徑，經歷了少數族漢化、北方文學之南化和對於南方文風之有意的矯正以至批判這樣三個階段而實現的，但其實質仍是通變的文學主張藉助於一種特殊的歷史形式之展開。如果漢族原有主導文體的生命力已不強盛，則新文體便會乘時而起，如元曲。時至元代，一方面少數族建立了第一個全國性政權，因而少數族文藝具有歷代所從未有過的影響，而漢族的詩和詞的發展，則又均已度過了其輝煌的高峰階段；另一方面，元代文人社會地位低下，淪爲書會才人者多是，故俗文化的勢力大熾；元曲的興起正是原有進程斷裂，少數族文藝和市民文化相綜合而崛起爲一種新文體，並從而奪取了文藝發展前沿的以至主導的地位的一個顯例。

徐渭《南詞叙錄》云：「今之北曲，蓋遼金北鄙殺伐之音，壯偉狠戾，武夫馬上之歌，流入中原，遂爲民間之日用。宋詞既不可被之弦管，南人亦遂尙此，上下風靡，淺俗可嗤。然其九宮二十一調，尤唐宋之遺也，特其止於三聲，而四聲亡滅耳。」王世貞《曲藻·序》亦云：「自金元入主中國，所用胡樂，嘈雜凄緊，急緩之間，詞不能按，乃更爲新聲以媚之。」這兩段話中說到了四個因素：一是遼金北鄙之音，這是說的少數族的音樂。二是遂爲民間日用，這是說的少數族的文藝首先與漢族市俗文化相匯流；而「上下風靡」者，則是說形成了一股文化潮。三是「宋詞既不可被之管弦」，這是說的求雅正、雕飾的宋詞過於文人化，脫離了大眾娛樂的需要。四是「其九宮二十一調，尤唐宋之遺也，特其止於三聲，而四聲亡滅耳」，這是說北曲中仍有唐宋下遺的音樂成分，但語言聲調系統已發生變化。這樣四個方面的結合便

滙成了北曲的興起。北方的胡夷之樂與中原民間的俚曲俗調、唐宋遺存的音樂成分以及語言聲調系統的變化，共同構成了一種新的聲腔系統。這是一種區別於傳統雅樂和宋代宴樂的俗樂新聲。少數族的用語如「既不索」、「村沙漾勢」、「忙古歹」、「赤瓦不剌海」、「丟抹」、「撒敦」、「赤緊」、「演撒」等，與漢族民間的方言口語如「古突突」、「胡踢蹬」、「白甚么」、「嬌嬌滴滴」、「熬熬煎煎」、「虛名兒」、「誤賺」、「密匝匝」、「亂紛紛」等，交相雜糅。世俗生活、市民心理、市民情趣盡情呈露。而在藝術表現上，則插科打諢、滑稽調笑，如黃周星所說突出一個趣字，以悅耳會心爲其鵠的。

　　民族融合中的新文體崛起，乃是文學發展中的非線性跳躍的一個重要的體現。在這種非線性跳躍中，舊的讀解被打破，新的讀解在興起。一群新的文學家愈益向著文學的中心邁進，文學秩序的變動也就漸次隨之進行了。這種歷史非線性跳躍中的文學秩序的變動，就其實質而言，乃是讀解中的意義性張揚向著一個新的方向的轉換。文學史運動的內在機制，依據於不同歷史階段的具體條件，必然有著多種形式的展開，它的方向也是多有變動的。

　　第八，在代系相繼的讀解中，還經常發生一種片面化和符號化的情況。這有三種類型。

　　一是由於文獻的佚失，一個作家在後世的讀解中往往只留存了其一個方面。歐陽修曾評論晏殊云：「晏元獻公文章擅天下，尤善爲詩，而多稱引後進，一時名士往往出其門」[14]。《宋史》本傳亦云，殊「文章贍麗，應用不窮，尤工詩，閑雅有情思，晚歲篤學不倦。文集二百四十卷，及刪次梁、陳以後名臣述作，爲《集選》一百卷。」《東都事略》也記殊有文集二百四十卷，「《中興書目》作九十四卷，《文獻通考》載《臨川集》三十卷、

《紫薇集》一卷，陳振孫《書錄解題》云，其五世孫大正爲《年譜》一卷，言先元獻嘗自差次起儒館至學士爲《臨川集》三十卷，起樞廷至宰席爲《二府集》二十五卷云云，今皆不傳」⑮。以至清人胡亦堂於康熙中輯《晏元獻遺文》，僅得文六篇、詩六首，餘皆爲詞。詩文的大量佚失，使得晏元獻僅爲詞人矣。這大約並不符合晏殊的本意，因爲諸如《復齋漫錄》、《古今歲時雜咏》、《侯鯖錄》、《西清詩話》、《六一詩話》等書中還載有晏殊當日與諸名士文酒唱和時所作詩及其獎拔後進所稱引的詩。《宋子京筆記》云：「晏丞相末年詩見編集者，乃過萬篇，唐人以來未有；然晏不自貴重其文，凡門下客及官屬解聲韻者，悉與之酬和。」可見，他的詩在當時還是有相當的傳播範圍的，產量又很高。晏殊在北宋號曰能文，歐陽修《歸田錄》卷二云：「晏元獻公喜評詩，嘗曰：『老覺腰金重，慵便玉枕涼』，未是富貴語。不如『笙歌歸院落，燈火下樓台』，此善言富貴者也。人皆以爲知言。」「笙歌」二句魯迅亦曾舉以稱之。晏殊評「軸裝曲譜金書字，樹記花名玉篆牌」乃乞兒相，未嘗識富貴者，故其每言富貴，不及金玉錦繡，惟說氣象。文論家們視此爲名論也。以此種論詩主旨，其詩當必有可觀者。但晏殊詩的佚失是過於驚人了，由此他已無法在詩史上獲占一席之地，倒是在詞史上他得到了一個牢固的位置。在這種長技湮沒的悲劇中，有著深長的意味：其時詞正興起也——這是文學史發展的一個新方向。

　　二是許多有多方面才能和成就的人在歷史的傳播中，往往只被突出了其一個方面。比如，王羲之的詩怡暢朗曠，在東晉詩中是突出的，但他的詩名爲他巨大的書名所掩。米芾詞翰有凌雲之氣，語無蹈襲，氣韻自殊，然其文名爲書畫名所掩。某一方面的成就爲另一方面更爲突出的成就所掩蓋，這種情況在這些人當世

時即存在，而於流傳中則更形突出。王、米二人不入文學史久矣。民族文化的積累往往只取一個人最具價值的一面，而棄其餘也。歷史並不顧惜人的全面性。

三是因一種文化性符號的凝定而造成的片面性。如魏野（字仲先）本與林逋（字君復）同以風節、文學名天下。司馬光《溫公續詩話》稱魏野「少時未知名，嘗題河上寺柱云：『數聲離岸櫓，幾點別州山。』時有幕僚，本江南文士也，見之大驚，邀與相見，贈詩曰：『怪得名稱野，元來性不群。借冠來謁我，倒屣起迎君。』仍為延譽，由是人始重之。其詩效白樂天體。真宗西祀，聞其名，遣中使召之，野閉戶踰垣而遁。」《宋史·隱逸傳》曰：「（魏野）為詩精苦，有唐人風格，多警策句」，契丹使至，「言本國得其上帙，願求全部」。可見魏野詩傾動當世並馳名域外也，然其身後之名卻遠遜於林逋。和靖先生梅妻鶴子的生涯，以及他「疏影橫斜水清淺，暗香浮動月黃昏」⑯這一類的詩句，使得他體現了一種作為清雅脫俗的文化符號的典型性，具有裝點湖山供後人題詠的價值。符號化是一種特質的凝定，然而規定就是否定，於是本應是多方面的活生生的人，就在後世的讀解中從一種意義上凝固了。

其實，所謂典故的形成，就正是一種文化符號的凝定。鄭谷有詩云：「亂後江山悲庾信，夜來烟月屬袁宏」⑰。因庾信國破留北有鄉關之悲，而將之凝定為亂後江山之悲的人格體現，因袁宏牛渚秋夜諷其《咏史》詩而以之為夜來烟月的象徵。元曲中這種情況更為突出，大量的歷史人物、歷史事件被凝定為具有某種文化意義的符號，像莊周化蝶、張良全身、楚漢成敗、邵平種瓜、淵明賞菊、金谷名園、王謝烏衣、隋堤古柳等等。這其實乃是後人對於歷史人物及其事件的文化性使用。

第三節　文化之衍生

　　第九，同傳播中的片面性凝定相對應的是，在傳播中又往往有引人注目的文化衍生現象產生。這一問題雖在本書第六章第三節中已述及，但那是專就鄉邦文化的構建而言的，故本節還需再加申論。

　　樊宗師長慶三年官絳州刺史，即以守居構築園池，並爲之記，稱《絳守居園池記》，其文僻澀不可句讀，後有人至絳得其舊碑，剔括劘洗，見其後有樊宗師自釋，然僅略注亭榭之名，仍不可盡解。這倒引得好奇者紛爲之注，先後有王晟、劉忱、趙仁舉、吳師道、許謙等人。特別是吳師道注後，復又取許謙之本重加刊定，二十年屢經竄易，尚未得爲定稿。樊文僅七百七十七字，卻注家蜂起、衆說紛紜。這樣一篇怪僻晦澀至不可訓詁考證的文字，因文人們的好奇而流傳，並竟然蔚成《絳守居園池記注》一卷，而紀昀等人亦云：「以其相傳既久，如古器銘識，雖不可音釋，而不得不謂之舊物，賞鑑家亦存而不棄耳」⑱。比之何遜等人名篇名句之佚失，此真令人感慨不已了。

　　大作家詩文集的評論注釋之叢聚，是文化衍生現象的重要體現。宋代郭知達曾編有《九家集注杜詩》，集王洙、宋祁、王安石、黃庭堅、薛夢符、杜田、鮑彪、師尹、趙彥材之注。此後，又有不著編輯人名氏的《集千家注杜詩》，號稱千家，所採不滿百家。然而，注杜者能有近百家，這已蔚爲大觀了。注李白詩者，宋有楊齊賢，元有蕭士贇，明有林兆珂、胡震亨，清有王琦，亦代有其人。宋人魏仲舉編有《五百家注音辯昌黎先生文集》，「首列評論、詁訓、音釋、諸儒名氏一篇，自唐燕山劉氏迄潁人王

氏，共一百四十八家。又附以新添集注五十家、補注五十家、廣
注五十家、釋事二十家、補音二十家、協音十家、正誤二十家、
考異十家。統計只三百六十八家，不足五百之數。而所云新添諸
家，皆不著名氏，大抵虛構其目，務以炫博，非實有其書。即所
列一百四十八家，如皇甫湜、孟郊、張籍等，皆同時唱和之人。
劉昫、宋祁、范祖禹等，亦僅撰述唐史，均未嘗詮釋文集，乃引
其片語，即列爲一家，亦殊牽合。蓋與所刊五百家注柳集均一書
肆之習氣。然其間如洪興祖、朱子、程敦厚、朱廷玉、樊汝霖、
蔣璨、任淵、孫汝听、韓醇、劉崧、祝充、張敦頤、嚴有翼、方
崧卿、李樗、鄭耕老、陳汝義、劉安世、謝无逸、李朴、周行已、
蔡夢弼、高元之、陸九淵、陸九齡、郭忠孝、郭雍、程至道、許
開、周必大、史深大等，有考證音訓者，凡數十家。原書世多失
傳，猶賴此以獲見一二，亦不可謂非仲舉之功也」⑲。魏仲舉另
編有一本《五百家注音辨柳先生文集》，雖不及韓集之博，亦旁
搜遠引也。李賀詩注者亦衆，即明以來，有徐渭、董懋策、曾益、
余光、姚佺五家本，又有邱象升、邱象隨、陳愫、陳開先、楊研、
吳甫六家之辨注，還有孫枝蔚、張恂、蔣文運、胡廷佐、張星、
謝啓秀、朱潮遠七家之評，宋代尚有吳正子箋注，清代王琦采諸
家說爲滙解，亦盛矣！李商隱詩舊有劉克、張文亮二家注，明末
釋道源又注。王士禎《論詩絕句》贊之曰：「獺祭曾驚博奧殫，
一篇《錦瑟》解人難。千秋毛鄭功臣在，尙有彌天釋道安。」此
以東晉名僧道安相喻也。清人朱鶴齡、程夢星、姚培謙、馮浩亦
均曾爲李詩作注，並刪補糾正前人之注。

　　考證注釋而外，書籍圖畫的題跋也是文化衍生的一種形式。
圖畫的題跋在文化衍生上較之書籍的題跋更爲突出。自王維以後，
文人畫興起，繪畫的文學意味隨著文人意識、文人氣質的進入而

加濃，從而形成了文人畫之詩書畫印的一體化，題跋不僅有詩，還有短句和短文。以一幅名畫爲中心，題跋的逐漸增多，可以形成橫跨悠長歲月的文化衍生現象，像鎮江焦山碑林中的《澄鑒堂石刻》即爲一顯例。

「熙寧四年十一月，高郵孫莘老自廣德移守吳興。其明年二月，作墨妙亭於府第之北、逍遙堂之東，取凡境內自漢以來古文遺刻以實之」[20]。是歲十二月，通判杭州的蘇軾以事至湖，孫畢出所藏蘇東坡從表兄文與可《風竹圖》及文同所遺筆一枝，請蘇軾畫一幅大小與之相同的畫。蘇軾濡墨奮迅，倏忽而成，並乘興在二幅畫上均寫下了題記。這兩幅竹圖爲文人們珍視，紛紛題跋，經歷宋、元、明、清四朝有七十四個著名文人題有詩、詞、跋、款，如韓琦、文彥博、范純仁、米芾、黃伯思、袁桷、虞集、倪瓚、方孝孺、宋濂、李東陽、王世貞、左光斗、朱彝尊、施閏章、王士禛等，最後傳到宰相張玉書手上。河南總督張井從張玉書裔孫處得此珍品，請無錫書畫金石名家錢泳勒石，即以張井藏書畫的「澄鑒堂」名之。上述這一過程，不僅僅是文物的保管和傳遞，而且是文化的衍生和增殖。《澄鑒堂石刻》的價值，在於它既表明了文學與藝術的伴生關係，而且還揭示出文物的傳播過程往往正是文化的增殖過程。

流傳的過程是一個文化衍生的過程，不僅在於考據、注釋、題跋之叢聚，而且還在於它的擴散性。造作附會是這種擴散性的顯著表現。

如唐詩人李群玉有《黃陵廟》詩二首及《題二妃廟》一首，其《黃陵廟》七律一首云：「小孤洲北浦雲邊，二女容華自儼然。野廟向江春寂寂，古碑無字草芊芊。風迴日暮吹芳芷，月落山深哭杜鵑。猶似含顰望巡狩，九疑愁斷隔湘川。」三首詩均無媒藝

意，而小說家乃造作李群玉遇二妃事，稱其踟躕欲改詩之際，「乃有二女郎見曰：『兒是娥皇、女英也，二年後，當與郎君為雲雨之游。』李乃志其所陳，俄而影滅，遂禮其神像而去，重涉湖嶺，至於潯陽，太守段成式素與李為詩酒之友，具述此事。段因戲之曰：『不知足下是虞舜之辟陽侯也』。群玉題詩後二年，乃逝於洪州，段乃為詩哭之曰：『酒裡詩中三十年，縱橫唐突世喧喧。明時不作彌衡死，傲盡公卿歸九泉』㉑。這一不根之談，自是因為李群玉有上述諸詩而被附會造作出來的。

又如唐寅、祝枝山，《明史·文苑傳》稱寅詩文「初尚才情，晚年頹然自放，謂後人知我不在此，論者傷之。吳中自枝山輩以放誕不羈為世所指目，而文才輕艷，傾動流輩，傳說者增益而附麗之，往往名出教外。」所謂名出教外，是指唐寅、祝枝山在民間傳說中被塑造成風流才子、聰明怪才的形象。這是雅向俗的擴散，是歷史人物之漫畫化，是其在俗趣中的被誇大以至被重鑄。這種情況在通俗小說中真是太多了。

至於文學作品在流傳中題材內容、技法體式上的衍生以及在衍生中的變異，則更是文學史發展的一種基本形式了。

第四節　文化傳播的原生狀態

第十，與文化衍生相一致的是，流傳中往往產生混亂情況，呈現一種複雜的原生狀態。

當大作家如同本書上一章第一節所云，從新刻舊編所滙成的叢林中漸次崛起為令人仰望的峰巒時，他們的著作就成為一代代士人學習的範本了。由於中國地域的廣大和此種學習的長期性，便會產生幾種版本或并行、或交錯的流傳。同時，書賈射利速印

速售，難以精審取舍，甚至還會變亂篇次、割取部分，這就更增加了版本的混亂情況。加之，古代作品的發表、傳播，即使在宋以後，題壁、口傳、手抄仍然是極為重要的幾種方式。大作家們為世注目，詩文往往播在人口傳聞不一，魯魚亥豕手抄且又易誤。有的作家於作品完成之後又頻加改動，欲求佳句傳，捻斷三莖鬚。檢點殘詩尋舊句，一個字，吟難定。從而，一篇作品常常會有幾種版本傳世。

從讀者方面說，接受和傳播的過程往往是參加創造的過程，這在口傳手抄的傳播方式中乃是必然會產生的現象。因此，不僅單篇文本的異文現象極為嚴重——據統計，《全唐詩》所錄杜甫詩的異文即有三千五百餘條之多；而且某一文人的著作的各種版本之間於卷數的多少、篇帙的分合，亦差異紛然。

以上所勾畫的，乃是文化傳播的原生狀態。在這一原生狀態中，有創作與接受的互動關係，有初次創造與再度創造以至三度、四度創造之間的關係；有上節所已說到的雅向俗的流轉擴散，亦有俗對於雅的浸潤；有文化向著高品位的前進，也有物質利益對於文化品位的破壞，以至於有假托、偽撰之類的贋品的蜂起。

高品位的文化創造必然是存在於一片低檔次文化消費的包圍之中的。任何文化創造都必須有助於提高整個社會思想和審美的水平，因此高品位的文化創造應該向社會覆蓋，但這種覆蓋又不可能是原封不動的，它必須適應於社會的接受水平，採取一種便於社會讀解的方式。創造高檔次文化的文人，如果普及意識強的話，有時也會自己動手來做諸如刪節之類的工作。但如果創造者自己不願動手，則往往就會有一些選家、注者、出版家來從事這一工作。另一方面，高品位者總是少數以至極少數，大作家、大學者因其天姿英邁，方能卓然超凌於俗流之上，但他們的名聲卻

又必須有社會的承認，沒有仰望，何成大家？

　　這就決定了高品位的文化創造，在當世必然處於這樣一種矛盾之中：即這種創造既要求與社會的溝通和聯繫，否則陽春白雪，國中屬而和者，數人而已；又要求突破社會低檔次文化氣氛的包圍，否則謳吟時調，則韶響難追。而在後世，高品位的著作則又會處於流傳的紛亂之中。

　　拿陶淵明集來說，蕭統所編的本子是最早的，北齊陽休之則參合蕭統等三個本子定為十卷。宋庠之時所行，一為蕭統的八卷本，又一為陽休之十卷本，「其它又數十本，終不知何者為是，晚乃得江左舊本，次第最若倫貫，今世所行，即庠稱江左本也」[22]。蕭統所編本沒有《五孝傳》、《四八目》（即《聖賢群輔錄》），而為陽休之加入。陶集之竄入偽作，自此始。「以後諸本，雖卷帙多少、次第先後，各有不同，其竄入偽作則同一轍」[23]。宋庠指出《八儒》、《三墨》二條為後人妄加。宋人湯漢《陶靖節先生詩注》又指出《四時》詩（「春水滿四澤」四句）為晉顧愷之《神情》詩，而《歸園田居》第六首（「種苗在東皋」）為「江淹擬作，見《文選》，其音節文貌絕似，至『但願桑麻成，蠶月得紡績』，則與陶公語判然矣。」明人郎瑛《七修類稿·辯證類》「陶詩真偽」條亦掎摭云：「陶詩《歸田》第六首末篇人以為江淹者，韓子蒼辯其江淹雜擬似陶詩耳，但『開逕望三益』，江淹不類。予以為此句固不類，而前說種苗後結桑麻，陶公亦不如此雜，且江詩通篇一字不差，豈江竊陶者邪？竊之，則諸篇之擬何如？《問來使》一篇，東澗以為晚唐人因太白感秋詩而偽為之，殊不知乃蘇子美所作，好事者混入陶集中，巨眼者自能辯之。」至逯欽立整理《陶淵明集》時，尚稱世傳《陶集》有十幾種，其中最富於校勘價值的，有曾集刻本、蘇寫本、焦竑刻本、莫友芝

刻本、黃藝錫刻東坡先生和陶淵明詩本，注釋有李公煥《箋注陶淵明集》、吳瞻泰《陶詩滙注》、陶澍《靖節先生集》、古直《陶靖節詩箋》、黃文煥《陶詩析義》、程穆衡《陶詩程傳》等。

元稹曾自述其詩真假雜糅的情況。其《酬樂天余思不盡加爲六韻之作》有句云：「元詩駁雜真難辨」，又於句下注曰：「後輩好僞作予詩，傳流諸處。自到會稽，已有人寫宮詞百篇及雜詩兩卷，皆云是予所撰，及手勘驗，無一篇是者。」微之在《〈白氏長慶集〉序》中說到他和白居易詩的廣泛流傳時，又提到這一情況：「巴蜀江楚間泊長安中少年遞相倣效，競作新詞，自謂爲元和詩。而樂天《秦中吟》、《賀雨》諷諭等篇，時人罕能知者。然而二十年間禁省觀寺、郵候牆壁之上無不書，王公妾婦、牛童馬走之口無不道。至於繕寫模勒衒賣於市井或持之以交酒茗者處處皆是，其甚者有至於盜竊名姓苟求自售，雜亂間廁，無可奈何！予嘗於平水市中見村校諸童競習詩，召而問之，皆對曰：『先生教我樂天微之詩』，固亦不知予之爲微之也。又云，雞林賈人求市頗切，自云：『本國宰相每以百金換一篇，其甚僞者宰相輒能辨別之。』自篇章已來，未有如是流傳之廣者。」

當元、白自矜自喜於「竊時之名已多」[24]時，他們沒有明確認識到其詩的廣泛傳播，乃是因爲市民文化的消費而造成的。市民文化消費有其一定的審美要求，所以才會發生白居易在《與元九書》中所自述的那種情況：「今仆之詩，人所愛者，悉不過雜律詩與《長恨歌》已下耳。時之所重，仆之所輕。至於諷諭者，意激而言質；閑適者，思淡而詞迂；以質合迂，宜人之不愛也。今所愛者，並世而生，獨足下耳！」

如果說陶集的竄入僞作，是代際傳播中後人的妄加及好事者所爲之；那末元、白詩的真假雜糅，則是因求售的物質追求而造

成的當世的淆亂。這正是兩種不同的類型。前者的竄入數量雖不
會甚多，但由於進入了代際的傳播之中，人們容易習焉不察，需
要有卓識者亦即郎瑛所謂巨眼者辨之。後者的偽作，因時人之遞
相仿效和具有銜賣於市井或持之以交酒茗的經濟價值，產生的數
量當遠超前者，但率不過隨生隨滅耳！它雖可以一時形成某種文
學景觀，但同時也敗壞著作家的聲譽，以此，元稹不得不在一代
文宗的宰相令狐楚面前爲自己加以辯解洗刷：「稹自御史府謫官，
於今十餘年矣，閑誕無事，遂專力於詩章。日益月滋，有詩句千
餘首。其間感物寓意，可備矇瞽之風者有之。辭直氣粗，罪尤是
懼，固不敢陳露於人。唯杯酒光景間，屢爲小碎篇章，以自吟暢。
然以爲律體卑庳，格力不揚，苟無姿態，則陷流俗。常欲得思深
語近，韻律調新，屬對無差，而風情宛然，而病未能也。江湖間
多新進小生，不知天下文有宗主，妄相放效，而又從而失之，遂
至支離褊淺之辭，皆目爲元和詩體。稹與同門生白居易友善。居
易雅能詩，就中愛驅駕文字，窮極聲韻，或爲千言，或五百言律
詩，以相投寄。小生自審不能過之，往往戲排舊韻，別創新辭，
名爲次韻相酬，蓋欲以難相挑。自爾江湖間爲詩者，復相放效，
力或不足，則至於顛倒語言，重複首尾，韻同意等，不異前篇，
亦目爲元和詩體。而司文者考變雅之由，往往歸咎於稹」[25]。元
稹斤斤於將自己和江湖間的仿效者區分清楚，一方面自負於才子
名聲之鼓扇，一方面又以陷於流俗爲懼，這正是走在雅俗交滙處
的高層文人的心態。

　　值得注意的是，這種一時的極度流行，並不能給作家的詩文
帶來持久的讀解。元稹爲《白氏長慶集》作序，時在唐長慶四年
（824）。三百年以後，劉麟於宋宣和六年（1124）爲《元氏長
慶集》作了一篇頗堪玩味的序：「《新唐書·藝文志》載其當時

君臣所撰著文集篇目甚多，太宗集四十卷至武后集一百卷，今皆弗傳。其餘名公鉅人之文所傳蓋十一二爾。……見於《集錄》所稱道者，毋慮數百家，今之所見者僅十數家而已。以是，知唐人之文亡逸者多矣！嗚呼！樵夫牧叟詭異怪誕之說、鬼神幻惑不根之言時時萃爲一書，以詒好事者觀覽。至於士君子道德仁義之文、經國濟時之論，乃或沉沒無聞，豈不惜哉！元微之有盛名於元和、長慶間，觀其所論奏莫不切當時務，詔誥歌詞自成一家，非大手筆曷臻是哉！其文雖盛傳一時，厥後浸亦不顯，唯嗜書者時時傳錄，不亦甚可惜乎！」將元、劉二序綜合起來，我們可以看到在流傳過程中所產生的這樣兩重鮮明的反差：太宗、武后雖有九五之尊的地位，但時流卻無情地褪去了其高文典冊的華袞，倒是雅俗共賞的元白雜律詩等類篇什傳唱一時，這是一重反差；獲得時人遞相仿效的元稹歌詩及「盛傳於代」[26]的詔誥，「厥後浸亦不顯」，一種檔次甚低的「樵夫牧叟詭異怪誕之說、鬼神幻惑不根之言」，卻「時時萃爲一書，以詒好事者觀覽」，這又是一重反差。愈是低檔次，就愈有市場。由此，市俗文化打垮高雅文化，乃是文化史中的常情，甚至可以說是一種規律，文學的發展亦復如是。

　　在上述二重反差中有著三個層次：廟堂文學、市井閭里文學、以及介乎其間的雅俗共賞的文學。文學史的進程，正是在這三個層次的複雜關係中前行的。

　　蘇東坡是宋代影響最大的作家，其集子的多本流傳的情況十分突出。軾集風行海內，傳刻日多，而紊亂愈甚。世有所稱東坡七集者，即《直齋書錄解題》所列《東坡集》四十卷、《後集》二十卷、《內制集》十卷、《外制集》三卷、《奏議》十五卷、《和陶集》四卷、《應詔集》十卷。就刊本而言，陳振孫提到的

就有杭本（「杭本當坡公無恙時已行於世矣」）、麻沙書坊大全集本、軾曾孫嶠所刊建安本、張某所刊吉州本⑳。蘇軾自校的京師印本《東坡集》毀於靖康之亂，爲陳鵠所稱賞的蘇州善本亦無存。此外坡集還有種種版本。這些本子中多有舛錯，陳振孫就指責麻沙書坊大全集本「兼載《志林》、《雜說》之類，亦雜以潁濱及小坡之文，且間有訛僞剿入者」，又指責張某所刊吉州本「取建安本所遺盡刊之而不加考訂」㉘。《捫虱新話》卷六「陳表民葉嘉傳」條亦發露云：「東坡集有《葉嘉傳》，此吾邑陳表民作也」，「和賀方回《青玉案》卒章有『曾濕西湖雨』之句，人以爲坡詞，此乃華亭姚晉道作也」，「醉鄉、睡鄉記之類鄙俚淺近決非坡作」，「今市書肆往往逐時增添改換以求速售，而官不之禁也。雖歐公集已經東坡纂類至今猶有續之文，況未編者乎？」蘇軾本人也感慨地說過：「世之蓄軾詩文者多矣，率眞僞相半，又多爲俗子所改竄，讀之使人不平，然亦不足怪。……李太白、韓退之、白樂天詩文皆爲庸俗所亂，可爲太息」㉙！

　　一方面是書肆的增添改換以求速售和俗子鄙俚淺近的改竄，降低了詩文的品位，引起了文學家的「不平」；另一方面大量的傳刻又大大地擴展了作家的影響，「士大夫有不能誦坡詩者，便自覺氣索，而人或謂之不韻」㉚。坡詩還遠流域外，「張芸叟奉使大遼，宿幽州館中，有題子瞻《老人行》於壁者，聞范陽書肆亦刻子瞻詩數十篇，謂《大蘇小集》」㉛。蘇軾詩文的大量傳播，造成了一種文化氛圍，在這種氛圍下，形成了一種「人或謂之不韻」的輿論和「自覺氣索」的心理。在這兒雅與俗的對流與交滙顯示得那樣的清楚，雅向俗的覆蓋，是以多本流傳的混亂和增添改換的處置而實現的；俗向雅的趨近，則表現爲眞僞相半的俗子改竄。俗與雅交滙的層面，便正是文人獲得最大影響的所在。然而，這

是以其品位的部分下降爲代價的。

詩格不甚高的鄭谷，其「自貽」詩云：「詩無僧字格還卑」。《四庫全書總目》嘲之曰：「此與張端義《貴耳集》謂詩句中有梅花二字便覺有清意者，同一雅中之俗，未可遽舉爲美談」㉜。所謂雅中之俗，即是著痕迹的雅，裝點出來的雅，雅得易於理解、易於把握，實際上乃俗之喬裝也。不過，因其亦雅亦俗，故亦雅俗共賞，由此鄭谷詩人多傳諷而其詩名乃盛於晚唐。但是，大作家的高品位之部分下降，並非本人意願，甚至應該說是違背其意願的，所以才會「讀之使人不平」。而亦雅亦俗者，則意在於此也。晚唐徐夤《自咏十韻》云：「拙賦偏聞鐫印賣，惡詩親見畫圖呈」，頗沾沾自喜。然而，一時的影響不代表長遠的影響。

高品位的大著作，因其豐厚的內涵、深刻的思想，而成爲一個民族文化的脊柱。它是一個民族精神品位的標志，是民族文化一意義世界的基石，因而高品位的大著作乃具有抵禦世俗侵蝕和時流沖擊的力量。而雅中有俗或俗中有雅者，往往時過境遷即喪失了其影響。鄭谷詩在後世被指責爲格調卑下即其例也，元稹詩文「厥後浸亦不顯」爲又一例也。

傳播的原生狀態，不僅表現在多本流傳和雅俗交滙所造成的混亂上，而且還體現在即興創作與口耳傳播的易於淆亂上。

這一點在王安石身上表現得十分典型。紀昀等人說：「安石詩文本出門弟子排比，非所自定，故當時已議其舛錯」㉝。那末，王安石自己手訂是否就一定沒有差錯呢？怕也未必。魏泰《臨漢隱居詩話》云：「熙寧庚戌冬，王荊公安石自參知政事拜相，是日，官僚造門奔賀者，相屬於路，公以未謝，皆不見之。獨與余坐於西廡之小閣，荊公語次，忽顰蹙久之，取筆書窗曰：『霜筠雪竹鍾山寺，投老歸歟寄此生。』放筆揖余而入。元豐己未，公已謝

事爲會靈觀使，居金陵白下門外。余謁公，公欣然邀余同遊鍾山，
憩法雲寺，偶坐於僧房。是時，雖無霜雪，而虛窗松竹，皆如詩
中之景，余因述昔日題窗，並誦此詩，公憮然曰：『有是乎。』
頷首微笑而已。」這是詩人忘記了自己即興所作的詩，這種情況
在大詩人或善作詩卻不求以詩名世者是常有的。像宋初林逋「喜
爲詩，其詞澄淡峭特，多奇句。既就稿，隨輒棄之。或謂：『何
不錄以示後世？』逋曰：『吾方晦迹林壑，且不欲以詩名一時，
況後世乎！』然好事者往往竊記之，今所傳尙三百餘篇」㉞。

　　詩篇淆亂的產生，除了因爲詩人有時記不清自己之所作外，
還往往因爲詩人自題詩與所書他人詩之相混。黃山谷說：「嘗見
荊公於金陵，因問丞相近有何詩，荊公指壁上所題兩句：『一水
護田將綠繞，兩山排闥送青來』，此近所作也」㉟。「一水」兩
句確爲王安石詩，是他的七絕名篇《書湖陰先生壁二首》其一的
後二句。而他罷相時居州東劉相宅於書院小廳所題：「當時諸葛
成何事，只合終身作臥龍」，人或以爲荊公詩，其實此乃唐代薛
能詩。有時人們還爲這種相混而發生爭論。陳正敏《遁齋閑覽》
云：「唐人詩：『濃綠萬枝紅一點，動人春色不須多。』不記作
者名氏。鄧元孚曾見介甫親書此兩句於所持扇上，或以爲介甫自
作，非也。」但《王直方詩話》就指實曰：「荊公作內相時，翰
苑中有石榴一叢，枝葉甚茂，但只發一花，故荊公題此詩，余每
以不見全篇爲恨。」葉夢得的《石林詩話》則從另一個角度肯定
這是王安石詩：認爲此乃荊公少以意氣自許直道其胸中事也。

　　一個更有趣的例子是關於菊花詩的爭執。蔡條《西清詩話》
曰：「歐公嘉祐中，見王荊公詩：『黃昏風雨暝園林，殘菊飄零
滿地金』，笑曰：『百花盡落，獨菊枝上枯耳』，因戲曰：『秋
英不比春花落，爲報詩人子細看』。荊公聞之曰：『是豈不知楚

辭「夕餐秋菊之落英」，歐陽九不學之過也。』」曾慥《高齋詩話》則將主名指爲大蘇：「荆公此詩，子瞻跋云：『秋英不比春花落，說與詩人子細看』，蓋爲菊無落英故也。荆公云：『蘇子瞻讀楚辭不熟耳』。予以謂屈平『餐秋菊之落英』，大概言花衰謝之意，若『飄零滿地金』，則過矣。東坡既以落英爲非，則屈原亦謬誤乎？坡在海南《謝人寄酒詩》有云：『漫繞東籬嗅落英』，又何也？」二人的爭論，引得胡仔煞有介事地尋遍《六一居士全集》及《東坡前後集》，但並未找到「秋英」二句，所以他困惑地發問：「不知《西清》、《高齋》何從得此二句詩，互有譏議，亦疑其不審也」㊱。其實，所謂王、蘇（歐）「落英」之辨顯爲假托，而宋人以之爲常談也。假托得以行世，同當時詩篇淆亂的情況是相關的。

由此，荆公詩中許多詩句的歸屬便多有爭論了。比如，《西清詩話》認爲「『春殘葉密花枝少，睡起茶多酒盞疏』，『吾皇英睿超光武，上將威名得隗囂』，皆王元之詩；而『西江雪浪來天際』，『翰林放逐蓬萊殿』，皆王君玉詩；『臨津艷艷花千樹』、『天末海門橫北固』、『不知朱戶鎖嬋娟』，則爲王平甫詩也。」胡仔贊同那些肯定這些詩句爲介甫所作的意見，其曰：「《遯齋閑覽》以『天末海門橫北固，烟中沙岸似西興』之句，爲荆公《題金山寺詩》，尤爲中的。王直方《詩話》以『臨津艷艷花千樹，夾徑斜斜柳數行，卻憶金明池上路，紅裙爭看綠衣郎』之句，仍載永叔戲介甫曰：『謹厚者亦復爲之邪？』以二說考之，則《西清詩話》以爲元之、平甫詩，恐誤也」㊲。由於這種歸屬不定的情況，以至到清代，紀昀等人仍指責《臨川集》編訂不審。

同王安石未曾自定己集相反的是，黃庭堅很注意刪劣存優自定詩集以利傳世，但現實卻同他開了個玩笑。葉夢得《避暑錄話》

記黃元明之言，稱「魯直舊有詩千餘篇，中歲焚三之二，存者無幾，故自名《焦尾集》，其後稍自喜，以爲可傳，故復名《敝帚集》，晚歲復刊定，止三百八篇而不克成，今傳於世者尚幾千篇也。」黃庭堅「所自定者皆已不存」，其存者，曰內集、外集、別集。「外集第十一卷以下四卷，詩凡四百有奇，皆庭堅晚年刪去，而李彤附載入者」㊳。作者所自定者皆已不存，而晚年刪去者則又載入。這兒所表現的乃是詩人對自己創作的整理同流傳的矛盾關係，詩人的一再整理敵不過流傳的力量。

　　流傳的力量是難以輕視的，它不僅可以使樊宗師的《絳守居園池記》成爲古董而得以保存，而且還能使一些本不屬於某人的作品歸屬於某人。如周敦頤集子中的《愛蓮說》一文，江昱《瀟湘聽雨錄》攻其出於依托云：「衡陽學，傳爲鄭向故宅。濂溪周子，少依舅氏於衡，今學前且有愛蓮池亭。考《宋史》，向，陳留人，並無衡州蹤迹。又《年譜》，少孤依舅氏，自營道入京師。亦非衡陽，不知其說何據？惟縣令王亞夫屬湯漢作《先賢祠記》，漢述亞夫之書曰，鄭向則家於是邦者也。亞夫、漢與向，時代相去未久；漢，又郡人，擅文名，不應無考。故輯《清泉志》，於學校類存其說，人物選舉類則徑刪之」㊴。然而紀昀等人卻認爲「昱說亦別無顯證，流傳已久，今仍並錄之焉」㊵。又如杜荀鶴的「風暖鳥聲碎，日高花影重」二句，本章第一節所引歐陽修《六一詩話》指爲周朴詩，而吳聿《觀林詩話》亦力攻曰：「杜荀鶴詩句鄙惡，世所傳《唐風集》首篇『風暖鳥聲碎，日高花影重』者，余甚疑不類荀鶴語。他日觀唐人小說，見此詩乃周朴所作，而歐陽文忠公亦云耳。蓋借此引編，已行於世矣。」但魏泰卻仍以爲：「此乃杜荀鶴之句，非朴也」㊶。至於宋人詞《滿江紅》（怒髮衝冠）一首，到底屬不屬於岳飛，則更是眾所周知的又一

顯例。退一步說，即使某些詩文並不屬於某人而為旁人的托名，或是他人借此以引編，但若已行於世，一般來說即難以撼動了，不僅是時日遷流中顯證的難以提出，而且流傳既久則入於人口耳者亦眾矣！深矣！爭論一度雖起，嗣後紛爭又歸於寂，雖亦有剔除偽作如陶集者，但也多有爭論無定而其集依舊而行者，這是傳播的力量。

　　篇句的歸屬、卷帙的盈薄、真偽之相混，對於一位作家在後世的地位及評價並非無足輕重，有時還十分重要。因此，認識傳播過程的此種原生狀態，可以使我們更為嚴肅地取捨材料、更為審慎地評價作家，並進而努力從一種滙通一氣的文學進程中去把握問題，而不過於拘束於例證和微觀之中。上述傳播過程的原生狀態，雄辯地表明例證和微觀並不一定絕對可靠，有時過於相信了微觀的例證，反而可能更加背離於真實。因此，我一向主張，應採取融微觀於宏觀之中的研究方法。古代文學研究中有一個怪圈：前幾年因對微觀瑣屑研究的不滿而走向宏觀，一時視宏觀研究為古代文學研究希望之所在。未幾何，不少人又不滿於所謂宏觀研究的空疏，而返回到微觀的蝸殼之中。十分清楚，惟一正確的做法乃是融微觀於宏觀之中，這是打破上述怪圈的惟一出路。

第五節　文壇浮沉的內在節律

　　以上所述十種情況，已充分說明文壇浮沉之紛紜渾淪，那末在大量的偶然性因素的作用下，有沒有一些規律性的東西呢？夜江斜月、二三星火，歷史之波渾厚迷茫，在它那拍打著江岸的沉雄遼獷的濤聲中，又有沒有一種內在的節奏呢？

　　文壇浮沉的內在節奏及其規律性的東西，我以為至少有以下

三點：一是讀解活動的展開與其憑藉的關係，二是當世和後世亦即時代性和超越性的關係，三是文學秩序的排列時期問題。

代際延續的讀解活動，雖然不過是讀解者本身所處時代的思想之展開，但這種展開既是憑藉於前代的思想材料而進行的，則被讀解者本身的狀況對於這種讀解活動之進行的長度、寬度和深度，便有著直接的影響。

在人類的文化積累中，只有獨創性的東西有留存的價值。文章最忌隨人後，因此，第一流的文學家、理論家必然是那些形成了十分獨特的藝術風格和提出了獨創性理論主張的人，特別是開創一種新方向或是影響一代風氣者，他們的英名是鐫刻在高高的山崖上的，歷史之河是從其身旁流過的，只要記住歷史便不能不記住他們，因此，江濤的拍打難以將其英名淹沒。獨創性而外，也還需要完美。思想和作品的半成品狀態，難以取得接受的長度和深度。得風氣之先者或開宗立派者，本具有一種俯視後葉的力量，然而，或由於其內在力度的不足，或由於其藝術表現的不夠完美，就會產生被後人超越，亦即後來居上的情況。元稹禮贊杜甫云：「予讀詩至杜子美而知小大之有所總萃焉」，此種集大成的評價來源於他對杜詩「鋪陳終始，排比聲韻，大或千言，次猶數百。詞氣豪邁，而風調清深；屬對律切，而脫棄凡近」[42]這種藝術成就的敬佩。王嗣奭有詩心儀杜甫云：「佳句死猶憐性僻，晚看律細倍情真」[43]。杜甫詩聖的地位，不僅僅是因為他「窮年憂黎元，嘆息腸內熱」[44]的悃誠感動了後人，也不僅僅是因為他「朱門酒肉臭，路有凍死骨」[45]的鞭撻警醒著社會的良心，元結、李紳、白居易等人也有這一類詩句。十分清楚，深於詩律的完美，是使杜甫凌飛而上的極為重要的原因。

本書上一章第二節已述及，在當世發生重大影響的人自然易

於播向後世，後代的人可以對前賢有不同的軒輊，可以對其中一些人投去不屑一顧的眼光，但那些依賴於至少主要是依賴於藝術的或理論的獨特性而上升到全國性層面上來的個人或文學集群，難以被一時的讀解冷落和少量的批評性讀解所完全抹去。值得一提的是，趨時者雖易於把握某種潮流而發生影響，但過於趨時的人，當其所趨向的時代結束以後，新的時代即難以給予他以同樣的熱情。過於同一種時代意識相結合，則當這種時代意識的錯誤遭到後人譏嘲時，陷溺於此種意識中的作家、學者，又如何能喚起後代對他的尊敬？相反，歷史常常會將他們的錯誤誇大化甚或喜劇化。因為後人對於前人活動的社會環境往往缺乏理解，因此，他們對於前代的錯誤以至荒謬，便愈覺得可笑。

我們可以依據於時代性與超越性的關係，將文學家、理論家、學者劃分出一系列的等次來：追隨時代風氣的人自然高於抱殘守闕不知變化者，善於感應時代的人則高於一般的追隨者，而能預見時代走向的人又高過善於感應時代之人。層疊而上的一個層次，自當是開創新時代風氣或新的發展方向者。百尺竿頭更進一尺，則為新發展方向、新時代風氣的完美體現者。開創者與完美體現者兼而有之的人，就達到了一代宗師和大師的地位。宗師和大師中尤拔萃者，謂之文化巨人可也，文化巨人是十分稀少的，因為歷史是吝惜的。

如果專就超越性而言，則又有三種方式。

在後世，無論文學家抑或理論家，往往被當作一種文化象徵，由這種文化象徵而構成其存在的歷史性本質。歷史是一個巨大的壓縮機，它往往將相續存在的活生生的人，就其最為典型和突出的方面，壓縮為一個個文化價值符號，這一點本章第二節已述及，從而歷史便成為文化代碼的展開史。獨創性可以使得某一位文學

家和理論家至少獲得一種文化價值符號的意義，然而，個人一旦成爲某種文化價值符號，則他在歷史上的浮沉便同這種文化價值在各個時代現實中的作用相一致了。

文化代碼是由後人認定的，如果想自己把握來叶，則就會注目於通過代際之綿延來通向未來。於是，在學術上、文學創作上便都產生了師生之間具有強烈自覺意識的授道關係。佛教宗派中祖師之衣鉢傳授及弟子們捨身宏法光大法統的決心與實行且不論，因爲這帶有突出的宗教意味。即以方內之道學而言，朱熹就曾屢次或寫信，或當面對其弟子黃榦說：「吾道益孤矣，所望於賢者不輕」⑯，「所望以永斯道之傳，如二三君者不數人」⑰，而黃榦亦不負師望，深爲其師張揚地位曰：「道之正統待人而後傳，自周以來，任傳道之責者不過數人，而能使斯道章章較著者，一二人而止耳。由孔子而後，曾子、子思繼其微，至孟子而始著。由孟子而後，周、程、張子繼其絕，至熹而始著。」「識者以爲知言」⑱。同樣，在文學中，江西詩派亦有漫長的詩法之傳。陸游乾道七年九月於夔州所作《追憶曾文清公呈趙教授，趙近嘗示詩》稱：「憶在茶山聽說詩，親從夜半得玄機。」紹熙五年冬於山陰所作《贈應秀才》詩又云：「我得茶山一轉語，文章切忌參死句。」這是說曾幾授與他江西詩法。師生傳授是中國古代學術主要的延續方式。

也有一種人可以既不以一種壓乾了的扁平的歷史標本而被後人記住，又不憑藉於師生之授受而獲得歷史的超越性。這種人的思想和作品既有著深邃的宇宙意識和生命意識，又有著巨大的歷史厚度和崇巒岩嶢的理論高度，卓犖群流，凌超萬品，其強大的思想和藝術的張力自有一種透射歷史的力量。當然，淵博的學養是必要的，然而學養應歸結爲文學的和理論的創造。此種人可以

巨匠稱之也。他們的思想往往具有一種原創性以至顛覆性。其深刻與尖銳，常與既存的社會政治關係、價值取向及意識形態的整體設置，構成一種革命性的關係；其複雜與廣博，既把握住了一長段時期民族精神的走向，又展開爲具有深永意蘊的多重側面，從而吸引著後人作鑽之彌深而仰之彌高的讀解。巨匠們一般不得志於當世，他們是以其獨立不羈的個性甚至是明知不可而爲之的態度堅持著自己的志業和學說的。因此，巨匠們總有一種悲劇性的歷史感受，所以他們對於後人又有一種巨大的人格感召力量。啓示性與感召性的結合，深刻性與廣博性之相兼，自然有一種思想場和藝術場的力量，累積著代際傳播的讀解。用不著再加以強調的是，任何巨匠之聳起爲高高的浪峰，雖有賴於他本人對於自己獨特性的堅持，但他仍離不開巨大的歷史之河的孕育，並且巨匠也是經過後代的讀解，而漸次飛升上思想的或文學的天苑，成爲閃亮的明星的。

當王充在作爲《論衡》開卷第一篇《逢遇篇》的開頭，大加感慨地說：「賢不賢，才也；遇不遇，時也。」「處尊居顯，未必賢，遇也；位卑在下，未必愚，不遇也」之時，他沒有想到他的著作日後給他帶來了帝王將相也難以仰及的巨大的榮譽。他並沒有生徒之傳道不已，但《論衡》卻以其征服性的理論鋒芒在漢末吸引了蔡邕、王朗對其進行讀解，於是王充乃球形地而不是扁平地發揮歷史作用了：《論衡》標志了漢代神學時期的結束，並直接成爲魏晉清談和玄學的發端⑭。

讀解活動自然是代代持續進行的，然而，從總體上說，最具有關鍵意義的乃是隨後的一個時代。

比如，像中古詩人的地位大體上是在唐人手中確定的。「青蓬推阮公、二謝，少陵親陳王，稱陶、謝、庾、鮑、陰、何」⑮。唐

太宗親自爲《晉書・陸機傳》寫了《傳論》，中古傑出的詩人已大略在於斯矣[51]。而唐賢的地位——顯與不顯、顯中之高下，則大體上是在宋人手上調整並確定的，王安石與有力焉。《澠水燕談錄》云：「荊公之時，學者得出其門，自以爲榮，一被稱與，往往名重天下。」荊公愛談詩，且編有《唐百家詩選》，士大夫得其緒論，往往播之天下。此外，東坡、江西諸人亦均有力焉。

　　後一時期對於前一時期因靠得近，不僅看到的作品較多，而且關心的程度也較高，因此，必然成爲一個文學秩序的排列時期。某個作家的作品如在這一時期之前就散佚了，雖有前代的記憶或文獻的記載，但其在文本的讀解上自必遠遜於有詩文者，因而往往會喪失掉被排列的可能。而如果作品的散佚是在這一時期之後，則這位作家在文學史上常常還能占有一定的以至突出的地位。當然，散佚本身還有程度的不同，這對於作家在後世所能發生的影響之大小，亦甚有關係。還有的著作先隱而後顯，雖仍爲幸事，但復出的著作一般難以引起較爲遙遠的後世之人的興趣，並且，面對一個已然排列許久的文學秩序，自亦不易有一種插入其中占人頭地的可能。雖然著作的散與存、隱與顯帶有相當大的偶然性，但得到還是失去文學秩序的排列期，對於一個作家之能否進入及以何種位置進入文學史則是相當重要的。

　　當然，歷史上也常常發生越代上祧的情況，然而，像明前後七子之上祧於盛唐，實際上就是對於宋、元在整個文學史秩序中所應占有的位置的否定。在這種越代上祧中，其實仍然滲透著被他們否定的那些時代對於他們所承祧的時代的讀解。如明人之尊崇杜甫，而杜甫詩聖的地位則是在宋人手中確立的。因此，這種越代上祧，在對前代作讀解亦即是文學秩序的排列上的重要性方面，是要次一等的。

　　總之，紛紜渾淪的文壇浮沉，在不確定中有著確定，確定中又有著不確定，透過大量偶然性活躍的表層，在深層中又有著一定的規律性。值得強調的是，文壇浮沉中確定與不確定、偶然與必然的關係，乃是以無序與有序的轉換方式來體現的。那末，無序的文學之流又是如何有序化的呢？要理解於此，就必須更進一步地探究文學史運動的中介及其動力結構問題了。

【附　註】

①　《四庫全書總目》卷一五〇。

②　《四庫全書總目》著錄有《雲台編》三卷，歐陽修稱其「不行於世」，這表明，在他所見聞的範圍中已無《雲台編》。歐陽修爲文壇領袖，見聞當遠較一般人廣博，由此可見，《雲台編》的傳播範圍其時已甚爲狹小。

③　《林子顯詩序》。

④　《宋史・文苑・柳開傳》。

⑤　《明史・文苑・張泰傳》。

⑥　《蘇氏文集序》，《歐陽文忠公文集》卷四十一。

⑦　《四庫全書總目》卷一五一。

⑧　《四庫全書總目》卷一五二。

⑨　同上。

⑩　《四庫全書總目》卷一四八。

⑪　同上。

⑫　《文心雕龍・奏啓》。

⑬　《文心雕龍・議對》。

⑭　《六一詩話》。

⑮　《四庫全書總目》卷一五二。

⑯　《山園小梅》。

⑰　《次韻和禮部盧郎中江上秋夕寓懷》。

⑱　《四庫全書總目》卷一五〇。

⑲　同上。

⑳　蘇軾《墨妙亭記》，《蘇軾文集》卷十一。

㉑　《太平廣記》卷四九八。

㉒　《四庫全書總目》卷一四八。

㉓　同上。

㉔　白居易《與元九書》。

㉕　《舊唐書・元稹傳》。

㉖　《舊唐書・元稹傳》。

㉗　《直齋書錄解題》卷十七。

㉘　同上。

㉙　《答劉沔書》，《蘇軾文集》卷四十九。

㉚　朱弁《曲洧舊聞》。

㉛　王辟之《澠水燕談錄》卷七。

㉜　卷一五一。

㉝　《四庫全書總目》卷一五三。

㉞　《宋史・隱逸・林逋傳》。

㉟　胡仔《苕溪漁隱叢話前集》卷三十三。

㊱　《苕溪漁隱叢話前集》卷三十四。

㊲　《四庫全書總目》卷一五四。

㊳　同上。

㊴　卷三。

㊵　《四庫全書總目》卷一五三。

㊶　《臨漢隱居詩話》。

㊷ 《唐故工部員外郎杜君墓係銘并序》，《元氏長慶集》卷五十六。

㊸ 《〈杜臆〉脫稿覆閱漫題》。

㊹ 《自京赴奉先縣咏懷五百字》。

㊺ 同上。

㊻ 《宋史・道學・黃榦傳》。

㊼ 《宋史・道學・張洽傳》。

㊽ 《宋史・道學・朱熹傳》。

㊾ 詳見拙著《中國前期文化—心理研究》第五編第二章。

㊿ 趙執信《談龍錄》。

(51) 唐人對中古詩人的評論，拙著《中國中古詩歌史》已詳引，此不複贅。

第九章　文學史運動的中介和動力結構

第一節　總集往往構成文學史發展的契機

　　紛紜渾淪的文壇浮沉，有其內在的節律，這一內在節律乃是在隨機的發展中，透過種種偶然性而展開的，因而這當中便有一個運行機制問題，這一運行機制即是本書第七章第一節所說的代際傳播的社會性的文本讀解和意義性張揚。問題既然在於讀解，那末作爲社會性讀解賴以展開、延續的有效載體對於文學發展所起的作用，和屬於文學的讀解方法之形成、發展的過程及其影響，這些問題便是我們爲了把握文學史複雜的非線性運動所必須認眞探究的了。這一探究的實質，乃在於對文學史運動的中介和動力結構問題作出論述。無序的文學之流的有序化，正是經由文學史運動的中介，而在一個複雜的動力結構的作用下實現的。

　　有一個重要的方面常爲論者們所忽視，即我們現在視作原初的歷史其實也是不斷生成的：不僅歷史本身是一個變動的過程，而且對歷史的認識也有一種讀解的累積，由讀解而張揚出某種美學風氣，則又反轉來催生出與之相應的創作傾向。不從這種創作與評論（包括理論建樹）的互動上把握歷史，我們不僅難以明瞭當日文藝在反饋中前進的由多種社會因素交織而成的複雜運動，而且也難以對當日詩話、詞話、小說戲曲評點的意義和價值有眞實的估量。比如陶詩之被讀解，寄至味於澹泊的美學意向，即深

深地影響了中國詩歌的發展路徑。而杜甫被讀解爲詩聖後，其覆被整個詩國的影響，至今我們還有深切的感受。因此，我們必須從創作與評論（包括理論建構）的互動上去把握歷史。文藝乃是在反饋中前進的由多種社會因素交織而成的複雜運動。

對創作作出評判、論說，並由此而表現或闡發一種美學主張的形式，除了上述諸種外，還有一個相當重要的形式，便是總集的編纂。古人即已認識到，選家的眼光正是一種美學主張的體現。紀昀等人曾從唐詩選編的角度對此加以過透徹的說明：「詩至唐，無體不備，亦無派不有。撰錄總集者，或得其性情之所近，或因乎風氣之所趨，隨所撰錄，無不可各成一家。故元結尚古淡，《篋中集》所錄皆古淡；令狐楚尚富贍，《御覽詩》所錄皆富贍；方回尚生拗，《瀛奎律髓》所錄即多生拗之篇；元好問尚高華，《唐詩鼓吹》所錄即多高華之制。蓋求詩於唐，如求材於山海，隨取皆給；而所取之當否，則如影隨形，各肖其人之學識。自明以來，詩派屢變，論唐詩者亦屢變」①。這正如魯迅先生所指出的，「選本（今之所謂選本，除了個人選集外，均屬古之總集——引者按）可以借古人的文章，寓自己的意見」②。今之文學批評史著作，亦往往述及總集編纂者的一些論點，但對於總集的編纂評點在文學史發展過程中的重要性，無論古今，則還普遍地認識不足。對於魯迅在《選本》一文中發表的意見，數十年來，文學史研究者並未加以深入的體會和進一步的展開。中國古代的選評家傳統在今人的心目中已沉晦日久。由此，論者們在理論上對於文學史運動動力結構的認識便難以全面、深入。

如果從當日文學史的複雜運動上說，總集的作用在許多方面往往構成發展的契機。這種構成發展契機的作用，至少有這樣四個方面：影響一代風氣，確立一種美學傳統，促進文學流派的形

成，摶聚出一些文學史概念從而對文學史的構建發生重要影響。

　　將文學活動的兩個基本方面——作者與讀者亦即創作與閱讀聯繫起來的最佳途徑，往往是總集。四部之書，別集最雜，必翦刈卮言，別裁偽體，而後高文清辭方能挺出鄧林。即使是大家之文，殊多精品，但篇帙繁重，亦難於披覽；且遍聽千曲而後知音，通觀千劍方能識器，視野囿於少數大家，亦非學文之善道。總集則不然，一方面它既網羅放佚，使片玉碎金有所歸併，又薈萃眾家，使楚謠漢風、魏制晉造雜錯而成彩，從而讀者一編在手即可流觀一代乃至數代之勝文；另一方面則又裁削繁蕪，剔除莠稗，而光耀菁華，文章得以衡鑒，今古於斯品藻矣。總集較之別集，在連接讀寫兩方面上，必然地占有著顯著的優越地位，從而易於在文本的流傳和接受過程中發生較大的影響。魯迅曾明確指出：「凡選本，往往能比所選各家的全集或選家自己的文集更流行，更有作用。……所以自漢至梁的作家的文集，並殘本也僅存十餘家，《昭明太子集》只剩一點輯本了，而《文選》卻在的。讀《古文辭類纂》者多，讀《惜抱軒全集》的卻少。」魯迅還進一步強調說：「評選的本子，影響於後來的文章的力量是不小的，恐怕還遠在名家的專集之上，我想，這許是研究中國文學史的人們也該留意的罷」③。

　　因此，中國文學史的組成，應有三個相互交織的部分：一是創作，二是理論，三是選評。人們歷來只注意創作與理論的關係，而忽視了選評也是具有重要地位的一個部分。這一部分的規模並不小，據有人統計，光唐詩選本，僅就目前各種文獻上可以鈎稽者，即達六百餘種，留存至今的古代唐詩選本也還有三百餘種。如果能對古代全部的總集作一統計，其數量將是巨大的。所以，我們必須綜合把握創作、理論、選評這三個部分，才能對文學史

的運動有完整的認識。

第二節　影響一代風氣與確立一種美學傳統

　　蘊含於總集編纂中的本屬於選家個人的美學情趣和觀念，經由總集的傳播，而在社會性的審美活動中得到或被排斥、或被糾正、或被認同的種種效應。那些因適合了一定歷史階段的某種社會思潮、社會心理而得以在部分以至大部分閱讀的認同中日益擴大了其影響的總集，則必將在一定範圍以至整個社會的審美活動中，拓展出一種新的審美風氣來。

　　當然，對於總集的這種作用不能孤立地加以把握，它往往是和當時一些有著明確方向的創作的和理論的活動相配合，而發生開一代風氣的作用的。並且，從中國文學史的實際運動上來說，雖然別集一般起的作用沒有總集大，但少數發生了巨大影響的文學家如李杜韓柳等人文集的作用，則往往又愈於總集。

　　像宋人姚鉉費時十載編成《唐文粹》，以古雅的審美意趣為標準，文賦詩歌惟取古體，而四六之文及五、七言近體均不錄，這樣一種與沿襲五代餘緒、撏扯溫李的宋初時文迥然相異的美學意向，就對此後宋代的詩文革新發生了重要影響。「於歐、梅未出以前，毅然矯五代之弊，與穆修、柳開相應者，實自鉉始」④。姚鉉此書對韓、柳等人古文殊加推崇，並於序中稱韓愈超卓群流、獨高遂古，以二帝三王為根本，以六經四教為宗師，憑陵轢轢，首唱古文，遏橫流而辟正道。但在姚鉉之前，柳開即已力倡韓、柳之文，以至於他以「肩愈」為名、「紹先」為字。柳開是柳宗元後人，「紹先」者繼祖是也，而「肩愈」則直以韓道之行世為己任。柳開之後，生活年代與姚鉉同時稍後的穆修，用力蹈於二

紀以外而刻傳韓、柳文集。姚鉉於柳開去世的第二年，王禹偁去
世的當年開始編《唐文粹》，而於宋眞宗下詔復古的第三年完成
此書。姚鉉之編纂總集與柳開、王禹偁、穆修等人的活動相配合，
從而拓開了宋以後中國文學發展的新方向，成爲石介、尹師魯、
梅堯臣、蘇舜欽等人的前驅。而歐陽修之倡導古文，本書上章第
一節已述，便是受到穆、石、尹、蘇等人的直接影響的。石介曾
說過：「介近得姚鉉《唐文粹》及《昌黎集》，觀其述作有三代
制度、兩漢遺風，殊不類今之文。」「必本於教化仁義，根於禮
樂刑政而後爲之辭」⑤。這一段話明確地說明了《唐文粹》及《
昌黎集》二書之影響於石介是很深的，而石介乃宋代詩文革新運
動中態度最爲激烈的，以摧堅陣、破強敵自許的披甲執銳之士。

　　明代高棅的《唐詩品滙》一書，則以滄浪論詩之宗旨，開了
七子復古之先聲。《明史·文苑傳》云：「終明之世，館閣宗之。」
紀昀等人認爲：「厥後，李夢陽、何景明等，摹擬盛唐，名爲崛
起，其胚胎實兆於此」⑥。明詩唐音之鳴始起於閩，本書第六章
第四節已述林鴻以規仿盛唐立論，然而閩派詩人的這一主張乃是
藉助於《唐詩品滙》這一影響巨大的總集方才籠蓋全國的。明初
另有操選政名許中麗者編有《光岳英華》，其殘本所存七言律體
一門，唐以後即接以元明。此書可以視爲李夢陽等人倡導不讀唐
以後書之先河。到李攀龍編《古今詩刪》，唐以後即繼之以明，
元代也摒除了，這是許中麗做法的進一步發展，以至於王士禎《
論詩絕句》嘲之曰：「鐵崖樂府氣淋漓，淵穎歌行格盡奇。耳食
紛紛說開寶，幾人眼見宋元詩？」陳繼儒的《古文品外錄》對於
明代文人矜機鋒、調口舌、好發高論、顯露聰明的風氣，也有推
波助瀾的作用。

　　由於明白總集有影響風氣的巨大作用，所以不少文學家都自

任選家。魯迅說：「凡是對於文術，自有主張的作家，他所賴以發表和流布自己的主張的手段，倒並不在於作文心，文則，詩品，詩話，而在出選本」⑦。這一段話指出了中國文學史上的一個重要現象。李攀龍之編《古今詩刪》已如上述。又如明代的鍾惺、譚元春倡導一種幽情單緒、孤行靜寄的美學情趣，點逗一二新雋字句矜以為妙。此二人即甚著意於總集的編纂，先後編了《周文歸》、《宋文歸》、《詩歸》等書以推開其美學觀點的影響。《詩歸》一書盛行於世，「天下之士，靡然從之」，以至於顧炎武不得不痛詆之曰：「近日盛行《詩歸》一書，尤為妄誕」⑧。錢謙益《列朝詩集小傳》稱竟陵詩風「浸淫三十餘年，風移俗易，滔滔不返。」無論人們對竟陵派作何評價，但有一個事實是明顯的：即《詩歸》一書對於推開竟陵派的影響，其功甚巨！

可以說，總集的選編實際上乃是文學家在文壇上樹起的寄託特定美學情趣的一面大纛，是不同美學觀念相互攻伐的戰具，又是種種美學思想賴以度越時空而遠航的衝浪之舟。

總集還是某種美學觀念孕育的溫床，某種美學傳統形成的鏈條。

司空圖強調「韻外之致」、「味外之旨」⑨、「像外之像、景外之景」⑩的美學理論的出現，是中國文學史、美學史上的一件大事，它下開了嚴羽和王士禎的理論，從而構成了一種超詣玄遠的美學傳統。司空圖理論的出現，乃是一種長期發展的產物。他的理論受到玄、禪的深刻影響是明顯的。然而從詩歌史本身的角度看，這一理論的形成同唐人自選的詩總集的影響也密切相關。《河岳英靈集》是一部標舉了明確理論宗旨的詩總集，其心期之所在，從其序中述命名之由而特別標出王維、王昌齡、儲光羲三人即可覘知。殷璠在書中首次使用了「興象」這個影響深遠的概

念。此後，皎然的「境象」論即明顯受到殷璠的影響。唐人自選的又一部著名的詩總集《中興間氣集》選錄肅、代之際的詩作，推尙錢起、郎士元。其評錢起云：「文宗右丞，許以高格；右丞沒後，員外爲雄。」稱郎士元曰：「右丞以往，與錢更長。」這是隱然將大曆才子們列爲王維詩風之後繼。姚合的《極玄集》稱其所選「皆詩家射雕手也」⑪，而在二十一個射雕手中，王維被列在開卷的醒目位置上。多部總集對於王維的這種推尊，無疑大大擴展了其詩風的影響。王維詩風的影響對於司空圖提出他的理論所起的作用，我們從他在《與李生論詩書》中專門標舉王右丞、韋蘇州，稱之爲「澄澹精致，格在其中，豈妨於遒舉哉」，並以「賈浪仙誠有警句，論其全篇，意思殊餒」作爲陪襯上，便可以看出來。司空圖在對比了王、韋與賈島之後即云：「噫！近而不浮，遠而不盡，然後可以言韻外之致耳！」王、韋詩什正是他心目中韻外之致的典範，因此我們可以說，唐人自選的詩總集，不僅由其「興象」概念直接發端了「韻外之致」理論的萌生，而且通過對王維詩風的張揚，促成了對這一詩風的理論概括。

　　司空圖以後，總集的編纂對於其後繼者嚴羽、王士禎理論之覆被於社會，其力仍甚巨。高棅的《唐詩品滙》奉嚴羽盛唐興趣之論詩宗旨爲圭臬，此書卷首所置《歷代名公叙論》中引滄浪之論最爲多而備。嚴羽力倡「作詩正須辨盡諸家體制」⑫，稱「大曆以前分明是一付言語，晚唐分明是一付言語，本朝諸公分明別是一付言語。如此見，方許具一只眼」⑬。高棅也倡言「辨盡諸家，剖析毫芒，方是作者」⑭。《唐詩品滙》一書即是就聲律、興象、文詞、理致劃出品次來的。嚴羽的論旨賴高棅此書而具象化了。王士禎承嚴羽妙悟之旨，進一步倡導「神韻」說。他一生亦愛操選政，晚年選了《唐賢三昧集》，其目的用他自己的話說：

「要在揭出盛唐眞面目與世人看」⑮，然此書直以王、孟清澄蘊
藉而又華妙的詩來指認盛唐面目。他在此書序中稱：「嚴滄浪論
詩云：盛唐諸人，唯在興趣，羚羊掛角，無迹可求，透徹玲瓏，
不可湊泊，如空中之音，相中之色，水中之月，鏡中之象，言有
盡而意無窮。司空表聖論詩亦云：妙在酸鹹之外。戊辰春杪，歸
自京師，居宸翰堂，日取開元、天寶諸公篇什讀之，於二家之言，
別有會心，錄其尤雋永超詣者，自王右丞而下四十二人，爲《唐
賢三昧集》。」這一段話，不僅表明了他在理論上明確挑承司空
圖和嚴羽，而且也表白了他將其美學觀念寄之於總集的用意。漁
洋深知總集對於具體表達、傳播一種美學情趣和理論的作用，所
以他輯了《十種唐詩選》：殷璠的《河岳英靈集》、高仲武的《
中興間氣集》、芮挺章的《國秀集》、元結的《篋中集》、令狐
楚的《御覽詩集》、姚合的《極玄集》、韋莊的《又玄集》、韋
穀的《才調集》、姚鉉《唐文粹》所選詩，加上他的《唐賢三昧
集》。漁洋這是隱然以自己承續於《河岳英靈集》、《中興間氣
集》之統緒。總集的承續，其實正是美學傳統的形成。

第三節　促進文學流派的形成
及搏聚出文學史概念

　　如果選家具有較爲強烈的派別視點，則總集作爲載體和中介，
又有可能促進文學史流派的產生。這方面的一個典型例子，便是
江西派的芛甲成形。宋人呂居仁祖豆山谷，曾作《江西宗派圖》，
列陳師道、潘大臨以下二十五人爲法嗣。上章第一節已述及，唐
人張爲曾撰《詩人主客圖》，列白居易、孟雲卿、李益、鮑溶、
孟郊、武元衡爲主，皆有標目，每主以下各附升堂、入室、及門

之衆，已粗具詩派劃分之雛形。然明標宗派，則自呂居仁始，故陳振孫《直齋書錄解題》說：「詩派之說，本於呂居仁」。這自然是受了佛教分宗立派的影響。宗派圖在呂居仁或爲一時興至之作。清人張泰來《江西詩社宗派圖錄》記范周士語云：「呂公一日過書室，取案間書讀之，乃《江西宗派圖》也。公言：『安得此書，切勿示人，乃少時戲作耳。』」其時，不僅被列入者如韓子蒼等人不快，其他人亦有非議。胡仔曰：「所列二十五人，其間知名之士，有詩句傳於世，爲時所稱道者，止數人而已，其餘無聞焉，亦濫登其列。居仁此圖之作，選擇弗精，議論不公，余是以辨之」⑯。

　　然而，嗣後即有總集付梓。《直齋書錄解題》及《文獻通考·經籍考》錄稱《江西詩派》一百三十七卷，《續派》十三卷。《宋史·藝文志》所記卷數有異：「呂本中《江西宗派詩集》一百十五卷，曾紘《江西續宗派詩集》二卷。」依呂居仁《宗派圖序》「予故錄其名字，以遺來者」一語，則呂居仁大約僅寫下姓名而已，附以詩的宗派詩集，乃程叔達、黃汝嘉諸人之所爲。楊萬里爲《江西宗派詩集》及《續派》詩集作了序。劉克莊還對「派詩舊本，以東萊⑰居後山上」⑱作出調整，以符居仁初意。後村的《江西詩派小序》及《總序》大約也是序之於宗派詩集上的。可以看出，江西派詩的總集至少在一段時間中是頗爲流行的。江西派由此而郁然成爲一種氣候。至另一部大總集元人方回的《瀛奎律髓》標一祖三宗之說：以杜甫爲祖，山谷、後山、簡齋爲宗⑲，則江西一派最終成形。對於這一點，紀昀等人是看得很清楚的。《四庫全書總目》稱呂本中雖「嘗作《江西宗派圖》」，「宋詩之分門別戶，實自是始」，然並「不專於一家，又極稱李商隱《重過聖女祠》詩『一春夢雨常飄瓦，盡日靈風不滿旗』一聯

及《嫦娥》詩『嫦娥應悔偷靈藥，碧海青天夜夜心』二句，亦不主於一格。蓋詩體始變之時，雖自出新意，未嘗不兼采眾長，自方回等一祖三宗之說興，而西昆、江西二派乃判如冰炭」⑳。而清人馮舒、馮班意欲排斥宋詩，則又藉評點《才調集》作攻伐，右西昆而黜江西。黃陳溫李，門戶之爭齗齗矣！

　　桐城派文人也深知總集對於形成、維護流派的作用。方苞有《古文約選》，以宣揚他的義法論、雅潔說及其清真古雅的美學觀點；姚鼐則輯有《古文辭類纂》，此書家弦戶誦，大張了桐城派的軍聲。姚門大弟子方東樹在《答葉溥求論古文書》中，曾將桐城文人借總集之編纂以確立古文法統的用心和盤托出：「往者姚姬傳先生纂輯古文辭，八家後，於明錄歸熙甫，於國朝錄望溪、海峰，以為古文傳統在是也。而外人謗議不許，以為黨同鄉。先生晚年嫌起爭端，悔欲去之。樹進曰：此只當論其統之真不真，不當問其黨不黨也。……此編之纂，將以存斯文於不絕，紹先哲之墜緒，以待後之學者，何可不自今定之也，而疑之乎？」一則自矜為古文之傳統在是，一則汗漫於來叶欲存斯文於不絕。「此編之纂」，果任重而道遠：桐城之法鉢承於是，垂諸久遠之熱望亦寄於斯！

　　選家們在他們別具只眼的讀解中，還往往以其睿智卓識，從作者之鄧林、篇章之翰海中，摶聚出一些文學史概念來。這些概念的漸次凝定，便是文學史的建構過程。

　　像排律這樣一個詩體學的基本概念古未有之，元人楊士宏編《唐音》始別立此目。嗣後這一概念為高棅《唐詩品滙》所因承，雖二馮痛詆之，仍襲用至今。

　　有唐一代詩富山海，因此需要對唐詩加以分期，以見出其發展的階段來。嚴羽的《滄浪詩話》以唐初猶襲陳隋之體為唐初體，

景雲以後、開元天寶諸公之詩爲盛唐體，大曆十才子之詩稱大曆
體，元白諸公曰元和體，此外還有晚唐體，共五個階段。嚴羽的
這一劃分，爲他鼓吹盛唐倡言不作開元天寶以下人物的主張奠下
了基石。楊士宏的《唐音》則以始音、正音、遺響，劃出三大段
來。高棅斟酌往修，於諸體之中設正始、正宗、大家、名家、羽
翼、接武、正變、餘響、旁流九格，而以前八格分隸於初、盛、
中、晚四期，方外異人之類爲旁流。至此，唐詩四階段的劃期說
便出現了，並日益產生影響。如持論以高棅《品滙》、李攀龍《
詩刪》爲宗的明人周珽，編《唐詩選脈會通評林》六十卷，即於
每體之中各分初、盛、中、晚。當然，也有人不贊成，清人錢謙
益《贈王貽上》詩即云：「初盛別中晚，畫地坐陛牢」。然而，
川流岳峙，四期劃分至今仍巋然爲唐詩學研究樹立了框架。

　　還有比唐詩四期劃分跨度更大的概念如唐宋八大家，也是由
選家們確定的。唐宋八大家概念的形成經過了漫長的時間，且幾
經沉浮，其發端在呂祖謙所編《古文關鍵》二卷。此書取韓愈、
柳宗元、歐陽修、曾鞏、蘇洵、蘇軾、張耒之文，凡六十餘篇。
上述諸人，除韓、柳爲宋代古文運動所宗祧，故以收入外，餘均
宋人，因此這一本總集明顯地是宋代古文運動的反映。呂祖謙這
本書乃是授初學以門徑的書，然而它對於此後古文運動的影響是
巨大的，其要有三：一是它不收六經、秦漢之文，斷自韓愈爲始，
這就將韓愈文起八代之衰、作爲唐宋二代古文運動開山之祖的地
位，十分醒目地突現了出來。二是它取韓、柳、歐、蘇、曾等人
之文，並在卷首所載論諸家文法中述及王安石、蘇轍、李廌、秦
觀、晁補之諸人，這就在唐宋二代數量龐大的古文作者中摭取出
一個小群來。二卷之數固蠡勺於滄海，而蕪楛剪去，秀華便自呈
現。三是呂祖謙此書乃古文家評點傳統之開山，其影響還進而及

於詩歌、小說、戲劇諸體。呂祖謙的學生樓昉增擴乃師建制，選古义凡一百餘篇⑳成《崇古文訣》一書，所錄自秦漢而下至於宋，雖發明尤精、推闡加密，但反而模糊了上述一、二兩點。嗣後，宋亡元盡。至於明初，方有朱右采韓、柳、歐陽、曾、王、三蘇之文成《八先生文集》。唐宋八大家作為一個文學史集群，至此實際已形成。然朱右此書又復不傳，一直到茅坤的《唐宋八大家文鈔》行世，「唐宋八大家」這一概念方正式脫穎出筍。《明史·文苑·茅坤傳》稱：「坤善古文，最心折唐順之」，順之「所著《文編》，唐宋人自韓、柳、歐、三蘇、曾、王八大家外無所取，故坤選《八大家文鈔》。」由明及清，此書弦誦遍及婦孺，由是八大家之名目亦深入人心而難以改易矣。以至於如上文所說，桐城派建立古文法統也只得自認八家之後胤。其實桐城派所主張的雅潔，是頗異於吏部的渾浩、柳州的雄辯、東坡的波瀾、荊公的峻拔的。

本書第七章第四節已述，八大家的歸納無疑烙印著唐順之、茅坤個人的喜好，這種個人的喜好自然是一種偶然性，然而在這種看似無序的偶然性中，正是成長著有序，滋生出一種結構，並愈益增加著複雜性。上引方東樹所云「八家後，於明錄歸熙甫，於國朝錄望溪、海峰」，不正是由八大家名號上又進而產生出了桐城派之所謂「古文傳統」？而當日被譏為「黨同鄉」的姚鼐之別擇，則又堂而皇之地以桐城派的概念進入了文學史。在文學史的運動中，往往正是有賴於總集的編纂而凝定了某種偶然性，使之從雜沓紛繁的無序的篇什圖籍之流中聳起為一個個有序的島嶼，從而開闢了一種發展方向。如同本書第七章第五節所說，島嶼和島嶼相連，便成為一片長著茂草繁英的開闊大地。不獨是文學史概念的摶聚如此，前述美學風氣的推開、美學傳統的遞邅及文學

史流派的形成這些方面，均存在因藉於發生了影響的總集、別集和專書的這種偶然與邏輯、無序與有序的統一關係。

總之，只要以一種多因素複雜反饋的眼光去看待文學史的運動，我們就不能不對總集在傳播中所發生的種種重要作用有充分的估量。

第四節　文學的讀解方法之確立

總集的優勢就在於它更易於為讀者所接受，從而成為閱讀過程賴以進行的較好的憑藉；但是為了使得作者的文心之妙能為讀者更好地接受，則還需要對詩文的精神意脈作出闡述，於是評點生焉。正是從一點上，我們方能理解評點在中國古代蔚成大觀的原因。如果說總集往往是聯結閱讀和寫作這兩個方面的中介，則評點便是聯結被評點的書與讀者之間的中介，亦即中介的中介。評點就其實質來說，乃是對於文本的一種詮釋。

廣義的文本詮釋，早在春秋時代列國之際聘問交往中的斷章賦詩便已有之。不過，那種讀解頗為隨意，重在借用《詩經》中的一些句子來表達自我的思想意向。文本詮釋的幾種主要方法在中國首先是由漢代經學確立的：曰訓詁，曰章句，曰條例。對於聖人春秋筆法的揣度，大大地張揚了一種探求深文微意的風氣，並從而造成煩瑣哲學的彌漫。魏晉而下，玄學興起，通人厭繁；適應著注重義理的風氣，經學義疏流行，並下沿至唐。就文學而言，漢代文章蔚盛，魏晉乃有總集之纂輯，類聚區分，由此而促進了文體研究的興隆。《文心雕龍》五十篇，乃有二十一篇論文體[22]。時總集之輯，有論依焉。摯虞的《文章流別集》有《文章流別志、論》，李充的《翰林》則又有《翰林論》。與曹丕的《

典論・論文》、陸機的《文賦》相比，摯虞、李充之論較多地涉及作品，爲《文心雕龍》「原始以表末，釋名以章義，選文以定篇，敷理以舉統」㉓的文體論闡述法鑄出了初始的範式。蕭統的《文選》則以序闡論，沿至於唐，李善受曹憲之學爲之注，事義兼釋。這無疑是更加貼切到文本的詮釋上去了，雖然其理論色彩已幾消盡。當然，在《文選》的這種詮釋方法中有著濃重的經學路徑的投影。

以唐人詩總集同鍾嶸《詩品》相較，《詩品》重在品第和溯厥源流，《河岳英靈集》、《中興間氣集》則在對每一個詩人先作一段評述而後列次詩什，評述之中又多摘句。至於爲宋人所重的《極玄集》詩人名下附小傳，「總集之兼具小傳，實自此始」㉔。而《篋中集》、《河岳英靈集》、《國秀集》、《極玄集》、《又玄集》、《才調集》，卷首又冠以叙或論，有簡有繁，或述編次，或闡詩論。就其對詩人作了評述和在序、論中闡述了其詩論的唐人詩總集而言，比之《詩品》，其評述和詩論無疑更貼近於作品，並更多地注目於文本的審美；雖然在深度、系統性以及概括性上這些評述和詩論均又明顯地遜於《詩品》，處於玄風仍盛時代的鍾嶸自是重於論辨與品題的。但是，從卷首列論及以簡潔雅麗的文字評述詩人這種作法上，唐人詩總集之論詩及詩人，仍然是略具《詩品》風貌的，它們仍屬於一個統系。可以說，唐人詩總集的論評本不注目於對文本作出細致的讀解，不過是略舉其例，拈花以示微旨耳。

因此，我們不妨說時至於唐，文學也還沒有擁有不同於經學的較爲成熟的文本詮釋方法，亦即是屬於文學的讀解法。

但是，正如在經學和文學的發展上，唐代既集中古之大成，又下開宋代以至後半段古代史的路徑一樣，唐代在文本的闡釋上

也孕育著風會的大轉移。唐人注重詩法的風氣，不僅胎息了宋代的江西詩派，而且使得對於文本的詮釋必然要從事義兼釋的軌道轉移到詩式、文法的講求上來，那種以簡潔的提示啓發讀者體悟的方法，亦必然漸次變爲細致的剖析。晚唐五代，賈島、姚合的苦吟風氣一時張揚，詩格類著作亦一時興盛。比之魏晉六朝文論，其時論者的視野是大大地窄化了，但其意旨是更在文本的審美上了。

於是，到了宋代乃有《古文關鍵》、《三體唐詩》這一類總集的出現。呂祖謙《古文關鍵》一書，觀其書名，便知此書著眼於抉發爲文之門徑，而以「關鍵」二字強調之以引起學者的注意。此書卷首列總論看文作文之法，於選文之旁則有鉤抹之處，故陳振孫稱其標抹注釋以教初學。宋代之標抹，即明清之圈點也。

《三體唐詩》爲周弼所編。周弼論詩本於唐，然不喜元和以下詩，稱「元和蓋詩之極盛，其實體制自此始散，僻字險韻以爲富，率意放詞以爲通，皆有其漸，一變則成五代之陋矣。」但他論李白詩云：「謫仙號爲雄拔，而法度最爲森嚴，況餘者乎」㉟？這明顯仍是一種詩法的眼光，所以他於晚唐詩人看中了起結爲妙、多有警句可法的許渾，惟以許集諄諄誨人。周弼還認爲惟立心專、用意精，方能造唐詩法度之妙。這樣一種對詩法的熱衷勁頭，實亦不下於晚唐五代人。是以，他的《三體唐詩》乃以詩格立目。七絕分七格：實接、虛接、用事、前對、後對、拗體、側體。七律分六格：四實、四虛、前虛後實、前實後虛、結句、咏物。五律分七格：前四格同於七律，另有一意、起句、結句三格。三體二十格中，除了咏物爲事類格外，餘均爲藝術格。范晞文評曰：「周伯弜（疑當爲「徽」——引者按）選唐人家法，以四實爲第一格，四虛次之，虛實相半又次之。其說『四實』，謂中四句皆

景物而實也。於華麗典重之間有雍容寬厚之態，此其妙也。昧者為之，則堆積窒塞，而寡於意味矣。是編一出，不為無補後學，有識高見卓不為時習熏染者，往往於此解悟。間有過於實而句未飛健者，得以起或者窒塞之譏。然刻鵠不成尚類鶩，豈不勝於空疏輕薄之為，使稍加探討，何患不古人之我同也」㉖。范晞文對於周弼此編是肯定的，並且對於這種以格學詩的路徑也是肯定的，這可以說是彌漫南北宋的一種普遍風尚。范晞文又評述其四虛格曰：「『四虛』序云：不以虛為虛，而以實為虛，化景物為情思，從首至尾，自然如行雲流水，此其難也。否則偏於枯瘠，流於輕俗，而不足采矣。姑舉其所選一二云：『嶺猿同旦暮，江柳共風煙。』又，『猿聲知後夜，花發見流年。』若猿，若柳，若花，若旦暮，若風煙，若夜，若年，皆景物也。化而虛之者一字耳，此所以次於四實也」㉗。四虛是否一定次於四實，不同美學趣味的人自可有不同的看法，但像「以實為虛，化景物為情思，從首至尾，自然如行雲流水」的說法，確是得詩家三昧的。

　　當然，散文和詩歌中這種講求文法、詩法的風尚之形成，同其時士人學為場屋之文亦關係密切。《論學繩尺》是宋人魏天應輯當時場屋之文編成，全書冠以論訣一卷，「所錄之文，分為十卷，凡甲集十二首，乙集至癸集俱十六首，每兩首立為一格，共七十八格。每題先標出處，次舉立說大意，而綴以評語，又略以典故分注本文之下」㉘。斯時，不管是禮部貢舉條式，還是太學舊法，都規定每試必有一論。魏天應此編，乃以備士子揣摩之具也。

　　可以看出，宋人在文學作品的讀解上完成了自己的方法創造。從淵源上說，宋代古文家所最推崇的韓愈，雖以文道雙任，但他運用文字的能力無疑是大大高於他的理論解剖力的。宋代古文家

張耒雖力贊韓愈「其在夫子之門，將追游、夏而及之，而比之於漢以來齷齪之文人，則不可」，却指責他「未知」道㉙。沿流而下，唐宋古文家不少人是以學文而學道的，即如程頤所說的「倒學了」㉚，於道上心得不多，却斤斤於文章之意度波瀾，這樣就改變了由漢代經學確立的事義兼釋的文本闡釋法，轉到了藝術技巧的讀解上來。這樣一種轉變，隨著宋代古文運動的風靡六合而覆被文苑，科舉的需要更對這種轉變作出了強大的推動，以至對於先秦諸子典籍，宋以下亦出現了很多從文法上作講求的著作。詩歌方面，唐代對於詩法、詩格的研究是另有專書的，但在宋代亦被引入總集的編次中來，鮮明地表現了一種新的讀解方式的確立。

　　散文和詩歌中的這種讀解方式有三個特點：一、它是屬於文學而有別於經學的。二、它是細加剖析，並以「法」和「格」的體系加以組織了的。三、它又是將論、評和作品密切結合了的，論和評是可以落實到特定作品上作具體了悟的。正是在這三個特點中，有著一種實用性和群眾性的抬頭。學爲文、爲詩，以應付進身、揚名之需要，是這種讀解方法的實用目的，並且我們甚至應該說這種實用目的正是此種讀解方法形成的社會原因。初學者和應考士人的實用乃是社會上一個龐大的社會層面的需要，所以群眾性亦必相伴實用性而至。這裡有一點必須強調的是：初學者和應考士人雖水平不一，但其目的既在於學有所成以高中鵠的，因此他們的需要乃是既要易於理解又要由此而上達大雅之堂，正是在這種需求中產生了雅和俗結合的可能，因此我們可以說適應此種需要而產生的這種讀解方法的實質，乃是將較高層次的研究成果作出能爲更多的讀書人所易於接受的通俗化努力。當然，這需要編者本人確有學問和眼光。藉此，由前代和當代著名文學家、

評論家所代表的並由許多學有專長的選家所共同組成的高級文化層和士人中的一般文化層，就這樣歷史地溝通爲一個行之有效的文化傳播圈了。

標注法便是這種讀解方法用以講說文心、指陳利病、溝通雅俗的具體形式，是爲著後學士子的實用性需要而作通俗化努力的具體體現。

呂祖謙有《標注三國誌詳節》，樓昉《崇文古訣》亦題「標注」二字。我以爲標即指抹、點、圈之類標記，注則爲評者用文字明確寫出自己的意見和需要加以說明的內容。因爲只有隨文講解才能細述文理，以便後學士子有剴切詳明的了悟，但這些講解若都用文字寫下來則太繁重，故以符號標明。標注者，乃是自然語言與人工語言之相輔相成。塾師授課有串講一法，標注可謂串講法的書面化。這一方法，如同以詩格論詩一樣，也是從唐代孕育而出的。韓愈在學習方法上有過一些具體的做法，《進學解》曰：「記事者必提其要，纂言者必鈎其玄」，《秋懷詩十一首》其七云：「不如覷文字，丹鉛事點勘」；然其提要鈎玄之書、點勘之法，韓愈本人及其門弟子均未有所表述。不過，宋人讀書所習用的於切要處以筆抹之，如今日讀書之於字句下面劃線然，則必沿之於唐。抹有長短，短抹即變爲點，點而稍肥則變爲圈，圓之爲圈，方則爲圍。唐劉蛻《梓州兜率寺文冢銘》云：「十五年矣，實得二千七（《文苑英華》作『一』——引者按）百八十紙，有塗者，有乙者……有朱墨圍者。」圍，即圈也。宋刊呂祖謙《古文關鍵》一書亦已有點圈。樓昉《迂齋標注崇古文訣》字旁長抹有長至一行者，對於人名、朝代名和重要字眼即有方圍、圓圈二種標記，而圓圈又有領圈、圍圈之別。淳熙所刻方崧卿的《韓集舉正》，於衍去之字用圓圈圍之，於增入之字用方圈圍之，於

顛倒之字則用墨線曲折乙之。《古文關鍵》張雲章序云：「有宋一代文章之事盛矣，而集錄古今之作傳於今者僅三、四家，夫亦得當者鮮哉。眞西山宗謝迭山《規範》，其傳最顯，格制法律，或詳其體，或舉其要，可爲學者準則。而迂齋樓氏之標注，其源流亦軌於正。……以余考之，是三書皆東萊先生開其宗者。」張雲章述標注之源流而溯之於呂祖謙，如上文所述，標注應是唐人開其宗，但至呂祖謙而大增了影響。謝枋得的《文章規範》沿爲眞德秀的《文章正宗》，而眞氏則開道學家古文之一脈。嗣後，圈點之書愈興。劉辰翁批評《老》、《莊》、《列》、《史記》、《漢書》、《世說新語》以及王維、杜甫、李賀、東坡、荊公、放翁詩，方回輯評唐宋律詩，……宋末元初圈點斯亦盛矣！

　　不過，事義兼釋的詮釋法並沒有廢棄，因爲古籍的閱讀總要弄清名物訓詁、疏通文句，因此專門的箋釋仍然是需要的。從箋釋字句上升到審美的欣賞以至文學史價值的認識，正是詩文讀解遞次上升的幾個層次，因此也就有評家將之結合起來了。方回的《文選顏鮑謝詩評》一書正是這樣做的，此書對《文選》所錄顏延之、鮑照、三謝之詩加以評述，或述背景，或釋字句，或評工拙，均詳明細致，並緊緊扣住所評詩，於初學者甚便。

　　方回的《瀛奎律髓》一書曾發生過較大的影響，究其原因乃在於此書介入了詩派的建構與紛爭之中。這一點前已述及，茲不再贅。然而，還值得追問的是，此書爲何會介入詩派的建構與紛爭之中的？其原因正在於這是一部運用了新讀解方法而編次的書。這一點方回在序中就已說得很清楚了，其云：「所選，詩格也；所注，詩話也。學者求之，髓由是可得也。」這就表明他的做法，是欲以詩格與詩話的方式來編次詮釋這一部總集，其目的正在於讓學者由此求之，以得「詩之精者」[31]之髓也。方回在「變體類」序

中說：「周伯弨《詩體》分四實四虛、前後虛實之異。夫詩止此四體耶？然有大手筆焉，變化不同。用一句說景，用一句說情。或先後，或不測。……今選於左，並取夫用字虛實輕重，外若不等，而意脈體格實佳，與凡變例之一二書之。」這表明方回的詩論和周弨的路數大類相一，但方回認為周弨說得過於拘束而意欲縱橫之，所以他在蘇東坡《送春》詩注中分析道：「『酒闌病客惟思睡』，我也，情也。『蜜熟黃蜂亦懶飛』，物也，景也。『芍藥櫻桃俱掃地』，景也。『鬢絲禪榻兩忘機』，情也。一輕一重，一來一往，所謂四實四虛、前後虛實，又當如何下手？至此則知繫風捕影，未易言矣。坡妙年詩律頗寬，至晚年乃神妙流動。」這是在分析蘇詩，亦是緊扣作品在駁斥周弨、發揮詩論。對於方回此書的性質在於「論詩」這一點，紀昀和馮舒都是看得很清楚的。對於魏知古的《春夜寓直風閣懷群公》和王維的《同崔員外秋宵寓直》二首注之釋職官，紀昀批曰：「此二首忽不論詩，但作箋釋，所謂為例不純。」對於崔塗《過陶徵君舊居》注之發修善戒惡的感慨，馮舒亦批曰：「此與詩道何與？」其實方回已然說了他是用寫詩話的方法來作注的，詩話體兼說部，下筆本比較隨意。但此書既標出「所選，詩格也」的旗號，紀、馮二人自然會執定論詩以相責。方回在書中確是以「格」的高低作為評詩的重要標準的。其曰：「詩先看格高而意又到、語又工為上，意到、語工而格不高次之，無格、無意又無語下矣」[32]。在格高、意到、語工三項中，格高是第一的，所以方回說：「黃、陳特以格高為宋第一」[33]，「簡齋詩獨是格高，可及子美」[34]。

此書既是學者求以得髓之具，因而也就具有了趨向於高層次的必要，以是方回在書中發表了自己的種種研究心得。他祖述江西詩法，斤斤於用事下字、對偶句眼，「於情景虛實之間三致意

焉」㉟。即其以格、意、語三項論詩而言，此論實發自後山。後山懲時人學杜至竊取數字以仿像之的弊病，乃曰：「學詩之要，在乎立格、命意、用字而已」，故以「體其格，高其意，煉其字，則自然有合矣」㊱爲學杜之衡尺。但方回的祖述，結合著具體作品，並有圈點佐之，故易於爲讀者所領會，此書的刊行，自然大張了江西派的影響。

同時，方回還又在詩注中對江西派的法統及詩論加以了新的組織和發揮。一祖三宗之說，上文已述。在陳簡齋《與大光同登封州小閣》詩注中，方回申發說：「老杜詩爲唐詩之冠，黃、陳詩爲宋詩之冠，黃、陳，學老杜者也。嗣黃、陳而恢張悲壯者，陳簡齋也。流動圓活者，呂居仁也。清勁潔雅者，曾茶山也。七言律，他人皆不敢望此六公矣。若五言律詩，則唐人之工者無數。宋人當以梅聖兪爲第一，平淡而豐腴。舍是，則又有陳後山耳。此余選詩之條例，所謂正法眼藏也。」在這一對選詩條例的說明中，不僅有著對江西派之淵源、繼承、重要詩人的特點之闡述，而且又表明了以豐腴濟江西枯澀之弊的意向。在張祐《金山寺》詩注中，方回又曰：「大曆十才子以前，詩格壯麗悲感。元和以後，漸尙細潤，愈出愈新，而至晚唐。以老杜爲祖而又參此細潤者，時出用之，則詩之法盡矣！」這是欲以細潤而飾江西之粗疏也。在張澤民《梅花二十首》後，方回注云：「夫詩莫貴於格高。不以格高爲貴，而專尙風韻，則必以熟爲貴。熟也者，非腐爛陳故之熟，取之左右逢其源是也。」紀昀批曰：「此論却是」。這又是欲以圓熟矯江西之生硬也。方回此書本以事類分卷，但第二十五、二十六、二十七卷則以藝術格立目。然「著題」一卷其實即是咏物，因此藝術目惟二：曰拗字、曰變體。江西詩法「點鐵成金，奪胎換骨」，著人眼目，時人有以爲名言者，然宋、金之

時亦已迭遭批評。魏泰稱之爲「綴茸而成詩」㊲，而王若虛直呼之爲「特剽竊之黠者耳」㊳。方回突出拗字、變體，乃欲另樹詩法之重點也。拗字者，改換平仄以求詩骨格之峻峭也。對偶、景情，互換錯綜，是爲變體；開合抑揚，殊無斧鑿痕，則又變體之俊者。十分明顯，上述這些已然構成了方回自己的理論建樹。

　　方回對江西詩法的祖述和他本人的理論建樹，以及此書「標點眼目，辨別體制，使風雅之軌，後學可尋」㊴的實用性便利，使此書具有了雅俗兼顧的特點。正是這一特點，使它在高級文化層和社會一般文化層中均獲關注，從而大大有利於它的傳世。此書在元至元二十年刊行，清人吳瑞草云：「至元癸未，距天順之末，裁百五六十年耳，然板刻已銷亡，遺書亦殘缺」㊵。而於天順之末搜訪抄本，「使是書得流傳至今，不致湮沒」㊶的龍遵，所注目於此書的，正在於「涵泳而雋永之，古人作詩之法，詎復有餘蘊哉」㊷！清代宗唐、宗宋，門戶紛爭。宋詩派丹黃此書以張軍容，唐詩派則批點力詆以掃黃、陳。於是，一時注家蜂起，二百多年中，評點者即有十多家。二個層面的關注，不僅使得此書「行世有年」，「村塾」亦且「奉爲典型」而「莫敢訾議」，所以紀昀雖不喜方回爲人並力攻此書選詩三弊：矯語古淡、標題句眼、好尚生新，及其論詩之三弊：黨援、攀附、矯激，但因爲此書具有較爲廣泛的影響，乃於暇日「細爲點勘」㊸。而被紀昀等人認爲「統觀全集，究較《瀛奎律髓》爲勝，殆作於晚年，所見又進歟」的《文選顏鮑謝詩評》，倒反而「諸家書目，皆不著錄，惟《永樂大典》載之」㊹。《瀛奎律髓》的傳世及發生影響，雖然同它保存了一些集子失傳了的宋詩和在注中記載了當時的一些遺聞舊事有一定的關係，但最重要的乃在於它突出地體現了一種新的讀解方法。以此，本節乃詳論之也。

第五節　評點之學契入於文學的發展之中

　　從《瀛奎律髓》一書可以看出，此種新的讀解方法已然具有了一種明顯向著發揮評論家個人見解的方向發展的趨勢。這一趨勢在劉辰翁的批評中已經顯露，但方回黨援江西使得這一點十分突出了。選評圈點已經成爲一種理論建構的有效方式。沿此而下，明清二代，評點之學大張，春綺秋霞，艷葩豐柳，煥煥然光彩煜耀一時。評點一詞雖爲標注之異名，點即標，注即評，但是評論的色彩明顯加重了。評在點前，即是說重在於評，以評率點也。標注傾向於說明型，評點則傾向於議論型。由宋代確立的讀解方法的這樣一種新發展，對於明清的思想和文學都具有顯著的影響。評點之學深深地契入了中國文學的發展之中，成爲左右文學史發展方向合力構成中的一個重要因素。

　　評點之學對於文學發展的影響在詩歌、散文和小說、戲劇中，都表現得相當突出。文法之爭執與文法之詮釋成爲二代風會之所在。

　　前七子倡言文必秦漢、詩必盛唐。然何景明以「辭斷而意屬，聯類而比物」爲詩文「不可易之法」⑮。而李夢陽則云：「古人之作，其法雖多端，大抵前疏者後必密，半闊者必半細，一實者必一虛，疊景者意必二。此予之所謂法，圓規而方矩者也」⑯。唐宋派力攻秦漢派所張揚出的一面大旗也是「法」。唐順之在《董中峰文集序》中說「漢以前之文，未嘗無法而未嘗有法，法寓於無法之中，故其爲法也，密而不可窺。唐與近代之文，不能無法，而能毫釐不失乎法，以有法爲法，故其爲法也，嚴而不可犯。」這是將中國散文分爲兩類：一類是法寓於無法之中的秦漢文，一

類是以有法爲法的唐宋文。「然而文之必有法，出乎自然而不可易者，則不容異也。」由此，唐順之大張撻伐了：「有人焉，見夫漢以前之文，疑於無法而以爲果無法也，於是率然而出之，決裂以爲體，餖飣以爲詞，盡去自古以來開闔首尾、經緯錯綜之法，而別爲一種臃腫稛澀浮蕩之文，其氣離而不屬，其聲離而不節，其意卑，其語澀，以爲秦與漢之文如是也。」然而，荊川所貶斥於秦漢派之「盡去自古以來開闔首尾、經緯錯綜之法」，其實也正是空同子之所嘆也。李夢陽在《答周子書》中針對何景明捨筏登岸之說慨然曰：「古之所云開闔照應、倒插頓挫者，一切廢之矣！」並且，據《明史‧文苑‧李夢陽傳》載：華州王維楨且「以爲七言律自杜甫以後，善用頓挫倒插之法，惟夢陽一人。」後七子繼起，仍注重法。王世貞《藝苑卮言》亦於論法醰醰有餘味然：「篇法有起有束，有放有斂，有喚有應，大抵一開則一闔，一揚則一抑，一象則一意，無偏用者。句法有直下者，有倒插者，倒插最難，非老杜不能也。字法有虛有實，有沉有響，虛響易工，沉實難至。」「首尾開闔，繁簡奇正，各極其度，篇法也。抑揚頓挫，長短節奏，各極其致，句法也。點掇關鍵，金石綺綵，各極其造，字法也。篇有百尺之錦，句有千鈞之弩，字有百煉之金。文之與詩，固異象同則」[47]但在唐宋派攻擊下，其論法取何景明「不仿形迹之意」[48]，更注重渾成，其云：「篇法之妙，有不見句法者；句法之妙，有不見字法者。此是法極無迹，人能之至，境與天會，未易求也。有俱屬象而妙者，有俱屬意而妙者，有俱作高調而妙者，有直下不對偶而妙者，皆興與境詣，神合氣完使之然」[49]。

　　雖然前後七子與唐宋派在取法的對象上差別明顯，但都是講求法的。當然，秦漢派注目於從聲容、意興、體制上得古人之格

調。王世貞曰：「西京、建安，似非琢磨可到，要在專習凝領之久，神與境會，忽然而來，渾然而就，無歧級可尋，無色聲可指」⑩。因此，秦漢派往往因刻意古範而淪於鑄形宿鏌。唐宋文語言較近於後世，唐宋派以之對於文法的探求就顯得較為切近。比之熟讀細參求格調的路徑來說，隨文論其神理意脈，亦易於了悟。也就是說，前後七子一派所承乃滄浪妙悟之旨，而唐宋派則續接了呂祖謙以來的古文評點傳統，正是這一點，決定了唐宋派必然取得更大的社會影響。

　　唐宋派受王陽明心學的影響，愛論神明。唐順之《答茅鹿門知縣第二書》云：「只就文章家論之，雖有繩墨布置、奇正轉折，自有專門師法，至於中間一段精神命脈骨髓，則非洗滌心源、獨立物表、具古今只眼者，不足以與此。」然而古人之精神命脈骨髓難以學，而所謂「專門師法」者則可以指陳授受，於是唐宋派之重視總集的選編及評點就勢所必然了。唐宋派的發起人王慎中序宋人陳騤《義則》一書，即稱讚其評點，疏剔闡發使「作者之意所以然與其體之所宜」燦然可睹，「不徒使觀者悟而知向，思焉而有獲，而作者亦復躍然自失，能自為文而不能自言其文為如此也。」此序對於評點在引導讀者和闡發作者文心上的作用，是認識得很清楚的。唐順之輯先秦至宋之文為《文編》而序曰：「是編者，文之工匠而法之至也。」這就明白表示了要藉所選總集以顯示唐宋派所理解的文法的意向。《四庫全書總目》稱其「標舉脈絡，批導窾會，使後人得以窺見開闔順逆、經緯錯綜之妙，而神明變化，以蘄至於古，學秦漢者當於唐宋求門徑，學唐宋者固當於此編為門徑矣」⑪。到茅坤選編《唐宋八大家文鈔》而風行一時，鄉里小兒乃無不知茅鹿門者。歸有光承之，而有《史記評點》。歸氏別出心裁，將評全部化入到點當中去：「五色標識，

各爲義例，不相混亂。若者爲全篇結構，若者爲逐段精彩，若者爲意度波瀾，若者爲精神氣魄，以例分類，便於挈服揣摩，號爲古文秘傳」㊼。這一秘傳在明清古文家中「珍重授受」㊽，至乾、嘉年間而不衰。《四庫全書總目》云：「自正、嘉之後，北地、信陽聲價奔走一世；太倉、歷下，流派彌長；而日久論定，言古文者終以順之及歸有光、王愼中三家爲歸」㊾。

有明一代古文的發展，顯示了評點之學的作用，不僅在於以時文之法評說古文而將古文寫作與舉業更密切地扣合了起來，從而拓展了古文在士子中的傳播圈；而且更重要的是部分文人的散文創作在這種扣合中，復趨向於同李夢陽等人直肆噍殺所不同的委曲婉轉的文風，並從而形成一種文學流派，還取得了「日久論定」的歷史地位。

清代的桐城派，正是沿著明代唐宋派的道路而興起的。方苞除了張揚「義法」的旗號外，同歸有光一樣，亦醉心於評點《史記》，後人乃合刻之爲《歸方評點史記》。方苞的《古文約選》且明確地與制藝相連，其序曰：「學者能切究於此，而以求《左》、《史》、《公》、《穀》、《語》、《策》之義法，則觸類而通，用爲制舉之文，敷陳論策，綽有餘裕矣。」而姚鼐的《古文辭類纂》，雖義取簡當，但仍有圈點評識。至於劉大櫆所謂「學者求神氣而得之音節，求音節而得之字句，思過半矣」㊿的主張，和明代唐宋派之由「專門師法」以蘄於神明實爲同一路徑。明代唐宋派以及清代桐城派的文學理論，一定程度上正是評點之學的提高。

更大的文化傳播圈，評點中的理論創造：這兩點在明清戲曲、小說領域中表現得更爲突出。明清二代市民的文化消費大爲興盛。明代僅南京書坊所刻戲曲即達二、三百種，其中唐對溪富春堂所

刻最多，有十集百種。明代刻印小說亦甚夥。《三國志演義》明
刻本可考者即有十六種。明人所滙戲曲、小說叢書亦多，如毛晉
汲古閣《六十種曲》、《梨園雅調》六十種、《顧氏文房小說》
四十種、清平堂刊小說十五種。而清代初年戲曲作品即有三百九
十種。蘇州在清代始終為戲曲、小說之重點出版地，僅同治間為
丁日昌所禁即有小說數百種。清代之北京、廣州還出現了賃書舖，
以出租小說為業，此小說盛行之產物也。比評點之在散文發展中
促進了文學史流派的產生意義更大的是，小說、戲曲的評點，在
溝通以廣大市民為主要對象的文化生產與文化消費之中，不僅大
大擴展了這兩種新興文體的社會影響，而且對於其時社會新思潮
的勃興也產生了推動，評點在這一種意義上已然走出了文學領域。

　　署名袁宏道的《〈東西漢通俗演義〉序》曾記載過這樣一件
事：「里中有好讀書者，緘默十年，忽一日，拍案狂叫曰：『異
哉！卓吾老子吾師乎？』客驚問其故，曰：『人言《水滸》奇，
果奇。予每檢十三經或二十一史，一展卷即忽忽欲睡去，未有若
《水滸》之明白曉暢，語語家常，使我捧玩不能釋手者也。若無
卓老揭出一段精神，則作者與讀者，千古俱成夢境。」這一故事
不僅說明了小說作為新興文體當日在社會上所發生的震動性影響，
而且也表明評點在溝通作者與讀者方面的重要作用。評點家正是
因為處於讀解導向的位置上，於是乃泛瀾藝海、含咀詞腴，挾新
興文體的強大魅力，而在意識形態園苑中崛起了。當《水滸傳》
「上自名士大夫，下至廝養隸卒，通都大郡，窮鄉小邑，罔不目
覽耳聽、口誦舌翻，與紙牌同行」⑯，以至「數百年稗官俳場，
皆為壓倒」⑰之時，《水滸》評點家自然會因其靈心慧筆而在一
個空前廣大的文化傳播圈中，新星般地閃出光亮。種種小說、戲
曲在市民性文化消費強勁推動下的廣泛流行，勢必拱現出一批以

評點而領時代風騷的才人。

李卓吾之後，金聖嘆乃以傑出評點家的面貌，口爲雌黃，筆代袞鉞，揮灑其狂談於世了。他以《莊子》、《離騷》、《史記》、杜律、《水滸傳》、《西廂記》爲天下六才子書，就是一種背經離道的驚人標目。其時，攻之者、鄙之者甚衆。袁枚《隨園詩話》卷一云：「金聖嘆好批小說，人多薄之。」然而，他的評點卻無可否認地造成了極大的影響。時人廖燕曾曰：「予讀先生所評諸書，領異標新，迥出意表，覺作者千百年來始開生面」，並稱「效先生所評書」已是一種風氣⑱。李漁亦金聖嘆同時人，以晰毛辨髮、窮幽極微譽其《西廂記》之評點。馮鎮巒更以「開後人無限眼界、無限文心」⑲稱其批《水滸》《西廂》之功績。金聖嘆在評點中，不僅起了讀解導向的作用，而且還構築了他至今受到注目的文學理論。更進一步，金聖嘆之腰斬《水滸》，以草橋一夢收煞《西廂》，以及種種細部的刪改，無論其得與失、成與敗，實際上已然參與到創作中了。就文學範圍而言，金聖嘆的評點可謂一身而三任焉。評點的任務與作用又增大了。當然，在金聖嘆之前，李卓吾即已在《與焦弱侯》的信中稱自己將「《西廂》、《琵琶》塗抹改竄得更妙。」而稍後毛宗崗父子的評改《三國演義》，除了批點外，還進行了修改文詞、辨正史事、整頓回目、刪除論贊諸項工作。明清二代中，像李贄、金人瑞、毛宗崗這一類評點家已不是宋元舊型了。

此後，評點家的行列便瓜瓞綿綿了，選家之多，以至於錢謙益曾大發感慨地說：「唐人選唐詩者，一代不數人，今選家之壇墠多於儲胥矣」⑳。文人們蜂起批書，張竹坡、脂硯齋即爲其著名者。不僅是詩文、戲曲、小說的創作，也不僅是詩話、詞話、曲話等論評的寫作，批書同樣也成爲文人所愛好的赫然事業了。

妙語警欬，亦如隋珠昆玉矣！

　　評點家在評點中，總結了不少具有鮮明的民族特色的藝術手法，點撥出許多藝術妙處，如追本窮源、巧收幻結、星移斗轉、橫雲斷嶺、草蛇灰線、空谷傳聲、兩山對峙、烘雲托月、背面傅粉、千皴萬染、回風舞雪、倒峽逆波……這一類詞語的生香活色是明顯的，只要不是故弄玄虛，它們的內涵值得探究。這是我們民族一宗寶貴的藝術遺產。

　　唐以來，一種新的屬於文學的讀解方法，漸次地開闢著自己的發展道路：從標注到評點，到評點中的理論建構，再到金聖嘆式的一身而三任的評點，一方面是方法本身的複雜性在時流中愈益增加著，另一方面則是評點之契入文學史運動的深度及其社會影響面在愈益加深和擴大。這種新的讀解方法，將文化生產與文化消費、雅與俗綰結於一身。雅於此普及於並提高著俗，俗於為回流、上升為雅。為士人舉業和市民愛好等文化消費所決定的文化生產，不僅會彌漫而成為一種社會風氣，而且還必然或顯或隱地浸潤著高層次的創作和理論活動。如果說總集往往凝定著某種個人的、偶然的因素，那末評點便將此種因素經過再創造而放大其影響於社會。在讀解與反饋的疊加中，相互或矛盾、或應和、或承續、或更張的種種選評家的個人創造，乃融和在歷史的延伸中而進入社會化的消長興衰之中，並從而深深地影響著文學史的發展。

第六節　文學史運動的動力結構

　　文學史乃是一個複雜的巨系統運動的結果，它是多種合力的產物。它根生在社會經濟、政治生活和民族文化—心理中，並以

此同種種社會風習以及哲學、宗教、藝術等意識形態各部門相伴生長、互相滲透。就其本身而言：其橫向展開是寫作、閱讀、評論多種因素，藉助於家族、鄉邦、師友種種社會組合以及高層知識圈和一般文化圈（亦即雅與俗）之間的對流，而產生的交織和反饋。在這種組合、對流、交織、反饋的綜合作用下，往往形成彌漫一時的藝術風會，或是導引出幾種美學傾向的并列、交鋒以至爭為雄長。其縱向發展，是在篇什的增加與佚亡相兼并行以及文化發展之開闊動蕩、遷躍斷裂的過程中的讀解之累積與變化。在這種累積與變化中，透過種種偶然性，滋生著愈趨複雜的結構，在無序之流中成長出有序的意識構築。這一過程有其深刻的邏輯性，如同本書第一章第四節和第二章第一節所說，它應是基始性矛盾的辯證展開，其中每一個環節中都包含著自身的否定因素，而且到了一定的階段都必然發生向另一個環節的轉化，這是一個環環相扣具有內在行進的過程；是一個在自我具體化中解決著、再生著全部的矛盾，向著愈來愈多的具體性上升的過程。其最為深邃的底蘊，乃是民族思維的發展。

　　總集是束集文學活動諸因素於一身並溝通今古的一種較好的載體，從而那些獲得讀解認同的總集與一些傑出文學家的別集、專書一起，便幸運地居於了文學史運動的中介地位，不斷地萌發出文學史發展的許多契機，而評點則使這種中介作用得以充分的發揮。選評家們對於文學史發展所起的作用，應該得到科學的評價。只有當選評家們以一個恰當的位置加入到文學家、理論家等人的行列而進入我們的視野中，並且他們之間的互動關係也清晰地呈現出來時，我們所理解的文學史才是非線性的、立體交叉的，並處於一種動態的建構過程中。

　　值得一提的是，總集和別集一樣也是與世浮沉的。經過批注

的和未經批注的種種選本，同樣處在不斷佚亡的過程中，有其不同的顯揚沉淪。胡應麟曾敘述過唐五代唐詩選本的佚亡情況：「唐人自選詩，《英靈》、《國秀》諸集外，孫季梁有《唐正聲》三卷，王正範有《續唐正聲》五卷，韋縠有《才調集》十卷，劉明素有《麗文集》五卷，李戢有《唐選》三卷，柳玄有《同題集》十卷，崔融有《珠英集》五卷，曹恩有《起予集》五卷，殷璠有《丹陽集》一卷，劉吉有《續又玄集》十卷，陳康圖有《擬玄集》十卷、《詩纂》三卷，鍾安禮有《資吟集》五卷，王仁裕有《國風總類》五十卷，伍承範有《備遺綴英》二十卷，劉松有《宜陽集》六卷、《叢玉集》五卷，韋莊有《采玄集》一卷，陳正範有《洞天集》五卷。又有《前輩咏題》二卷，《連璧集》三十二卷，《正風集》十卷，《垂風集》十卷，《名賢絕句》一卷，不題名氏，要皆唐末、五代人所集。當宋盛時，相去不遠，存者應眾。第尤延之畜書最富，《全唐詩話》已無一見采；計敏夫摭拾甚詳，《唐詩紀事》亦俱不收；至陳、晁二氏書目，概靡譚及者，則諸選自南渡後，湮沒久矣。」胡應麟又說到宋代：「蘇易簡、晏同叔俱有選，今惟洪景盧、趙昌父等十餘家傳云」⑥⑪。與別集中出名的僅為其中極少的一部分一樣，在眾多的總集中也只有一小批為世所重，數百種唐詩選本中，惟韋縠《才調集》、周弼《三體唐詩》、元好問《唐詩鼓吹》、方回《瀛奎律髓》、楊士宏《唐音》、高棅《唐詩品滙》、李攀龍《唐詩選》、王漁洋《唐賢三昧集》、沈德潛《唐詩別裁》、孫洙《唐詩三百首》等十餘種成為名選。並且，即使是有名的選評本，其行世的情況也還是隨著審美風氣的轉移等種種情況而變化的。何焯在《唐三體詩評·後記》中曾說：「《鼓吹》、《三體》二編，嘉靖以前童兒皆能倒誦，如宋人讀鄭都官詩也。自王、李後，而幾庶無能舉其名者。」

然而，自錢謙益、二馮反對「詩必盛唐」論，痛詆嚴羽、高棅以後，與一批側重中、晚唐的新選本的出世相一致，《鼓吹》、《三體》復又爲世所重而多有批注了。

創作、理論、選評是三個平行浮動、相互包容的領域，它們一體化於社會與歷史的消長興衰之中，從而錯綜交織出文學史的曲折行程。

惟有統括上述複雜的巨系統運動的文學史著作，才能在一個深廣的時、空幅員中，融合偶然與必然、確定與不確定於一種非線性的流程中，以展現多元的塊團和個人如何從紛紜渾淪的浮沉中，經由種種環節，而序化整合爲一個以民族思維和文化—心理結構的發展變化爲基礎的、具有深刻的內在邏輯的文學史進程。它既是邏輯在原生態式的把握方式的導引下，對於歷史之原初眞實的盡可能的符契；又是歷史之原初的眞實在理論創造意圖的光照下，以其最爲豐富的內容，展開爲一種活的邏輯。這種活的邏輯即是本書所著力闡發的新邏輯學思路。涵有極爲豐富的感性生動性的理論大廈因構築在歷史那博大堅實的山崖上而能高高地聳起，並可望屹立在雲朵般飄去的時流中，向著未來昂起自己沉思的頭顱。

【附　註】

① 《四庫全書總目》卷一九〇。
② 《集外集·選本》，《魯迅全集》第七卷第136頁。
③ 《集外集·選本》，《魯迅全集》第七卷第136、137頁。
④ 《四庫全書總目》卷一八六。
⑤ 《石守道先生集》卷上。
⑥ 《四庫全書總目》卷一八九。

⑦　《集外集‧選本》，《魯迅全集》第七卷第136頁。

⑧　《日知錄》卷十八。

⑨　《與李生論詩書》。

⑩　《與極浦書》。

⑪　《自序》。

⑫　《答吳景仙書》。

⑬　《滄浪詩話‧詩評》。

⑭　《唐詩品滙‧總叙》。

⑮　《然燈紀聞》。

⑯　《苕溪漁隱叢話前集》卷四十八。

⑰　即呂居仁。

⑱　《江西詩派序》。

⑲　見第二十六卷陳簡齋《清明》詩批語。

⑳　《四庫全書總目》卷一九五。

㉑　此篇目數據《四庫全書總目》卷一八七，而劉克莊《後村大全集》卷九十六《迂齋標注古文序》則云：「迂齋標注者一百六十有八篇」。

㉒　《辨騷》篇雖應列為文之樞紐所屬的五篇之中，亦文體論也。

㉓　《序志》。

㉔　《四庫全書總目》卷一八六。

㉕　范晞文《對床夜話》。

㉖　同上。

㉗　同上。

㉘　《四庫全書總目》卷一八七。

㉙　《韓愈論》。

㉚　《二程遺書》卷十八。

㉛　《瀛奎律髓‧序》。

㉜　《瀛奎律髓》卷二十一。

㉝　《瀛奎律髓》卷二十二。

㉞　《瀛奎律髓》卷十三。
㉟　《元史・文苑・方回傳》。
㊱　張表臣《珊瑚鉤詩話》卷二。
㊲　《臨漢隱居詩話》。
㊳　《滹南詩話》卷三。
㊴　吳之振《〈瀛奎律髓〉序》。
㊵　《重刻記言》，按「百五六十年」實應爲百八十年。
㊶　《重刻記言》。
㊷　《〈瀛奎律髓〉後序》。
㊸　紀昀《〈瀛奎律髓〉刊誤序》。
㊹　《四庫全書總目》卷一八六。
㊺　《與李空同論詩書》。
㊻　《再與何氏書》。
㊼　《藝苑卮言》卷一。
㊽　《與李空同論詩書》。
㊾　《藝苑卮言》卷一。
㊿　同上。
(51)　卷一八九。
(52)　章學誠《文史通義・文理》。
(53)　同上。
(54)　《四庫全書總目》卷一八九。
(55)　《論文偶記》。
(56)　許自昌《樗齋漫錄》卷六。
(57)　《水滸葉子》卷首。
(58)　《二十七松堂集・聖嘆先生傳》。
(59)　《讀〈聊齋〉雜說》。
(60)　《牧齋有學集・愛琴館評選詩慰序》。
(61)　《詩藪・雜編》卷二。

附　　錄

古代文學研究的重要開拓

——評王鍾陵著《中國中古詩歌史》

霍松林

　　這是一部規模宏大的著作，有著史詩般的深閎偉美。「四百年民族心靈的展示」這一副標題，清楚地揭示了此書雄闊恢遠的旨向。本書作者王鍾陵是一位在學科建設上銳意開拓的青年學者，他不僅以此種大大突過前人的立意，顯著提高了寫作的難度，而且更困難的還在於，他想寫的乃是一部具有理論形態的中國文學史著作。所謂具有理論形態的文學史著作，依王鍾陵自己的理解，是要對文學史作內在邏輯的流貫而完整的把握，它要求以民族思維的發展為內核，以民族文化—生活方式的展開為表現，對與文學相關的一切因素作出一個大的綜合。這種綜合又必須以對歷史運動有著恰當反映的邏輯結構表現出來，而歷史運動又有著文學史的辯證前進和民族審美心理的動態建構這樣互為表裡的兩個層面。

　　無疑，這必然要求一系列全新的開拓。

一

　　王鍾陵對於文學史運動的把握大約有這樣四個層次：最高層次是因種種經濟、政治的條件而產生的民族思維發展的走向，其次便是在這一走向導引下所產生的由社會風習、哲學思潮、人們

的感受方式等種種因素交織而成的巨大變動，第三個層次是因了這種變動而來的新舊文體的交替、文學流派的鬥爭以及某一時代文學發展的總體特徵，第四個層次是在上述整體格局中來把握具體詩人作品的思想內容、藝術風格及其在文學發展中的作用、地位、傳承影響。這四個層次層層相生。王鍾陵有時是由大而小地步步寫來，更多的時候則是先從時代的審美情趣、詩人的藝術風格切入，然後在論述中展開相應的時代情況和文化內容。既注目於時代、社會的內容怎樣經過文學特質的規範和詩人藝術個性的過濾而進入作品，更著意於作品的種種藝術特點是如何爲時代、社會、文化、詩人個性等種種因素所導引。在他的著作中，上述四層不僅貫穿始終地存在著，而且是相互交融地凝結在一起。因此，一方面文學的進程乃上升爲一種文化的進程、民族發展的進程，從而極大地拓寬、加深了文學史的內容；另一方面文學史發展中各個階段的轉換，各種題材、表現手法的興衰，每個詩人藝術風格之形成等等，又都得到了更爲深入而細密的說明。

王鍾陵自己說過：「我多年來的學術研究，其路徑可以用一句話加以概括：即在理解民族思維發展的基礎上來把握文學的進程。我以爲這是一條前人所未曾走過，而今人也還未曾注意到的學術路徑」①。由這一路徑出發，王鍾陵把整體性原則上升到民族思維發展這一最高層次，從而使古代文學作爲長時段研究本身所固有的優勢，最爲充分地展示了出來，大大超越了建國以來個體研究、群體研究、流派時代研究和文學史縱向研究的路數。王鍾陵著作中所體現的整體性原則，是他給予文學史界的極有分量的貢獻。從民族思維發展這一遠遠突過以前各種文學史著作的思想制高點出發，王鍾陵對中古詩歌史的進程作出了整體性的全新闡發：上卷對中古審美情趣、原則、理想及其轉換推移的論述和

對於中古文學特徵的闡述，下卷中對魏代詩歌發端意義的概括，對西晉詩歌發展總體特徵的說明，對玄言詩這個歷時百年的文學史環節的復現，對永明體概念的寬狹劃分，關於南朝詩派衝突的揭示，關於梁陳存在兩種新體詩的見解，用通變派溝通南朝與唐代文學發展的主張，對山水文學所體現的審美心理的分析，以及對北朝迄隋文學發展三個階段的劃分，等等，都可以說發前人之所未發。吳調公先生認爲王著「氣象非凡。從思想體系說，給讀者以整體感。亦縱亦橫。不但體現了描述邏輯的條理性，更顯示了現實、作家、作品、反饋諸種因素通過相互作用而形成的運動感。中古詩歌特徵能上升到美學高度，作爲功能質的抽象概括中，滲透了自然質的具象。特徵抓得準。觸及作家心靈處往往閃爍著文化折光、時代折光。《後記》雖非盡扣合本書，但把作爲創作一本書的思想律動寫出來卻也有其必要，更何況寫得很深切，很動情，也有文采。」以前多部文學史所勾勒的、人們心目中長期形成的中古文學面貌，自王鍾陵的著作出來後便大大地改觀了。因此，有的學者認爲，無論是在中古文學史、詩歌史，還是在研究的方法論上，王著都是一部具有里程碑意義的著作。這一評價對於王著的開拓性及其所取得的一系列突破，是一個很好的肯定。

二

　　透過複雜的歷史運動，抓住一個中介性環節以振起全局，這是王鍾陵這部書所表現出來的獨特思路。

　　文學研究中容易有兩種偏向：一種是就文學談文學，文學被從意識形態的整體中游離了出來，顯得單薄而蒼白，這叫文學的孤立化；另一種是就文學談社會、談思想，文學本體反而被漠視，這可以稱爲文學的泛意識形態化。這兩種偏向時有發生，爲了補

偏救弊，有些學者便致力於同時注意文學的內外兩方面及其聯結，以為這樣做就可以臻於完美了。

　　但是王鍾陵的做法卻不是這樣，他不去同時注意兩者，而是以其思維的透徹和簡潔，乾脆把兩者結合起來。王鍾陵在書中自我總結說：「本書上下卷十二編七十萬字，一言以蔽之，可以說即是在揭示這一特定歷史時期中我們民族審美心理建構中的各種因素是如何更替、萌生、糾合的」②。他是將社會文化的進程與文學本身的進程統一交融為民族審美心理的建構過程，分離的二終於成為渾然的一。審美心理的建構過程是一個中介，它聯結融貫了民族思維發展、社會文化進程和文藝自身變化這樣三個方面，前面所述四個層次都盡在其中了。這樣的一種把握方式，確是一個重要的創獲。反映到邏輯結構的建立上（王著著力貫徹列寧所說的從矛盾的細胞形態中揭示出一切矛盾的胚芽的闡述方法，用對邏輯規定性相互聯繫、相互矛盾及其轉化的途徑、形式的說明來展開歷史），他所說的邏輯規定性，也是綜合文學發展的內外在因素的，是由種種社會條件所轉化而成的文學自身的內部要素，因而是文學內部因素與外部因素的一種凝定，這是《中國中古詩歌史》理論構架的一個基點，是其不同於其它文學史著作的又一個重要方面。由這樣的邏輯起點出發所描述的文學運動，當然是內外相融為一的了。由此可見，善於挖掘並把握中介，是王鍾陵思維方法的一個特徵。

　　從邏輯要素這種高度抽象的因素到最為實在的詩人及其作品之間，王鍾陵又是以一種特定的歷史進程加以聯繫融貫的，這也是一種中介，民族審美心理的建構過程因此而一個時代、一個時代地落實了下來。王鍾陵認為邏輯要素之轉換推移隱入深處，體現為一種實質，浮在表面的則是一個個具體的往往自有其面目的

歷史進程，歷史進程的往往自有其面目，同歷史發展中的隨機性是密切聯繫著的，整部文學史的發展正是在每一段都有其具體的進程，而在這一進程中完成著某一規定性和要素的轉換推移，一個又一個進程的連結，便正是邏輯之鏈的向前延伸，王著用以組織全書的便正是這一思路。王鍾陵以文人化、玄言化的興衰、平俗化、融合南北這樣四個歷史進程，來概括魏代及西晉、東晉、南朝、北朝迄隋這樣四個歷史時期的文學發展。這樣的一個遞次前進的四過程的聯結，不僅是邏輯規定性之推移的產物，而且也是歷史發展隨機性以至轉換性的結果，或者更確切地說，是前者借助於後者的展開。中古時期全部被論列的詩人都被綜合到上述四個進程中，各有其特定的位置。全書由此凝成了一個十分嚴密的整體，大大地改變了建國以來文學史著作塊狀堆積、零散孤立、缺少貫通脈絡的狀況。這樣的一種文學史觀既避免了貧乏的歷史決定論，又避免了盲目的偶然論。必然性和偶然性的關係問題，一直是治史者的一大困惑，王鍾陵成功地擺脫了這一困惑的上述思路十分新穎而深刻。它對於文學史研究與寫作的意義，將是十分深遠的。吸取了黑格爾很多思想精華的王鍾陵，正是在這一點以及在對豐博的感性所在的執著的把握上，則又明顯地超越了貶斥直接性和隨機性的黑格爾。

三

　　歷史的研究，乃是對於一個因藉於歷史材料的文化─意義世界的占有。這種占有的本質無疑是一種建構，是現代的個體心靈對於封閉的、復合的、沒有指稱意義的歷史遺存的契入，因此，文學史家應以其心靈之光將歷史固有的意義映照出來，而作為文學史家對象性存在的文學史著作同時也就十分清晰地展示著文學

史家的心靈結構。這種心靈之光與歷史固有意義的交互爲體，要求文學史家對於研究對象全身心的投入，而過去的文學史家一般都未認識到這一點。

王鍾陵的這部文學史著作，正是因其心靈之光對於歷史遺存的契入，而表現了極爲鮮明的個性色彩。論者們稱贊此書將哲思、史識、詩才三者萃集於一身，我以爲這並非溢美之詞，而是對王鍾陵學術個性的一個較爲全面的概括。就從王鍾陵首次將玄言詩這一缺失已久的文學史環節比較周到而有深度地鈎沉出來，便可以看出他融貫文史哲的學術功力。人們曾稱玄學、佛學、理學與文學的關係是文學史研究中三個難度極高的問題。玄學與文學的關係問題最初爲湯用彤提出，但湯用彤僅僅只是提出了問題，在湯用彤以後這一問題更是幾無進展。而令人高興的是，這一問題在王鍾陵的著作中則獲得了系統的論述。王著勾畫了從玄風之進入直至其退出詩歌的全過程，所論列者大至玄學對於新的審美原則、審美理想和一系列審美情趣的孳乳，小至具體詩人在表現手法以至用語上所受玄風的影響，既宏闊超邁，又精深入微。僅憑上述兩項成就，王著的高度價值已是不言而喻的了。

由於文史哲的融貫，王鍾陵觀察問題往往史感深沉。他對於歷史的苦難、人生的艱辛了解很深，這一點在他對陸機、左思、劉琨、吳均等人的分析中表現得特別明顯。他對於歷史的論述不採取淺薄的樂觀主義方式，而是透過對詩人的心態的揭示和歷史前進曲折的說明，將歷史發展中那沉重的苦澀充分地傳達了出來。因此，他不喜歡線性的、單向度的描述方式，主張「史的寫作在總體結構和行文上，都應追求一種磅礴的氣勢和渾厚的意蘊，要融萬象於一爐，全景式地展示歷史」③。他闡述歷史的筆觸清醒而凝重，但他又從不對歷史的發展採取灰色的態度。他在書中說：

「一種進步傾向的發展，往往也伴隨著相應缺點的萌生，一種缺點的滋長，常常又會導致相應的某種進步的胎孕壯大。」即使是一場災難，歷史「也能從中分解出許多營養來。不過，進步和退步的複雜交織，使得歷史需要相當的時間來進行剔除和消化的工作」④。正是這種對歷史發展宏通的眼光和深沉的期信，使得王鍾陵喜歡沉到歷史長河的底層去觀察那浪花下的種種潛流，以說明歷史的走向是如何爲一種合力所造成的。比如，他認爲永明之際自覺的意境詩的產生，就是由當時藝術發展中的進步傾向與退步傾向相交滙而致。王著史詩般的深閎偉美，正是由對於歷史的這種渾厚豐博、凝重宏通的闡釋而展現出來的。

　　歷史感深沉，必然導向哲思，因爲歷史發展中充滿了辯證法。王鍾陵愛作哲學的思考，他往往從一個很高的視點去剖析詩人及其作品。比如，他將陶淵明放置到兩股社會思潮的交織中去分析，從而對陶詩的意義就有了新的開掘。他善於作概括引申，在勾勒解析中往往以幾句以至一、二段精采的議論點出神理之「睛」，一下子就使前後的文字站到了一個新的高度，從而使文勢有破壁飛去之趣。這種寫法運用的極致，使得他在對作家與時代的分析中往往多有藝術哲學的闡發。比如，謝朓章在比較了大小謝山水刻劃的不同特色後，從闡發文藝史上往往有藝術之光返照的現象出發，升華出了文藝發展突過和不及雙向並存的運動規律。這一規律的揭示，突破並統一了文論史上經久不歇的關於文學發展到底是今勝於古還是今不如古的激烈爭論，極富創見。

　　王鍾陵會寫詩詞，而且寫得不錯。他在《後記》中曾說：「是詩伴隨了我生涯中最多的時光，給了我時時寂寞的心靈以最多的慰藉」，所以，我頗懷疑他少年的理想之夢大約是當一個詩人。現實的生活道路盡管使他成了一名學者，但他的詩情詩才對於他

準確地把握詩歌史卻成了一個得天獨厚的優越條件，因而他對於詩在風格韻味、格律形式上才有那麼多精妙細致的辨析。並且正是因為有著敏銳的藝術感受力，他才第一次將揭示民族審美心理建構的課題引入了文學史。山水文學的研究歷時久遠，又有誰揭示過其所體現的靜態、清趣、光感三者相兼的審美心理建構的呢？只是當王鍾陵將其詩人的心靈投入了對象以後，上述的奧秘才被照亮了。讀過這部書的許多人都一致地稱贊王鍾陵的語言好：雅麗、深沉，行文暢達而又氣勢遠宕。此又有得於詩情詩才之裨益。建國以來的文學史著作中那種眼界窄、文筆平、格式板、感情枯的狀態，被王著大大地打破了。本來中國古代文論的傳統就是文理兼美的，特別是《文心雕龍》以華麗的駢文寫入微的文心，更為後世樹立了難以企及的高標。王鍾陵的語言美，是在發皇一種失落了的久遠傳統。人們不難發現，這同他的書在內容上尋求民族特色的努力是一致的。

　　王鍾陵以其哲思、史識、詩才兼備的心靈之光去映照豐博的歷史遺存，他闡發了歷史所固有、但尚未為人所發現的許多意蘊，由此他建構了一個文化—意義的世界，其中有著歷史所昭示的深沉智慧，也充溢著為詩意感受所浸染了的種種駘蕩情懷。中華民族一個重要歷史階段中的一些重要的方面，被他的心靈之光照亮了。現在，他的這部書本身又已成為了一個文化—意義的客體，它又需要別人的心靈之光的契入。正是在這種不斷契入的過程中，心靈之光與心靈之光相互照徹，相互融滙，我們所生存的文化—意義世界便會愈益豐博深永起來。而王鍾陵本人則將在對文化—意義世界的新的構建和學科建設的前沿突破中，取得更大的發展。對此，我們理所當然地期待著。

（原刊《學術月刊》1990年第10期）

【附　註】

① 　《我寫〈中國中古詩歌史〉》。

② 　《中國中古詩歌史》第832、833頁。

③ 　《我寫〈中國中古詩歌史〉》。

④ 　《中國中古詩歌史》第761頁。

讀王鍾陵《中國中古詩歌史》

吳調公

　　讀了王鍾陵同志的《中國中古詩歌史》，引起我興趣和給我啓發的地方很多，作者把書分爲上下兩卷：上卷突出中古世紀中國的民族心靈，下卷突出中古世紀詩人的個體心靈。借民族心靈的宏觀綜述以展示魏晉南北朝詩人心靈所受到的歷史浸潤；借中國中古世紀詩人心靈的掘發以透視他們身上的傳統文化和時代思潮的風雨。

　　關於這一點，王鍾陵就本書建構已經做了一番濃墨重染的說明。在我看來，這上、下卷，是統屬於一個完整的思想體系的，它也就是民族文化的思想邏輯進程。具體地說，不管是詩人心靈或是民族心靈的展示，作者都能提到民族文化的高度，通過三個邏輯層次來叙述，展示出民族心理發展的運動形式：第一層是通過社會條件的分析以復現詩人心理和作品的藝術風格；第二層是對次要的範疇、概念作出說明；第三層是對高層次範疇的闡發。由下而上，是一個金字塔式的立體。既從社會風尚和社會思潮看文化，又從詩人身上的社會印記看文化；既從詩人個體的社會大背景看文化，又從群體意識內化爲詩人藝術細胞的個體意識看文化。我們不妨這樣說，作者既把握了民族文化的群體，也把握了文化熔鑄的詩人個體。據我個人的領會，似乎可以列爲這樣一個圖表：社會文化、審美情趣與審美風尚、作品風格。作者抓住民族思維特徵特別是思維形式作爲核心，以闡述中古世紀中確實有

可能作爲中古詩歌史背景的文化生態系統。文化是人的主體創造的能力，也是創造的客體，因而作者對文化的描述就不應是孤立的，實際可以說就是詩人的含融著審美情趣的文化意識，作爲中介的審美情趣是占有極其重要的地位的。藝術，不能離開審美意識的過濾，因而就不能不在民族思維形式的繁複的邏輯進程中梳理出審美中介。作爲中古詩歌客觀實際的深層反映，之所以成功，正是因爲本書不但重視這一個中介，而且把這一個中介作爲全書建構的核心，從而有機地展示出社會群體意識和詩人個體意識二者互爲交流以至滙流，終於凝聚爲民族思維形式的運動過程，特別是民族審美意識演化的邏輯發展過程。

（原刊《人民日報》海外版1991年3月1日）

古代文學的整體研究評議

——從《中國中古詩歌史》談起

傅璇琮　鍾元凱

一

　　本書是對一部斷代文學史著作的評論，但是我們希望讀者不要把它看成是一篇單純的書評。書的作者是新時期十年中培養出來和成長起來的博士研究生，這一批博士研究生與其他一大批碩士研究生，似乎已構成我們今天古典文學的一代研究者，他們無論從治學道路、批評觀點，以及精神氣質、學術興趣等方面，都表現出與其前輩和先行者有著明顯的不同，這些不同已日益顯露出一種新的發展方向和學術品格。研究他們和他們的著作，應當說與研究古典作品本身有同樣的價值，同樣的意義。這樣說並不是故甚其辭，嘩眾取寵，我們只要稍作一下回顧，漫長的古典文學歷史，只有在「五四」以後，在魯迅、聞一多、朱自清等第一代學人筆下，才有了一個清晰的面貌和大體可循的線索，就可以理解關於研究者思維方向和批評實踐的求索，對於我們認識和推進這一學科本身有何等的重要！

　　本書作者王鍾陵在書前一篇長達兩萬六千多字的長序中直言不諱地提出：「截至目前爲止的中國古代文學史的研究，還僅僅處於前科學的狀態之中。」這樣說，恐怕是要刺痛甚至得罪一些人的。但是我們覺得，這一表面看來狂妄的語句卻蘊含這一代研

究者的反思和責任感：這種反思，用本書作者自己的話，是一種
「痛苦的反思」，這種責任感，則是對學科如何選擇道路的嚴肅
的負責精神。這一代研究者，在他們進入學術殿堂之前，已經走
了相當一大段的人生道路，而且不少人又有著各自不平的、甚至
坎坷的心靈歷程。他們有著太多的人生體驗，因而也有著足夠的
學術抱負。生活的不易使他們在古典文學研究中能腳踏實地地去
摳一個個實證問題，而做學問上的社會使命感又使他們不滿足於
傳統思維所擺定的指向。於是在新時期的第一個十年中，在古典
文學研究界也形成一種衝力，這種衝力，就是要從過去占很大優
勢的局部研究中掙脫出來，對文學的一個長時期發展階段作出整
體的把握，在這種把握中來表明研究者的力度和深度，反映這一
代學人所特有的對文學本身命運的關切和憂思。

　　說過去的古代文學研究僅局限於細小的、局部的研究，是不
確切的。從五十年代起，就有過人民性概念的提出和泛用，有過
把現實主義和反現實主義鬥爭作為規律套用在許多文學現象上，
後來又有浪漫主義與現實主義兩結合的討論，當然更不必提儒法
鬥爭這樣虛幻的命題。但是近十年來提出的整體觀念有著一個質
的不同，那就是它真正從文學本身的意蘊出發，作者們涵泳於藝
術深潛的諸種美學要素，希望真正發掘它們的內在規律。這就使
他們摒棄外加的非文學性的約束，並且不滿足於過去習慣了的單
向的研究思路。而他們同時所具備的實證訓練，又足以支撐他們
作大幅度的理論探索。雖然具體情況各有所不同，他們之中的佼
佼者，確實表現出實虛兼修、開拓面較廣的學風。

　　八十年代中期曾有過宏觀研究的提出和討論，許多人感到新
鮮，受到吸引。但隔不多久，特別是近時，宏觀研究似乎不怎麼
叫得響了。在有些研究者的言論中，這種宏觀研究似乎已成為虛

誇、浮泛的近似詞或同義語。我們覺得，對前幾年宏觀研究的理論探討和實踐要有一種公正的態度。某些文章闡釋不夠清楚，某些專題論述過於空泛，這些缺點是可能存在的，但宏觀研究的方向是不應否定的。宏觀研究的實質是要在古典文學研究中提倡理論探索的勇氣和理論建設的風氣。中國的古典文學，要研究的方面實在太多，研究者可以各據一地，終其大半生的努力，作出他們的貢獻，正像一位美國小說家所說，他寫成的那麼多小說，不出他家鄉一個火柴盒的大小的地方。古典文學領域中還有不少處女地，有時你只要輕輕一刨，撒下種子，也就會有收獲。研究者雖然多，但也可不相為謀，「相忘於江湖」。但這不是我們理想的研究景狀，特別不是通向繁榮境界和學術高峰的必由之途。我們需要互相促進、團結合作的研究風氣，也需要對過去道路的回顧反思，就共同面臨的學術現狀交換意見，更需要對古典文學研究作出理論與實踐相結合的實例。宏觀的討論起過歷史作用，現在應該是在「業績」上作出回答。

　　本書的作者「主張一種將文學藝術的研究和哲學、社會風習及其所體現的民族的和階級的心理狀況等各方面的研究綜合起來，作為根源於一定的經濟、政治條件之上的特定階段民族文化—生活方式的統一性表現來理解的整體性研究方法」，並鄭重地表明這是作者「殷殷以思之企望」①。在全書七十餘萬字結束時，又一次提到，這部書是「著重從民族思維的發展、社會思潮的流變以及審美情趣的變化、審美心理的建構上來把握詩歌史各個階段的遞次的邏輯前進，以展示我們民族四百年心靈史，並注目於藝術哲學之闡發」②。因此，他把這部《中國中古詩歌史》，擬定了一個能打動人心弦的副題：「四百年民族心靈的展示」。這種從審美情趣、審美理想的角度，來全景式地展示民族的心路歷程，

體現了這一代學人恢宏的氣魄和堅實的信心，也是前幾年宏觀討論的豐厚收穫和向前躍進。我們希望這一篇評論文章，能對古典文學今後發展方向和格局的討論，對古典文學如何進一步取得更大的成績與突破，提供一個參照。

二

從學術上說，王鍾陵的這本書表現了重建科學的文學史觀的嚴肅企向和嘗試。書前的長序—「前言」，就貫穿了鮮明的反思精神和批判意識。王鍾陵為反思的展開找到了理論上的制高點，或者說，提供了一個哲學前提，那就是歷史眞實的兩重存在性原理：客觀存在於過去時空之中的第一重存在，和後人對過去存留的理解的第二重存在，這兩者之交融才統一為眞實的歷史。而「在我們這樣一個史官文化傳統根深蒂固的國度裡，又特別在古典文學研究範圍內，人們往往異常執著於歷史眞實的第一重存在」，卻「無視歷史的第二重存在」③。因此，以往的文學史著作盡管在材料的整理歸類上不掩所長，在一些具體問題上不乏眞知灼見，但從整體說來，卻缺乏一種能統括全局又洞察底蘊的哲學。歷史眞實兩重性問題當然還可進一步討論，但這裡所說的傳統文化中某些觀念對古典文學研究的束縛卻確實是治本之言。文學史和一切歷史研究一樣，如果要達到研究對象「內在邏輯的流貫而完整的把握」④，是必須用先進的哲學來照亮工作的全過程的。這正如「人們在《史記》中，看到了一個哲學家的司馬遷之存在」⑤一樣，從王鍾陵特意鄭重表出的這段話裡，自不難看出他的心期所在。

王鍾陵尖銳地指出，迄今為止的中國古代文學史的研究「還僅僅處於前科學的狀態之中」。而本書對於這種狀態的革除和突

破的一個顯明標志，就是確立了一個中心主題——民族思維的前
進步武。由於「一個民族的文化—心理結構，便是這個民族民族
性之具體所在」，因此，本書旨在進行「以民族思維的發展爲內
核，以民族文化—生活方式的展開爲表現的一種有機的綜合」⑥。從
治史的角度而言，這也就是懸歷史的統會性爲最大的鵠的。誠如
美國的莫里斯・曼德爾鮑姆所說：「任何一部專門歷史，如有一
個中心題材，它就構成這部歷史所記載的各個事件的一種聯繫形
式」⑦。王鍾陵這部詩歌史的全部特色，也是由此而生發。

　　這裡首先表現爲研究重心的轉移。這個富有哲理色彩的主題，
意味著文學史研究從以作家個體爲本位，深入到整個民族心理建
構的走向。文學史不再是古代文苑傳的現代翻版，不再僅僅是若
干作家個人生活史的寫照，而是在一種文化、一種文明展開的軌
迹中探究歷史的底蘊，發現規定著這一切發展變化的歷史內在的
深沉力量。這是眞正意義上的整體性，因爲整體從來就不是若干
個體散亂的累積和疊加，而是具有內在結構和肌理的組織。向長
時段的歷史去探險攬勝，這一點本是古代文學研究先天優於現、
當代文學的地方，可惜我們是長久地疏略了它。王鍾陵在本書中，
一反以往文學史的慣用體例，不是一上來就從具體的作家作品入
手，而是在上卷部分用占全書四分之一的篇幅作爲「總論」。在
總論中，他對整個中古時期審美風氣的陵替演變和文學特徵的展
開流程，作了提綱挈領的鳥瞰，並著重闡發了這種種變化的內在
邏輯性。作爲這一時期邏輯起點和思想前孕的王充的眞美觀，是
早在漢代就發生了的（這就不以朝代爲限了）；這種眞實之美的
思想內蘊，在中古文學中展開爲對人格、社會和自然之美的全面
而現實的追求；進而則達到了對世界以簡馭繁、以少總多的審美
把握；從這裡面又萌生出「隱秀」的理想，透露出向下一個歷史

時期推移的消息。就文學的走向而言，從魏晉之際「動情」與「理思」的矛盾消長，到南北朝時期轉化爲理思與外物、與語言表現的主要矛盾，同樣呈現出一種由審美主體走向審美客體，又落實到審美表現上的一個有序的系列。要把四百年歷史流程中這些深層的邏輯聯繫以不枝不蔓的清晰圖景勾勒出來，如果完全沿用舊有的敘述體例是無法做到的。尤其是民族思維的每一點長足的進步，都未必是個別作家靠其一生所能完成的。如果不從長時段著眼，只是滿足於對作家作品作散點式的透視，怎能「破譯」民族心理建構的奧蘊？即使在下卷部分，在按照時間順序評述具體作家時，王鍾陵也並不將他們視爲一個個自足的、封閉的個體，而是把他們集束、歸攏到每一歷史區段的次要主題之下，或者說，立足於線和面來審視每一個點。這樣，在總的主題之下又有若干個分主題，就成爲全書特有的一種敘述方式。例如在論列南齊永明詩人謝朓、沈約、王融等人時，本書緊扣一個「俗」字生發，在「齊代詩風向俗的轉變」的統一風會中，剖析不同作家的不同表現，從中總結永明詩歌新變的得失和意義。例如寫景詩從高山深壑走進了人境的世俗圈中，詩歌語言消除滯重而走向流轉圓美和平易，同時也伴隨出現了如遊戲詩、女色詩等庸俗無聊的傾向。這不僅是一種共性的把握，而且反過來也大大加深了對作家個性的理解，例如本書論謝朓的「平秀」風格、小謝對大謝的沿革以及「變有唐風」諸問題時每多勝會，其得力處就正在於此。對於六朝文學發展的最後一環，即北朝及隋代文學，過去也往往只著眼於個別作家的新風貌（如庾信等），本書則以「融合南北之長」爲主題，在民族融合的視角下對這一段歷史行程作了全新的展開。在這裡，南北文風的交融不再是一個抽象的過程和結果，而是隨著關隴集團勢力向全國的伸展分階段地實現的：首先是少數民族

的漢化，其次是北方文學之南化，最後才在對南方文風的有意矯正和批判中完成了這一歷史融合的過程。這是一個以「南北融合」為中心的縱向座標，依據著這樣一個座標，這個時期各個作家的作用和貢獻也得到了重新的認識和估價。例如北地三才邢邵、魏收和溫子升，他們的模仿南風一直是被譏彈的，本書卻對他們作為文學融合潮流的先行者予以了肯定；關於庾信和王褒，歷來研究者們感興趣的只是他們入北後自身詩風的變化，對他們同時把南方詩風帶到北方的事實卻失之眉睫，本書不僅將之拈出，並從這一階段的主要歷史任務出發，認為宮廷文風易地之後在北朝的漢化政治進程中起了積極的作用。這個座標也有助於某些事實的糾正和廓清。例如蘇綽的「復古」一向被認為是反對形式主義文風的積極嘗試，一旦揭示出他不過是適應鮮卑族政權倒退行為的需要，拒絕學習南朝，企圖將西魏文學凝固起來時，其逆潮流而動的性質就昭然若揭了。又如隋煬帝楊廣一向被視為宮體作者，本書卻從他的創作中細心辨析出一個基本特徵，即仿佛把北人學南之三個階段的歷史進程，「表現為一種壓縮的層疊」，從而判定這是「北人詩從王、庾宮廷詩風中擺脫出來，尋求自立和超越的縮影」⑧。就這樣，每個歷史區段都有一個主題來統領，這些主題是特定時期任務、趨向之總括，而所有這些主題的滙聚，又凸現出整個中古時期文學聯貫而曲折的流程。音樂中常常有這樣的現象，那仿佛是由若干樂章組成的一部氣勢磅礡的交響樂，它和那種拼湊若干支樂曲的聯奏顯然有著質的不同。歷史的整一性由此得到了極為分明的體現。可以看出，王鍾陵追求的是以綜合整一的手段再現活生生的歷史脈搏，而不是陳列被肢解了的軀體，恩格斯曾指出馬克思有「一個偉大的基本思想，即認為世界不是一成不變的事物的總和，而是許多過程的總和。」並且告誡人們

「口頭上承認這個思想是一回事，而把這個思想運用於每一個別場合和每一具體研究領域，卻是另一回事」⑨。王鍾陵在他的研究領域中，出色地實現了重心從「事物的總和」向「過程的總和」的轉移，我們相信，這對文學史的研究，會提供結合實際運用馬克思主義哲學的實例。

三

本書無論從橫向上，還是縱向上，都體現了對歷史運動的辯證觀照。

既然以洞悉民族的心理建構為主旨，而每一時代的文化又是這種心理的直接呈現，那麼研究的視境向廣義的文化活動拓展，也就是題中應有之義了。諸如哲學、政治、藝術、社會習俗等等，它們作為不同的文化層面無不是和文學潛通消息的。正是這些諸多因素的交滙，共同構成了時代的精神氛圍。王鍾陵對於魯迅先生在半個世紀以前所昭示的將文學和社會風習聯繫起來的研究方法，由衷地獻上一瓣心香；但他立意在創新，指歸在開拓，在本書中尤其強調那些同民族思維相聯繫的部分。例如，他在漢代從厚葬到薄葬的風習遷移中，看到了漢人意識中愚妄的神學觀念的崩塌；從魏晉以來重視早秀和以才藝出人頭地的社會風氣中，看到了「新變」文學潮流的思想基礎；從兩晉瀰漫一時的朝隱之風和園林建築的興起，看到了空間觀從漢人一味擴張、一味占有的恢闊充實，向魏晉以降由有限透視無限的精致深遠的轉變和發展，等等。其中，哲學思潮對於文藝風氣更有著巨大的統攝作用。作者認為，作為中古時期占主導地位的玄學，不僅深刻影響了人們對世界的認識和把握，而且以其理思的介入，導致了文學發展中一系列重要的轉折和變化。大至審美風會和文學進程，小至詩歌

的情趣和語言表現，甚至個別作家的風格特徵，都可以從中看到
玄學作為一代主潮的面影。例如，有誰曾把陶淵明詩歌的「平淡」
風格，和玄言詩「淡乎寡味」的特徵相聯繫，並進而從時人所崇
尚的「簡淡」的理想人格，「淡親」的交友之道、「游心於淡」
的處事方式，一直窮根究源追蹤到作為玄學概念的「淡」？又有
誰從謝靈運「興會標舉」、「鈎深極微」的山水詩中，指出玄學
獨標新解之義和名理辨析作為內在思維素質對他的深刻影響，並
由此洞燭幽微地抉剔出天才詩人和時代深刻的精神聯繫？對於民
族思維、民族心理而言，哲學是其理性的結晶，文學是其感性的
顯現，它們構成了最重要的兩翼，是相輔相成而又相得益彰的。
以往的文學史研究往往把視野只局限於文學與朝政關係的一隅而
罕及其他，這種偏執於一端的結果，幾乎使一部古代文學史成了
歷代王朝政治的投影和寫照。這其實不過是古已有之的「以史證
詩」這一治學路徑的衍伸。中國向以史學的發達和早熟而著稱於
世，但真正堪稱發達的是像廿四史那樣的朝政史，至於對廣泛意
義上的文化活動內容，不是闕漏便是零散簡略，被置於不甚起眼
的附庸地位，但就與文學的內在聯繫而言，其重要性其實是絲毫
也不遜於政治的。本世紀三十年代前後，魯迅、聞一多等一代學
者就曾著手於此來開拓研究視野。他們的一批研究成果，之所以
至今仍不失發皇耳目的新鮮感，除了說明他們的成功之外，難道
不也從反面反映了這種努力嗣後的一度中斷和削弱？因此，王鍾
陵以開放的眼光突破傳統的偏狹，重視開掘文學與其他文化因素
的諸多聯繫，可說是對近世以來文學史研究健康趨勢的自覺繼承
和張揚。

　　在縱向上，本書也不取那種單向的、直線的觀照方式。王鍾
陵認為，歷史運動是一種具有雙向性形態的運動：「歷史不是在

理想的狀態中前進的」⑩。「歷史的發展如此奇妙，進步和退步常常那樣密切地交織在一起，一方面是進步，另一方面卻又是退步。進步會以一種退步的形式來表現，退步中又會蘊含著進步的內核」⑪。「肯定的歷史環節會走向否定的結果，否定的歷史環節也會導致肯定的結果」⑫。這種觀點的現實針對性是顯而易見的，長期以來，文學史研究中往往把精華和糟粕作簡單的、表層的區分，實際上卻是游離了當時的歷史具體狀況，結果文學史不過是一種所謂知人論世觀的放大，因此也就理所當然地成了精華的陳列史。這和中國古代的詩教傳統是一脈相承的，實際是用一些「絕對理念」把文化研究先驗化、道德化的歷史遺存和嗣響。本書作者深沉的歷史感在書中隨處可見，他容不得歷史的鏈條中有殘缺的環節，即使對那些有著明顯弱點和不足的東西，他也從一定的歷史聯繫中來重加審視。例如東晉的玄言詩，由於其「以理代詩」的傾向，自劉勰、鍾嶸以來就幾乎一直給予貶斥和否定，人們把它僅僅看作是一種失敗、一種歷史的誤會，因而這個「歷載將百」的文學史階段就被輕易地抹去了。王鍾陵可以說是把這個缺失了的歷史環節加以完整修復和還原的有力者。他在本書中以整整一編的篇幅專論東晉詩，梳理了玄言詩從孕育到蔚然成風的發展線索；從體悟玄理的兩條途徑爲其規定了明確的界說；又深入剖析了玄言詩在情調、趣味以及山水景物刻劃諸方面的特徵；最後透闢地總結了玄言詩的歷史意義，其直接的作用是對山水文學的導向和理思入詩後對詩境的開拓，而它對感傷主義思潮所具的淡退和消釋功能，更成爲文學風氣巨大轉變的不可或缺的前提。所有這些內容的闡發，無不是在把玄言詩作爲中古文學一個轉折環節的思想映照下實現的。如果不是從完整的歷史聯繫上著眼，那麼玄言詩的價值大約永遠只能被自身有限的文學成就所掩蔽、

所沉埋，而無人解會了。又如梁陳時期的宮體詩在歷代的文論家、史學家眼裡，更被認為是恥辱的泥淖和深潭。近年來有人為其作翻案文章，也還是不離從道德上為其開脫洗刷的路子。難道宮體詩僅有寫色情這一內容的規定性，就會具有彌漫朝野的巨大影響？從這個質疑出發，一旦將之作為由永明向初唐詩歌發展中的一環來看待時，其性質就漸趨明朗了，宮體詩「乃是繼永明體而後的又一次詩體變革」⑬，其內在規定不僅包括內容的輕艷而且包括了手法之巧密、詞采之麗靡、聲韻之拘束，以及對七言歌行的大力寫作等，可見，「在宮廷詩人扭曲了的藝術追求中，正是有著詩歌史前進的歪斜步伐。」歷史研究也就正是在對隨意性的克服中獲得了謹嚴的品格而走向科學的。

　　歷史的這種多維向的運動形態，究其淵源所自，乃是由其內部的矛盾性所引起。由於過去歷史的結果已是明顯的事實，因此對於後人來說，它的明確的指向性就仿佛是由某種單純的力量推動所致。王鍾陵卻更喜歡在歷史的浪花下面，潛心默識多種潮流的洶湧激蕩，從中探測歷史的流向是如何為各種不同方向的力量所左右。例如劉宋時期的一代詩風處在謝靈運、顏延之、鮑照三家的牢籠之中，這三體當時就引起了文學思想上的鬥爭，並且還綿延宋、齊、梁三代，形成一種詩派之間的鬥爭。特別是顏延之一派和休（湯惠休）、鮑一派之間的相互嗤鄙，更表現了廊廟之體與歌謠之體的鬥爭。但又正是大謝的山水詩、顏的對偶詩和鮑照的傾側之文，三者共同構成了對玄言詩革故鼎新的合力，開拓出「聲色大開」的詩歌新里程。爾後三體在南朝的消長，導致了謝、顏兩體漸告衰歇，鮑體獨領風騷的局面，從中又透露出齊、梁兩代詩風演變的消息。正當這一場鬥爭啓動不久，新的潮流之爭又揭開序幕，齊梁之際出現了與「新變」主潮有異的另外一線，

本書稱之為「通變派」，其創作上的代表是江淹和吳均，理論上的代表是劉勰和鍾嶸。新變派同傳統嚴重對立，通變派則表現出通達古今之變的新意向，並且在庸俗平弱的時風之外，逐漸創立了一種卓然高標的詩格。兩者相生相克，後者雖然在當時只是支流，但遙開了隋唐以後終於發展為主線的通變文學潮流的先河。人們對後者是否足以構成一個流派盡可持不同意見，但在當時出現了這一帶有矯正時風意味的新動向，卻是符合文學史實際的。這一發現，歷來未經人所道，真可謂是驪珠獨得了。王鍾陵說：「就整個社會來說，各種傾向的並存，倒是較為全面地表現了一定階段歷史前進的各個方面的內容的。這各個方面意見的展開、衝突和融合，便正是思想文化史前進的行程」⑭。這也就如同恩格斯所指出來的：歷史「最後的結果始終是由許多個別意志相互衝突中產生出來的。……這樣，就有著無數的錯綜交叉力量，有著無限止的一叢力量的平行四邊形，並由這一錯綜交叉情況中產生出一個總的結果」⑮。歷史的不可重複性在這裡正昭示了深層的意蘊。如果文學史僅僅是精華的平面呈現，那麼不但對歷史上一系列重要的變化無從知其所以然，而且最終還難免落入循環論的陷阱。可見，在研究重點從「事實」轉向「過程」之後，歷史動力學的原理就顯得異常重要了。人們有時喜歡把晚近的某些西方思潮和先前的思想成果簡單地對立起來，僅以發生時間的早晚作為取捨的價值標準，這種一味趨時、趨新的習氣往往妨礙了人們深入掌握各種學說的合理內核，並進而內化為自己的思維方式。實際上，西方新見迭出的學術思想也無不是在對前代或前人的揚棄中演進到今天的。中國近代以來由於社會危機的迫在眉睫，對西方文化學術思想的攝取每每流於浮光掠影太匆匆的狀況，結果在思維的更新和深邃化方面的進步，較之引入新概念、新名詞的

「語言靈物崇拜」來說，未免相形見絀。現在是應對此作出清醒反思的時候了。這是王鍾陵這部詩歌史給我們的又 個重要啓示。

四

怎樣把文學史和美學史有機地結合起來，既體現文學發展的史的脈絡，又反映一個民族審美理想的逐層展開和漸次深化，這是文學史研究亟需解決的一個理論問題。文學和美學本來有一個共同點，那就是對人們審美意識的關注，不過前者偏重於其感性顯示的方式，後者則偏重於其理論形態。美學作爲一門專門學科，雖然在我國起步較晚，但近年來也已出現了和文藝研究携手會合的趨勢。既然王鍾陵立意從民族文化—心理的動態建構的角度來把握文學的進程，而「這種文化—心理建構又必然是一種審美的心理建構」⑯，那麼他要使這兩門學科「聯姻」也就毫不足怪了。事實上，這不是一種無意得之的巧合，毋寧說是出於一種明確的理論企向。因爲「對於『人』的微觀方面的研究，正是注重對人進行宏觀研究的歷史唯物主義所亟待加強的方面」⑰，在馬克思、恩格斯把人的研究轉向和社會歷史的研究、和社會經濟關係的研究結合起來從而取得了偉大的成就之後，「現在還需要對人性和民族性之具體所在的文化—心理結構作出探索，這是一個新的時代的召喚」⑱。在通向這一創造性的目標時，對現有學科之間的關係作重新的調整和組合乃是十分自然的。

這種交融，首先在本書上下兩卷的內容分工上得到了一種外觀的表現。上卷五編十五章，主要從理論範疇上對中古時期審美情趣的孕育、完成和演化作了頗爲完整的闡發，強烈的思辨色彩使它具有了美學史的形態；下卷七編三十六章，主要從歷史進程上對這一時期的詩歌流變作了具體的描述，顯示出文學史的慣有

風貌。但更值得注意的是，無論是上卷部分還是下卷部分，都貫串著人類精神運動的基本特點，那就是感性和理性的辯證交織。上卷理應是以構造一個高度抽象的概念、範疇之宮爲指歸，可是裡面再現了多少活生生的歷史生活圖景，和文學的鈎連又是多麼緊密！本書開卷之初，在概述漢代的審美情趣時，就向我們展示了一幅色彩絢爛的漢人活動畫面，這裡有社會生活的廣泛拓展，有社會風氣的侈靡奢華，當然也有觀念形態的紛紜繁複，等等。就是對漢代「虛妄之美」的神學美學觀的論列，也是從當時的墓葬藝術、宮室建築和壁畫，以及競獻祥瑞的社會風氣中加以生動的演示的。在展開中古時期審美觀念流傳的邏輯過程時，王鍾陵所依據的，不僅僅是對理論資料的爬梳和演繹，而且幾乎在每一個關鍵的邏輯環節上，都以生活感受方式的變化作爲論述的起點。如講「以少總多」的審美原則，首先從玄學清淡的簡約風尚談起；講「隱秀」的審美理想，又先從盛行於魏晉之際的人物品鑑之風談起，從時人對人格美的追求以及對時空感受方式的變化中來闡幽發微。而每一個邏輯環節的完成，又不限於封閉在理論的蓬廬內，而是滲透、落實到文學的進程中去。故而在遞次論述審美前孕、原則和理想的三編中，分別設立了「眞美觀的轉化爲現實」、「文學走向以少總多的歷程」、「文學之趨向隱秀的理想」等三個專章。這樣，我們看到的就不是一種游離了感性活動的純理性的推演，而是活的現實，美學由乾枯的骨架變成了豐滿的血肉之軀。下卷在叙述具體的作家作品時，又時時投射出審美意識的理性之光，大量文學現象乃成爲那一時期審美原則導向下的有秩序的呈現，表現出「一個個繼起性因子是如何滲入到某一階段的文化─心理建構的共時態結構中去的？某一階段的文化─心理結構又是由哪些並存性因素所組成？這些並存性因素間的關係又如何」⑲？

本書對此一般是加以隨機的點明，有時候則又集中地進行理論的說明。前者如在評述文學史家多不甚注意的曹操的游仙詩時，從中揭櫫出兩個規定性，一是脫離了記叙「真實」的領域而具有了想像「真實」的意義，一是抒寫中貫注了一種相當真實的感情，然後指出游仙詩正是在「真美」的理性精神蕩滌了過分的宗教迷妄之後，才成為藝術的。這樣，魏晉之際游仙詩的勃興就得到了深入的解釋。後者如在東晉編中，對「淡」作為一代審美情趣，從理論上作了相當詳瞻的展開：從玄學概念之「玄談」，到淡思、理思與自然的關係，最後，又以向秀、郭象逍遙義作為玄理的導引，終於出現了玄言詩中恬曠豫暢的新情調。總之，全書上下兩卷的結合，呈現出一種生活的感受方式、理性的自覺意識和文學的感性顯現三者交融的辯證表達，這裡既有理性對感性的升華和滲透，也有感性對理性的孕育和展開，而對民族審美的心理建構過程的說明乃在這個循環往復的辯證交織中，達到了圓滿的完成。

　　對民族文化—心理建構過程的辯證叙述，離不開相應的概念和範疇。因為只有憑借範疇這個「網上紐結」，我們才能認識和掌握現象之網。王鍾陵認為，古代文學史研究處於前科學狀態的重要標志之一，便是「尚未形成一整套反映民族審美活動發展的科學的概念、範疇和命題的有機體系」⑳。這實際上也是我國文藝學所普遍面臨的課題。誠如荷蘭學者佛克馬和易布思所說：「為了描述和解釋那些個別的事實，首先，文學理論就要提供一大批通用的或至少是一般的概念。……如果取消了概念和概括，如果沒有『超語言』的術語，對文學的組成因素和文學史的研究便不可能科學化」㉑。以往古代文學史研究中範疇的嚴重匱乏，可以從兩個方面見出：一是用諸如「人民性」、「愛國主義」之類的倫理範疇，再加上一些簡單的修辭格來囊括異常豐富的文學審

美活動：一是乾脆引進根生在其他民族歷史土壤上的某些文藝範疇，作削足適履的套用，如現實主義和浪漫主義。特別是後者，竟成爲我們文學史著作中統領千古的最高範疇。平心而論，這些範疇雖不無「他山之石，可以攻玉」的意義，也曾發揮過一些積極的歷史作用，但它們又確都有反客爲主之嫌。這種僭奪反過來也說明了主人自己的空虛和軟弱。因此，建設民族的審美範疇體系就顯得十分迫切而必要了。王鍾陵在進行這一工作時，是從民族性和科學性這兩個方面同時著手的。一方面，本書所用的範疇，大至「眞美」、「以少總多」、「隱秀」等這些高層次範疇，小至某些次要範疇如「淡」、「俗」、「清峻」、「遙深」、「平秀」、「永明體」、「吳均體」等，大都具有傳統的形態和風貌。王鍾陵是從治古代文論切入文學史研究的，這條治學道路爲他在古代的理論資料中鈎稽這些範疇提供了便利。但是，這不是現成的借用、挪用，因爲要從無數的概念中作出選擇，就必須一一透視它們之於對象的涵蓋程度和適用性，尤其對於高層次範疇的確定就更是如此了。例如「隱秀」在《文心雕龍》的研究中，一般是作爲含蓄的藝術風格來認識的，而王鍾陵卻在它與「秀美」情趣的聯繫中，在它所由形成的哲學路徑中，特別是在中古文學的發展趨向中，看到了它既紮根於現實的創作風氣，又高於現實的意義，從而將之上升爲時代審美理想的高層次範疇。這種發現是別具慧眼的，也是深刻的。除了從前人的理論結晶中加以選擇和抉剔外，還有些範疇則是從當時廣義的審美風尙中櫽括、提煉而成。例如本書從漢代的文藝風氣裡提煉出一個特定歷史時期的審美範疇──「麗」；而從中古時期對人物、文藝、風景的品鑑習尙中，又開掘出一個「秀」字，作爲中古審美情趣的涵括，等等。總之，範疇之形成都立足於大量的歷史事實，而不是僅僅憑藉於

思辨的演繹，正是這種深厚的歷史內蘊，才使它們在概括民族文化現象方面具有了遠勝於某些「舶來品」的優越性。另一方面，對這些傳統範疇又必須用科學的眼光去加以剖析和闡發。這裡重要的不是徵引，而是解讀；不是以博雅自炫，而是尋求現代把握。從概念「是一種包容多樣性於自身之內的統一」這樣一個前提出發，王鍾陵在他的研究中，始終把解析範疇的多規定性作爲一個重要的方法，並且取得了頗多勝解的卓越成果。例如本書把王充的眞美觀作爲開風氣在先的邏輯起點，就是從剖視其「眞實之美」概念內涵的四項內容入手的，其中對審美眞實性的強調、對情感和個性的強調、對文采的強調這三個內孕的要素，又正是後來魏代詩歌中的三個歷史規定性，而且由這三要素的展開還構成了整個中古文學的特徵和向前的發展運動，全書的邏輯結構因此獲得了一個堅實的起點。又如對「永明體」，過去往往只注意到其強調聲病的一面，本書卻結合永明詩人的大量創作和品藻言談，從中概括出四項藝術進步，即聲韻的研討和篇幅的縮短、流轉圓美和平易的風格、詩境的婉美和巧思，以及自覺的意境詩的形成。其中，「流轉圓美」更是對滯重之累的革除，表現出詩歌進入了消化駢偶和使事技巧的新時期。這樣，「永明體」這一概念的豐富內涵就得到了全面的闡發，它爲唐代近體詩提供的準備也顯得更爲充分了。再如對鮑照的「險俗」風格，前人雖已拈出卻語焉不詳，本書則在與謝、顏二體的比照中，勾勒出幾個主要特徵，諸如世俗寒士的生活內容、急以怨的心理、採用民間的七言詩體、巧於琢詞不避危仄，等等，而其源蓋出於「才秀人微」四字。於是，不僅鮑照的藝術個性得以鮮明的展示，而且以後「憲章鮑照」的沈約及齊代詩風對他的沿承和分野，也更見清晰和明朗了。所有這些，或發人所未發，或更爲系統周詳，而這些概念和範疇經

此闡析，也從「可意會，不可言傳」的原初存在，成爲可會可傳、可感可知的「此在」了。王鍾陵的這種闡釋方式，不僅充分繼承和利用了積澱在這些傳統範疇中的民族智慧，而且還以現代科學的理性思考和實證方法，大大充實和深化了那些了悟式、點評式的直覺認識。悟性智慧和理性智慧的結合，將有助於我們的學術研究不斷由必然王國躍向自由王國，結出更爲豐碩的果實。

　　當然，民族化、科學化的審美範疇體系的建立和完善是個龐大的系統工程，還需要做大量艱苦細致的工作，其中也包括廣采博收世界各民族的理論成果來豐富、充實和改造我們的傳統。可以確信，這項工作的每一步實際進展，都將會有力地推動我們民族文化走向世界，而且它本身就是我們民族思維走向現代化的一個重要組成部分。它的最終完成可能需要好幾代人的努力。重要的是，過程已經開始。那麼，從現在起就充分意識到這個歷史趨向，並勇敢地肩負起篳路藍縷任務，難道不就是這一代學人責無旁貸的使命嗎？

　　王鍾陵的這部書還有不少可談的地方，但本文的立意並不是專談這部書，而是由這部書評議我們今後文學史著作的研究格局和編寫原則，希望從這部書總結出一些多少帶有普遍性的東西。《中國中古詩歌史》爲自己規定了研究民族的文化—心理建構過程的宏大主題，並著重於民族思維的歷史發展，而我們知道，民族思維是在多種因素的合力的推動下前進的，我們認識其進程的視角也就應該是多元的、不拘一格的。對於文學史的研究來說，永遠不會有、也不應該有統一的不變的範式。但是，一部有分量的學術著作一旦問世，一個新的參照座標就出現了，以往所有的成果都會在這個座標上或升或降地變換原先的位置。近年來人們不是對古代文學的研究現狀屢表關切麼？最有說服力的答案是：

拿出實績來！從這個意義上說，王鍾陵的這部詩歌史既是應戰，也是挑戰，它的回響是叮以期待的。

（原刊《文學遺產》1990年第1期）

【附　註】

① 《中國中古詩歌史》第162頁。

② 《中國中古詩歌史》第861頁。

③ 《中國中古詩歌史》第6頁。

④ 《中國中古詩歌史》第2頁。

⑤ 《中國中古詩歌史》第9頁。

⑥ 《中國中古詩歌史》第16頁。

⑦ 《歷史中的客觀主義》，引自《現代西方歷史哲學譯文集》第283頁。

⑧ 《中國中古詩歌史》第851頁。

⑨ 《費爾巴哈與德國古典哲學的終結》。

⑩ 《中國中古詩歌史》第701頁。

⑪ 《中國中古詩歌史》第145頁。

⑫ 《中國中古詩歌史》第527頁。

⑬ 《中國中古詩歌史》第733頁。

⑭ 《中國中古詩歌史》第701頁。

⑮ 《致約·布洛赫》。

⑯ 《中國中古詩歌史》第30頁。

⑰ 同上。

⑱ 同上。

⑲ 《中國中古詩歌史》第28頁。

⑳ 《中國中古詩歌史》第26頁。

㉑ 《二十世紀文學理論·導論》。

文學史研究的重要突破

張晶

　　中國文學史的研究呼喚著突破。近年來，舊的研究方法不斷暴露出種種局限，而新的文學觀念、價值尺度、觀照視角等，給中國文學史範圍內的許多局部性研究，帶來了令人矚目的進展，一批富有開拓精神的文學史專著應運而生。年輕學者王鍾陵撰寫的《中國中古詩歌史》，便是一部具有全新的理論框架，對文學史研究有著重要突破意義的專著。它突破了過去文學史研究的陳舊的框架，闖出了一條富於獨特的研究個性的新路。

一、鮮明的理論性與有機的整體性

　　作者在反思以往文學史某些落後的研究方法的基礎上，提出了自己關於文學史研究的兩條原則：一是史的研究就是理論的創造之原則。二是整體性原則。此外，作者還注重於建立一個科學的邏輯結構，並且盡力從民族文化—心理動態的建構過程來把握文學史的進程。這就使本書顯示出相當的理論高度與深度。

　　作者認爲，歷史是一種雙重的存在，第一重存在是歷史客觀的、原初的存在，第二重存在則在於人們的理解之中，每一個時代的人都可以建立自己的歷史觀。因而史的研究本身便是理論的創造活動。縱觀全書，作者的確創造了一個嚴謹的、卻又是動態的理論構架，顯示了高屋建瓴的理論視野。依我看，本書的上卷是全書整體邏輯結構的凝縮，也可以說是中古時期審美意識的發展史。它是全書的理論精髓。上卷共分五編。第一編「漢代審美

情趣簡議」，揭示了漢代審美情趣的四個特徵，著重闡述了漢代最富特徵的審美範疇—「麗」。第二編側重闡發王充提出的「眞美」這一範疇，作者把它置於民族思維水平發展的進程中，認爲它具有四方面的意義：對遠古蒙昧的清除，對讖緯神學思想的冲決，審美主客體的解放，對新人格的嚮往等。作者由此把王充的「眞美」觀視爲中華民族思維發展的一個重要轉機。第三編是「中古文學特徵論」。這一編的三章：「動情與氣骨」、「眞實與形似」、「新變與精致」，不是並列在一起，而是以審美範疇的遞嬗流轉來展開其邏輯鏈條的。第四編「玄學的『簡約』風尙與文學的『以少總多』——一個新的審美原則的形成」，著重論述了作爲哲學思潮的玄學所形成的「簡約」風尙，如何對人們文化心理起到了導向作用，以及如何引發了文學的「以少總多」的審美原則。第五編「『隱秀』——一個新的審美理想」，通過對「隱秀」這個審美範疇的闡釋，揭示了審美意識的變化。作者從哲學的高度認識「隱秀」，認爲「隱秀」這一概念正是玄學體用之說的美學化，也正是玄學自然之道的具象化，標志著思維能力的大大提高。

　　作爲一部詩歌史，本書的整體性並不表現在時序的有始有終與內容的包羅萬象，而是體現在它本身所具備的有機的、動態的邏輯結構上。本書以王充的「眞美」觀爲邏輯起點，邏輯地展開了中古時期審美意識和文學觀念的變化沿革。作者抓住每個時期最有代表性的審美範疇，聯繫民族文化心理的動因，揭示出這些範疇之間的內在有機聯繫。如果說本書上卷是這個有機整體的骨骼經絡，那麼，下卷中作者對詩歌發展進程所作的細致考察，對於詩人藝術風格所作的具體而微的辨析，則是這個有機整體的豐潤血肉。這樣，上卷與下卷之間便形成了一種非常必要的互補關

係。

二、對於重要作家及文學現象的新視點觀照

作者在下卷中，往往選擇獨特的視角展開作家作品的分析。
如作者認爲曹植的詩是建安詩歌文人化過程完成的標志；在對曹
植詩所作的具體分析中，又得出這樣的認識：曹植詩骨氣與辭采
兼備，成爲這一歷史時期詩歌發展中氣骨一線和詞采一線這二者
發展之源頭。這就明確地揭示了曹植詩作爲從建安到初、盛唐詩
歌發展的起點的作用。對於陶淵明的田園詩，以往人們都從對官
場惡濁的厭惡及對田園生活的喜愛的角度來認識，而本書作者則
著重闡發了陶詩中的遷逝之悲以及達生貴我的人生態度，揭示出
玄學對陶淵明人生態度及詩歌創作的深刻影響，從而看到陶詩對
於生活的文化化、審美化。玄言詩是東晉時期最爲突出的文學現
象，以往的文學史一般是以「理過其辭，淡乎寡味」（鍾嶸語）
爲理由而一筆抹煞的，並未給予深入的研究。本書作者認爲玄言
詩階段應是我國詩歌發展史中的一個重要階段，對它一概抹煞的
做法並不正確。作者從特定時期的哲學思潮入手，來認識玄言詩
中的「淡」。指出「淡」在魏晉玄學中，是一個哲學概念；而在
士族文人的生活中，又是一種理想人格、交友之道和處事方式的
思想範疇；反映到文學上，則又是一種審美情趣。崇尚簡淡的審
美情趣，使東晉詩著力於一種遠曠境界的追求，呈現出一種恬暢
的風貌。而對靜態清趣的喜好，又是玄淡詩風的必然歸宿。玄言
詩的以理思入詩，給中國詩歌的詩境帶來了新的開拓。作者從哲
學思潮、民族文化心理的角度來認識玄言詩的「淡」，得出了令
人耳目一新的結論。

三、抉隱發微，填補了中古詩歌研究的許多空白

以往的文學史研究，大都集中在少數幾個大作家上，對於一

些二三流的作家，往往缺少深入具體的分析，便作出缺乏根據的
過低評價。本書不僅對他們做了大量深入具體的研究，給予充分
的、恰當的評價；而且還把這些過去文學史所忽略的詩人，納入
中古詩歌發展的整體邏輯結構中，指出他們的地位。如太康詩人
張協，過去的文學史只是一筆帶過，而本書則列專章論述。作者
指出了張協詩中的玄思色彩以及其中包含的淡然塵外的意蘊，在
藝術上準確地揭示出其「巧構形似之言」的特徵；進而將張協詩
那種恬淡的情懷與「巧構形似之言」聯繫起來，認爲前者對於後
者有十分重要的作用；又從張協的詩作上升到規律性認識：「必
然經由感情的一定程度的淡化，自然景物才能從純粹作爲主觀情
思的觸媒與載體的角色中解脫出來，從而在一定程度上獲得較爲
眞切細致的表現。」對張協詩如此深入的探究，應該說這是第一
次。其他如潘岳、劉琨、江淹等詩人，本書都給予專章的論述。
更值得注意的是第十一編第四章「清拔有古氣的吳均體」。關於
吳均，以往的文學史偶有涉及，往往語焉不詳。本書作者一方面
指出吳均作爲失意士人的心理特徵；另一方面，通過對其詩作的
具體剖析，說明「吳均體」「清拔有古氣」的藝術特徵。作者又
通過比較，指出「吳均體」代表了「通變」的文藝思想，對於永
明詩風的清婉、明淨、輕靈有承受的一面，然而對其庸俗和平弱
又有矯變的一面。本書這些論述，都是頗具開拓意義的。

　　**哲理思致與優美抒情的語言表述的統一，也是本書的一個明
顯特色**。較之以往的文學史，本書可以說是以深刻的哲理思致見
勝；而這種哲理思致又是以極有詩意的抒情語言表述出來的。讀
這本書，我們不會因抽象枯燥的八股調式而感到疲憊，相反，卻
會被作者那種充沛的情感力量所吸攝。可以看出，作者是以一種
灼熱的情懷孜孜於文學研究事業的。

　　作爲一部中古詩歌史，本書還存在著有待於補充與完善之處。這部書基本上是論述文人創作，而對民間詩歌重視不夠。如南朝樂府民歌作爲一個重要的文學現象，留下了豐富的詩歌遺產，積累了許多寶貴的藝術經驗，對文人創作有深刻影響，理應得到足夠的分析，按本書的規模，恐怕應給一編的篇幅才行。但不知作者出於何種考慮，連一章也沒給，只是在論述北朝民歌的一章中，作爲比較略加提及，這不僅使南朝樂府民歌本身沒有得到認眞的分析論述，而且忽略了南朝文人詩歌發展的一個重要動因。但這裡的不足，與本書所展示的理論生機、所開闢的新的文學史研究途徑相比，是很微小的。這部書在方法論上給我們的啓發，應該說是別有一番天地之感。

（原刊《中國社會科學》1990年第2期）

評王鍾陵著《中國中古詩歌史》

──兼談文學史著作編寫方法論問題

徐宗文

　　我們面臨著又一個東西文化碰撞的時代，整個意識形態領域中捲起了一股快速前進的疾風，觀念轉變的呼聲如春潮湧起。西方思潮的大量引進，引起了學術領域中活躍而有生機的探討。然而，由於文化傳統的巨大慣性和影響，古典文學研究界卻顯得相對岑寂和冷漠。這種狀況，尤其是古典文學本身的豐富蘊藏及其所形成的沉重負載，不能不引起有志於宏觀理論研究的學者的深思。

　　應該承認，從「五四」以來的幾十年，古典文學研究中的一些傑出學者，包括魯迅、聞一多、朱自清、鄭振鐸諸先生在內，他們所寫成的若干部文學史著作，尤其是建國以後，分別由游國恩、劉大杰等先生以及中國社會科學院文學研究所等單位編寫的幾部著名文學史著作，其所取得的研究成果確是舉世矚目的。遙想當年，他們篳路藍縷的開創性工作，曾經給予後人多少澤惠！

　　老一輩學者寫作的文學史著作所取得的成果大致有如下幾個方面：

　　1.從文學史的所謂歷時性來說，這些著作給後人理清了一條明朗的發展線索；盡管是屬於單向的，但唯其如此，也才愈益顯示出清晰性。

2.具體而細膩地解剖了文學史上一個個著名的作家及其作品。

3.建構了比較穩定的文學史著作編寫的框架。

4.能夠運用馬克思主義的一些新理論、新觀點說明文學史上發生的諸多重要現象，使人獲得了一種不同於傳統見解的、帶有革除舊面貌的感受。

以上僅僅是就其犖犖大者勾畫幾筆而已，而其實際上所取得的成果遠非僅此。系統而科學地總結這些著作的經驗，從而給予後來文學史著作編寫以借鑑，這已成為當前一項極其重要的工作；而這一工作，既非個人力所能及，更不是本文所可承擔得了的任務。

但是，正所謂樸素的感情不能代替理性的思考，過去的幾乎所有的文學史著作盡管取得了重大的成果，然而毋庸置疑，也存在著相當嚴重的不足，這主要表現在下述幾點：

1.因為文學史發展線索僅僅是一種單向的描述或勾勒，缺少一種整體性的、多角度的透視和把握，因而大多只有就史論史之功，缺乏理論的深度和力度；少數著作雖然對與文學史發展相關的歷史材料作了梳理，但往往籠統地從政治、經濟、地理、外交等遠距離方面著筆，而不是從最貼近文學發展的哲學、美學、心理學和藝術學等所謂大文化方面加以論述，缺少那種切實的、具體的探究，從而給人以一種游離於文學主題之外的印象，似乎任何一個時代的任何一種文學樣式的產生與發展，都離不開一般的政治、經濟等因素，最終導致一種似是而非的歷史結論。

2.對作家和作品的剖析，常常從先驗的概念出發，以所謂「人民性」劃線，因而論述中不可避免地帶有以偏概全的現象，以致客觀上使得後來的讀者對這一些作家及其作品都造成了片面接受和認識的結果；與此相聯繫的是，把文學上本來屬於應該加以

正視的重要階段和現象隨便予以超越，使得自然發展的文學史出現了令人費解的「斷裂期」，直接影響了人們對文學史的全面認識。

　　3.所構制的框架，無論是一個作家，一個文學流派（團體），還是一種文學現象，都是從如同學術界不少人所譏評的那種「①時代背景；②作者生平；③思想內容；④藝術特色」的「四段式」來安排的。這種譏評，雖然沒有具體分析並承認其合理因素，但這一客觀事實，卻也至少說明了我們的文學史家缺乏創造性和文學史著作缺少確定的邏輯敘述結構，顯得比較單薄和呆板。

　　4.對馬克思主義的理解和運用，較多地陷入了一種庸俗主義、機械主義和片面主義的泥淖：因為過分突出政治對文學發展的作用，往往用簡單的思想分析取代複雜、具體的藝術分析，或者進而把文學史單純地寫成了文學領域裡的政治鬥爭史，甚至儒法鬥爭史；因為過分強調所謂的思想性、人民性，把一部文學史實際上寫成了一部思想史或文學發展中的人民性歷史……

　　總之，上述種種現象說明，以往的文學史著作，無論從內容還是從形式來說，都顯示了一定程度的落後狀態，因而亟待改革和提高水平。

　　那麼，怎樣才能從根本上改變我國文學史著作編寫的落後面貌呢？我個人認為：一方面要更新觀念；另一方面，從某種意義上說也許是更重要的，應運用新的、科學的研究方法。在這一方面，蘇州大學王鍾陵70萬言的著作──《中國中古詩歌史》（江蘇教育出版社出版）所運用的方法能夠給我們以十分有意義的啟示。因此，具體地總結和歸納一下這部著作所運用的方法，不僅有助於我們探討和研究文學史著作編寫中的方法論問題，而且有利於我們認識和把握這部著作的主要特色。

　　王鍾陵所運用的方法的總體特徵是既借鑑傳統研究方法中活的、有生命的經驗，又吸收和運用現代最先進、最科學的研究手段，博取眾長，自鑄新法，形成了一套嚴密的、具有個人特色的研究體系和原則。具體說來，有以下四點：

一、史的研究就是理論的創造

　　史的研究就是理論的創造原則，首先涉及到的就是一個歷史哲學問題：歷史是客觀的，還是主觀的？對於這一個古今中外長期爭論的問題，作者給予歷史真實的兩重存在性原理的新穎回答。從這一原理出發，作者引出了史的研究其實就是理論創造的原理，這一原則在寫作中的體現便是史與論的凝結，由此作者確立了史論的寫作形式。

　　如此鮮明地強調史的研究應導向於理論的創造，並由此而明確地以史論作為文學史著作的寫作形式，這在文學史研究中恐怕尚屬首創之舉。

　　本書貫徹這一原則表現在兩個方面：第一個方面是將古代文論與古代文學史的研究結合起來，用作者的話來說，就是「將這一時期產生的代表著當時創作潮流的文學理論主張同當時文學創作的實際結合在一起加以論述」①。文學理論與文學創作實踐本是一個時代文學發展狀況的兩個不可分割的側面，特別在中國古代，提出文學理論主張的人往往自己就是寫作詩文的高手。然而作為這兩個有機側面所反映的兩門學科——古代文論和古代文學史，長期以來卻處在彼此割裂的孤立狀態之中。理論的闡發需要從歷史的總體中汲取其全部的豐富性及其活躍的生氣，文學史的敘述則需要憑藉理論的深化和升華。有鑑於此，王鍾陵的這部《中國中古詩歌史》融冶理論和創作這兩個側面於一爐。由此，本書不同於以往的文學史著作的體例安排，而是將全書劃分為上下

兩卷。上卷五編著力從宏觀的理論的角度去把握文學發展的大的進程，論述了其審美情趣的轉變、審美理想的演化、這一歷史時期文學的特徵以及審美原則之形成。上卷這種高屋建瓴的理論論述成為下卷具體論述之統帥，而下卷的具體論述則又以其活躍、生動的意蘊映照了上卷的理論論述。此外，下卷七編則又結合文學史的具體發展過程自然地結合論述其時最具有代表性的文學理論。比如曹丕章中論述了他「詩賦欲麗」的意見，陸機章中論述了其「詩緣情」的主張，在宋代編中述及鮑（照）、（惠）休一派與顏延之一派的鬥爭及其異趣，在齊代編中對永明體詩人的主張作了一系列的說明，在梁、陳編中又闢出專章論述了劉勰和鍾嶸的通變觀，在隋代編中則又集中辨析了裴子野、蘇綽、楊堅和李諤三種復古理論的深刻區別等等。

　　本書融冶理論與創作於一爐的第二個方面的表現，在於作者對歷史上的種種概念、範疇、命題加以深入的發掘和加工。作者所論述的全部概念、範疇和命題，都是由中國古代典籍中發掘出來的，是中國文學發展自身所固有的，是根生在中國古代文化這塊堅實的大地上的，因而具有鮮明的民族特色和民族氣派。而這一系列古代典籍中的用語之成為特定的美學概念、範疇和命題，其中又有著作者巨大的思想加工。像漢人愛用的「麗」字和魏晉人愛用的「秀」字，千百年來一直靜靜地躺在古代典籍中，基本無人予以注目。本書作者卻以其深刻的洞見，從這種用語的變化上看到兩個大時代的審美情趣的變遷從而將其發掘出來置之於廣闊的思想文化和社會背景上加以闡發，由此兩個平常的用語上升而成為了特定的美學範疇。即使是像王充的「真美」、劉勰的「以少總多」、「隱秀」這一些早已被人們關注的概念、範疇和命題，本書作者也從民族思維的發展上給予了透闢的、全新的闡發。

由此可見，史與論相結合的寫法，在很大程度上盡管只是對傳統經驗的借鑑和變革，但它卻是加強文學史著述的深度並提高其水平的一條重要途徑。

二、整體性原則

理論的創造要求著對於歷史材料的整體性把握，由此王鍾陵引出了整體性原則。從文學史研究的實際出發，作者對於整體性原則區分了三個層次的要求：一是應對詩人、作家的全部作品作客觀而全面的把握，二是對一個時代要作縱橫兩個方面的完整理解，三是要將文學同哲學、美學、社會風習等各個方面綜合起來考察。本書由第一層要求出發，避免了過去文學史著作那種以偏概全的舉例式研究，做到了對詩人、作家的全面審視。由第二層要求出發，從橫向上講，避免了過去文學史著作只是孤立地講述幾個代表作家的做法，作家和作品的覆蓋面大大擴展；從縱向上講，文學史各個階段之間呈現出緊密的有機聯繫，玄言詩、宮體詩都作為一個文學史階段得到了充分的注意，以前文學史著作中那種隨意抹煞和跳越某一個時代的做法被摒棄了。由第三層要求出發，文學的進展乃上升為一種文化的進程，一種民族發展的進程。

作者說：「魯迅先生的《魏晉風度及文章與藥及酒之關係》一文，早就昭示了我們一種將特定階段的文學同特定階段的社會風習聯繫起來研究的學術路徑。我們今天應該遵循這一路徑，並且拓廣開去，在一種更加廣泛的文化背景中來研究文學。在社會風習中，我們又應特別注意那些同民族思維相聯繫的部分。正是這一類的社會風習，給予文學的發展以更加深沉的影響」②。這一段話一方面表明作者對於前輩學者的誠摯的尊重，另一方面則又表明作者在繼承中力謀開拓發展的意向。作者在這兒強調了兩

點：一是要在「一種更加廣泛的文化背景中來研究文學」，二是「應特別注意那些同民族思維相聯繫的部分」。由第一點出發，文學的進程上升而爲文化的進展；由第二點出發，文學進程則更上升爲民族發展的進程。這是兩個相互聯繫的階梯，第一點必須以第二點爲旨歸。作者特別強調指出「文學研究的多方面結合應以民族思維的發展爲內核」③，這一主張對於魯迅先生的上述思想有新的發揮。

顯而易見，作者所堅持的整體性原則及其對三個層次的劃分，不僅一層深入一層地構成了一個完整的愈益上升的體系，而且這一方法的運用和實踐，已在事實上大大改變了以往文學史著作的落後面貌。這是很值得稱道的一項重要成果。

三、建立一個科學的邏輯結構

對於對象的整體性研究，必然要求著研究主體論述中的整體性，這種主體論述中的整體性，其實就是一種對於敘述邏輯的要求。

雖然學術界學習馬克思主義已有很長的歷史，但以一個恰當的邏輯結構來反映歷史的辯證運動的問題，至今還未引起學術界應有的重視。就古代文學史著作來說，到目前爲止還沒有一部著作試圖向這方面努力過。應該客觀地承認，把邏輯結構問題引入爲中國文學史寫作的方法，是王鍾陵的創新。

尋找一個恰當的邏輯結構是一件十分困難的工作，它需要如同馬克思所說的那樣「充分地占有材料，分析它的各種發展形式，探尋這些形式的內在聯繫」④。在此基礎上方能正確確定邏輯起點和邏輯展開的順序。《中國中古詩歌史》的作者對於魏代詩歌作爲邏輯起點的認識，便是「以對這一歷史時期全部詩作的分析研究爲基礎的」⑤。作者自敘云：「通過幾次迂迴反復的認識，

在對魏晉南北朝隋代這一歷史時期全部詩作的一再分析和綜合中，我方才從魏代詩歌裡『蒸發』出三個抽象的規定來，這三個抽象的規定在全書的論述中可以導致此期全部詩歌發展階段的『具體的再現』」⑥。這表明王鍾陵所遵循的是從具體到抽象再由抽象到具體的科學的研究路徑。

本書由魏代詩歌中所抽象出來的三個規定性之相互消長，來說明本期各個階段詩歌發展之邏輯前進，這構成了本書整個理論體系的一個大的框架。這一項內容形成了本書最為顯著的理論特色。

王鍾陵從上述理論框架出發，對這一歷史時期比較重要的詩人都為其確定了一個不可換易的具體的歷史位置，也就是將其置於總的發展鏈條的一個特定的環節上，這些環節又是彼此緊密聯繫而不可或缺的，「如果說時代與時代的銜接，構成了詩歌史發展的粗的鏈條，則詩人與詩人之間的有機行列，便應視之為詩歌史發展的一種細的流動。這種細的流動，對於邏輯起點的三要素的展開可以有更為豐富細致的闡述，從而達到對整個時期詩歌發展史進程的『具體的再現』」⑦。

《中國中古詩歌史》一書，正是通過粗的鏈條與細的流動的相互補充，將中古文學進程的內在邏輯發掘了出來。只要將有關的文學史著作同這部書加以比較，我們便可以十分清楚地看到：到了王鍾陵這部書中，那種不管具體情況一律按「四段式」來安排的結構，那種孤立的作家散論之集合的現象，都被克服了。從這裡可以看出，科學的邏輯結構方法的運用，無論是對於古代文學的研究還是對文學史著作的編寫，都將產生深遠的影響。

　　四、從民族文化─心理的動態的建構過程上來把握文學史的進程

　　確如作者所說：「邏輯結構的建立離不開概念、範疇、命題的提出和表述，而概念、範疇、命題的提出和表述又是一個和民族文化—心理結構的理解相聯繫的問題」⑧。本書以民族思想從漢代神學中擺脫出來，王充「眞美」觀由現實的思想轉化爲思想的現實，玄學的興起以及玄風對社會的披覆，作爲論述中古文學發展之基礎。這種在民族思維發展的基礎上來把握文學史的發展，顯示了作者爲之努力的學術方向。在《中國中古詩歌史》這部書中，作者對於這一學術路徑著重強調了兩點：一是要用概念、範疇和命題的體系來反映民族心理和民族思維的發展；二是對於民族文化—心理的發展，強調了要從動態的建構過程上去加以把握。這兩點又具體化爲三個層次：「第一個層次是結合了各種社會條件對詩人心理的復現以及對其作品之藝術風格的分析，第二個層次是對次要範疇和概念的說明，第三個層次是對高層次範疇的闡發。這三個層次由下而上組成一個金字塔式的立體結構。」作者把對民族文化—心理結構的研究，提高到是對「民族性的探索」這一高度，而「對於民族性的探索更是一個牽涉到世界文化發展的意義重大的課題」⑨。古代文學史的研究正是在這一基點上，可以取得一種全新的意義。

　　由於採用了一整套新的方法來從事研究，所以，《中國中古詩歌史》所勾勒出來的文學史面貌顯然是大大不同於以往任何文學史著作的別一種境界。

　　作者在前言中對中國文學從史前到唐代的發展，就已經作了一個大致的勾畫，這種勾畫表明了一個辯證的基始矛盾，在「前進著的各種對立中發展起來」⑩的過程。這樣一種論述方法對中國文學史的研究來說，十分新穎。依據於此，作者在上卷中則更以審美情趣之從「麗」向「秀」的轉變，審美理想之從「眞美」

向「隱秀」的演化，揭示了文藝從漢到魏晉南北朝以及向唐代的推移，這種用範疇的流轉來表明文藝發展運動的論述方法，確是獨闢蹊徑的。作者把王充「眞美」觀的出現，看作是兩漢虛妄的神學審美觀破產的標志；而把劉勰的「以少總多」說，看作是這一歷史時期的審美原則；認爲「眞美」觀的特徵在於「高揚了民族的理性」，而「以少總多」說則表明了「我們民族審美智慧的成熟」⑪。在此基礎上，作者以「動情與氣骨」、「形似與眞實」、「精致與新變」這樣三點來表述這一歷史時期文學之特徵及其必然的內在走向。以上這些，共同構成了對中古文學發展的一種高層次的全新的概括。

　　此書下卷，則具體地勾畫了這一時期詩歌發展的軌迹。對於建安文學，此書以漢末古詩和漢樂府民歌爲其源頭，而以向文人化發展爲其總的發展趨向，由此作者把三曹七子區分爲曹操、七子和曹丕、曹植三個小階段，而正始文學可視之爲文人化過程的更進一步的發展。這樣，魏代詩歌的發展就具有了一個有著內在規律的邏輯進程。西晉詩歌是由魏代向東晉的過渡，由此本書首次對西晉詩歌作了劃期：傅玄、張華爲其初期，太康群英爲其中期，而永嘉詩歌（劉琨的詩作及玄言詩風的興起）爲其晚期。東晉玄言詩部分爲歷來文學史所缺，作者首次將這一部分掘發了出來，解決了玄言詩的上界，郭璞的歸屬，玄言詩的定義、分類、審美情趣及其對後世的影響等一系列問題。對於南朝詩歌的發展，作者首次從詩派間的相互沖蕩及其影響的消長上來加以論述。從宋代部分，本書就注目於顏、謝、鮑三家並出而引起的文學思想上的鬥爭。在齊代編中，作者具體說明了永明體詩是如何在「沿承（惠）休、鮑（照），革除顏（延之）、謝（靈運）二體的過程中發展起來的」⑫，以往的文學史著作從未論述到這樣的深度。作

者在齊代編中還提出了一種廣義永明體的概念，頗為精采，表現了作者具有突破前人見解的寬闊視野。在梁、陳編中作者首次提出了當時存在著和新變派頗為異趣的通變詩派，並指出江淹、吳均是其創作上的代表，劉勰、鍾嶸是其理論上的代表。作者對於梁、陳宮體詩的分析饒具新意，作者認為應如實地把宮體看作一種新變體詩，這樣「永明、梁陳、初唐的詩歌發展，才能在內在義脈上真正貫通起來」⑬。作者別具只眼地發現其時存在著兩種新體詩，「一是以講究聲病為其主要特徵的永明體，這是五言詩體；二是用以抒寫富貴冶蕩情懷，語言通俗，風格流麗輕靡的歌行體，這是七言詩體。前者是齊代詩人們的創造，梁、陳詩人沿承而推進之，後者則完全是梁、陳詩人們的貢獻」⑭。對於南朝詩人的表現自然美，作者以靜態、清趣、光感揭示其審美心理的新的建構。在北朝和隋代編中，作者強調指出必須明白這一時期民族鬥爭和融合的性質、特徵，以此作為觀察文學發展的視角，具體地說就是要從關隴集團勢力向全國伸展過程中所造成的南北審美趣味的變化上來著眼，由此作者把北朝和隋代文學的發展劃分為少數族漢化、北人學南、對南方文風的矯正以至批判這樣三個階段。北朝及隋代所有的詩人都被納入這三個階段的發展來加以論述。

　　以上這一系列見解，無疑都是發前人之所未發的，形成了有獨特見解和一個完整體系的一家之言。

　　上面的介紹還僅僅是對此書內容的一個粗線條的介紹，其它在具體論述中的精采見解還相當多。比如庾信將宮體詩風帶到北方，自聞一多以來一直是被批評的，然而此書則認為在當時少數族漢化的歷史條件下，宇文集團的模擬王、庾文風則有促進漢化的現實作用。像這一類鞭闢入裡、別具新見的論述，在此書中真

是所在皆是。

　　還值得一提的是，作者在掌握材料上用力甚勤，由此作者在古代典籍中看到了許多別人未曾注意的重要問題。比如玄學中存在著一種簡約的風尚，園林建築在東晉南朝的興起，這一歷史時期所存在的以才藝爭勝的風習，這一些歷史現象大多爲作者第一次指出。作者爲此而梳理的材料十分豐博，因而具有充分的說服力。這一歷史現象的指出，不僅對於文學研究，而且對於哲學和歷史的研究，亦有相當重要的價值。作者亦注意於考證：左思卒年的考證、梁代文體之變當在中大通三年的考證、劉琨詩案的考證，都是比較重要而前人或未能解決、或解決得不夠精當，甚或是從未發現的問題。這些不僅反映了作者謹嚴的治學態度，而且反映了作者想使此書兼具理論、文采、材料（包括考據）三長的意圖。應該說作者的這一意圖得到很爲成功的實現。

　　通讀全書，我們也有幾點不成熟的看法：一是本書上卷五編所述這一歷史時期的文學特徵和審美情趣等等，乃是統帥整個時代文學的，而下卷七編只是講到詩歌一種文體，好像大帽子扣在一個小頭上，體例顯得不夠協調。二是本書應爲南朝民歌單列一個專章。儘管作者考慮到史論寫法的具體要求而有意作出這樣的安排，但鑑於南朝民歌在這一段文學史上的突出地位，既然北朝民歌列了專章，南朝民歌似亦應單列專章加以論述。

　　總之，王鍾陵的這部《中國中古詩歌史》由於完全採用新的研究方法，因而取得了十分引人注目的成就。我們相信，不僅此書的一系列學術觀點將會大大影響其它各段文學史著作的面貌，而且本書所提出和採用的研究方法，所開闢的種種學術路徑，也必將對中國文學史的研究及其著作的編寫產生影響。

（原刊《江海學刊》1989年第4期）

【附 註】

① 《中國中古詩歌史·前言》第13頁。

② 《中國中古詩歌史·前言》第16頁。

③ 同上。

④ 《馬克思恩格斯全集》第23卷第23、24頁。

⑤ 《中國中古詩歌史·前言》第22頁。

⑥ 同上。

⑦ 《中國中古詩歌史·前言》第24頁。

⑧ 《中國中古詩歌史·前言》第25頁。

⑨ 《中國中古詩歌史·前言》第30頁。

⑩ 《馬克思恩格斯選集》第3卷第531頁。

⑪ 《中國中古詩歌史》第160頁。

⑫ 《中國中古詩歌史》第664頁。

⑬ 《中國中古詩歌史》第733頁。

⑭ 《中國中古詩歌史》第751頁。

美學與古典文學研究的有機結合

──評王鍾陵《中國中古詩歌史》

徐文子

　　把美學研究同古典文學研究結合起來，這顯然是開拓文學及其歷史研究的好途徑。但要真正做到這一點並非易事，因爲它需要研究者既有專門的學科知識，以及對這一門學科的細致的藝術感受力，又有良好的哲學基礎和縝密的理論思辨力。否則，美學被引入文學研究領域，便往往只是把「美學」、「審美」、「審美主體」、「審美客體」這一類用語以及西方美學著作中的一些段落改頭換面地硬塞到文章中去，使兩者完全處於游離狀況。值得欣慰的是，我們終於看到了蘇州大學中文系王鍾陵副教授撰寫的《中國中古詩歌史》。這是一部將美學與中國文學史結合得好的著作。

　　首先，從大的方面來說，無論上卷、下卷，都是從美學的角度來確定其邏輯─敘述起點的。上卷總論部分從「眞美」觀作爲一種新的審美理想的孕育寫起，因爲「眞美」觀作爲一種審美理想，是萌發於漢代審美情趣之中的，所以上卷以漢代審美情趣簡議爲第一編，而以對王充「眞美」觀的論述爲第二編。下卷分論闡發「眞實之美」的審美理想之現實化，則從魏代開始。邏輯─敘述起點既然是從美學角度來確定的，則其邏輯展開順序自然也就會緊緊扣住美學的角度來進行了。本書上卷五編便是一組著力

論述這一歷史時代美學思想大的轉變的篇章，其所論述的審美情趣之從「麗」向「秀」的轉變，審美理想之從「眞美」向「隱秀」的演化，表明了文藝從漢代向魏晉南北朝以及唐代的發展軌迹。

在這種論述中，作者對中國古代文論中的許多概念作了思想加工，把本來似乎互不相關的許多概念聯繫起來，各各置於特定的位置上，構成了一個有機的體系。

比如「眞美」一詞，在歷來文學批評家眼中，並不受重視。有關論著在對王充的「眞美」思想進行批評時，甚至認爲王充的看法過於機械，把文藝創作和神學迷信混爲一談，不了解文學藝術的特徵。王先生則以其深刻的見解，從「任何一個民族都必然要經歷清理、擺脫原始蒙昧的歷史進程」這一宏觀視點出發，看到了王充「眞美」觀的提出，「是文明戰勝蒙昧、理性戰勝迷妄的標志，是在文藝領域中肅清遠古蒙昧，破除近世迷信的認眞努力，是我們民族的思想終於穿過原始蒙昧並開始戰勝近世迷信而在美學思想上的必然反映。」由此，他將王充的「眞美」觀提到了「不僅是前一個時代的終點，而且也是後一個時代的起點」的高度，從而「眞美」一詞乃成爲溝通前半段中國文學史的一個最爲重要的關鍵性範疇。

在下卷中，作者對各個階段的審美情趣作出了說明。作者對東晉玄言詩「淡乎寡味」的分析，饒有興味。自鍾嶸批評玄言詩「淡乎寡味」以來，人們一直以此作爲玄言詩失敗的標志。然而王先生從當時的哲學思想以及其時門閥士族文人的人格理想、交友之道、處事方式等各個方面來加以闡述，說明了「淡」正是玄學家們之所求，詩風上的淡，正是玄學之士思想上、立身處事上求淡的反映。對玄言詩「淡乎寡味」如何看待，涉及到能否理解東晉詩審美情趣的問題。作者還進一步指出：「味玄體道的宗旨，

使東晉詩著力於一種遠曠境界的追求，而適性安分之旨，則又使得不少玄言詩表現了一種與回響著悲愁之聲和高亢之音的魏代及西晉詩所不同的恬暢的風貌，山水詩正是在『玄淡』的詩風中，胎動著成爲詩之大宗的節律。」順著這一分析而下，作者十分有趣地說：「由此可見，對於『淡』的分析，不僅關係到對玄言詩階段本身的理解，而且涉及到對詩歌史從魏晉向南朝過渡的理解。歷史的諷刺在於正是在這個一直被否定的『淡乎寡味』之『淡』的特徵中，存在著理解這一段詩歌史發展規律的『奧秘』」。經過這樣的分析，「淡」這個貶義用語上升爲一種概括東晉一百年審美情趣、蘊蓄著文學史發展規律之「奧秘」的概念了。

正是這種富有卓見的思想加工，使得作者建立起一個由眾多概念、範疇、命題所組成的美學的理論框架，這一理論框架又是從中國文學史中概括提煉出來並能有效地解釋這一段文學之發展的，所以這一理論框架乃成爲本書將美學與中國文學史研究結合起來的整個工程之骨幹。

其次，從具體的論述來看，作者在上述美學理論框架的基礎上，又以其對作家作品美學風格的大量分析，作爲這一框架豐富的血肉；並且這種分析總是努力對民族審美心理的建構作出探索。

比如作者分析江總《山庭春日詩》中「岸綠開河柳，池紅照海榴」二句云：這二句詩意原爲河柳開了岸綠，海榴照得池紅，意趣甚平。現在作者從人的視覺感受上入手，將「岸綠」、「池紅」推至句首，再寫及「河柳」、「海榴」，這樣不僅事物的狀態得到了突出的表現，而且也符合人們感受外物的心理過程。因爲春日之遊中，人們在岸、池之畔往往首先對「綠開」、「紅照」之類的色彩獲得突出的印象，而後再及於具體事物的。在這一類琢煉的造句之中，不僅有著形式美的進步，還有著對審美心理表

現的深入。從這裡，我們可以看出作者從句法分析進而探究審美心理表現的意向。

需要指出的是，在本書中這種對審美心理表現的探究往往又是同對文化心理的分析聯繫在一起的。比如庾信有一首寫隱士生活的詩，其中六句云：「藜床負日臥，麥隴帶經鋤。自然曲木幾，無名科斗書。聚花聊飼雀，穿池試養魚」（《奉報窮秋寄隱士詩》）。作者分析說：「臥藜床是假的，鋤麥亦不過是文字上的點飾而已，但其中所表達的對自然的喜好倒是真實的。『樸素』生活之矯飾，農事田疇之點綴，詩書文化之放情，自然環境之清趣，這四項成分之融合，即所謂隱士的逸趣高情也」①。作者從庾信的《隱士詩》中分析出了隱士的文化心理結構，然後又在這一基礎上指出：疏放曠淡和逸趣高情，正是蕭散意趣的衍展，這是一種根源於高等士族生活，並經由玄學的中介而滋生出來的審美趣味，是一種典型的南朝文學情調。這樣，就從文化心理結構的分析走向了對審美情味的分析。

如果將前兩點的論述僅僅視為本書的「基點」的話，那麼對於這一歷史時期民族審美心理的揭示，則是本書所達到的「制高點」。對於南朝自然美的審美心理結構，作者以靜態、清趣、光感來概括。作者認為：靜態、清趣、光感，是在玄學蕭散意趣籠罩下發展起來的我們民族的審美心理的新建構。在這一審美心理建構中，靜態為其基礎，清趣為其核心，而光感則往往為其集中表現。這一審美心理建構，穿越了一千四、五百餘年的漫長的歷史跨度，一直持續到今，仍然決定著我們民族獨特的審美趣味。作者又說：南方文學所表現的審美的心理建構，並不僅指靜態、清趣、光感這三者。另外如精致的意趣，氣骨的崇尚，隱秀的追求等等，內容是十分豐富的。對此，作者自我概括說：「本書上

下卷十二編七十萬字，一言以蔽之，可以說即是在揭示這一特定的歷史時期中，我們民族審美心理建構中的各種因素是如何更替、萌生、組合的」。

　　以大的理論框架來揭示民族審美心理的大的變遷，以細致的作家作品分析來探究民族審美心理的具體建構，前者是骨幹，後者是血肉，相輔相成。於是美學和文學史的研究乃眞正有機地結合在一起了，這便是本書最鮮明的學術特點。

（原刊《書林》1989年第9期）

【附　註】

① 　《中國中古詩歌史》第798頁。

貫徹文學史撰寫的整體性原則

——讀《中國中古詩歌史》

蕭林

　　王鍾陵副教授的《中國中古詩歌史》（下簡稱王著）最近已出版。此書思想深邃，邏輯嚴密，文筆酣暢，本文擬就貫徹王著始終的整體性原則，談談感想。

　　整體性原則及與之相緊密聯繫的「史的研究就是理論的創造」的原則，係為王著奉行的兩大基本原則。在整體性原則之下，這樣一部展示四百年民族心靈的詩歌史，呈現為特定時空範圍的立體型的有機整體。不僅如此，這個整體所包含的每一個時代、每一種潮流、每一個集團直至每一個詩人的創作和理論，也都呈現為特定時空範圍內立體型的有機整體。我認為，這是這部詩歌史最主要的特色之一。這一特色，顯示出王著的開創性。

　　整體性原則，首先表現為研究對象的全面性。一部文學史，如果忽視了對某一個時代文學全貌的把握，就無法反映文學的演變，也就失卻了「史」的意義。因而研究對象的全面性，應當是撰寫文學史的基本要求。遺憾的是，以前的多部文學史著作，都沒有達到這一要求。最突出的表現在兩個方面。第一，這些文學史著作中所著力描繪的，是若干今人眼中的文學高峰，而此高峰向彼高峰過渡的低谷，高峰周圍的丘巒，都沒有相應的筆墨加以論述，有的甚至被遺忘了。整個古典文學研究中力量的分布也是

如此。這當然大大影響了古典文學研究的深入突破。第二，一些成就較高，甚至在當時文壇上有相當重要地位的作家，因政治上的原因，文學史中未能展示充分、全面、客觀的研究，未能給他們應有的地位。在王著中，這兩種現象都不存在。王著將這一歷史時期的詩歌理論、詩歌創作和其他詩歌活動作爲一個整體的研究對象，一些在今天看來成就並不高的部分，也得到了充分的研究。如東晉的玄言詩長期以來未得到文學研究者包括文學史家的重視。確實，就玄言詩的價值而論，當然比不上歷來爲文學史家所艷稱的「建安風骨」和「正始之音」，也在劉宋的山水詩之下。但玄言詩風彌漫東晉詩壇，是客觀存在的事實。「老莊告退，山水方滋」，劉宋的山水詩，正是由東晉的玄言詩階段中滋生發展出來的，而不是從魏西晉跳躍而出的。忽視了東晉玄言詩，就不能全面認識劉宋山水詩的形成和發展。王著以兩章論述東晉玄言詩，對它的孕育、發展和衰微的過程作了全面的研究，予以科學的雙向評價，論定了它在詩歌史上確定不移的地位。就中古這一歷史時代的詩人而言，王著的覆蓋面是很廣的，評價、論斷也是客觀、全面的。首先，每個詩人在詩歌史上的地位，完全是由他的詩歌創作以及他在詩歌發展中所起的作用來決定的，而不受其政治面目的影響。其次，王著對大量未被前人注意的詩人，作了發掘性的研究。如柳惲、柳惲、虞世基、王胄等，他們的詩歌成就，其在當時詩壇上的地位以及對詩歌發展所起的作用，都被展現在人們面前。如果說，丁福保、逯欽立費心收集這些詩人的詩，保存了一些可貴的資料，那麼，王著作者則依憑於這少量的材料，以綜觀文史探尋民族精神深層走向的識見，在詩歌史中再現了他們的形象。

　　王著的整體性原則，不僅體現爲研究對象的全面性，更體現

在研究方法之中。研究對象作爲一個整體,其中各部分之間,都存在著有機的聯繫。這些聯繫,就縱向而言,是歷時的流動;就橫向而言,是共時的結構。黑格爾哲學注重歷史過程,亦即歷時的流動;結構主義注重共時的結構。王著將歷時的流動和共時的結構結合起來展開,相互爲用,創爲一種撰寫文學史的獨特方法。王著運用這種方法,揭示研究對象的整體之中各部分之間客觀存在的有機聯繫及不斷演化的過程,作者之卓特的識見,閃光的思想,也隨之湧流而出。在王著中,從高唱發蹤的魏詩,一直到融合南北之長的北朝詩和隋詩,詩歌的長河,奔騰而下。在這段詩歌發展的歷史長河中,某一時期的詩風,其上流已存在著它發展的依據,而它本身又孕育著下游的詩風。用作者的話說,在每一時代的詩風中都存在著前一時期詩風的因子,新的因子在不斷增長,舊的因子在不斷消亡,於是演變爲另一種詩風。因子消長、詩風演變的歷時流動,亦即歷史的過程,是作者著意之處,從而展現了詩歌發展的內在的邏輯線索。王著有時也側重於共時結構的探討。謝靈運,人們只知道他是山水詩人。王著認爲,謝詩除山水之外,還有談玄、說佛諸項內容。而談玄、說佛與游覽、行田之間,又有著密切的有機聯繫:它們統一於當時士族文人的生活之中,共同反映了他們精神生活的風貌。王著更多的當然是將歷時的流動和共時的結構緊密結合起來加以研究,達到不可分割的程度。宮體詩,歷來被文學史家所鄙棄、否定,人們總以爲它是中古文學中的一堆垃圾。王著認爲,宮體是從永明體發展出來的一種新變體詩,它在內容上存在著種種缺陷,但在形式特別是表現技巧上對詩歌的發展,具有重要的意義。它在南北文化的融合中起有積極的作用,對隋詩、初唐詩都有直接的影響。

　　整部詩歌史作爲一個整體,存在於社會文化史這樣一個更大

的整體之中。作者也成功地運用他廣博的社會文化史知識，在廣
闊的文化背景中，高屋建瓴地闡述了中古詩歌的風貌及其發展變
化的規律，發掘其中深厚的底蘊。

（原刊《蘇州大學學報》1989年第2、3合期）

評《中國中古詩歌史》

古一

　　新時期十年中崛起的一代中青年學者在中國學術界是一支不可忽視的勁旅。他們有著迥異於前輩學者的治學道路、思想方法、精神氣質、學術見地和批評觀念。他們的學術品格，顯示出一種新的研究體系和發展方向。他們的學術成果，正爲學術研究注入了一種新鮮的血液，在學術界勃發一種強勁的活力。

　　中國文學史的研究早就呼喚著新的突破。作爲回應，青年學者王鍾陵先生的文學史力作《中國中古詩歌史》（江蘇教育出版社出版），就是一種震動古典文學研究領域的空谷足音。

　　《中國中古詩歌史》著重從民族思維的發展、社會思潮的流變以及審美情趣的變化、審美心理的建構上把握中國中古詩歌史各個階段遞次的邏輯進程，展示中華民族從建安元年（公元 196 年）到大業十四年（公元618年）四百二十二年的心靈史。西方有卓識的文學史家勃蘭兌斯有句名言：「文學史，就其最深刻的意義來說，是一種心理學，研究人的靈魂，是靈魂的歷史」①。從這個意義上說，注重於四百年民族心靈揭示的斷代文學史新著《中國中古詩歌史》，就具有深刻的內蘊。

　　這部體大思深的斷代文學史分上下兩卷，洋洋七十萬字。上卷從民族文化—心理建構這一高層次範疇上來把握中古時期文藝運動，著力探討漢代文藝的審美情趣和漢魏思想的轉變。作者揭示了漢人審美情趣上的四大特徵：㈠大一統式的汪穢繁富的內容；

㈡在人間題材與神話—巫術思想資料交融中所表現出來的神秘色彩與遒勁之力的統一；㈢外在的塗飾的視覺美；㈣以氣勢爲統帥在個體的滙聚中追求整體。他又從漢人的審美觀中，提煉出一個特定歷史時期的審美範疇——「麗」，認爲它表現了一種對生活的充沛熱情，一種大力開拓生存領域的積極意向，一種兼收並蓄的廣闊胸襟，同時也指出它表現了一種未加節制的侈靡和一種因過份注目外物而對內在的忽視。他標舉王充的「眞美」觀，認爲它是中古文藝發展的深刻的思想前孕，其意義在於對遠古蒙昧的清除、對讖緯神學思想的衝突、對審美主客體的解放和對新人格的嚮往，其內涵包容對審美眞實性的強調、對情感和寫作個性的強調、對文采的強調以及對「眞」、「善」、「美」的完整把握。他還從動情與氣骨、眞實與形似、新變與精致等方面揭櫫中古文學的特徵；更從玄學的「簡約」風尙與文學的「以少總多」看一個新的審美原則的形成，從「隱秀」考察一個新的審美理想。如果說，作者對中國還沒有一部具有理論形態的文學史著作的感慨，是對中國文學史的研究還只處於前科學狀態的痛苦反思；那麼，作者在上卷中對中古文學史所作的內在邏輯的流貫而完整的理性把握，則是賦予文學史以理論形態的一種可貴的努力。

　　下卷十分致力於中古時期詩人的心理剖析，從橫向上構成中古時代文化—心理結構的感性顯現，從縱向上表現民族文化—心理結構的動態的發展過程。作者論述魏詩的高唱發蹤、西晉詩的力弱采縟、東晉詩的大量引入玄理、宋詩的聲色大開、齊詩的精致與庸俗並存以及梁、陳詩的在頹靡中有前進，從而對中古時期文學進程作了十分細致的考察，對作家的風格作了十分精到的分析。如對陶淵明的田園詩，著重剖析其中表現的遷逝之悲和達生貴我的人生態度，爲理解陶詩提示了一個新觀點。而對東晉時期

玄言詩進行深入研究，抉示其價值在於以理思入詩，給中國詩歌帶來一種新的開拓。這些，都顯示作者在作家、作品的研究上取得了令人矚目的新成果。作者在《前言》中申言：「一部文學史（其他各領域的『史』也一樣），應該是歷史的真實內容和個人才華的合璧。」通觀全書，作者在展示中華民族中古時期四百年心靈史的同時，注目於藝術哲學的深刻闡發，其膽識，其才華，其探索的勇氣，其立志理論創造的雄圖，實在昭示新一代文學史家的崛起。他們的大膽開拓和重大突破理應受到重視和歡迎。

（原刊香港《大公報》1990年6月18日）

【附　註】

①　《十九世紀文學主流》第一分冊《引言》。

王鍾陵與《中國中古詩歌史》

周楚之

　　老一輩的學者稱《中國中古詩歌史》的立意「大大突過前人」，「有著史詩般的深閎偉美」；稱王鍾陵「用他的心靈之光，照亮了中華民族一個重要歷史階段的一些重要的方面」，並「理所當然地期待著」他「在對文化—意義世界的新的構建和學科建設的前沿突破中，取得更大的發展」①。

　　中青年學者則認爲《中國中古詩歌史》闖出了一條富於獨特的研究個性的新路，不僅在方法論上受到令人耳目一新的啓發，而且被作者那種充沛的情感力量所吸攝，因而情不自禁地把王鍾陵推爲新一代學人的發言人和領頭人②。

　　一顆新星正在中國古典文學研究和批評這一沉寂多年的領域裡，破空升起，放射著奇麗炫目的光芒。

　　王鍾陵出生於江南名城南京，髫年失怙，篤志好學，尤嗜古典詩詞。稍長，解聲律，工倚聲。回首往事，他十分動情地寫道：「我甚至可以說：我是同詩一起長大的，是詩伴隨了我生涯中最多的時光，給了我時時寂寞的心靈以最多的慰藉」③。

　　生活對他來說，並「不是一條洒滿鮮花的道路，它艱難、曲折、冷峻，還常常有著屈辱」④；但是他走過來了。

　　他寫《中國中古詩歌史》擬定了一個能打動讀者心弦的副標題：「四百年民族心靈的展示」。他主張將文學藝術的研究，和哲學、社會風習及其所體現的民族心理狀況等各方面的研究，綜

合起來，作爲根源於一定經濟、政治條件之上的民族文化生活方式的表現，來作整體的研究⑤。

　　全書分爲上、下兩卷。上卷是從理論範疇，探究中古時代審美情趣、原則、理想的孕育、完成、轉移的歷程。吳調公先生概括它爲「中古世紀中國的民族心靈」⑥。作者自漢代審美情趣著筆，高揭孕育萌發於其間的王充「眞美」觀，作爲「前一個時代的終點」和「後一個時代的起點」；而把劉勰「以少總多」說，看作這一歷史時期的審美原則；並通過「動情與氣骨」、「形似與眞實」、「精致與新變」三點，論述中古文學之特徵及其必然的內在走向；從而描繪審美情趣從「麗」向「秀」，審美理想從「眞美」而「隱秀」的演化過程，以及文藝從漢代經魏晉南北朝而唐代的發展軌迹，表現出具有強烈的思辯色彩和風格的美學史形態。下卷則勾畫出中古詩歌史發展的具體流程，吳調公先生歸納爲「中古世紀詩人的個體心靈」⑦。作者從體現「眞實之美」審美理想現實化的建安文學發端，以漢末古詩和樂府民歌爲其源頭，而以文人化、玄言化、平俗化和南北文化交融爲其總的趨向，著意於內在義脈上眞正貫通由此經正始、太康、永嘉、永明、梁陳直至初唐這一流變發展的邏輯進程，構成了蹊徑獨闢而且體大思精的四百年民族心靈史。

　　別具只眼而足以服人的新見，在本書中層出不窮。掩卷再思，不得不嘆服作者掌握材料的豐博，治理材料的謹嚴，洞察事理的深銳，尤其是他那足以輕舉而觀於滄海、跨六合而水擊三千里的思辯能力。由此觀之，造化運命之於王鍾陵，似乎又是格外眷顧、格外優厚的。大江源頭的激越奇峻，大江之尾的浩渺兼容，奇迹般地在一個人身上結合得如此完美和諧。同他與生俱來的開拓才能、進取精神，以及使命感相砥礪、相驅使，造就了他成爲在學

問道路上長驅不倦、高歌無前的一代怪傑。他在本書《後記》中寫道：「生命的旅程在向前延伸，我切實感到了它的壓力和它的呼喚。」「這部書完成了，又一段新的旅程開始了。理想之夢的漣漪在我眼前，正展開著它更遠的波圈……。」

香港《大公報》一九九〇年六月十八日曾刊登古一的《評〈中國中古詩歌史〉》一文，稱之爲「震動古典文學研究領域的空谷足音」，「昭示新一代文學史家的崛起」；而以王鍾陵爲代表的新一代學者，正爲學術研究注入一種新鮮的血液，在學術界勃發一種強勁的活力。學術界正衷心期待著王鍾陵和站在新世紀門框上的一代學人，能以他們的膽識才華，爲宏揚振興民族文化，樹起一座世界性意義和社會歷史意義上的不朽豐碑。

（原刊臺灣《國語日報》1991年12月28日）

【附　註】

① 霍松林《古代文學研究的重要開拓》，《學術月刊》1990年第10期。
② 張晶《文學史研究的重要突破》，《中國社會科學》1990年第2期。
③ 《中國中古詩歌史·後記》。
④ 同上。
⑤ 見《中國中古詩歌史》第162、163頁。
⑥ 吳調公《讀王鍾陵〈中國中古詩歌史〉》。
⑦ 同上。

深宏偉美　聲譽日隆

──評王鍾陵《中國中古詩歌史》

黃益元　魯航

1988年，一部嶄新的斷代詩歌史悄然崛起，不脛而走。一部洋洋70萬言的專業學術著作，出版社初版僅印了3800冊投石問路，不料一炮打響，各地迅即售罄。學界人士紛紛尋朋托友求購，籲請出版社重印；同時，傳來了海內外不同年齡層次的專家們的一致喝彩；其書評接二連三疊出，其聲譽日益趨漲臻隆。這便是蘇州大學中文系副教授王鍾陵所著《中國中古詩歌史》（江蘇教育出版社1988年5月出版，下簡稱《詩歌史》）所引起的學界的轟動效應。

本書的出版還有一點耐人尋味之處，那就是老中青三代學人對它的一致垂青和贊賞。迄今為止，尚未見到與作者文學史觀截然相背的商榷意見。對《詩歌史》反響的「平靜」的熱烈似乎應該這樣解釋：此書在很大程度上滿足了三輩學人之所需，不同程度地契合了他們的心態。「慷慨者逆聲而擊節，醞藉者見密而高蹈，浮慧者觀綺而躍心，愛奇者聞詭而驚聽」。它紮實、嚴謹、翔實、細致，新而不浮，博而不虛。有新穎獨到、殫思竭慮之意，無嘩眾取寵、華而不實之態。具體說，《詩歌史》的矚目成就，可從以下四個方面闡述：

一、將文化─文學作為一個互補的二重結構，建設性地融滙

文化人類學的觀點，吸收結構主義方法的長處，從民族思維的成長進程、文化心理結構的嬗變來透視審美意識與文學的進展，並視三者為一個整體。對此，作者作了可貴的哲學探索。馬克思認為從現實性上講，人是社會關係的總和。但馬克思浩繁淵博的學說業已隱含了對這一論斷的另一角度的補充：從歷史性上講，人是人類文化發展的成果。王鍾陵把這一原理獨創性地運用到文學史研究中，認定人性的現實性與歷史的交滙點——其動態的表現形式為人的文化心理結構的建構過程，而且進一步將文化心理結構提高到對民族性探索的高度。這也使近幾年國內學界頗為流行的名詞「文化心理結構」獲得了一種新的意義。

　　二、作者有一個清晰的文學史觀系統，具備嚴密的邏輯思維能力，這樣就獲得了令人贊嘆的理論融滙力。各種不同時代、不同國籍、不同學科、不同學派的理論和知識都不動聲色、有條不紊地被作者溶化、凝聚到對審美意識、文學現象及其發展規律的探索上。作者以這樣四個層次組成了他的文學史觀：歷史哲學（如歷史真實的二重存在性原理、歷史與邏輯的統一）——文化哲學（如人的行為方式的變更、民族思維的成長、文化心理結構的不斷建構）——審美觀（價值觀、感受方式、社會風俗時尚）——文學（承繼、發展、對時代精神的領會、情感方式、對人生的感悟）。在具體考察過程中，作者也不是以這個思維模式去解方程般地搬套，而是視對象自身的不同特點，不斷變換切入角度以介入：有的從範疇、概念的「破譯」入手，有的從一種審美或文學現象的闡釋著眼，有的則起始於歷史線索的廓清、邏輯脈絡的整理。這樣，以這種模式為內在精神總綱，統帥著全部的叙述，行文活潑，不拘一格。

　　三、本書打破一般文學史的編寫體例，分為上下兩卷，構成

一個嚴密的邏輯自足體。上卷是由審美範疇運動的從抽象到具體，以及文學史規律運動的從抽象到具體的兩條路線交叉結合而進行的。從範疇來看即是：麗──真美──風骨──以少總多──隱秀，通過對這些範疇內在的多種規定性的分析、綜合而實現著從這一範疇向另一範疇的上升與轉化。從規律來看就是：歷史與邏輯的統一規律──歷史進步的規律──生產方式、物質生活方式；人的行爲方式、政治、階級、民族思維進步、宗教、倫理；審美意識、文學這三個層次三位一體式的整體演進規律。這一行程實質是將一般規律與各種具體規律漸次交錯結合起來，實現規律的轉化。下卷在上卷籠罩下，由詩歌發展的具體事實演進到抽象的史的規律來印證上卷，每個詩人或詩篇都成爲歷史鏈條上有機的一環。上下兩卷合成一個邏輯自足的圓圈，無懈可擊。

　　四、由於著眼點高，邏輯嚴謹，氣概非凡，胸襟宏闊，不由自主地使得作者的文體意識自覺而又強烈。文體意識是對思維與語言諧和的強烈渴求，是主體爲選擇契合自我深層心態和思緒的語言符號而對語言進行的自覺而獨到的加工、組織；其外在表現爲敘述方式、遣詞造句、篇章結構、語言節奏，以及由此造成的精神氛圍。就此而言，作者對自己的理論思維能力、邏輯把握能力頗爲自信，清晰的理性使全書獲得了一種恢宏博遠的氣勢，顯得既有詩意，又富哲理味，同時又不失理論語言應有的簡潔、明快、清晰、正確。一種樂觀、昂揚的氣氛彌漫於全書。這就使本書的理論文體拋棄了枯燥、乏味，而具有了一種內在生命力，給人以哲理散文般的享受，但又具理論語言的風彩。

　　古人有「汝果欲學詩，工夫在詩外」①之說。本書是一部詩歌史，但從某種意義上說，又是一部斷代美學史、民族思維史。對於作者來說，他的詩外工夫是哲學、史學、美學、思想史等學

科；反之，對搞哲學史、史學理論、思想史、美學史等學科的讀者，滲透在《詩歌史》中的「詩外工夫」，也足夠他們慢慢咀嚼、細細品味的了。

（原刊《社科信息》1990年第11期）

　【附　註】

①　陸游《示子遹》。

文化—心理研究的豐碩成果

金學智

　　王鍾陵的新著《中國前期文化—心理研究》（以下簡稱《研究》）出版了。該書開拓開了與以往哲學史、思想史、美學史、文化史、心理學史等迥有異的研究民族的歷史的文化—心理的新途徑。

　　《研究》認為，歷史在其宏大的進程中，既表現了伴生、共生、並列、交錯等的豐富多樣性，又展開了闊大遼遠的空間性。鑑於歷史的這種經緯交織了的無限廣遠的時、空幅員，該書擬制了在歷時態框架中引入共時態展示的論述結構形式，以求與歷史的原生態情狀取得某種同態同構。該書對中國前期文化—心理，正是這樣既深遠又宏闊地展開論述的。

　　該書的理論框架是這樣的：在「文化—心理能力之萌生」部分，論述了我國神話中的時空觀，人的生成與自然美意識的萌發，原始思維與形象思維，符號—邏輯的通天塔；「民族文化—心理在神話思維中的凝定」部分，論述了神話產生的歷史上限，神話思維的歷史坐標及其走向，神話思維——形象之增殖，變形和圖式展衍，神話的解構和建構——意義的深刻化豐富化，神話意象思維的序化整合；「文明之發展」部分，論述了文化變遷與神話的英雄悲劇，兩性在文明前夜的痛苦錯位，照亮了文明圈的祭壇之火，原始人類的生死觀——反抗死亡的偉大幻想曲；「文明之分流」部分，論述了中國神話與希臘神話兩種不同的文化基型，

審美及文藝發展之異趣，跨入文明時代的隨機演化與突變分叉的不同途徑，自然——文化的生態場，早期的東方國家——中國文化之根；「獨特的中國文化—心理歷程」部分，論述了精怪世界與夢文化，神話和漢代神學，哲學上的言意之辨，文學上的「隱秀」論，魏晉南北朝的思想文化，中古詩歌史的邏輯起點和發展軌迹，神思與意象，兩種不同的「養氣」說，唐人的時空觀……全書可謂林林總總，汪洋恣肆，宏偉發揚，博大厚重，有著無數的生長點。

　　文化—心理發展流程中複雜多樣的具體觀念，是從一個民族特定的深層文化心理表現出來的，因此，要科學地予以闡發、評價，必須從人類（民族）思維及其發展的角度亦即從深層心理結構的形成和變動上，探究產生種種具體觀念的原因。例如，《莊子・大宗師》中「死生存亡之一體者」的觀念，過去僅從道通為一的角度加以解釋，其實，作為總括性概念的「道」產生得較晚，故而這一解釋未能究及其產生的原因。《研究》則從發掘原始人類的生死觀這一重要的文化心理入手，以原始神話中所充分表現出來的生化轉形這種對待生死的認識，作為莊子所大力闡發的「化」這一哲學概念的原始根由，從而對莊周夢蝶作了兩種生命類型互化的新闡釋。又如對《周易》的卦象取義、董仲舒的天人擬構等等漢民族中長期存在的文化心理，《研究》以神話意象思維的序化整合為其源頭，說明由神話思維的集約化而形成的泛象徵方式及其向符號方法的演化，是如何產生了上述的文化心理。這類系統的探究，突過了前人的立意，顯示了理論的深度。

　　從以上二例可見，《研究》展開的論述，常常是追本溯源性的，具有發生學的意義。而從總體上看，該書在文化—心理的萌生和神話思維這兩個領域裡，是有整體性突破的，它不僅填補了

這方面理論上的學術空白，而且勾畫了人類早期意識的發展史，顯示了一種新的境界。

與理論的深度相關連，《研究》的另一明顯特點，是宏闊的文化視野。從縱向上說，它盡力擴展論述的時間跨度，如第一編就是從古猿的森林適應上發端的。從橫向上說，它以滙通一氣的取材契合於遠古人類各群落具有渾沌統一性的歷史情狀，它除中國外，還涉及到希臘、羅馬、希伯來、埃及、日耳曼人、印第安人以及非洲土著等多種民族。這種俯瞰人類文明的開闊氣勢，使《研究》堪稱序言中所說的「以整個人類的發展進程爲背景的論述中國文化－心理的著作」。例如第四編小序，在大跨度地敘述了自然史和人類形成發展史的分化進程後，提出了文化基型這一概念。《研究》認爲，中國神話和希臘神話正是兩種不同的文化基型。生活在錯落紛紜的地理環境中各異的族團，是以神話意象作爲意識團塊而從歷史的暗夜中浮現出來的。當氏族、部落以城邑形式團聚而浮現於歷史晨光之中時，愈益充實並凝聚著內質的宗教－神話之文化基因，便成爲他們向前邁進的依憑。文化基型不同，其前進路徑便迥異。文化基型概念的提出，將經濟的、政治的、意識的、自然的諸種因素有機地結合在一起。由此，《研究》將對中西審美、藝術、文化之異趣的論述牢牢地扣合到中國、希臘神話不同的特質上。母權制被推翻的那場大鬥爭，文化學界和史學界接觸甚少。巴霍芬、拉法格等西方學者通過希臘神話對這一鬥爭作了一些勾畫，但《研究》却通過比較，通過中國神話，系統地描述了這一過程，這不但可看作是中國上古史研究的一個重要成果，而且對希臘有關神話的破譯，也進一步作出了成績。

《研究》所開掘的論題有兩種情況，一種是首次提出或首次得到集中論述的論題，另一種是雖久爲人們熟悉但得到了獨闢蹊

徑的闡述的論題，而前一種占了全書的主要部分。因此，獨創性和新穎性就成了《研究》的又一顯著特色。如早期人類的時空觀，一般的哲學史、思想史、文化史均未加涉及，神話中的時空觀更是如此，而《研究》則以一萬餘字的篇幅展開了這一論題。這對史學、神話學是一個貢獻。對於魏晉南北朝時期的文化思想，《研究》花了四萬餘字的篇幅全力展開這一論題，論析了中古時期玄學與儒學、儒學與佛學、佛學與玄學之間的相互關係，舖展宏闊，析理深細，在支遁逍遙新義以及竺道生佛學理論與玄學的關係、南朝玄風與佛教的關係、玄學的歷史作用等許多問題上均有明顯的突破。此外，《研究》在上古邏輯能力的萌生、上古精怪世界和夢文化心理的勾畫等方面，均頗有創見。對於文藝界「神話產生在人類童年時代」這一傳統觀點，《研究》也根據馬克思晚年的《摘要》予以新的闡釋，並根據新的考古發現對神話思維的歷史上限進行了新的劃界，這一研究也是富於創造性的。

多學科的立體交叉，也是《研究》的一個特色，全書各編橫跨了神話學、文學、哲學、宗教、上古史、人類學、語言文字學、社會學、考古學、藝術等眾多的領域。正因爲多學科的整體交融，因而書中往往能生長出一些新的視角、新的觀點。例如，把人的生成和自然美意識的萌發、文化變遷和神話英雄的悲劇等等結合起來考察，都體現了作者力求從學科交叉中去探幽尋勝的學術意向。

思辨性也滲透在全書之中，顯示了作者深沉銳敏的理論透視力，頗能發人深思。

（原刊《文藝研究》1992年第6期）

原始文化研究的重大突破

——評《中國前期文化—心理研究》

黃益元

　　蘇州大學中文系王鍾陵教授以一部「展示四百年民族心靈」歷程的《中國中古詩歌史》剛取得成功，由此而引起的文學史觀及方法論更新的討論在學術界方興未艾，人們正在努力消化這部源於傳統、又超越傳統的「從民族文化—心理的動態的建構過程上來把握文學史進程」的斷代詩史的精深內涵，及其對「重寫文學史」的示範、啓迪意義。然而，這位在學科建設上銳意開拓的中年學者又將研究的方向拓展到一個新的領域——原始文化研究，短短幾年鑄就了另一部同樣處於學科前列的60萬言大著——《中國前期文化—心理研究》（重慶出版社1991年12月版）。

一

　　這是一部縱攬古今、橫貫中西、學科交錯、恢宏博大的理論著作。作者爲這部巨著確定的論旨是：「從思維及其發展的角度，亦即從深層心理結構的形成及其變動上，來探究中國前期文化特色產生的必然性，並從與其它文明的比較中，對中國文明的獨特性作出說明」①。這是一項規模宏大的文化探源工程。眾所周知，文化是一個民族的存在方式。每個民族（不管這個民族有沒有文字）都有自己的文化，且每個民族的文化又都有自己的區別於其他民

族文化的獨特性。但是，倘若從另一個角度分析，作爲文化創造者兼承受者的人類，雖然有著民族的區別，其本質特徵卻應是一致的，如能製造工具、會勞動、善思維、運用符號等等，這又構成了各民族文化的普同性。問題在於，從「人猿揖別」相同的邏輯起點出發，原始人類是如何在漫長的「人化」的共同過程中突變異趣，分流成有文字記載以來即已然殊狀，茲後又迥然相別的各民族文化的特色？其突變分叉的關節點在哪裡？中華文化之源究竟該追溯到哪裡，方能對其獨特性的成因和發展作出令人信服的說明？

王鍾陵認爲：「世界各民族文化特色之明顯形成，是在其跨入文明時代前後的那一段時期」②。因此，作者爲全書確定的論述範圍爲：以人猿揖別爲邏輯起點，追溯到原始人類對於文化—意義的構建，下延至各種文明的分流；對中華文明而言，迄至封建社會的鼎盛時期——盛唐。故書名取作《中國前期文化—心理研究》。與作者的前一部力著《中國中古詩歌史》相比較，本書的撰述難度是不言而喻的。無論是從學科探索的勇氣、理論創造的雄圖、縱橫古今的氣勢、面向世界的視野、結構框架的恢宏乃至行雲流水般的詩意文風，後者對前者在承襲的基礎上都有明顯的超越，從中可以窺視這位中年學者漸次躍進的堅實步伐以及不斷升華的學術品格。

首先，本書的難度在於時間跨度的邈遠漫長。作爲世界上最古老的文字之一——漢字的出現，迄今已有五六千年的歷史。然而，以文字出現作爲標志的人類文明史，與人類生成、活動的三百萬年歷史相較，只是「彈指一揮間」。現行諸多探索中國文化特質源流的論著，至多追溯到夏商周三代。這種溯源，仍是截流而非探源。如果要想對中國文化思想發生、發展的獨特路徑作出

令人信服的闡述，就必須把時限上溯至眞正的「人之初」，也即人類祖先在原始草莽中站起身來，使用和製造工具，從而區別於動物界開始。因此，王鍾陵在探究綿延二千多年根深蒂固的中國文化心理時，不僅將視野拓展至有文字記載的文明時代，而且追根溯源，窮究至邈遠的、無信史可徵的史前時代。如果將《詩歌史》研究的時間跨度（從建安初到隋大業末約四百餘年）化成歷史長卷的一頁，那麼，《前期文化—心理》所展現的，則是七千五百頁的巨帙。她橫跨了史前史（舊石器時代、新石器時代）、夏商周、春秋戰國、秦漢魏晉、南北朝、隋，直至中國封建社會的頂峰——盛唐，顯示出作者探索的勇氣和非凡的魄力。

其次，可供研究的資料極度匱乏。《詩歌史》的撰述，旁徵博引，縱橫捭闔，經史子集，無所不及。但它畢竟有典籍可閱，有文字可引，而史前是一部嚴重缺損而又完全封閉的巨大書卷。創造史前文化的一代代先人早已悄然逝去，歷史的沉積愈益掩卻了他們活動的遺迹。史前人類獸行巢居、茹毛飲血的艱難生活，他們所創造出的渾沌樸厚、天眞爛漫的原始文化，早已隨著無情的歲月流逝而蕩然無存。極少數僥幸得以留存的遺迹———一些打磨過的石器石塊、墓穴裡的白骨化石、風化侵蝕的殘牆斷垣……，一切古文物古遺址，在失卻了其意義指稱以後，寒星般高遠而沉默地閃爍著謎一樣的光芒。即使是古史記載中關於天地開闢、人類起源的種種原始神話，其本質是原始先民在與自然鬥爭的過程中創造出來的各種解釋自然現象、人類起源以及追求祖先活動的幻想故事，原本是藉以了解先民思維活動、複雜生活樣式的不可多得的珍貴資料。然而，原始神話本身在流傳過程中處在不斷的衍生、變異、增殖和發展之中；加之古籍中斷簡殘編地將其記錄下來時，年代已十分邈遠，不可避免地又增添了人爲的神化色彩。

所以說，研讀這些極度匱乏的珍貴資料，必須具有見微知著、洞察底蘊的睿智卓識。

由此帶來本書撰述的難度之三——多種學科的縱橫交錯和融滙貫通。《詩歌史》將「展示四百年民族心靈」作為全書的副題，但它的本體終究是一部斷代詩歌史，而《前期文化—心理研究》的本體十分廣泛。本文將其納入「原始文化研究」的範疇，只是一種約略的提法。作者為此書擬定的副題是：「原始意識及文明發展分流之比較」。毫無疑問，它不僅包含哲學、史學、美學、文學、社會學、邏輯學、心理學、民族學等諸多社會科學學科，而且還應是文化人類學、民族史學、文物考古學、語言釋義學、比較文化史學等眾多學科的綜合交錯。夏鼐在《新中國考古的發現和研究・前言》中說：「現代科學特別要注意整體化，所謂科學的整體化，是指每一學科同別的學科在理論上相互滲透，在方法上也相互滲透」。即以神話研究而言，如同列維・斯特勞斯在《生食與熟食》中所說：「一個神話不是從它所反映的當代或古代的制度中取得意義，而是從它在一個轉換群裡與其他神話的關係中取得意義」。每破譯一則原始神話，都必須嫻熟自如地綜合運用多種知識，進行嚴密的分析判斷和邏輯推理，以求盡可能合理地來復原已逝的特定年月中先民們的活動樣式。然後，才談得上進一步的文化—心理分析。其工作的艱難是不言而喻的。

第四，從橫向上來說，《前期文化—心理研究》它是大氣磅礴地以整個人類的發展進程為背景的。「人類各個群落在跨入文明時代前具有渾沌的統一性，而在分流以後便各趨殊途了」，於是，「本書的比較研究即有比同、明異的兩個方面：對於統一的原始文化—心理，著眼於相通性；對於各種文明之異趣，則抉發其殊相」。除了大量利用中國原始文化的珍貴資料外，世界各民

族原始時代的各種文獻的、實物的、口頭的資料都成為作者搜羅爬梳、比同明異的研究對象。沒有學貫中西、牢籠萬有的功底和識力，豈敢有此奢想？

本書的論旨和撰述難度，昭示著這部著作在一片原始蓁莽的處女地上開拓掘進，是學術研究的新領域、新天地。如果說，作者的《詩歌史》寫作動因是不滿於傳統文學史著作眼界窄、文筆平、格式板、感情枯的「前科學」狀態的話，那末《前期文化—心理研究》的寫作動因則「不僅是對於民族文化之根的理解的渴求，而且是對於整個人類文化最初生長情狀的認識的欲望」③。這便是這一代學者新的學術境界的寬廣的胸懷。

二

「史的研究就是理論的創造」，「理論的創造必然要求著對歷史材料的整體的把握」——作為王鍾陵在學術研究中所自覺倡導和遵循的兩大原則，不僅在《前期文化—心理研究》中繼續貫徹和發揚，而且在理論創造中充滿了嚴肅的、科學的批判精神。他是站在巨人的肩膀上，對迄今為止中外哲學家、古史學家、美學家、文化人類學家的種種關於原始文化的研究成果進行愼密的審察，汲取其中的精華、發現他們的不足，以馬克思主義辯證法和唯物史觀作為理論指南，來進行他的前期文化—心理研究的。

作為中國歷史的一個組成部分，中國的原始社會史其肇源是非常久遠的。在《山海經》、《老子》、《莊子》、《韓非子》、《尚書》、《禮記》、《詩經》、《管子》、《商君書》等先秦典籍中，都曾有過關於原初先民活動的記錄。只是由於歷史條件的限制，在漫長的封建社會裡，整個原始社會史都被納入了「聖人」創造歷史的理論框架中。所謂有巢氏、燧人氏、伏羲氏、神

農氏等傳說人物的創造發明，五帝三皇的氏族部落嬗替等，都被蒙上了神聖的光環，掩沒了他們代表物質文明演進不同階段的眞正底蘊。加之資料來源只限於文獻本身，沒有也不可能得到其他學科的配合，這就使人們對中國原始文化的認識始終停留在神話傳說的基礎上。本世紀30年代前後以顧頡剛爲代表的「古史辨」派吸取社會學和考古學的知識，運用近代的科學方法，疑古辨偽，曾剝去上述神聖光環，恢復了古史的部分眞實面目，功不可沒。但因故此項工作未能深入下去。

王鍾陵自覺地肩負起歷史賦予中國當代學者的崇高使命，他汲取西方學者某些理論的精華和科學的研究方法，但又慧眼卓識地指出他們理論的缺陷並予以糾正。例如，創建符號美學的德國哲學家卡西爾曾對破譯原始神話作出過很大貢獻：「如果神話不以一種不同的方式感知世界，那它就不可能以其獨特的方式對之作出判斷或解釋。我們必須追溯到這種更深的感知層，以便理解神話思想的特性。」王鍾陵一針見血地指出「卡西爾的不足」：「他並沒有從史前人類生產和社會生活的諸種條件上來把握問題，更沒有試圖從神話思維在人類進化史上所處的特定階段上來加以論述」⑤。這就將神話研究置於與生產力發展水平緊密聯繫的特定階段上來加以考察的唯物史觀的立場上，納入邏輯方式與歷史方式相一致的科學軌道。又如，對神話思維特徵研究有過顯著成績的意大利美學家維柯，以及「第一個天才地梳理了神話思維之發展軌迹」的黑格爾，王鍾陵既借鑑他們的研究成果，又指出前者是「一種幾何學式的靜態研究」，後者是「對於神話發展的動態研究」⑥。「維柯的缺陷，在於沒有看到隱喻的表現方式，處於一個愈益解構的過程中」；「而黑格爾的缺陷，則在於沒有將因這種解構過程的長期性所產生的交錯情況，納入到他的理論透

視之中」⑦。而「本書兼取維柯和黑格爾」，在神話的建構和解構的矛盾運動中對神話思維的整個發展軌迹作出正確的勾畫。再如關於語言起源問題，王鍾陵主張有聲語言在先，手勢語是語言表達的補充。而「維柯、摩爾根以及其他許多持手勢語爲語言源頭論者的失誤」，即在於忽略了「將僅僅表達同生理本能相關的一些願望的手勢，同可以表達較爲複雜內容的手勢語言」的區別⑧。而前者是高級靈長類動物都可能有的行爲。此外，諸如在形象思維的「類比」問題上的「駁維柯」⑨，黑格爾「象徵說」的價值和缺陷⑩，原始人類生死觀問題上的「卡西爾的錯誤」⑪，丹納在民族性問題上的凝固論和哈斯在國家起源問題上的單線論⑫等等。這些西方著名學者的傑出成就和致命缺陷，都在王著中得到了實事求是的嚴密辨析。

　　尤其難能可貴的是，王鍾陵還敢於突破禁區，對經典著作中限於當時的歷史條件所造成的缺陷予以糾正。例如，摩爾根對於人類社會時間長度的認識，在《古代社會》第一編第三章和第三編第六章分別定爲「十萬年」和「幾十萬年或更長一些」。後者當是因1956年尼人化石的發現而修正的。但這與現代考古學所確認的人類已有300萬年的歷史相比，也還是太短了。「由於這種對人類史前史整個長度出於當時考古局限而作出的過短的估計，摩爾根對於神話發生時間的上限，當然也必然會估計不足」⑬，就思想體系而言，摩爾根的思想或其它任何學者的思想，都並不等於馬克思主義奠基人的思想。但馬克思在作《摩爾根〈古代社會〉一書摘要》時，畢竟參考了摩爾根的某些學術成果，「考古發現都沒有足夠的材料能夠使得他們將神話產生的上限估計得更充分些」⑭。況且，馬克思將神話產生時期稱作「人類童年時代」，這本是比喻的說法。他在1857年的《〈政治經濟學批判〉導言》

中提出這一概念，指的是希臘歷史上的荷馬時代（約公元前11世紀至前19世紀），相當於野蠻時代高級階段；而在1881年寫《摘要》時，卻將其從野蠻時代高級階段推前至低級階段了；而在蒙昧期發端亦云：「低級階段：人類的童年時代」。由此而引起了許多馬克思主義研究者的爭論。王鍾陵鮮明地指出：「他們不是把馬克思主義看作是隨著馬克思主義創始人自己的研究工作以及當時科學研究上其它領域中的巨大發展，而同時前進著、生長著的學說，而是以一種凝固的眼光僅僅抓住馬克思的一些具體論述，從而忽視了對馬克思思想脈絡的深入把握」⑮。既然馬克思最後採用了摩爾根關於神話產生於低級野蠻社會的論述，並在新的意義上使用「人類的童年時代」這一概念，因此，「學術界應該終止關於馬克思認爲神話產生於人類的童年的說法，因爲它不符合馬克思思想的實際」⑯。誠如當代英國人類學家莫里斯‧布洛克所說：「馬克思主義人類學不是僅僅出現於馬克思主義創始人著作中的理論，而是應該被重新創造的理論」。可以預料，經過一代立志理論創造的學者們的孜孜不倦的努力，馬克思主義人類學在當代條件下必將獲得新的發展。

三

　　爲了完成以整個人類發展進程爲背景的探索中華文化之源的龐大工程，作者在把握方式、全書結構以及論述方法上都作了新的開拓。

　　從把握方式上說，王著「試圖對歷史作出一種原生態式的把握，以求更多地貼近於歷史的實際情狀」⑰。所謂原生態，指的是事物最初始的生長情狀。事實上，原始文化（原始人類初始的生長情狀和活動樣式）距我們的年代實在邈遠和悠長，它的客觀

的、原始的存在早已消逝在歷史那日益增厚的層累之中了；只有研究者全身心地將個體心靈契入那封閉的、復合的、失去指稱意義的歷史遺存，才能洞燭幽微地發掘這些歷史遺存的意義之光，從而進一步復現點點滴滴的史前社會原生態。大規模的考古是從器物上的文化遺迹著眼，來復原已逝去的年月中人們的活動樣式；野外民族調查，則通過對現在這一瞬間正活動著的原始民族活動樣式的調查研究，比照作為文化遺迹的古書記載，來復原已逝去的年月中人們的活動樣式；和傳統的文化人類學研究常用的這兩大途徑不同，王鍾陵則選擇了對人類各種意識的「原質態」——原始神話的研究，作為前期文化——心理研究的契入點。因為神話凝縮了原始人類「漫長時間的歷史事件和心理體驗」[18]，它是人類「從野蠻世界中成長起來的遙遠的回憶」[19]，是「民族情感的載體」[20]。誠如美國人類學家哈維蘭教授在其人類學教科書中寫道：「對神話的分析和解釋已進行很長時間了。神話學研究事實上本身已成為一門科學了。可以肯定，神話的創作是人類一種極為重要的創造活動，而對神話創作過程及其成果的研究則可以為我們了解人類如何觀察、領悟世界提供一些有價值的線索」[21]。但是，對神話的研究和闡述應和歷史進程相結合，才能避免前述卡西爾那樣的浮泛性和隨意性；同時，又必須以宏大的歷史進程為基準，反對那種自相矛盾、瑣屑餖飣的所謂「確指」。因此，作者又選擇了一個「一覽眾山小」的制高點—神思維的研究，此乃是「神話考察之最深的層次」[22]。

於是，通過對高懸為人類各種意識形態的「原質態」——神話之思維的研究，作者對史前文化作出一系列貼近歷史真實的原生態把握。如精衛填海故事的歷史底蘊乃在於：炎帝氏族部落的一個小分支，在向東海岸遷徙過程中，或遇上海嘯，或被其他部

落所殲滅。殘留的部分，似又與海燕氏族聯姻，同時「於前仇則世代不忘」㉓。可惜長期以來，人們被精衛塡海的獻身精神和矢志不渝的頑強努力所感動，對人生哲理的思考而使「它的原始意義反而湮沒了」㉔。杜宇啼血的故事，使「蜀人見鵑啼而思望帝」㉕，「這是一個失去統治權以至被外來族團轄制奴役的氏族部落的悲苦」㉖。堯帝長子丹朱，聯合三苗之君起兵反抗堯之欲讓位於舜，失敗被殺，死化爲鴸。在鴸鳥那「朱……朱……」相連的叫聲中，「亦寄托了一個失敗者深重的悲哀」㉗！中國文化所渲染的彬彬有禮的「禪讓」，其實是部落聯盟中對領導權的以實力、威望爲憑藉的血淋淋的爭鬥！又如對於一個農業大國，神農神話反映了中華民族從狩獵─采集經濟向食物生產經濟的轉變。神農是這一最爲重要的文化轉型中產生的神話英雄。他是一個爲解救人民「疾病毒傷之苦」和生計困難的、自願備嘗苦辛以至獻出生命的、偉大的殉職之農神兼藥神！在他身上，體現了「最爲偉大的中華精神」㉘。農業文明的崛起，造成一個人化的自然環境，尖刀似地劃破了自然的原生態。善稼穡的后稷便轉化爲周民族的始祖。他的胚胎來源（姜嫄「履帝武敏歆」），他的出生遭棄、他的早慧、他的教生民播種五穀的農耕成就，都曾令「上帝不寧」，於是便遭到悲劇性的下場：死後潛於大澤，並化爲異物。后稷神話的時代意義即是：母系社會晚期，在向父系社會轉化時所付出的沉重的代價！文化英雄「代表了一個對於整體人類極爲有益的新的發展方向，却被新方向發展中的波折所埋葬」㉙。總之，作者每破譯一則神話，都竭力擺脫紛歧的資料迷宮的糾纏，將其置於人類文明演進的闊大背景中去考察，以對神話思維特徵的深入認識作爲前提，作出了既有地域差異、又有時間序列先後的對原始文化的原生態把握。

　　從全書結構和論述方法上說，作者「試圖將共時態的展示引入歷時態的框架之中」㉚。歷史的發展，從來不是單線的、平面的，而是多線的、立體的。它在縱向的相承、取代、推進、轉變等無盡的歷時性發展中，亦橫向的展開它眾多因素的伴生、共生、並列、交錯關係。爲了與博大歷史的原生態情狀取得一種同態性，本書「擬制了在歷時態框架中引入共時態展示的論述─結構形式」。

　　全書總體構築的五編，表明著一個宏大的歷史進程。每一編中章次的安排，基本上也是從發生學的意義上考慮的。每一章的論述，更是嚴格依從於歷時的流動。以上三個層次形成全書歷時態的基本框架。但章與章之間有時亦表現爲一種並列的呈示。具體說來，第一編爲「文化──心理能力之萌生」，依次設置了四章：「我國神話中的時空觀」、「人的生成與自然美意識的萌發」、「原始思維與形象思維」、「符號──邏輯的通天塔」。從史前進化即人的生成的悠遠過程來看，前三項即時空感受、審美、形象思維之能力的萌生，是先後產生復又並列交錯發展的，而邏輯思維能力的發展則相對滯後一些，故章節安排如次。第二編「民族文化──心理在神話思維中的凝定」，既是一個獨立的理論課題，又是文明發展中民族文化──心理的最初的基型凝定。本編五章，依次論述了「神話產生的歷史上限」、「神話思維的歷史座標及其走向」、「神話思維：形象之增殖，變形和圖式展衍」，「神話的解構和建構：意義的深刻化和豐富化」、「神話意象思維的序化整合」。既符合神話發生、衍化的歷史，亦與研究者考察、梳理、歸納、總結神話思維的邏輯思路取得一致。第三編「文明之發展」四章，依次論述了在向文明時代邁進的歷程中，對各民族具有普適性的共同問題（即「比同」）：文化範型的變遷、兩性關係的錯位、原始宗教的孕育、以及渾化兩種節律的生死觀

念，展示了歷史發展的血腥與滯重。第四編「文明之分流」五章，論述了在文明發展進程中一直進行著氏族、部落、部落聯盟、直至民族之間漸次萌生著的精神—文化的差異（即「明異」）：「中國神話與希臘神話：不同的文化基型」；由此而引起的「審美及文藝發展之異趣」；歷史進程的「隨機演化與突變分岔：跨入文明時代的不同途徑」；以及「自然——文化的生態場」留在民族精神上的印記；最後歸納出「早熟的東方國家——中國文化之根」。至此，作者不無感嘆地寫道：「從馬克思的東方國家理論，我讀懂了中國神話；從中國神話，我又讀懂了綿延數千年的中國文化心理」③①。第五編「獨特的中國文化—心理歷程」，則是展示了從先秦到盛唐之際中華民族文化心理的動態建構過程：從蒙昧到理性，玄學的興起及其所引致的文化——心理之新的建構，民族文化—心理從六朝向唐代的變遷。綜觀全書，我們猶如與作者一起，站在九派烟濤的下游，仰望中華文化——心理之源，從荒莽渾沌的原始意識源頭中流出，初始與人類文化之流渾成一片，隨後在滔滔泪泪的奔流中交互碰撞、突變分岔，經過曲折多變的河床，終於與西方文明分道揚鑣，滙成了獨具特色的中華文化的燦爛景觀。

四

　　王著不但在學術境界、批評觀念、把握方式、全書構築等衆多方面有著宏觀的整體性的突破，即便是在亞宏觀乃至微觀層次的一系列重要論點上，也較前人有明顯的拓展。

　　《山海經》，這部歷經多少代學者考釋、校注的古老典籍，王鍾陵卻從一個似乎微不足道的小問題：「爲什麼惟獨只有《山經》中有《中山經》的名目，而海外、海內、大荒各部分中却沒

有海外中經、大荒中經的名目？」深入追究下去，通過與楚辭《招魂》的比照，並將其共同地置於「我國神話中的時空觀」框架中加以研究，終於發現，「中」這一方位所代表的區域是人化自然的表徵。早期人類從一個中心向四方作多層次開拓的地域——空間觀念，「從整部《山海經》中確鑿無疑地表露了出來」；而「儒家思想中那種認為四方化外之域皆蠻夷、惟我中國為天朝的傳統看法」，則是「這種地域——空間觀念進一步折射到政治上來的鮮明反映」㉜。

　　關於文學起源的問題，建國以來諸本中國文學史拘泥於對恩格斯「勞動創造了人本身」的狹隘理解，都只是追溯到屬於體力勞動範疇的《淮南子·道應訓》中所記載的「舉重勸力之歌」，即魯迅《門外文談》所說的「杭育杭育」而已。其實，勞動作為人類認識自然、改造自然的有目的的活動，理應包括思維和意識在內，因為只有認識自然，才能進一步改造自然。早在本世紀30年代，著名美學家、心理學家朱光潛先生在《詩論》中就提出過：「詩的起源實在不是一個歷史的問題，而是一個心理學的問題。」「嚴格地說，詩的起源當與人類起源一樣久遠」。可惜，半個多世紀以來，朱先生的睿智卓識沒有得到學界的重視和張揚。有趣的是，王鍾陵的史前文化—心理研究恰好與朱先生的這一論斷殊途同歸。王著在探索人類「文化—心理能力之萌發」時寫道：「為事物創造名稱是當時的最高智力活動」㉝。「命名活動不僅為人類建構一個認知世界，而且也生成著一個人文的世界」㉞。作者列舉了一些部落的名字如「順流而下的獨木舟」、「懸掛著的花」、「美麗的湖」、「閃亮的熊眼」等後說：「這一些氏族命名，就感性的生動性及其體現的原始人類與自然界的那樣一種詩性的聯繫，實在可以稱之為最初的文學」。這樣，就把文學起源

的上限從文明時代足足推進到史前人類原始思維之初期。

　　筆者曾對《前期文化—心理研究》所徵引的中外典籍作過粗略的統計。全書共涉及中外圖書250餘種，徵引凡1800多次。由此可見作者學識的博洽和全書內容的豐富。此外，還得提及王鍾陵學術著作中那種氣勢如虹、行雲流水般的暢達文風以及詩情畫意般的絢麗文采。這部著作絲毫沒有讓人感到艱澀難啃。作者在闡述精湛深刻的理論見解時，或徵引豐富多彩的神話資料，或列舉栩栩如生的民族習俗，感性的豐博消釋了讀者對高深理論的恐懼感和神秘感。人們常常在娓娓動聽、妙趣橫生的神話故事的敘述中，不知不覺地領悟和體驗到作者所概括提煉出的哲理和見解。文理並沛，使這部探索中國文化—心理歷程的著作本身充滿魅力而令人流連忘返。

（原刊《蘇州大學學報》1993年第1期）

【附　註】

① 　《中國前期文化—心理研究·序言》第6頁。

② 　《中國前期文化—心理研究·序言》第5頁。

③ 　《中國前期文化—心理研究·序言》第7頁。

④ 　《中國前期文化—心理研究》第778頁。

⑤ 　《中國前期文化—心理研究》第127頁。

⑥ 　《中國前期文化—心理研究》第133頁。

⑦ 　《中國前期文化—心理研究》第141頁。

⑧ 　《中國前期文化—心理研究》第81頁。

⑨ 　《中國前期文化—心理研究》第67、68頁。

⑩ 　《中國前期文化—心理研究》第139頁。

⑪ 　《中國前期文化—心理研究》第358、359頁。

⑫ 　《中國前期文化—心理研究》第437頁。

⑬　《中國前期文化—心理研究》第119、120頁。

⑭　《中國前期文化　心理研究》第120頁。

⑮　《中國前期文化—心理研究》第227頁。

⑯　同上。

⑰　《中國前期文化—心理研究‧序言》第6頁。

⑱　《中國前期文化—心理研究》第227頁。

⑲　《中國前期文化—心理研究》第177頁。

⑳　《中國前期文化—心理研究》第111頁。

㉑　《當代人類學》第531頁，上海人民出版社1987年。

㉒　《中國前期文化—心理研究》第112頁。

㉓　《中國前期文化—心理研究》第151頁。

㉔　《中國前期文化—心理研究》第152頁。

㉕　《蜀本草記》。

㉖　《中國前期文化—心理研究》第154、155頁。

㉗　《中國前期文化—心理研究》第154頁。

㉘　《中國前期文化—心理研究》第234頁。

㉙　《中國前期文化—心理研究》第241頁。

㉚　《中國前期文化—心理研究‧序言》第6頁。

㉛　《中國前期文化—心理研究》第508頁。

㉜　《中國前期文化—心理研究》第11頁。

㉝　《中國前期文化—心理研究》第84頁。

㉞　《中國前期文化—心理研究》第88、89頁。

對人類精神生成發展史
的獨創性闡發

──讀王鍾陵教授新著《中國前期文化─心理研究》

孫潤祥

一

　　在艱難尋求著新路的學術界，王鍾陵教授確乎是一位開闢嶄新境界的高手。繼七十萬言的《中國中古詩歌史》之後，王鍾陵又推出了一部六十萬字的新著《中國前期文化─心理研究》。前一本書從民族思維發展這一制高點出發，展示了中古時期四百餘年間的民族心靈，取得了文學史研究的突破性進展；這本新著則在人類文化的闊大視界內，探索人類文化─心理能力的形成、發展以及中國前期文化─心理的根源與獨特性，時空跨度遼闊，理論力度更強。它的新穎性、開拓性、廣闊性和深刻性必將受到學界的再一次關注。

　　《中國中古詩歌史》的突破意義及其所開闢的新的文學史研究途徑，除了強調理論性創造以及與之相關的邏輯學思路外，另一個要點便是確立了「盡力從民族文化─心理的動態的建構過程上來把握文學史進程」①的研究視角。由於將文學史的把握提升到民族思維發展的層次上，展開為民族文化─心理的動態建構過程，《中國中古詩歌史》所勾畫的自漢至隋的詩歌史運動，乃具有了一種深沉的意韻和宏大的格局。沿著這一路徑向前，便產生

了這部著力從思維及其發展的角度，亦即從深層心理結構的形成及其變動上來探究中國前期文化特色產生的必然性的《中國前期文化—心理研究》。

要對十分漫長久遠的中國前期文化—心理作出透視，其關鍵首先在於對這一整個歷史時期民族思維的發展作出發掘，而任何民族早期的思維方式又勢必有著兩個側面：一是具有全人類性的原始思維，二是特定民族思維的獨特性。特定民族思維的獨特性是從普泛的原始思維中分化、凝定出來的，這種分化、凝定的過程必然同時伴隨著特定意識之成形。因此，發掘民族思維的發展乃是一項十分艱難的任務，這一發掘所涉及到的三個方面——普泛性的原始思維、特定民族思維的獨特性及其特定意識之成形，都是十分巨大而又深刻的研究課題。所以，當王鍾陵將從一種渾沌的人類整體漸次分流出獨特的中國文明確定爲他這本新著的思路時，他實際上是使自己處在了一種十分艱難的學術探索的地位上。在這一探索中，王鍾陵因其對於上述相互關聯的三個方面的整體性發掘，從而站到了對人類精神生成發展史作出獨創性闡述的全新的理論高度！

二

在人類思想史上，研究人類精神生成發展史的具有現實形態的學術路徑，首先是由馬克思發端的。馬克思在《1844年經濟學—哲學手稿》中說：「五官感覺的形成是以往全部世界史的產物」②，這不僅指出了屬人的感覺的生成性，而且已然隱含了這種生成性與人的進化的一致性。對於屬人的感覺生成的原因，馬克思說：「人的感覺，感覺的人類性——都只是由於相應的對象的存在，由於存在著人化了的自然界，才產生出來的」③。人化

了的自然界是由於人類的勞動實踐而產生的，因此這一論述的主旨乃在於揭示屬人的感覺產生的根源是勞動實踐。馬克思所說的「感覺」雖重點指五官的感覺，他還用了「精神感覺」、「實踐感覺」這兩個詞，並且還將「意志、愛」歸結到實踐感覺之中，因此他所說的「感覺」實爲一般所說的「感覺」與「精神」這兩個概念的綜合，其實質是指人所特有的在實際改造現實界的過程中感知現實界的能力。在馬克思的上述論述中，我們一方面仍可清晰地感受到費爾巴哈唯物主義感覺論的影響，但另一方面由於實踐概念的引入，不同於費爾巴哈將人看作天生的社會存在物，人的感性的發展問題受到了馬克思的重視。稍後一些時候，在1845年春寫的被恩格斯譽爲「包含著新世界觀的天才萌芽的第一個文件」④的《關於費爾巴哈的提綱》中，馬克思寫下了一段名言：「從前的一切唯物主義——包括費爾巴哈的唯物主義——的主要缺點是：對事物、現實、感性，只是從客體的或者直觀的形式去理解，而不是把它們當作人的感性活動、當作實踐去理解，不是從主觀方面去理解。所以，結果竟是這樣，和唯物主義相反，唯心主義卻發展了能動的方面，但只是抽象地發展了，因爲唯心主義當然是不知道眞正現實的、感性的活動本身的。」自此，一條研究人的感性發展史的具有現實形態的學術路徑便正式奠定了。

　　後來，恩格斯那篇大約寫於1876年6月的《勞動在從猿到人轉變過程中的作用》，正是著力扣合人的進化過程來展開馬克思所說的「人也有自己的產生過程」⑤的思想的。恩格斯這篇文章在發展馬克思的思路上的貢獻是突出的：在馬克思《手稿》中因受費爾巴哈影響而比較模糊的「感覺」、「感性」等概念，已爲「語言的產生」、「腦髓的發展」、「感覺器官的完善化」這樣一些清晰的概念所代替；人的產生過程，也落實爲從猿到人的轉

變史。不過，細讀恩格斯這篇文章，我們不難看出，恩格斯所注目的乃是劃清人與動物的區別，因而恩格斯對於意識是怎樣愈來愈清楚的、抽象能力和推理能力又是如何逐步發展的，並沒有加以回答。此外，對於人類其它多種心理能力的發展問題也還未曾涉及。

恩格斯以後，考古學和體質人類學有了巨大的發展。學者們從發掘出來的原始人的頭顱骨的綜合比較中，愈益清楚地勾畫出原始人類腦容量增大的過程。但是，人腦的生理發展過程並不就是馬克思所說的人的感性的發展，腦的生理發展僅是人的感性發展的基礎。問題十分清楚，把握人的感性的發展，闡發人類精神的生成史，僅僅依據於一般心理學是不行的。

在作出了上述回顧之後，我們便可以從一種廣闊的學術史的背景上來考察王鍾陵這部新著了。王鍾陵的學術研究一向具有十分強烈的歷史感，這不僅表現在他總是扣合著一定的具體的歷史環境、歷史條件，把握一定的歷史形式和歷史途徑來論述問題，而且也反映在他總是喜歡將他的論述歸結為一個個具體的歷史過程。他將「史前進化極為悠遠的過程」概括為「人的生成的偉大過程」⑥，並從動物適應所具有的潛能上，來發掘人類文化對於人的虛弱性加以補償的兩脈發展的端源，這表明他是從馬克思所要求的著眼於人的主觀方面和能動方面來展開「人也有自己產生過程」的思路的。而且他也是如恩格斯所要求的，是從現實的歷史發展上來加以探究的。王鍾陵創造性地指出：「人的生成的偉大進程，集中體現在屬人的文化─心理能力的形成上」⑦。「文化─心理能力的形成」這一概念的提出，有著兩方面的意義：一是它將人的感性的發展問題轉化為專項心理能力的形成發展問題，因而顯得愈加清晰了。二是它表明探究心理能力的形成發展必須

同文化進程相聯繫。王鍾陵在新著中著重論述了時空感受、審美、形象思維和符號—邏輯思維這四項文化—心理能力的產生發展過程。這一論述無疑是十分不易的，然而，王鍾陵恰恰從對極少數史前遺迹之反觀釋譯中蹊徑獨闢地勾稽出一個浩大的歷史進程，他的一系列論述明顯地超越了前人。

　　拿文藝和審美能力的產生這一論題來說，王鍾陵堅持勞動實踐是審美和藝術發展之根源的觀點。而以前的論者僅從原始藝術所反映的內容亦即審美對象的角度來加以論述，對於主體的方面只是停留在勞動使人的腦髓和手得以完善和發展、從而使藝術創作具備了可能的一般性論述上。王鍾陵則從心理能力的形成、感受和認識範圍的擴大以及審美中心的轉移上，廣闊地論證了人類對自然物的審美感受和認識同以生產為中心的實踐活動的密切關係。他特別深入細致地分析了人類在石器製造中所形成的愈益提高著的新的心理素質：有與之相應的感覺器官作為生理基礎的對於質地、光澤、顏色的敏感；還需要抽象的對於器物外部形體的巨大的感受力；由觀照外物的能力、形成表象的能力以及將這種表象物態化所構成的一個從觀察、思維到表現的完整而有機的智力機能體系。正是在這種全新的心理基礎上，人類的藝術勞動才得以產生和發展。這種分析，確是在最深層次的意義上抓住了生產實踐為什麼是藝術產生發展之根源的原因，這無疑是對馬克思主義文藝學和美學理論的豐富和發展。

　　然而，王鍾陵對審美意識萌生問題的論述還不止於此，他的文化眼光使他進一步去把握審美意識的萌生同當時的社會狀況、社會意識的關係，也就是說他著意於把握審美意識發展所經歷的具體的歷史形式。他指出了「屬人的特性却初的發展却是以崇拜同人相對立的自然力量的形式來表現的，現實的存在於人身上的

進程却凝結成一個虛幻的神靈和主宰的觀念」⑧。正是因為屬人的特性的發展還處在最初的階段，原始人還意識不到人與動物的區別，他們那屬人的想象力乃製造出許多不人不獸、人獸混合的充斥於《山海經》中的所謂「神」的形象。人們對於這些半人半獸的氏族圖騰符號和保護神形象敬畏以外的那樣一種親切的感情，以及與這種親切感情相聯繫的諸如信賴的、愉悅的、嚮往的、驚服的種種心理，實質上就是一種混和在巫術觀念中的審美的心理感受。王鍾陵從其時這種人類自身的內容表現為一種非人類外形的整體意識狀態出發，深入地抉發了那一歷史時期審美意識所採取的神幻的歷史形式，並進而令人信服地說明了神話特殊魅力的由來，以及原始人類對於自然美的感受和認識的歷史特色。追蹤屬人的特性的生成過程，王鍾陵指出：當圖騰時代讓位於英雄時代之際，人的形象開始高於動物並制服動物了。然而在奴隸社會，原始時代所產生的那種怪異的形象却又在新的歷史條件下得到了肯定。隨著奴隸社會的崩潰，人世間的意趣逐步代替了超世間的意趣，於是文藝的美學風格便發生了整體性的變化。王鍾陵的研究深化了馬克思「人也有自己產生的過程」的思想，馬克思天才的哲學提示在王著中化而為具體的歷史進程。

王鍾陵對於審美這一專項文化心理萌生過程的理論性闡述，透現出一種充沛的力度和磅礡的氣勢。他對於時空感受、形象思維、符號─邏輯思維這三項能力萌生發展的論述也無不如此。在王鍾陵的論述中包含著生理的亦即是屬於體質人類學的內容，但他更多注目的乃是文化。他著力把握的是在一定文化背景下充實著某種特定的文化內容的心理狀態和心理能力，這是一種文化性心理。顯然，王鍾陵這本新著不同於不涉及具體活動內容、只是著重研究人們共同具有的心理活動規律及其產生的生理機制的普

通心理學著作，它是文化學和心理學以及哲學、歷史、考古學、人類學、神話學、文學、藝術、宗教等眾多學科交滙產生的寧馨兒。王鍾陵深入到眾多論者望而卻步不知何從下手的一系列論題之中，成功地開闢了文化－心理研究的嶄新的學術領域，高揚了對長期停滯的人類精神生成發展史的闡述。

三

　　然而，對於人類精神生成史的闡述殊非易事，它不僅需要攻克文化－心理這種艱深的發生學問題，而且需要攻克神話思維這一世界性的學術難題，並將神話思維同這本書名所標示的論題結合起來，這是橫亘在王鍾陵面前的又一座高山。王鍾陵別致地爲新著的第二編立了一個題目：「民族文化－心理在神話思維中的凝定」，因而他的論述展開爲兩個方面：一方面是對於神話思維這一論題各個側面的展開，另一方面則是藉助於上述展開對於上古中國文化－心理沉積情狀的說明。王鍾陵在著力展開對普泛的全人類的神話思維的研究中，復又注目於這種思維在我們民族上古時期所造成的文化－心理的特殊沉積，這顯然符合於他所說的從一種渾沌的人類整體漸次分流出獨特的中國文明的思路。正是藉助於對文化－心理能力之萌生及神話思維的研究，王鍾陵方才首次將對我們民族思維方式和心理結構形成發展的研究引向極爲遙遠的史前時期。在本書中，王鍾陵錯綜交替地使用透過特殊把握一般，依據於一般去闡述特殊，置特殊於一般的背景和洪流之內，含一般性進程於眾多殊相的相續顯示之中，從而他緊緊地凝定了一般和特殊、普泛的人類性與獨特的民族性這兩個方面。對於構思一部非思辨的有著具體的歷史豐富性的人類精神生成發展史，這樣一種闡述方式是一次成功的實踐！

　　王鍾陵從《中國中古詩歌史》所體現的在民族思維的發展上把握义學的進程這一思路出發，一進入神話學研究領域，便契入了神話思維研究這個根本性的論題。他撇開了長期縈繞於神話學領域的對梳理神譜、指認圖騰的熱衷，也撇開了作爲史官文化承續的從神話中探求古史的過於確指的歷史化理解。前者曾造成紛紛揚揚煞是熱鬧却相互抵牾令人莫衷一是的考證景觀，後者不過是古老的六經皆史論的翻版。王鍾陵的卓見不僅在於他緊緊地抓住神話思維的特徵及其獨特的運行規律，加以成功的攻克；而且他還首次明確地勾畫了從動物意識到具體思維，再到具體思維高級階段的神話思維，最終達到文明人類的形象思維和符號—邏輯思維這樣一個人類思維的發展史。掌握了對正確讀解神話材料具有巨大方法論意義的神話思維規律，使他躍上了研究上古文化—心理的制高點，並開啓了神話學的深層研究。對於人類思維發展史的勾畫，則使得他對於前期文化—心理的研究有了最深層次上的科學基礎，這一勾畫勢必對哲學史、思想史、美學史等學科的早期部分產生重要的影響。

　　如果說文化—心理能力的萌生這一發生學領域的問題，由於其拓荒性而缺乏比較的話；那麼神話學研究則由於積累了太多的成果特別是一些西方文化巨人的成果，其可比性是十分明顯的。長期以來，很多學者往往止於引用維柯、黑格爾、摩爾根、馬克思這些文化巨人的論述以爲自己論證的根據，而王鍾陵在新著中却和眾多的西方文化巨人展開了眞正的對話：他吸收他們的思想精華，又批評他們的不足與缺陷，還進一步正面提出自己的理論見解。這類例子在書中極多。

　　在學術界，由我國學者完成的闡述西方學術思想的著作百餘年來陸續出現過不少，但由中國人寫作的、熔東西文化於一爐並

具有完備理論形態的著作則還未出現過。王鍾陵的新著恰恰是一本具有人類文化視野的並有著豐富的理論建樹的著作。這一成就的開創意義是巨大的。王鍾陵在書中所表現的俯看人類文明進程的開闊氣勢、廣采博收的學術胸襟和寬宏氣度以及獨具慧眼的才力與深沉的民族自信心，不僅開闢了一個全新的研究領域，而且意味著中國學界正以開放的態勢大步跨入對全人類文化作綜合研究的學術領域，中國學術的這種發展走向無疑是令人歡欣鼓舞的。

四

　　文明發展、分流過程中人類的文化─心理，至今還有大片待開墾的領域。從原始意識無有路徑的莽莽荒原中深挖上古人類的文化─心理是艱難的，而從方法論的角度看，王鍾陵新著的後三編在把握人類性與民族性的關係上，比之前兩編無疑是增加了難度。因為這兒要講到分流，而一講到分流，特殊性自必漸次上升，渾沌初鑿，大朴解散，把握此種歷史情形是不易的。王鍾陵致力於共相與殊相的整體把握，並按一貫所做的那樣還將這一把握座落到最為深入的思維及其發展的層次上。

　　比如在「文明之發展」這一編「原始人類的生死觀」一章中，王鍾陵抉發了原始人類極力想超越、克服死亡的四條途徑：死亡─復活、圖騰延續、物化轉形、靈魂重生。對這種生死觀，王鍾陵一方面著力在思維層次上說明了其產生的根源乃在於原始人類將人的生命意識同化到自然變化之模式中，由此種模式，原始人類將自然的邏輯引入到對人的生命現象的理解之中，擬構了人類生命的邏輯。另一方面復又注目於這種生死觀在各民族中的不同特色。他說：「希臘人的這種死亡─復活的神話，雖沒有埃及人奧西里斯神話的古遠色彩和多層意義的交織，却更富詩意。僅從

這裡，我們也可以看到兩個民族氣質上的區別：奧西里斯神話中荒遠的宇宙意識是其歷史悠久的表現，而神系與王系的重合，又是東方國家政治倫理特色之反映。希臘的兩個神話都以愛情相貫，它沒有久遠的宇宙背景，却以一種溫馨的眞情和對於美的突出的愛好，扣人心弦」⑨，而中國上古神話中的生死觀則以物化轉形爲其特色。如果說在「文明之發展」一編中，王鍾陵是在側重把握人類作爲一個整體文化─心理的統一性的同時，又注目於不同民族的特殊性；那麼在「文明之分流」一編中，則是在把握人類思維及文化─心理統一性的基礎上，側重於不同民族文明發展的不同路徑。比如，王鍾陵認爲神話意象波流的序化整合是全人類性的神話思維規律，但是不僅神話意象的構成帶有起先是地域的、而後是人文的種種特徵，並且因民族歷程之不同而造成的序化的走向、方式、程度之差異，則又產生了各民族文化─心理結構的成份、層次和功能的特定性。他對於中國和希臘審美及文藝發展之異趣就是這樣來把握的。這樣，各種群相不是分割、孤立的，它們在深層次上是統一的，這種統一又並不造成彼此的渾沌無面目，從而大朴解散爲百器的歷史情狀便鮮明地透現了出來。

　　「精怪世界與夢文化」已是第五編「獨特的中國文化─心理歷程」中的首章，如編題所示，這一編旨在講獨特性，然而王鍾陵對於中國上古夢文化心理却相互聯繫地把握了這樣三個特點，「一是它與現實政治、國家興亡密切關聯。二是它是人類社會與鬼神世界的中介，這個鬼神世界不僅是一種客觀存在，而且還時時與現實人世交相作用。三是就其思維類型而言，大量採用神話式的意象思維方式，以象徵的方法表達某種預示。這三個特點中，既有民族特色，又有全人類普遍存在的宗教觀念，還有夢本身的思維獨特性」⑩。王鍾陵並進而重點對夢本身的思維獨特性作了

深入的闡發，這一闡發說明了夢運作與神話思維的關係，對於人類從動物意識向自覺意識的進化過程，對於神話思維前後期的區劃以及神話思維在由潛意識系統向著自覺意識領域轉化中的作用，都有十分重要的論述。這一些論述對於他在第一、二編中所勾畫的人類意識的生成過程，又有了進一步的豐富。王鍾陵由對夢運作的說明，首次揭示出人類史上「真是存在有漫長的『白日作夢』的時代」，從而他將「中國上古夢與非夢連成一片共同組成向前的事件系列的文化心理，以及夢占與人事錯糅並寫的史學傳統」⑪的極為深遠的根源發掘了出來。

　　所以，王鍾陵教授的新著雖名為《中國前期文化─心理研究》，實際所闡述的却是不乏殊相豐富性的人類精神的生成發展史。無疑，人類的早期意識史，因為王著的一系列重大突破而顯得更清晰，也更成熟了。

（原刊《蘇州鐵道師院學報》1993年第2期）

【附　註】

① 《中國中古詩歌史・前言》第25頁。

② 劉譯本第79頁，人民出版社，1983年版。

③ 同上。

④ 《馬克思恩格斯選集》第4卷第208、209頁。

⑤ 《1844年經濟學─哲學手稿》第122頁。

⑥ 《中國前期文化─心理研究》第3頁。

⑦ 同上。

⑧ 《中國前期文化─心理研究》第33頁。

⑨ 《中國前期文化─心理研究》第358頁。

⑩ 《中國前期文化─心理研究》第527頁。

⑪ 《中國前期文化─心理研究》第529、530頁。

學術研究的轉型

李建中

　　《中國中古詩歌史》是一部斷代分體文學史，却完全摒棄了以往文學史慣用的「朝代更替——作家生卒——思想內容一二三——藝術特色ABC」的舊模式。貫穿全書的是兩條基本原則：一是史的研究就是理論的創造之原則，二是整體性原則。前者解決研究主體與對象的矛盾，後者解決研究對象本身整體與部分的矛盾。歷史是一種雙重的存在：「對象」的原初性狀態與「主體」的再造性理解。是書上卷，以王充「眞美」爲起點，以劉勰「隱秀」爲歸宿，以「以少總多」爲骨骼，以「動情與氣骨」、「眞實與形似」、「新變與精致」爲經絡，精心營建起一個宏闊而嚴整的理論體系；下卷，則以中古詩歌曲折多姿的歷史演進，以中古詩人淒戾坎壈的心路歷程，以對文學史原初存在的創造性描述，爲上卷的整體性建構，提供了堅實的史料基石和豐潤的理論血肉。文學史研究的轉型，便在兩卷的互補與契合中完成。

　　本書副題是：「四百年民族心靈的展示」。這才是作者的「本意」：從文學史研究的特定角度，展示中國文化—心理的曲折演進，追蹤民族心理、民族思維的發展歷程。這一「本意」的驅動，使得作者成功地衝出文學史研究的封閉模式，在民族文化—心理的廣闊天地中，築起他的理論大廈；而這一「本意」的最充分最暢快的張揚，則是接踵而至的以「原始意識」爲研究對象的《中國前期文化—心理研究》。

　　在中國文化—心理的漫長推演中，「中古詩歌」是一段清流，「原始意識」則是源頭。作者要從原始意識之中發掘中國思想文化的根源，描繪民族文化—心理能力的形成與發展。負此重任，《文化—心理研究》「試圖對歷史作出一種原生態式的把握，以求更多地貼近於歷史的實際情狀。」作者提出的「原生態把握方式」，是一個聚焦點，將是書五大編凝結爲氣韻貫通的有機整體；也是一個發散源，將研究模式的轉型，由古典文學幅射到整個古代文化。

　　「史的研究就是理論的創造之原則」，強調更新觀念與方法，宏揚主體意識；「原生態式的把握方式」，則強調尊重史實，貼近歷史。王鍾陵雙管齊下，革弊布新，走出「純主觀」與「純客觀」交相往復的怪圈，在高層次和精致的水準上，達到歷史意識與當代意識、客觀性要求與創造思維的統一。

　　不論寫《中古詩歌史》，還是寫《文化—心理研究》，作者都是以一種強烈的生命意識和沉鬱的生存悲劇感投身於學術的。《中古詩歌史》「劉越石」一章，花不少篇幅，敘述了「一場從未爲治史者所知的和詩有關的冤案」，並且禁不住大發感慨：「每一個時代都有相當一些人是專會羅織別人罪名的。你愈是志存遠大，斗筲之徒便愈要對你深文周納。你最好是做順民，惟上之志爲己志，卑微恭謙，那就會廣延美譽。即使有大志亦當緘口不語，深於城府。」劉越石的悲劇，正在於他將忠亮奮發之聲形之於外。而這位失路英雄悲壯的引吭，又正是西晉詩歌的光榮和驕傲！

　　這種生存悲劇感在《文化—心理研究》中表現得更爲強烈。作者指出：中國的神話英雄，少有希臘神話「金桔」「金羊毛」式的浪漫，更多的是斷戟、銹鏃、白骨、冤魂，是困厄與艱危，

廝殺與死亡。中國的原始文化，不是「風騷」，也不是「龍飛鳳舞」，而是「漫長祁寒的停滯，激烈狂怒的相傾」，是「自然的災變，社會的仇殺」，是「神人相爭」、「兩性反目」……作者能夠深刻地理解原始意識，成功地破譯神話思維，最重要的一條，是他對原始精神之遒勁、蒼涼與慘烈的認同，是對古往今來之生存悲劇的深切體驗，是對待生活的剛健而深沉的態度，以及由此而釀成的沉雄之氣、悲愴之情。遠古居民的悲劇命運，與當代學人的荒古情懷，交響成大氣恢弘的樂章。古今中外，研究原始文化及神話思維的學術專著並不少見，但大多缺乏一種磅礴的氣勢、開闊的視野以及對讀者靈魂的強烈震撼，究其根本，恐怕在於論者缺少「生存悲劇感」與「荒古情懷」。

「生存悲劇」，絕非原始人的專利，也不僅僅是劉越石們的厄運，實乃人類永恒的課題。遠古乃至中古居民的生存悲劇，在文明社會中頻繁重演，原始與現代於是有了一根千古不斷的命脈。轉型期學者的生存悲劇感，灌注於古典文學的研究之中，使得學術活動與理論成果，能少一些為某種政治或經濟服務的庸俗的實用氣，多一點切入人之生存狀態的深沉而鮮活的現實感；同時，又使得主體心靈有一種行神如空、行氣如虹的容量，從而提高作為人的存在的文化—意義的度。主體與對象，主體的生存狀態、學術個性，與對象的原生情狀、歷史內蘊，在這個文化—意義的「度」上，碰撞交織，孕育出中國學術的沉雄與輝煌。

古典文學乃至古代文化研究的轉型，成敗之關鍵，在於能否崛起一個中青年學者群，在於這群人走一條什麼樣的學術道路。本書作者在寂靜的象牙塔與喧囂的塵海之間，拓開了一片貼近生存狀態又洋溢著英雄氣的學術境界。

一個時代有一個時代的學術。當今中國的學術轉型，由社會

經濟的轉型所決定。這個時代的學者，需要學術轉型；學術轉型，
更需要新型學者的出現。這是一種雙向選擇。

（原刊《讀書》1993年第4期）

極富創造性的文化探源研究

——評《中國前期文化—心理研究》

藝原

　　王鍾陵教授最近出版了一部60萬字的新著《中國前期文化—心理研究》（重慶出版社1991年版）。在書中，作者綜合多種學科，別具慧眼地從原始意識的莽原中探尋中國文化之根，開拓一條文化—心理研究的新穎道路。

　　文化—心理研究是一個交叉學科的新領域，需要博大的眼光和深入的探究，它對於研究者的學養、洞見和筆力無疑有著很高的要求。該書旨在「從原始意識中發掘中國思想文化的根源，由此下及於文明之分流，從而勾畫出中國文化思想的獨特路徑」。這是一個全新的思路，具有十分新穎的立意和遠邁前人的理論深度。王鍾陵教授因爲確立了這一思路而又一次站到了艱難的學術前沿突破的位置上。

　　王鍾陵教授的這部新著，因其對中國思想文化之根作出具有溯源性的研究，並以符契人類各群落先渾沌統一而後異趨的歷史情狀的結構形式，對文明發展、分流的宏大進程作出勾畫和論述，而大大超過了前人的研究。這部新著有一種俯瞰人類文明流程的恢廓氣勢，並且作者的眼光又是透過種種具體的觀念，而著力於從思維及其發展的角度亦即從深層心理結構的形成及其變動上來把握問題的。

可以說，王著以其時間上的淵遠、空間上的廣闊、論述層次上的深入，把中國思想文化根源的探索這一論題，提到了一個前所未有的全新的高度。

正因爲王著確立了這樣一個高度，所以此書所開鑿的論題都是相當艱難的。這有兩種情況：一是首次被提出或得到了集中論述的論題，二是一些雖久爲人們所熟悉但得到了獨辟蹊徑闡述的論題，前一種情況占了全書的主要部分。由此，王鍾陵教授這部新著表現了十分顯著的獨創性。

就上述第一種情況而言，像我國早期人類的時空觀，在國內已出的大型哲學史、思想史著作中，大多未有涉及。作者在該書中則詳盡地闡述了此一論題。這顯然具有填補空白的意義；而對於神話學研究來說，則以其深層次的把握，顯示了一種哲思的高境。又如，原始人類的生死觀是又一個極爲重要的論題，它不僅對於深入了解原始人類的深層文化—心理結構是必要的，而且對於了解諸如基督教、伊斯蘭教、佛教、道教等宗教的產生都是不可缺少的。作者以近三萬字的篇幅貫通中外，綜合各種材料，相當詳細地探討了這一問題：從生死觀念的產生、原始人對於生命的直接性認識，到原始人關於死亡—復生、圖騰綿延、生化轉形的種種擬構，以至於原始生死觀的消亡，筆力豐贍，論述精闢，爲前人所未發。再如，母權制被推翻前後人類社會中發生的那一場錯綜複雜的大鬥爭，我們至今還知之甚微，且長久未曾有人認真、系統地做過研究。作者在其新著「兩性在文明前夜的痛苦錯位」一章中，既宏觀地勾勒了由母權制向父權制過渡的社會動蕩，又深入細致地抒寫了這一歷史時期婦女痛苦矛盾的心態；不僅中國母權制被推翻時的種種社會情狀得到了明晰的說明，而且在對希臘有關神話的破譯上也取得了比之西方學者進一步的成績。對

於中國上古史的研究，這也是一項極其重要的成果。

提出新論題或首次對某一論題作出集中的論述固然是艱難的，而對舊論題作出新闡述也甚為不易。比如對於「神話產生在人類童年時代」的觀點，作者從馬克思在他晚年的《摘要》中已採用了摩爾根關於神話產生於低級野蠻社會的論述，並已在新的意義上使用了「人類的童年時代」這一概念的事實出發，又進一步立足於馬克思以後一百多年的考古學新發現，對神話產生的歷史上限進行了新的劃界，並對神話思維的歷史坐標及其走向作出了完整的勾畫。十分明顯，這樣的研究工作是極富創造性的。

思辨性強是王著又一突出的特徵，但其思辨的思想根須却是深扎在歷史材料堅實的土壤之中的。作者在發掘中國材料上下了很大的功夫，並且還廣泛涉及到希臘、羅馬、埃及、希伯來、印第安及非洲土著等眾多其他地區和民族的材料，廣徵博引而又融會貫通。從而，他對於中國絕大多數神話以及相當數量的外國神話，都作出了甚具新意的闡釋。

在這本新著中，作者廣泛吸收了眾多西方傑出學者的思想，但是他的這些吸收，又都是經過消化了的，從而是有分析的，所以他也時時批駁諸如維柯、黑格爾、摩爾根等西方文化巨人理論上的錯誤，並正面提出他自己的見解。他的這些見解往往將有關領域的學術水平明顯地更為推進了一步：摩爾根在《古代社會》下冊中曾勾劃過文字符號發展的五個階段，王著認為摩爾根作出這一勾劃已屬十分不易，但畢竟僅為最表面的層次，而且他還沒有把握到這一層次的內在矛盾性；王著則是以思維、觀念、語言文字三個層次的錯綜推進來論述文字符號發展的進程的，視域大大拓寬，其論述亦呈立體交叉式。維柯的「隱喻」說和黑格爾的「象徵」說一直為論者們所忽視，王著首次對其理論內涵加以發

掘，肯定其抓住了神話思維的主要特徵，但又批評了維柯之忽視了神話思維的解構過程，以及黑格爾之不能將神話思維置於人類思維史的具體階段上加以認識。在這種吸收和揚棄的基礎上，作者進而創造性地提出了「意象圖式」的新概念，並對神話思維的運行規律作了深入的揭示，這就克服了維柯的靜態性和黑維爾天才猜測的模糊性，神話思維的理論研究明顯取得了一個很大的突破，無論在深度、完整性以及科學形態上都有了突出的進步。

吸收，揚棄，創新，超越，作者由此完成了超過前人和西方學者的理論建構，不僅表現了一種犀利深刻的理論透視力，而且體現了一個理論家所應具備的深沉的自信。從而，王著不僅以其一系列重要的創見引人注目，而且以其對待西方文化的正確態度而發人深思。

發生學的論題是艱難的，因而文化—心理的形成和發展這一整個領域長久以來一直是一片待開墾的處女地。迄今為止的哲學史、思想史和美學史著作，還從未涉及到諸如文化—心理能力之萌生以及神話思維的這一類論題。王鍾陵教授的這部新著恰恰是以對這一類論題開創性的充沛論述，展開了一條風格迥異的研究路徑。他對文化—心理能力之萌生及神話思維等眾多論題的整體性突破，是難能可貴的。該書不僅填補了學術空白，而且以其從深層心理結構及思維方式之形成和變動上入手的深度，顯示了一種嶄新的境界。

（原刊《社會科學輯刊》1993年第2期）

從《中國中古詩歌史》到
《中國前期文化―心理研究》

徐宗文

　　學術界的同人還能清楚地記得，當蘇州大學王鍾陵先生的《中國中古詩歌史》（江蘇教育出版社1988年版）問世之時，由筆者首先撰寫的書評，在《江海學刊》發表後，又被中國人民大學復印報刊資料轉載；之後，傅璇琮先生等在《文學遺產》、霍松林先生在《學術月刊》、吳調公先生在《人民日報》（海外版）等，紛紛撰文加以贊譽。五年後的今天，王先生又推出了另一部洋洋60萬言的巨著――《中國前期文化―心理研究》（重慶出版社1991年版）。

　　其實，當王先生將中古詩歌放在那一個時代，以民族思維的發展為其底蘊，而由社會風習、哲學思潮和人們的感受方式等種種因素交織而成的巨大變動中來研究，並給予具有整密的邏輯結構的勾畫時，他便是以洞悉民族文化―心理的建構作為自己的宗旨的。《中國中古詩歌史》意在將文學的進程上升為一種文化的進程和民族思維發展的進程，這樣，文化的把握和心理建構的探究便成為它的一個重要特色。從這一基礎上，即以文學為主要闡釋對象的文化―心理研究上向前跨進一步，自然就會走到將文學納入其中作為取材之一的純粹的文化―心理研究。然而這一步，却是艱難的，因為它要求作者必須具有博大的眼光，同時又必然

要求在論述中展開廣遠的時空幅度。

　　《中國前期文化—心理研究》橫跨了上古史、人類學、神話學、哲學、文學、宗教、語言文字學、社會學、美學、藝術、民俗學等諸多領域。從空間上說，涉及到埃及、希伯來、希臘、羅馬、中國、日耳曼人、印第安人以及非洲土著人計二、三十種民族文化；從時間上說，則遠從地質史上的太古時代落筆，勾勒出一個浩大的進程：文化—意義之河是如何山泉般從渾莽的原始意識之源中流出，復又在文化範型的變遷、兩性關係的錯位、原始宗教的孳育、文化基型的團聚及其擴展這一系列文明發展中增大著流量，終於澎湃爲渾浩的江海，而又分流出遠去天際的具有異樣景觀的九派風濤的。

　　王先生在本書《序言》中，說明了他這本書的論旨：「試圖從一種渾沌的人類整體漸次分流出獨特的中國文明的思路上，來對中國文化—心理的根由、發展、特色作出論述。」依據這一論旨，他爲全書設置了一個由五編組成的總體結構：文化—心理能力之萌生、民族文化—心理在神話思維中的凝定、文明之發展、文明之分流、獨特的中國文化—心理歷程。這一結構具有浩大的氣宇，鮮明地體現出著者所具有的那種敢於對歷史作出總的思考的學術魄力。

　　他的學術眼光無疑深受了文化人類學的惠沐。他意識到當我們從九派烟濤的下游仰望文化—心理的源頭時，十分容易爲一條劃開了河道———一個民族特定的文化—心理所引導。如果想對某種文化—心理系統作出評述，就必須站到比這種文化—心理系統更高的視點上去。這樣的一種視點，王先生明確指出：「應該是一種人類文化的視點。」①然而，他又並不止於接受文化人類學的影響，由《中國中古詩歌史》從民族思維的發展上來把握文學

史的進程這一條學術路徑出發，他的這部新著「著力於從思維及其發展的角度，亦即從深層心理結構的形成及其變動上，來探究中國前期文化特色產生的必然性」②。

　　然而，這一思路在王先生的這部新著中，則並非是原樣的延伸，因為這部書所論述的時代包容跨入文明時代之前和之後的兩個階段。在跨入文明時代之前，人類作為一個整體具有尚未分化的那種渾沌的統一性，正是由於這種統一性，人類成長了共同具有的思維的、心理的能力，沉積了一系列具有相同文化機制的觀念。因此，對於民族思維的把握，在這部書中必然擴展為對於人類共同的思維—心理之形成、發展的探索。而對於跨入文明時代之後所述之文明分流的寫作，則又要求說明中西兩種文化所體現的各不相同的深層心理結構。

　　《中國中古詩歌史》以民族思維的發展為內核，而以民族文化—生活方式的展開為表現；這部新著仍是這樣，在對民族文化—生活方式的豐博展開中所著力把握的，是深層心理結構的形成和變動。這種心理是一種文化性心理，或者說是在生理基礎上文化性生成的能力和觀念，它具有歷史性和民族性，從而他的闡發從具體的社會、文化條件出發，具有很強的歷史感，一切都是歷史地產生、歷史地變動的。王先生在《中國中古詩歌史》的《前言》中曾對人性和民族性作過這樣的界定：「如果說一個具體個人的文化—心理結構，是這個人具體人性之所在的話，那麼一個民族的文化—心理結構，便是這個民族民族性之具體所在。」他由此而去把握文學的進程和民族的發展，又由此而上探全人類文明的萌生、發展和分流。

　　這樣一條學術路徑，至少有兩個明顯的特徵：一是它的視域更為遼闊，二是它的層次更為深入。視域遼闊這一點前已述及，

茲不再贅。就層次的深入而言，《中國前期文化一心理研究》一書，不像一般的哲學史、思想史著作那樣重在對具體觀念的闡述上，而是深入下去，透過具體觀念而及於基於人類和民族思維的發展而形成的深層心理結構。比如，王先生從神話意象思維序化整合的規律出發，剖析《月令》圖式在觀念和思維邏輯上所留存的原始烙痕，從而說明了漢人文化一心理結構的兩個重要側面：博大恢宏的綜合氣象、曲折瑣碎的邏輯之線及其所由產生的必然性。這一說明比僅用大一統的政治局面以及神學愚昧來對漢人心理加以解釋的舊說法，無疑在層次上要深入得多，並具有溯源性，真正是將漢人文化一心理置於特定的民族思維的發展階段上來加以把握。王先生不僅是從帶有根本性的深層文化心理來說明一般性的觀念，而且還從思維方式的演化上來對許多觀念和深層文化心理的根由加以發掘。哲學史和思想史上的種種觀念，其實是從一個民族特定的深層文化心理上浮現出來的，而深層文化心理又是為這一民族思維方式的演化所決定的。這猶如地殼、地幔和地核的關係一樣：一般的觀念是地殼，深層文化心理是地幔，民族思維方式則是地核。王先生此書以其對於深層文化心理和民族思維方式之演化的系統探究，而顯示出獨到的理論深度。

　　與文化一心理研究這一學術路徑相並行的是，王先生在本書中提出了原生態式的把握方式。這一把握方式的目的，在於求得「更多地貼近於歷史的實際情狀」（本書《序言》）。

　　從《中國中古詩歌史》所提出並認真加以貫徹的歷史真實的兩重存在性原理，到這部新著所提出的原生態式的把握方式，其內在的理論血脈是潛相貫通的。歷史真實的兩重存在性原理，可以說是王先生方法論體系的起點和基礎。他認為，歷史真實有原初的存在和在人們理解中的存在這樣兩重性。歷史的原初存在要

通過人們對歷史的理解而存在，由此他導出了史的研究就是理論的創造的文學史撰寫原則。而人們對於歷史的理解又應去符契於歷史的原初存在。人們怎樣才能盡可能達到這種符契呢？於是王先生提出了原生態式的把握方式。理論創造原則與原生態式的把握方式是統一的。在文學史研究中，由於史官文化和實證式研究傳統根深蒂固的影響，論者往往忽視以至抹煞歷史真實的第二重存在。因此，他大力強調了理論創造的一面。在早期文化領域中，由於資料的極為貧乏以及歷代堆積於其上的種種謬說，這一段歷史呈現在人們心目中的面貌不僅極為單薄，而且有待糾正的錯誤也特別多。所以他傾注心力於原生態式的把握，旨在拓展出一片盡可能符契於早期文明情狀的具有內容充實性和感情豐富性的遼遠的歷史時空。

原生態式的把握方式是以非線性發展觀為基礎的。王先生在本書《序言》中對歷史發展觀有一段概括：「進化或曰發展乃是在不可逆的時間中，不斷被分岔點間隔開，並一再為休止期和『災變』期所打斷的過程。它的構型是累積性、跳躍性和分叉性的，而非直線性和漸進性的。高峰、深谷、躍前、退後、盤曲、發散、畸形、特化、停滯、遷變等等，都是這一過程中的種種情狀。當然，文明和社會的複雜性，從總體上說則一直在增加著。」基於這樣一種發展觀，本書著力反映了從邃古之初的生命造物土壤中經過一段長時間孕育以後的勃動，展現了文化發展中的多歧的面貌，強調那是一個非意識的、非情感的、非目的的選擇過程，說明部族之間既相互溝通、融合，又相互踐踏、廝殺的存在狀態，努力闡述人類及其文化發展浪潮的大幅度的漲與落以及滅絕的可能性，抉發了那一時期歷史發展所表現的滯重與殘烈、深宏和遒勁。

　　王先生有一段說明原生態式的把握方式的話頗值得玩味：「自然界常有的巨大災難，部族之間殘酷的火併，部族內部嚴重阻礙文化進化的機制，都可能摧蕩或消隕文化的幼芽。然而，不僅全球地域的十分遼闊以及地貌、生態的種種懸殊，可以使錯落萌動著的幼芽有一個迴旋的餘地；而且宇宙時間的無盡的悠遠，又足以使大體同樣的過程一而再、再而三地進行。於是，原始文化的發展必然地呈現出一種既有地域差異、又有時間序列先後的錯綜狀態。我以為只有這樣去論述原始文化的發展，才是一種整體的、複雜的、原生態式的把握。」由此話可見，原生態式的把握是一種整體、複雜的把握。在這種把握中有著一種明顯的空間性，這種空間性又展現為文化發展的多歧與錯綜狀態，並同歷時發展的反覆性、迂迴性相交織。

　　依據於原生態式的把握方式，本書著力強調了發展的偶然性、機遇性、曲折性和艱難性。他鍾情於考察歷史之河是如何在流淌中受阻後又趨向另一個方向，以及這種改道所引起的複雜激烈的社會鬥爭。他更喜愛比較從大體相同的內在根據出發，兩個民族的發展又是如何導致了殊異的文化景觀的。前者如他說明由於冰期過去愈益熟練的狩獵協作趨勢被生態環境的變化所遏止，人類向著古老的生存方式——捕魚和采集返回，而正是在這種返回中引致了向食物生產經濟的變化。由此他破斥了將農業的孕育描繪為一種漸進的由於生產技術改進而產生的過程，揭示了神農神話的重要認識價值，並且還從后稷神話中解剖出蘊含在人神衝突之中的種種社會矛盾如何導致取得突出的農耕成就的后稷之淪喪的。後者如他比較日爾曼人和多利亞人都是高級階段的野蠻人進入一個文明程度高於他們自身文明的地區，但因雅典和日爾曼國家發生、興起的社會經濟環境之大不相同，因而在雅典被梭倫改革阻

遏了的過程，在日爾曼國家則不斷發展，從而導致了不同的歷史道路。這些例子表明，作者注目於探究一個新方向是如何從偶然性、機遇性中艱難、曲折地產生以至成長起來的。他認為歷史是一個非目的性的過程，它並沒有一個有意要趨向的特定的狀態。在突變分岔的關口，歷史由於多種因素的漲落而作出隨機的選擇，因而文化便一再變遷，「在似乎往回走中有著往前走，阻遏了一個趨勢却又開啓了一個新的方向」。

比起《中國中古詩歌史》，這部新著中的歷史觀、發展觀無疑因一個遠為遼闊悠久的時空闡述對象，而獲得了一種更為宏大和厚重的把握，並更具有一種濃厚的哲學意味。王先生這種時空並包、分岔前進、錯綜交織、隨機多歧、迂回突變、艱難曲折的歷史發展觀，表達了歷史發展中無盡的艱辛、血淚和犧牲，同時也宏通地揭示出歷史發展中無盡的生機。

由上述這些我們可以看出，原生態式的把握方式蘊涵著一種明顯的歷史厚度和哲理高度。

與這種厚度和高度相聯繫，原生態式把握方式還體現為一種磅礴深沉的闡述方法。在文學史著作的撰寫上，王先生一向主張結撰具有理論形態的文學史著作。為此，就必須提煉一套概念和範疇體系。但是，他又強調概念、範疇與內容應具有生成的一體性，這樣在適用性和氣韻上便有水乳交融之妙了。他的目標是既「視界高遠，復又意韻豐融」，雖然他在學術界以突出的理論思辯力著稱，但他又從不忽視感性，他所尋求的乃是一種富於感性、從感性中崛起的理性。由於把握住概念、範疇與內容生成的一體性，所以他的心香一瓣乃在於由高度抽象而達到的雲外高矚的理論視點與豐富的活潑潑流露著生機的原生態感性具象之統一。全書以論設章，但其中又舒卷著多少幅歷史生活的畫面！拿《兩性

在文明前夜的痛苦錯位》一章來說，其材料包括：宙斯祖孫神話、
顓頊神話、阿伽門農家庭中的流血鬥爭、埃及伊基撻女神和雅典
娜的單親生育論、兩性神、生殖崇拜、產翁習俗、布依族戴假殼
的風俗、崩龍族婦女的「腰箍」服飾及有關神話、天鵝處女故事、
商代王亥兄弟與有易氏妻的糾葛、特洛伊戰爭中女性的悲苦、舜
妻、妺嬉、宓妃、嫦娥及禹妻涂山氏女的不同命運等等，橫貫中
外，兼收典籍、民俗，而均又別具慧眼地予以破譯讀解。全章由
此展開與兩性衝突相關的光怪陸離的世相，顯示了矯舉雄浩的筆
力。在本書《後記》中，王先生說明他寫作此書的深意所在：「
用心去諦聽原生態的人類文化之生長節奏，以闡發一種躍動著生
命向力的雄獷樸野之美。料理人類生命存在的多種形態，以見出
造化的多樣豐富和自然的博大深沉」。

　　此外，這部新著還表現出交融眾多學科所生長出的全新視角。

　　現代科學的發展，早已突出地表現了一種交叉性和整合性；
然而要在研究中做到這一點，却必須有開闊的理論視野、廣博的
學識以及善於從學科滙通中別出手眼的敏銳與洞見。王著中多有
將兩個論題結合在一起的章題，如《人的生成與自然美意識的萌
發》、《原始思維與形象思維》、《文化變遷與神話英雄的悲劇》、
《神話與漢代神學》。還有的章題，像《我國神話中的時空觀》、
《符號─邏輯的通天塔》、《照亮了文明圈的祭壇之火》等，語
法上雖不是用的聯合結構，但仍內含著兩個方面的論題。這種立
題的方法，反映了著者有意識地從事多學科交叉研究的自覺性。

　　此書各章迭出的新意，往往正是實踐這一學術意向而取得的：
從神話中探求中國早期人類的時空意識，不僅使像女媧補天、后
羿射日、重黎絕地天通這一類神話獲得了深入而合理的解釋，而
且也使湮滅無尋了的原始時空意識得到了勾沉。將審美意識的產

生同人的生成的進程聯繫起來，審美意識萌生過程中從動物性向人性發展的內涵就分外昭晰了。而把原始思維與形象思維結合在一起考察，形象思維的起源和發展問題才首次得到了深入的審視。符號學的引入，使得對邏輯思維能力萌生發展過程的研究有了可以依憑的線索。當神農、后稷、女媧、鯀、共工等神話被提到地球上距今最後一次冰期過去所引致的文化變遷的背景上加以觀照時，神話英雄悲劇之雄獷深沉的歷史內容便得到了力透紙背的揭示。而神話和漢代神學這兩個在今日的學科分類中一屬於神話學一屬於哲學的問題被結合到一起加以研究時，漢代思想發展中的一脈動向——從神話「生長」爲神學、再「生長」爲神學化了的哲學和經學，便清晰地被勾勒了出來。對於產生過紛紜議論和太多爭執的中西文明分流的理論難題，王先生因其綜合的眼光而從以下三個方面來加以論述：由神話特質的不同引致了審美和文藝發展的異趣，由於跨入文明時代的不同途徑而形成不同形態的國家，以及因自然條件之轉化爲內在的感受和思維方式所造成的文化生成的多樣性；比較過去僅僅著眼於政治和經濟之差異的研究來說，不僅視野大爲開闊，而且也更具有溯源性。在這三個方面，作者都有不少新見，特別是他對於神話特質之相異在中西文明分流中的作用的看法，確是解決了藝術史上諸如漢族上古爲什麼沒有史詩等一些突出的難題。

（原刊《江海學刊》1993年第4期）

【附　註】

①　《中國前期文化—心理研究‧序言》。

②　同上。

文化—心理批評：文學史學新建構

——評王鍾陵《文學史新方法論》兼及其兩部文學史

陶爾夫

　　歷史雖然不是可以任人打扮的妙齡少女，但不論其沉埋多少世紀，却仍可永葆其美好青春。遠古塵封的洪荒往事，一旦被生活所發現，爲精神所貫通，便會伴著生命的節拍恢復其原初的活潑面貌而進入當代社會。反之，即使是最近發生的事情，最近寫出的作品，如果沒有什麼思想聯繫，也與當代歷史或文學史無緣。王鍾陵教授的《中國中古詩歌史》（以下簡稱《詩歌史》）和《中國前期文化—心理研究》（以下簡稱《研究》）爲我們展示出的是與前此所有文學史不同的全新面貌。讀他的《研究》，仿佛置身於遠古的歷史隧道，看到的是文明之火是怎樣照亮我們民族前進的歷史途程，挺進，跌倒，從血泊中爬起，迂回，在彎曲而又崎嶇的路徑上前仆後繼；看到了這漫長歷史途程中，民族的時空感受、審美、形象思維和符號—邏輯思維的漸次生成。讀他的《詩歌史》，仿佛聽到了陶淵明及其前後一大批詩人的低吟長嘯，仿佛嗅到了他們品嘗水酒時的凜冽與醇香。這不是冷靜的審視，而是貼近、對話、參與並和他們一起體驗生命的律動，經歷成功、失敗以及情感的快樂與憂傷。兩書作者不僅自己做古人的「知音」，而且讓讀者也了解做這種「知音」的途徑，爲此他又寫出了《文學史新方法論》（以下簡稱《新方法論》）。這三部專著的出版，

標志著文學史的研究與編寫已進入一個新的歷史時期。

文學史研究中的大的突破

　　站在跨入21世紀的大門檻上，古代文學研究向何處去？對此，學術界不免感到焦急與困惑。人們在思考，在論爭，前一個時期關於「新方法問題」、「宏觀問題」的討論，關於「文學史觀與文學史」的討論，就是學術界面向21世紀、面向現代化、面向世界所做出的回應。王鍾陵對這些問題的思考迫切而深沉，但却不「坐而論道」，而是起而行之，以豐碩的成果對此做出響亮回答，連續產生轟動效應。

　　王著之所以產生轟動效應，乃在於他每部著作均有新的思維、新的側重、新的視角、新的內容與相互聯繫、始終一貫的全新的研究方法，最終形成自成一家的文化—心理批評模式，實現了他最先出版《詩歌史》開宗明義第一句話：「我們古代文學史的研究和教學工作應該有一個大的突破！」

　　王鍾陵有一種強烈的使命意識。他之所以把「大的突破」當成階段性目標，當作自己奮力完成的迫切任務，在於他把文學史的更新當作整個社會經濟文化轉型的一個重要組成部分來加以對待。正是基於這種認識，他對「五四」以來，特別是近40年古代文學研究進行反思，認爲：「我們至今還沒有一部具有理論形態的中國文學史著作」，「截至目前爲止的中國文學史的研究，還僅僅處於前科學的狀態之中。說這句話對於我們是痛苦的，然而未來的歷史會證明這句話的正確性」①。對此，作者提出改進文學研究工作的四種主要方法，六年以後在《新方法論》中則將之明確作爲「更新文學史研究的四項原則」而提出，即：史的研究就是理論創造；整體性的三個層次；建立一個科學的邏輯結構；

從民族文化─心理動態的建構上把握文學史進程。

　　人們早已習慣於「述而不作，信而好古」的傳統，近幾十年又習慣於在「放之四海而皆準」的氣氛中生活，王鍾陵提出「理論創造」，這本身就是很有勇氣、很有膽識的一句口號、一個突破。無怪當時有人對此感到驚世駭俗了。其實「理論創造」這一原則的提出，既符合文學史研究現狀，又與新時期以來解放思想、實事求是的思想路線密切相關。試想，更新文學史研究而沒有一套相關的理論，還有什麼突破之可言？王鍾陵的理論創造以及他更新文學史研究方法的邏輯起點並不是什麼高深莫測的玄學，而是從歷史和文學史研究中最普通的歷史哲學，即什麼是歷史以及歷史是如何存在的這一長期糾纏不清的命題出發的。認為「史的研究就是理論創造這一原則，其哲學基礎乃在於歷史真實的兩重存在性原理。」[2]「首先，歷史存在於過去的時空之中，這是歷史的第一重存在，是它的客觀的、原初的存在。」這種原初存在雖已消失在歷史長河之中，但書籍、文物、當今人們的生活與思維方式以及民族文化─心理結構中，仍留存著過去的足迹，保留有先民們文化藝術創造的基因與暗碼。「真實的歷史依賴人們對這些存留來復現，所以歷史便獲得了第二重存在，即存在於人們的理解之中」[3]。然而，這一文學史研究賴以進行的理論基礎，從學術界開始涉及文學史這一課題時便一直未能理清，直到不久前還延續著「文學史到底是主觀的還是客觀的」這一問題的爭論。其實，這一似淺而實深的歷史哲學問題，已成為文學史研究質量的「一個測標，即文學史著作的作者對這一問題認識到何種程度，便表明了他的著作所達到的高度及其心香之所在了」[4]。

　　當然，深刻認識歷史真實性的兩重存在並不是最終目的，重要的是在文學史研究中如何處理好這兩重存在之間的關係，使史

與論完美結合，既有眞實的客觀內容，又有研究者深刻的見解，切實從理論上與實踐上消解二元對立。王著緊緊圍繞這一中心，通過史的研究與理論升華，終於建構起文學史學這一新學科系統。「一切學科都首先地通過課題化組建自己」⑤。而「一門學科只有形成了一系列的概念、範疇和命題，並且這些概念、範疇和命題的有機聯繫得到深入的說明和論證時，才算是具備了理論形態，這門學科才算達到了科學水準」⑥。王鍾陵三部著作，從具體到抽象，從理論到實踐，再從實踐上升到理論，已充分達到這一學科建設的科學水準。這從《新方法論》的理論體系、邏輯架構、概念、範疇與命題的內在聯繫和深入闡述上，便可一目了然。

　　《新方法論》共分九章。第一章是前已提及的「更新文學史研究的四項原則」。《新方法論》的理論體系正是在這「四項原則」環環緊扣與相互融滙的動態過程中建構起來的。第一章實爲全書的總綱。第二章以《詩歌史》的寫作實踐作爲「運用新邏輯學思路的例案」，說明第一章所闡述的「四項原則」已行之有效地用於文學史編寫。第三章「文學史研究中的原生態式的把握方式」，對這一方式的哲學基礎與內涵進行充分闡釋，說明這種方式可以消除認知主體與客體的疏離與對立，以追求逼近歷史眞實的第一重存在，第四章「對黑格爾發展觀的批判」，強調作者在文學史研究中所運用的新邏輯學思路，乃是對黑格爾發展觀進行批判改造後形成的。從第一章至此，正題、反題都已得到充分闡述，以下各章就此作理論體系的具體展開，實際上是一個大合題。第五章「建立歷時性的歷史與邏輯的統一」，對歷時性考察化入於共時性邏輯之展開中以及從內在結構出發而不是從歷史順序出發等項項內容，作深入論述，提出並解決了前人不曾提出而欲達文學史高境界却又必須解決的問題。第六章「中國文學史原生態生

長情狀」，主要是對文學史原生態作共時態勾畫，首次提出家族色調、鄉邦文化與師友唱和三個層次的縱橫纏結對文學史的多重影響。第七章「文學史運動的內在機制與外在形式」和第八章「紛紜渾淪的文壇浮沉」，則主要論述縱向原生態運動，對當世傳播、後代傳世、文學史運動中偶然因素的作用、解讀中的變異與新趨、文壇沉浮的內在節律等為一般文學史家所忽視的重要問題進行梳理並作出理論性闡述，使全書更為新穎、厚重、深刻。最後第九章，集中論述「文學史運動的中介和動力結構」，對一向不為所重的總集的作用，對選評、詩話、詞話、小說點評等所影響的一代風氣和逐漸確立的美學傳統，包括文學流派、文學史概念的形成、文學解讀方法之確立等諸問題，作扇面性展開，極大地拓寬了文學史研究的視野。

就這樣，文學史學這一門嶄新的學科以及一系列不曾為人研究過的課題，王鍾陵以個人的能力創造性地完成了。

從外部徘徊探測到深入心靈

《新方法論》的出版，實際上是文學史理論思維的科學化、哲學化的產物，是文學史編寫正反面經驗的總結和凝定。

縱觀中國文學史的編寫，大體經歷了四個歷史階段。第一階段是1910年至1949年。據陳玉堂《中國文學史舊版書目提要》所輯，這50年間出版各類文學史約320餘種，數量十分可觀。最先出現的是林傳甲《中國文學史》（1910）與黃人的《中國文學史》。林著是「用紀事本末體裁，以文體為主編著而成。」多仿日本早稻田大學講義。黃著「雖為一部多達一百七十萬言巨帙，但作者本人的論述却無幾，大都為所引錄之原文」⑦。以上可劃為第一階段之第一時期。第二時期以「五四」前後胡適《中國文

學史》（後另撰《白話文學史》）和魯迅《中國小說史略》最爲
著名。胡適提出了「歷史進化」、「演進」、「革命」等原則。
魯迅對小說發展演變的鈎稽和深入分析，前無古人。第三時期以
鄭振鐸《插圖本中國文學史》、劉大杰《中國文學發展史》、林
庚《中國文學史》爲代表，運用社會學批評方法和西方某些文學
觀念結合個人獨特見解，每部文學史都有個性特色與獨立的學術
品格。

　　第二階段是1949年至1978年，這30年間也可分爲三個時期。
1962年以前，主要是照搬蘇聯模式，其間因「反右」的政治影
響一度以現實主義與反現實主義作爲規律來評價古代作家作品。
第二時期以科學院文研所《中國文學史》與游國恩等主編的《中
國文學史》爲主要成就，標志著文學史研究走向系統與體例的穩
定。第三時期是1966年至1978年，因十年動亂的影響，文學史
研究又跌入以儒法鬥爭爲原則的深淵。劉大杰改寫《中國文學發
展史》是其最顯著標志。

　　第三階段是1978年至1988年。這十年間因撥亂反正，解放
思想，實事求是，文學史的研究與編寫呈現出空前活躍、空前求
實的喜人局面。

　　總起來看，第一階段是文學史研究的開創期，處於摸索、探
尋階段，然而成績斐然。由於這一時期思想上受縛於社會政治方
面的因素很少，學術空氣比較自由，個人的學術品格比較充分的
體現在個人獨立完成的文學史著作之中，呈現出百花齊放的局面，
既有外部研究，也有某些規律的探討。胡適、魯迅、鄭振鋒、劉
大杰、林庚的成果有很高學術價值，爲以後文學史的編寫積累了
寶貴經驗。

　　第二階段是成型期，研究方法整體上處於照搬蘇聯模式。特

點是把文學史視為上層建築，確定了社會經濟基礎決定上層建築
的基本原則，要求把文學史的發展變化同社會政治鬥爭、階級鬥
爭結合起來加以考察，雖也提及浪漫主義，但却以現實主義為正
宗。接連不斷的政治運動使文學史家的思想受到禁錮，學術空氣
緊張，新創的集體編寫方式，使學術個性受到挫傷，編寫者雖想
方設法把多年研究心得和真知灼見融入具體篇章文字之中，却無
法改變政治運動左右並決定文學史基本觀念的大局。在庸俗社會
學泛濫成災短時一統天下方面，我們走的比蘇聯更遠。30年間沒
出版過真正屬於個人獨創的文學史（個人修改本除外）。文學史
研究被迫處於困境。

　　第三階段是更替期，即力圖更新而又處於新舊交替狀態。科
學院與游國恩文學史雖仍是大學文科通用教材，實際上各院校早
已自編自印，各搞一套，呈現出文學史研究與編寫的多元化趨勢。
個人獨立完成的各式各類文學史著作如雨後春筍，學術個性得到
充分發揮。新方法、新觀念的創用，基本上清除了庸俗社會學的
流毒。但因缺少完整的理論框架，文學史的更新尚處於局部的、
分體的試驗之中，舊思路、舊模式尚未完全擺脫。

　　第四階段是突破期。從1988年王鍾陵出版《詩歌史》開始，
新舊交替、徘徊過渡的歷史階段有了新的突破。評者認為《詩歌
史》「是一部具有里程碑意義的著作」⑧。接連出版的《研究》
和《新方法論》進一步擴大並鞏固已有成果，最終從理論體系上
建構起文化—心理批評模式，翻開了文學史研究的新篇章。

　　《新方法論》中所體現的「新」字，內容十分豐富，竊以為
其中有四個方面特別值得注意，即：深入心靈，貼近原態，講求
邏輯，自覺創新。深入心靈是改變舊有模式的核心，是具有本體
論性質的根本之所在。貼近原態是進入心靈唯一可靠途徑。講求

邏輯是深入心靈、貼近原態的最佳結構與最佳表述方法。而上述一切自始至終必須仕自覺創新的態勢之中才能完成，否則便是紙上空文。

　　首先是深入心靈，這是王鍾陵建構新方法體系的出發點與興奮點。王著始終把文學現象當作有生命的客觀事物來加以對待，其理論與學術實踐都目標明確地集中於探求文學史運動的內在生命之源。歷史上感人至深的作品無一不是作家用生命鑄成的，有的作品就是作家生命的第二次燃亮。這種生命之歌不僅震動著當世，而且感召著後人，滙成爲永不間斷的文學藝術生命的河流。對待這種運動著的文學歷史，是不能靜止地、孤立地予以切斷或根據某種政治需要而妄加評說的。生命的歷史只能投之以生命之光才能使它再現輝煌。對此，前人早有深刻體會。劉勰說：「心生而言立，言立而文明」⑨。杜甫說：「爾曹身與名俱滅，不廢江河萬古流」⑩。與此相關還有「文心」（亦指「詩心」）、「賦心」、「詞心」之說。劉勰還以《文心雕龍》名其理論巨著。西方學者也持同樣觀念。黑格爾說：「藝術作品必然是由心靈產生的」⑪。丹納說：「天才的作品正如自然界作品，便是最細小部分也有生命。」⑫蘇珊·朗格說：「眞正使我們直接感受到人類生命的方式便是藝術方式。」⑬卡西爾說：「藝術使我們看到的是人類靈魂最深沉和最多樣化的運動」⑭。勃蘭兌斯說：「文學史，就其最深刻的意義來說，是一種心理學，研究人的靈魂，是靈魂的歷史」⑮。在王著中，比之前人更爲明確、更爲執著的一個基本觀念，便是把文學史當作心靈史，心態史，即從生命到生命的運動史。他最先寫成的《詩歌史》，其副題是「四百年民族心靈的展示」，後來出版的《研究》，副題是「原始意識及文明發展分流之比較」。他還主編了《中國文人心態史》。前人和

西方學者雖然十分重視文學史的心理層面，但還沒有深入到民族思維的層面。王鍾陵却始終在理解民族思維的基礎上把握文學歷史進程，這已成爲他「多年來在學術上所致力的一個方向」⑯。深入民族思維的研究，對一個文學史家來說，是至關重要的。因爲他研究的乃是人類思維的結晶，是人類精神生活中的精品，分解和剖析這種結晶和精品，可以探索人類思維的過程以及文學藝術創造的特殊規律，以便更好地昭示未來。正因爲如此，王著才能把突破口集中於深入理解民族思維這一層面上來不斷擴大戰果。例如他把史前的藝術扣合到神話意象和意象圖式上來加以理解，而不是從寫實與抽象、符號原型等表層特徵去把握；他從人類幼年時期邏輯思維的類比方法中分解出構成形象思維的有機組成部分，認爲中國早期對自然美的認識與這種類比心理有直接關係，「歲寒然後知松柏之後凋」便是在松柏經霜而不落葉的自然屬性上類比了「人」經受並戰勝困苦的品格；從「莊生夢蝶」中悟出了兩種生命類型之間的互化、轉變爲同一個人的兩種生命狀態；雖然前人已認識到莊子的任運隨化主張，已成爲魏晉玄學中的中心思想之一，但却從未認識到這一思想乃是從原始人的生命意識中生發出來並與神話思維相融通，不作這種理解，就難以認識莊子思想的開闊思域及其巨大厚度，等等。從側重於文學史外部研究的氛圍中沖決而出，直入心靈，把握思想，不僅發現許多前人不曾發現的問題，作者本身也體驗了生命躍動之美：「我決心拋開對於雅麗文字的偏好，用心去諦聽原生態的人類之生長節奏，以闡發一種躍動著生命向力的雄獷樸野之美。料理人類生命存在的多種形態，以見出造化的多樣豐富和自然的博大深沉，這對於心靈無疑是一種極寶貴的滋養，一種極充實的涵茹，和一種胸懷高遠的熏育。當我們把握到深宏的宇宙前進律時，心靈中就會流

動著一股雲外高矚的氣宇。」⑰生命—心靈—思維—生命之渾融，這是迄今爲止很少有人能夠達到的研究主體與研究客體在學術研究過程中完美渾融的最高境界。

把握深入心靈的多種有效途徑

高境界的文學史著作「應該是歷史的眞實內容和個人才華的合璧」⑱。而欲達此境界的唯一辦法就是使自己的認識貼近歷史的原初情狀，即對古代作家作品和文學現象進行一種有序的還原活動。有序，指還原過程的整體統一性和邏輯性；還原，則包含有細密的解析與重構兩個方面。劉勰所說：「披文入情，沿波討源」⑲就有這層意思。但王著所進行的並非一般的現象還原，而是以文化—心理爲核心的深層次還原。他說：「對於一系列有代表性的詩人、作家的心理剖析，不僅從橫向上可以構成一個時代文化—心理結構的感性顯現，而且從縱向上說，則又清楚地表現著民族文化—心理結構的動態過程。所以拙著（指《詩歌史》——引者）下卷十分致力於詩人心理的復現」⑳。「復現」，也就意味著還原。這一段話實際上已包括了作者一再強調的整體性原則與原生態式的把握方式，因爲這是貼近原態，使古代詩人心靈復現還原的可靠途徑與科學方法。

所謂整體性，也就是不犯片面、偏激和無知的毛病，整體性研究，就是不再把研究對象先分割成部分，再從部分綜合成整體，而是首先著眼整體，高屋建瓴，統籌全局。整體的性質和作用存在於各組成部分相互關係與相互作用之中，整體具有各組成部分所不具備的功能。文學史的發展是一個有機的完整過程，而並非一個朝代一個朝代之一個個作家作品的組合。因之，整體性原則要求文學史家致力於歷史材料的整體把握，要求對文學史和其他

多種社會文化因素之伴生關係、因果關係、相互激蕩融合等關係
有清楚而深入的認識。這樣，文學史家便由此而具有高處傳神可
以俯察詩國群山起伏的大視角，在此大視角的觀照下，不僅「整
體性的三個層次」（見第一章第三節）得以貫通，而且對群山起
伏之中的家族色調、鄉邦文化與師友唱和也會高度重視。因為這
是中國封建文人三種基本活動方式，其錯綜交織而形成多個文學
集群、社團之同時存在、爭相發展、衝突融滙，顯揚沉淪，並由
此而構成史的動態過程。這是作者從東方國家形態特點分析中得
出的具有中國民族特色的文學史現象，是文化—心理批評的重要
內容之一。與此同時，還存在縱向的歷史性整體把握問題。文學
史是一個有內在邏輯聯繫的動態過程，其每一過程都已成為不可
逆的凝固史實，因此文學史研究就不能也不應該回避或跳過任何
一個時代，哪怕這個時代會使後人感到難堪或尷尬。例如，中國
文學史上本來就出現過標志一段文學成就的「玄言詩」，但迄今
為止的文學史均未設專章或專節予以剖析。「宮體詩」的命運更
慘，雖一般在概況中略有提及，但多是否定性判辭。王著與此不
同。其《詩歌史》從玄言詩「理過其辭，淡乎寡味」⑳的結論中，却
探觸到民族思維與詩歌發展之間的關係，認為玄言詩是宋詩出現
的直接源頭，故特闢第八編「大量引入玄理的東晉詩」（共分四
章）對此展開論述。被否定的「宮體詩」也得到「頹靡中有前進」
的恰當評價。於是，千頭萬緒，紛紜複雜如同一團亂麻般的文學
現象，經過整體性的觀照和梳理便現出一派井然有序的新的景觀。

　　「原生態式的把握方式」，是貼近原態的行之有效的科學方
法。《詩歌史》已有成功的實踐，《研究》則明確表示「本書試
圖對歷史作出一種原生態式的把握，以求更多地貼近於歷史實際
情狀」⑳。《新方法論》對這一把握方式的內容又作全面展開。

作者首先從理論上闡述了這一把握方式的三個哲學基礎：主客體渾融與相互生成；時空關係；非線性發展。其次是具體把握的三個方面：空間的多樣性展示；曲折的歷時發展；歷史的空間性展示如何在時間流程中完成其興盛衰亡。此外，隨機性發展中的偶然因素和個人作用，對神化大作家的消除，重新處理大、中、小作家的關係，文學發展中雅與俗的關係，漢民族與少數民族文學之間的關係，文學史研究中的理性與感性的渾融，甚至闡述風格與語言也被納入原生態式的把握方式之中，《新方法論》第八章用五節篇幅對「顯揚沉淪的多樣景觀」等十個問題進行資料鈎稽與具體論述，幾乎涉及上古至近代所有重要文學史現象和文學史發展的內部規律。

貼近原態的另一重要方式，便是「中介」這一概念的提出與具體運用。一般所說的「中介」，乃是指作為溝通認識主體與客體之間唯一橋梁和媒介的歷史資料。《新方法論》中所說的「中介」，其內容要寬泛許多。作者特別強調文學史時空內諸因素相互溝通、作用與滲透的連接部以及矛盾運動的過渡和轉換環節。抓住這些中介，便可能通過這一連接部將某一系統內與外諸方面的有機聯繫闡述清楚，以避免片面性、直線性與簡單化。心態研究、審美研究、文化心理研究等，也都具有中介性質。原生態式的把握方式也是認識主體與認識對象之間的中介。

簡言之，貼近原態才能深入心靈，把握思維。貼近原態就是盡其所能地復原前人留下的信息，作他們的「知音」和「知心」。而欲達此目的，唯一的方法就是盡可能使文學史家和前人發出的信息處於同一波段之上，只有如此才能收聽到前人（甚至遠古）發出但因耗損而變得十分微弱的電波，破譯他們留下的符號與密碼，以獲得心靈的溝通，消除隔閡與誤解，減少判斷上的失誤與

冤假錯案，準確把握優缺點的評估。1500多年前的劉勰就深有
感慨地說：「知音其難哉！音實難知，知實難逢。逢其知音，千
載其一乎」㉓！可見得一「知音」是多麼地困難了。上述貼切原
態的三個方面，就是文學史家成爲古代作家知音的科學而又可靠
的途徑。王鍾陵的《新方法論》，也就是闡發怎樣才能成爲古代
作家「知音」這一門學問的專著。他的兩部文學史，也就是古代
作家的「知音史」、「知心史」，那些沉埋於地下千有餘年的作
家死而有知，也會因獲此「知音」、獲此「知心」而含笑九泉了。

新邏輯學路與序化整合

　　即使文學史家對文學史的研究已經深入心靈，貼近原態，成
爲知音，那也還存在一個如何還原再現，如何結構，如何表述的
問題。因爲文學史家所探觸到的「心靈」仍深藏於作品之中並被
厚重的歷史塵埃所覆蓋。文學史家最後要完成的任務，就是要把
這歷史塵埃全部清除，把被埋沒的「心靈」拉到亮處來一展其原
初風采。同樣，即使我們努力跟古代作家處於同一波段之上，但
收到的信息因積年耗損也會模糊不清，不可能把所收錄的信息原
樣照搬地轉播給今時的聽眾，而要做許多破譯、整理、歸納、編
排直至塡補空白的具體工作。至於文學史發展的動態過程及其所
蘊涵的某些客觀規律，更不是前人的信息所能直接傳達出來的，
而完全依靠文學史家創造性的理解和當代意識的參與來加以提煉、
充實、提高，使之成爲流動不息的歷史鏈環。至於作家作品在這
一鏈環中的位置，也並不像《水滸傳》中「梁山泊英雄排座次」
那樣，生前早已排定，死後各就各位。所以，文學史的研究與撰
著，必須有一個恰當的邏輯結構。這種結構，並非單純的組織形
式，而是思維如何展開的問題。思維的展開，首先要解決的是邏

輯起點的確定，隨之便是理順邏輯展開的次序，安排作家作品的位置。唯有如此，才能把零散的史料，雜亂無章甚至被認為是枝梢末節而加以捨棄的東西聚扰起來，熔鑄成新樣態，使歷史得以復現，獲得第二次生命。一部文學史之是否成功，可以說在很大程度上取決於這種邏輯思路之是否正確、新穎、明晰。王鍾陵的兩部文學史提供了這方面的成功經驗。《新方法論》一書在這兩部專著的基礎上升華為系統理論，而這兩部專著又是在早已形成的系統理論指導下寫成的，正如馬克思所說：「抽象的規定在思維的行程中導致具體再現」㉔。這段話講的就是邏輯結構與表述方法。在王著中，這一方法的運用因研究對象之具體不同而又有形態之不同。例如《研究》與《詩歌史》便有明顯差異並呈現出各自的不同特色。

　　《研究》一書的論旨是：「從思維及其發展的角度，亦即從深層心理結構的形成及其變動上，來探究中國前期文化特色產生的必然性，並從與其他文明的比較中，對中國文明的獨特性作出說明」㉕。因為這部書的歷時性很長，是從史前人類生成直至唐代幾十萬年時間，再加上要進行「原始意識及文明發展分流之比較」，由此而涉及到埃及、希伯來、希臘、羅馬、日爾曼人、印第安人以及非洲土著人，共時性又很寬。這又長又寬的歷時與共時的大跨度，使得這部《研究》不可能作精細的歷史階段劃分，結構上也不能像《詩歌史》那樣用嚴密的邏輯之鏈環來組織時間流程，而只能依研究對象本身的性質擬制一種在歷時態框架中的共時態呈示。作者以人猿揖別為起點，追溯原始人類對於文化─意義的建構。

　　《詩歌史》的研究方法當然與《研究》完全一致，但因兩書的內容有所不同，邏輯結構也自然有所差異。因為《詩歌史》研

究的是從建安到隋代的詩歌運動，歷史的階段性很強，其所歷之
時空都不具有《研究》那麼大的跨度，所以自然形成了以嚴密的
邏輯鏈來組織時間性進程為主要特徵。經反覆推敲，作者認為魏
晉至隋這一文學歷史時期的邏輯起點不在魏代，而在東漢，在王
充提出的「眞美」觀。在正常情況下，歷史的起點自然就是邏輯
的起點。但文學史的發展並不一定跟改朝換代步調一致，跟政治
經濟的變革發展也並不完全平衡，文學有其自身的內在規律與發
展動因。作者所以認定「眞美」觀是中古詩歌發展的邏輯起點，
是因為作者從審美心理與藝術思維發展過程中，發現「眞美」二
字不僅是前一歷史時期的終點，而且是後一時代的起點。魏詩中
三個抽象規定性（與遷逝之悲相聯繫的動情和富於個性氣骨的因
素、消釋感傷情懷的理思因素、逼肖刻畫外物及追求語言精致的
因素），正包孕並生成於「眞實之美」這一概念構成的三要素（
審美的眞實性、情感和個性、文采）之中。邏輯起點確定後，邏
輯展開的順序也就明晰了。三個抽象規定性的相互消長，形成了
各歷史時期詩歌發展的過程：審美情趣從「麗」向「秀」的轉變，
表明文藝從漢向魏晉南北朝的發展；審美理想從「眞美」向「隱
秀」發展則表明文藝從魏至隋向下一歷史時期的推移。作者用文
人化、玄言化的興衰、平俗化、融合南北這四個不同歷史進程概
括魏代與西晉、東晉、南朝、北朝迄隋這四個時期的文學發展，
形成遞次前進的鏈環。這四個鏈環既是邏輯規定性的推移，又是
歷史發展隨機性以至轉換性的結果。而作家也全部被綜合到這四
個過程之中，並恰如其分地被置於發展鏈條的特定環節之內，幾
乎不可更動替換。文學史的邏輯進程同作家所處位置的先後是一
致的。時代的銜接構成文學發展的粗鏈條，作家與作家之間的有
機行列是文學史發展的細的流動。這粗的鏈條與細的流動形成了

歷史的流程。通過這一流程，使具有文化─心理底蘊的邏輯起點的三要素得到具體再現，文學發展史的進程終於上升爲有邏輯順序、有理論形態的過程。理論的創造的整體性原則與邏輯結構融爲一體，歷史展現爲邏輯，邏輯說明了歷史。「究天人之際，通古今之變」的目標，至此告一段落，最終證實了王著「時空並包、分叉前進、錯綜交織、隨機多歧、迂回突變、艱難曲折」[26]的發展觀念，反映了文化─心理這一批評模式內容的豐富性和方法的多樣性。

自覺創新與「成一家之言」

有人說：「批評比創作還更富於創造力」[27]。這話不假。王鍾陵的三部專著就是明證。一個文學史家如果沒有什麼創造性，研究又從何談起？「理論創造」的原則又怎能得以貫徹？沒有創造性，在這個世界上是什麼事情也幹不成的。王鍾陵多次表示：「我有一種強烈的走自己道路的決心」[28]。「在人類的文化積累中，只有獨創性的東西有留存的價值」[29]。應當說，沒有這種銳意求新的創造精神，深入心靈，貼近原態和講求邏輯的思路與建構就無從產生。

統觀三部王著，其創造精神最顯著的特徵便是統攝性，即充分反映出高屋建瓴、統攝全局、大氣包舉、進退自如的思維能力。作爲有遠見卓識能開拓新路的文學史家，他善於辨別事物的基本性格和本質特徵，一般只見到部分，而他却見到了整體，還抓住了精神。面對浩如烟海的歷史資料，面對眾說紛紜的讀解與闡釋，王鍾陵都能舉重若輕地把它們綜合起來進行考察，準確而新穎地進行理論概括，富有想象地提出新的概念、範疇，站在統攝全局的制高點上抽象出一系列文學史現象與規律，使之與他提出的「

四項原則」配套成龍。如：文學史中的使動與受動的統一，突破
與不及的起伏交替，雙向並存的歷史規律，歷史始終在進步與退
步中前進，歷史往往以一種片面的形式在發展，文學史在反饋中
前進以及必然與偶然、多元與單一、無序與有序等矛盾的辯證運
動等等。凡此均充分反映出作者具有概念的創造力，範疇的創造
力與建構理論框架的巨大創造力。真正意義上的文學史，也必然
是概念與範疇的創造史，理論建構史。

　　思辨性是王著創造性思維的又一重要方面。王國維說：「我
國人的特質，實際的也，通俗的也。西洋人之特質，思辨的也，
……抽象與分類二者，皆我國人之所不長，而我國學術尚未達此
自覺之地位也」⑳。這話並非自卑，而是實情。而王鍾陵三部抽
象性與思辨性很強的專著問世，却填補了「國人之所不長」，不
僅令世人刮目相看，且使學術研究進入高境界。對此，他有一大
段鏤心之論：「我們民族確有一種直覺的把握藝術的能力，但是
文學史的理論建構僅僅依靠藝術的感受力是無法完成的。雖然藝
術感受力對於文學史的研究十分重要不可或缺，然而如果僅僅依
憑於藝術感受力，我們就無法突破古代文論所顯示的有著歷史傳
統的中國式局限。一個文學史家，應該既有敏銳的藝術感受力，
又十分愛好作深刻的思辨。如果不加強思辨力，那末我們民族在
理論的建構上將始終會落後於其他許多民族，所以從我們民族的
這種具體情況著眼，一個文學史家之加強思辨力，無疑比加強感
受力更為重要」㉛。王鍾陵本身便富有哲學思辨的氣質和能力，
但同時又特別注重於培養和吸收。歷史證明，凡是在具體學科範
圍裡能開拓並建構新方法的學者，大多具有哲學的氣質，有很強
的思辨能力，並總是自覺地把所思考的問題提到哲學的高度。方
法論按學科分類本屬哲學範疇，方法論所具有的三層次的第一個

層次就是哲學性，因為方法是作為人類認識世界的一種世界觀或方法論，它對另外兩個層次（邏輯學層次、具體學科層次）具有指導和制約作用，亦即上面所說的「統攝」作用。「文如其人，文學史家的著作也如其人」㉜。王著的強烈思辨性還得力於馬克思經典著作和黑格爾的邏輯學。「黑格爾—馬克思的邏輯學思想，正是展示了一種有很強思辨色彩的思路，我們無疑應努力吸取這一筆人類共同的思想財富」㉝。在「吸取」這一財富時，王鍾陵所獲甚多，所以，他這三部專著所體現出的哲學思辨性，即使同西方思辨性很強的名著相比較，似也毫無遜色。

包融性是王著創造精神的又一重要特徵。作者除了在求「新」的角度上吸收和發展我國傳統文論、吸取和宏揚馬克思主義基本原理以外，還廣泛吸收了西方許多新的有益的理論與方法，表現出兼融並包、多元互補的思維取向。弗雷澤、容格的原型批評，王著有所吸取，但又不停留在原始母題或象徵意義層次上，而是從民族文化—心理以及思維形成過程來深入發掘。對布留爾的原始思維、斯特勞斯的結構主義人類學有取有捨。對海德格爾、韋勒克、卡西爾一大批歷史、哲學、文學理論與文學史專著均有程度不同的借鑑。對西方流行的心理分析、接受美學、讀者反映批評包括在我國流行的「三論」等，也均有較多的參照、吸收和改造。陳寅恪在論及王國維學術思想時曾說：「取外來之觀念與國有之材料相互參證」㉞。王鍾陵也正是這麼做的。他說：「我堅信，在思想文化領域中，真正消化西方思想的人，不是僅僅傳播西方文化思潮的人，而是收納新潮的國學研究者」㉟。對「國學」，王鍾陵不逆反，不守舊，不做九斤老太；對西方文化思想，不超時，不媚俗，不做假洋鬼子，充分顯示出我國中青年學者的崇高學術品格。

　　這種創造的包融性還是表現在哲學的思辨與感受力的穎悟、理性與感性的交融並用方面，作者反覆強調文學史家在研究過程中必須有強烈的感情投入，這種投入是跟思辨能力同等重要的。對此，他有一段文字講得很精彩：「一位文學史家，應該有一種擁抱研究對象的精神力量。這種精神力量，不僅在於一種嶄新而獨到的理論透視力、恢宏而博大的體系構造力以及細密剖析的思辨力，而且還在於一種情感、氣勢、力度對於研究對象的浸潤。在邏輯嚴密的行文中，不僅應以環環相扣引人入勝，使卓見睿識時出意外，而且感情的潛流亦應不時躍出紙面，沖湧回蕩於字裡行間。並且，當一位文學史家真正在一定程度上切入了歷史那原初存在時，他的語言也必種會有一定特殊的色調和光彩；這種色調和光彩，乃是主客體交融在感性生命體驗中的產物」㊱。與其說這段話是對文學史家的要求，勿寧說這是王鍾陵研究實踐的可貴體驗。

　　毫無疑問，王鍾陵以極大的熱情完成了「成一家之言」的文化—心理批評模式的創構。儘管根據教學與研究的需要，今後會出現各式各類的文學史專著，但王鍾陵在更新文學研究方法與建構新的批評模式方面的開創之功，却將同他的三部著作一起載入學術研究的史冊。

　　還可以看出，王鍾陵所創構的文化—心理批評，是繼西方社會歷史批評、現象學批評、新批評、俄國形式主義、精神分析、結構主義、新歷史主義、解構主義、西馬、女權主義、接受美學、讀者反映批評、話語理論等形形色色批評模式之後又一新的批評模式。這種新的文化—心理批評還因其「知音」與「知心」的程度很高而具有後來居上的態勢。它不僅已成功地用於中國文學史的研究與編寫，而且還因這一模式的開放性、包融性、實用性與

可操作性而對文藝學、歷史學、美學以及現當代文學研究，具有啟發與借鑑作用。似乎可以預見，文化─心理批評模式的覆蓋面將日益擴大，在世界文化的建構過程中也將能觸摸到中國文學史新潮之波的湧動。

（原刊《河北師範大學學報》1995年第二期）

【附　註】

① 　《中國中古詩歌史》第2頁。

②③④⑥⑯⑱⑳㉖㉘㉙㉛㉜㉝㉟㊱　《文學史新方法論》，蘇州大學出版社1993年版第4、4、5、34、34、77、39、83、438、265、48、165、48、45、95─96頁。

⑤ 　海德格爾《存在與時間》，第461頁。

⑦ 　引文為陳玉堂評語。

⑧ 　霍松林《古代文學研究的重要開拓》，《學術月刊》1990年第10期。

⑨ 　《文心雕龍·原道》。

⑩ 　《戲為六絕句》。

⑪ 　《美學》第1卷，第356頁。

⑫ 　《藝術哲學》，第411頁。

⑬ 　《藝術問題》，第66─67頁。

⑭ 　《人論》，第189頁。

⑮ 　《十九世紀文學主流·引言》。

⑰㉒㉕　《中國前期文化─心理研究》第779、6、6頁。

⑲㉓　《文心雕龍·知音》。

㉑ 　鍾嶸《詩品》。

㉔ 　《馬克思恩格斯選集》第2卷，第103頁。

㉗ 　王爾德《新的文評》，上海北新書局1930年版，第75頁。

㉚ 《海寧王靜安先生遺書》。

㉞ 《海寧王靜安先生遺書·序》。

建立文學批評新模式的卓越實踐

——王鍾陵教授學術成就評述

彭黎明

一

　　二十世紀，西方產生了眾多的文學批評模式，諸如社會歷史批評、俄國形式主義、新批評、現象學批評、精神分析、結構主義、解構主義、接受美學、讀者反應批評、話語理論、西馬、女權主義、新歷史主義等，可謂流派紛呈，而中國由於社會歷史方面的種種原因，在文學理論領域中，本世紀基本上處於移用西方理論的階段，無論是進化論的，還是階級論的。這一情況在本世紀末葉終於有了改變，王鍾陵教授的三本大部頭的專著（《中國中古詩歌史》、《中國前期文化—心理研究》、《文學史新方法論》）發表後，在全國學術界「連續產生轟動效應」，正如著名學者陶爾夫所指出的，王鍾陵教授的文學史研究創立了「自成一家的文化—心理批評模式」，「極大地拓寬了文學史研究的視野」①。

　　王鍾陵教授現已在《中國社會科學》等30多種刊物上發表學術論文約80萬字，著作160萬字，還主編書籍約270萬字。王鍾陵先生的論文發表後又廣為《新華文摘》、《文匯報》、《文學遺產》、《文藝理論研究》等十餘種報刊或轉載或摘介。王鍾陵教授的著作已流布美國、俄國、日本、韓國、香港、臺灣、新加坡等國家和地區，並獲得海外學者的高度評價，刊出書評幾十篇。

他的神話思維的論文的英譯已被美國紐約自然歷史博物館（世界級博物館）的學者收存為文獻。

以上研究實績充分表明：王鍾陵教授是當代傑出的、有重要影響的文學史家、文藝理論家和文化─心理學家。

本文意在從新時期以來中國文學研究的歷史進程和與世界其它文學研究模式的比較這樣一個大的縱橫座標上，來對王鍾陵教授的學術成就加以評述。

二

時當80年代初期，那似乎是一個初春時節，中國意識形態領域正處於復蘇階段。在文藝理論領域，由於多年的封閉，觀念十分陳舊。隨著國門的逐漸打開，學人們的眼前突然出現了西方文學和哲學理論的新大陸，加以社會上美學熱、文化熱又在浪逐浪高地洶湧著，於是在文學研究中便產生了一股衝動：想要擺脫學科所處的嚴重落後狀態。然而，面對著中國古代文學和文化極其深博的蘊藏以及有著悠久傳統的研究方法，古代文學研究者要想取得突破，其難度無疑是巨大的。因而在古代文學研究領域中，不少學人對於革新的可能性是取懷疑態度的，有人乾脆認為古代文學研究就是要運用傳統方法。而在文藝理論領域中，由於西方著作的大量譯介，則又觸目地產生了食西不化，徒然堆砌新名詞的現象，以上這些便是王鍾陵展開他的學術活動時的學科發展狀況。這樣的一種狀況應該說是難度大於機會。

王鍾陵的理論意識十分突出，他認定古代文學研究的革新，必須從思維方式和方法論的突破上著手，而在思維方式和方法論上要取得突破，除了要吸收西潮外，還必須消化西潮，並且，進一步從我們民族的傳統中，從實際研究中提煉和升華出新理論和

新方法來。他有一個強烈的信念：一個有抱負的中國學者應該以創造超越西潮的新理論爲自己的目標。其實所謂文學理論本就是文學創作、評論和文學史研究中的種種意見、主張、方法的理論化，因而本是鮮活的。並且，由於文學史研究所涉及的理論問題和哲學具有著極爲密切的關係，或者徑直就是哲學問題，因而這就決定了文學史研究新方法的出現要以哲學的突破爲前提。王鍾陵展開他革新中國文學史研究的事業的開頭，正是明確地以哲學方向和思維方法的改變作爲自己工作的前提。由此，王鍾陵先生在他的三部專著的撰寫中，乃一以貫之地、有機地將文學史研究的革新、文學理論的新構和哲學新方向的探索以及新的文化精神的建立結合在一起。

　　王鍾陵所致力的哲學方向，早在1986年，在他的第一本專著《中國中古詩歌史》的「前言」中就已經作了清楚透徹的說明：「馬克思恩格斯在否定了孤立抽象的人本主義的研究方法以後，使人的研究轉向於同對社會─歷史的研究，同對社會經濟關係的研究結合起來，這是一個偉大的成就。不過，我們現在還需要對人性和民族性之所在的文化─心理結構作出探索，這是一個新的時代的召喚。」他並特別指出，文學史著作「應該致力於對民族審美心理建構的研究，這一研究，具有十分重要的意義。如果說一個具體個人的文化─心理結構，是這個人具體人性之所在的話，那末一個民族的文化─心理結構，便是這個民族民族性之具體所在。」「在東西方文化交流的背景下，對於民族性的探索」乃「是一個牽涉到世界文化發展的意義重大的課題。文學史的研究，在探討這一課題上有其特殊的優越條件。」十分顯然，這一段話已經奠定下了文化─心理新批評模式的一塊最爲重要的基石。

　　這一段話中有四個要點：一是當人們還兜轉於動物性與社會

性、階級性與普遍性的怪圈中爭論到底何謂人性時，王鍾陵獨創性地以文化—心理結構對人性和民族性作出了簡潔透闢的概括，建立了一個極爲重要的跨學科的生長點。二是首次提出了文學史研究應致力於探究「民族審美心理建構」的嶄新命題。這一命題，不僅抓住了文學作品及文學史嬗變的心理根源，而且還因爲審美心理是整個文化心理的重要組成部分，從而不僅使得文學史研究可以在一個闊大的視域中獲得深層次的審視，進而有可能向著高品位的大著作躍升，而且還可以賴此而向其它領域覆蓋。也就是說，這一命題，既深化了對文學本體的研究，又在深層次上拓展了文學與其它領域的關聯。三是王鍾陵提出新時代的哲學發展方向應是推進對於人性和民族性的探究。這一哲學方向既是他的文學新批評模式賴以建構的基礎，又是他的文學史研究所致力的超乎其自身之外的一個更高的目的。第四，王鍾陵明確地將上述哲學發展方向確定爲是一個對於世界文化的發展意義重大的課題。由此，文學史研究獲得了前所未有的意義，還沒有人這樣論述過文學研究的價值。顯然，王鍾陵先生給予了文學研究以一種具有時代性和世界性的、深層次的、全新的視野。

　　由此，他構築了一個高屋建瓴的堅實的學術基點，從這樣一個基點出發，王鍾陵先生便愈益向著構建既超越傳統又超越西潮的新文學批評模式成功地行進了。

　　王鍾陵在寫出他的名著《中國中古詩歌史》之前，其實已在長篇論文的寫作上嶄露頭角。王鍾陵對於學術的虔誠，曾使許多人爲之動容。好些看過他工作情景的人，都無不爲之感動！當他著手寫作《中國中古詩歌史》時，他就終於站到了古代文學研究取得歷史性重大拓展的突破口的位置上了。他這部70萬字的大書（書寫到這麼大完全是不期然的），建構出一個博大精深的「有

著史詩般的深宏偉美」②的理論殿堂。這不僅在中古這一段，而且在整個古代文學研究中都是破天荒的。更重要的是，這本書不僅大而深，還極為新——無論是體例、方法、內容、文風，作者別出心裁地將他改革古代文學研究的理論主張寫成了一篇二萬六千字的前言，這樣，作者的革新理論及其實踐就一起放到了學術界同仁的面前。於是，首先在古代文學界，繼之在整個文學研究界，就都迅速感受到了一股強烈的沖擊波！

　　然而王鍾陵絕對沒有想到的是，他的這部處女作（以書為算）竟是他的飲譽中外的成名作。學界名宿及新秀們在《人民日報》（海外版）、《中國社會科學》、《文學遺產》、《學術月刊》等大報刊上發表了眾多評論，予王著以極高的評價。

　　特別引人注目的是，由於產生了大量的文學史著作，許多著作在時流之中，其所獲得的評價以及其所受到的注意往往呈下降趨勢，但《中國中古詩歌史》卻獨呈一種上升態勢。學術界一直保持著對此著的高漲的興趣，種種評論文字至今依然方興未艾。1995年所出刊的《中州學刊》發表題為《關於「重寫文學史」》的綜述文章說：「王鍾陵的《中國中古詩歌史》是一部見解卓越、體大思精的……著作，它以磅礴的氣勢，恢宏的議論和充滿詩意哲思的文筆，一新人之耳目，在中國文學史研究領域樹起了一座輝煌的里程碑」，「這部嚴肅的具有史學與哲學雙重品格的文學史論著，已經在學術界引起強烈的震撼，激起新老學者的一致贊美。王鍾陵的學術實踐及其成果，昭示了中國文學史研究的全新的一頁」。該文並特別指出：王鍾陵的「研究，兼具魯迅的深刻和聞一多的精美，十分難能可貴而又風格獨具。」最近，陶爾夫先生又發表長文，論述王鍾陵教授的學術成就。他將自林傳甲以來八十多年的文學史研究史，劃分為四個大的時期：開創期、成

型期、更替期、突破期，而突破期便是「從1988年王鍾陵出版
《詩歌史》開始」的。陶先生並稱王鍾陵爲「有遠見卓識能開拓
新路的文學史家」③。學術界經過眼界的開拓和一再的比較後，
對王著的價值仍然給予了極高的認可。這說明《中國中古詩歌史》
在學術史上已然凝定了它無可取代的地位。它對於現實的文學史
論著的寫作已具有典範性、經典性。這部書不僅是文學史革新的
開創之作，而且還是它經過時間考驗了的代表作。

　　對於人性、民族性之所在的文化—心理結構的探究，必然要
求躍升到對人類精神生成發展的把握上，這自然是一個更高、也
更爲艱難的課題。在對《中古詩歌史》的評論正處於高潮之中時，
王鍾陵先生又全心埋頭於60萬字的《中國前期文化—心理研究》
的寫作中了。此書出版後，《光明日報》（94.1.21）評論指出：
「這部書以極爲遼闊的時空視野、包孕萬有的雄獷筆力及理論上
的深度，再一次引起學術界的廣泛矚目和高度評價。」有的論者
則更準確地認爲，這部書「雖名爲《中國前期文化—心理研究》，
實際所闡述的却是不乏殊相性的人類精神的生成發展史。無疑，
人類的早期意識史，因爲王著的一系列重大突破而顯得更清晰，
也更成熟了」④。1992年，王鍾陵先生在主編了《中國文人心態
史》叢書後，於其總序中又一次概括了他學術努力的目標：「要
之，具體深入地（而非論網式的）推進對於人性、民族性及人類
精神生成發展的研究，以便由此探索和理解民族精神和人類精神
所應有的走向，乃是我一貫致力的學術目標。」

　　依據王鍾陵教授自己的說明，他同文化人類學派的區別乃在
於文化人類學派所關注的是一種將工具的運用、生產的狀況、行
爲方式、風俗習慣綜合在一起的文化發展，而他關注的乃是與文
化發展相關聯的人類深層精神結構的形成和流變。精神分析學派

注目於探究潛意識，熱衷的是夢的解析；而他所關心的乃是像時空觀、生死觀、宗教觀、悲劇感這一類的深層心理及其相互關係。此外精神分析學派注意的是一種所謂的人類意識，比如像所謂「戀母情結」、「戀父情結」之類不僅是跨國度的，而且是跨時代的，而他的探究所關心的乃是共時與歷時的統一；雖然時空觀之類也是全人類都有的，但他的研究所用力處乃在於把握其普遍性與特殊性的結合，並由這個角度認識特定的民族性。可以看出，王鍾陵的理論同精神分析學派不僅在把握對象上不一樣，而且在把握方式上也不一樣。如果十分簡潔地加以說明的話，可以說精神分析學派關心的是精神之深層，並從而走向非理性；王鍾陵關心的是深層之精神，著力於融攝理性和非理性。王鍾陵同存在主義、結構主義學派有相通，但也有深刻的分歧：一是存在主義往往從強調主體體驗走向徹底否定客觀性，二是結構主義者主張一種靜態的結構，否定歷史性，他們當中相當一部分人也否定辯證法，三是他們從重視結構出發，以至於走到否定人的傾向，從而向後現代思潮過渡。以上三點王鍾陵都不能接受。而王鍾陵則認為意義不是先在的，意義的張揚與結構的形成是同步關係，他所主張的是結構與主體（民族或個人）的統一。他認為結構是在整合過程中凝定出來的，正是在這一點上可以超越結構與歷史、結構與主體的分裂。

《中國前期文化—心理研究》一書的成功，使得新的文學批評模式，有了更為深廣的文化的和哲學的根基，並且在內容和表現形式上都有了更進一步的豐富，還更為清晰深入地劃出了與種種西方哲學流派不同的獨特的學術路徑。在這兩部高品位的大型學術專著獲得巨大成功的基礎上，王鍾陵先生可以著手從自己切實的實踐出發，來從理論上完整系統地闡述這一全新的文學批評

模式了。王鍾陵教授說：「文學史革新……要求從理論上充分地、整體性地闡明一種新的思維方法，亦即是建立文學史學，或曰文學史哲學，以便徹底糾正（庸俗）社會學研究模式中那種平淺的、線性的、二元對立的思維方式」⑤。

當國內一些學者的研究還剛剛觸及到文學史方法論這一課題時，又一次出人意料的是，王鍾陵教授推出了30餘萬言的《文學史新方法論》。此書一出版，《光明日報》等全國性大報刊都迅即發表了評論，予以高度評價，稱：「《文學史新方法論》的價值已經超出了單純的文學史領域而具有了普遍的價值適用性，它是對所有史的研究在觀念上的一次革命。」「《文學史新方法論》具有里程碑式的意義」⑥。陶爾夫先生評曰：「文學史學這一門嶄新的學科以及一系列不曾為人研究過的課題，王鍾陵以個人的能力創造性地完成了。」王著「已充分達到這一學科建設的科學水準。」王鍾陵「這三部專著的出版，標志著文學史的研究與編寫已經進入了一個新的歷史時期。」特別重要的是，陶爾夫先生還甚具卓識地指出：「王鍾陵所創構的文化—心理批評，是繼西方……形形式式批評模式之後又一新的批評模式。這種新的文化—心理批評還因其『知音』與『知心』的程度很高而具有後來居上的態勢。它不僅已成功地用於中國文學史的研究與編寫，而且還因這一模式的開放性、包容性、實用性與可操作性而對文藝學、歷史學、美學以及現當代文學研究，具有啓發與借鑑作用。似乎可以預見，文化—心理批評模式的覆蓋面將日益擴大，在世界文化的建構過程中也將能觸摸到中國文學史新潮之波的湧動」⑦。

一向嚴謹認真的陶爾夫先生，話說得意味深長：「王鍾陵在更新文學研究方法與建構新的批評模式方面的開創之功」，「將同他的三部著作一起載入學術研究的史冊」⑧。

　　衆多評論指出，王鍾陵教授以拓荒性的實踐開闢了一條嶄新的學術道路，轉換了人們的思維方式，開闢了一代文學史研究的新方向。然而，似乎更應該強調的是他對於新哲學方向和新文化精神的探索和推進，對於他一再倡導的將文學史研究「納入到民族新文化的構建中」、並使之「成爲其重要的一部分」⑧的主張，有著更加重要的意義。王鍾陵新文學批評模式的可貴，正在於他將這兩者有機地凝結爲一體。

三

　　同王鍾陵有過深談的人，往往都會被他面對歷史的那股豪氣和進取的精神所振奮，王鍾陵是一個兼具詩人、哲人和學者氣質的人，準確地說，他乃是一位詩人兼哲人型的學者。這樣的一種氣質使得他的研究呈現出鮮明的特徵：他的論著總是將具有極高視點的理論框架同大量紮實的材料有機地融合在一起，並且又總是將嚴密的邏輯思辨和詩情、文采結合在一起。他的詩性氣質導致了他的論著具有一種顯著的人文主義精神和對於審美境界的追求；他的學者氣質，造就了他的論著具有一種強烈的科學主義精神；而他的哲人氣質，則使得他能夠將這種人文主義和科學主義精神交融在一種給人以突出的審美感受的深邃宏大的境界裡。王鍾陵的這種個性氣質及其論著的特徵，不僅十分切合中國文學研究向前發展的需要，而且也爲他構建超越西方學者的文學批評新模式提供了堅實的基礎。

　　源遠流長的中國古代詩話、詞話、曲話，重視的是對於藝術體會的申述，其體兼說部，已然表明不重視理論的散漫性。王鍾陵將這種情況稱之爲有著歷史傳統的中國式局限，由此他不僅旗幟鮮明地提出了「史的研究就是理論的創造」的口號，而且指出

了突破上述局限的途徑：建立一個科學的邏輯結構。正是在這兒，王鍾陵先生準確地抓住了民族思維向前發展的必由之途。從民族思維向前發展的需要出發，王鍾陵建立了這樣一個信念：我們的任務是使文學史理論形態化。王鍾陵那種為論者們所公認的巨大的理論架構力及其細致深邃的思辨力，恰恰提供了他完成上述歷史任務的條件。他那幾部著作都建構了宏大嚴密的理論體系，體現了一種將西學高超而系統的邏輯精神滲透到中國文化生命中，以切實梳理和把握中國文化而昂揚起來的精神風貌。奇妙的是，「史的研究就是理論的創造」的追求，既使王鍾陵走向對科學主義精神的嚴謹把握，又使他走向對於人文主義精神的張揚。他一再強調客體是在主體的界限內形成的，他的論著具有一種深沉、崇高、大氣包舉並富涵濃郁哲學意味和豐富審美意蘊的史詩風格。並且更為重要的是，科學主義與人文主義精神在他的新批評模式中，又是渾融的。正是這種渾融，使得王鍾陵的文學新批評模式，既吸取了西方理性精神以超越傳統，又避免了西方絕對理性的缺陷，以及僅僅以存在和思維的關係來把握文學史運動的狹隘眼界，並且在一系列問題上擺脫了西方學者易執一端的局限，從而能以一個中國學者所擅長的大綜合的思維方式──當然是在充分吸收了西方理性精神的基礎上，達到超越西方學者的高度。

對於王鍾陵新批評模式超越西方文學批評模式的地方，我們可以舉幾個要點來談一下：

首先從歷史觀上說，西方學者出於對舊歷史主義的目的論、線性論的不滿，由此而顛覆歷史，結構主義主張共時性而反對歷時性，他們並進一步反對歷史的邏輯性，將歷史的邏輯性等同於歷史的決定論，不僅摒棄黑格爾的邏輯學思路，而且還否定歷史的連續性，熱衷於在歷史中尋找裂隙、非連續性和斷裂，新歷史

主義那種兜轉在本文和社會的互動關係中的思路，也還不足以結束西方二十世紀中許多學派對於共時性和歷時性的割裂。

王鍾陵教授的思路同西方學者不一樣，他雖然也反對歷史的目的論、線性論（他在這方面多有精彩的論述），但並不想將邏輯與歷史對立起來。他首先從十個方面對黑格爾的發展觀進行了深入的批判⑩，這在國內學界還是首次。並且，與國內學界長期停留在泛泛談論歷史與邏輯統一的狀況中不同，王鍾陵先生又進而在學術史上第一次將歷史與邏輯的統一區分為兩種形態，還別開生面地、極富創造性地提出並闡發了建立歷時性的歷史與邏輯相統一的論題。由此，不僅隨機性、偶然性和個人作用得以注入於邏輯性之中，並且歷史邏輯再也不是單線的了，而是多組矛盾相交織的雙向運動過程，在這一過程中不僅融滙著歷史大幅度的漲落和旋轉，而且有著邊緣和中心的不斷的換置。這是一種活的、隨機生成的邏輯，它在拋棄了先在性、目的性、絕對性和一種與之相聯繫的外在的規範性、壓抑性的同時，仍然保存了歷史的可以理解性及其一定的確定性（詳見《文學史新方法論》第五章）。因此，王鍾陵先生所提出並貫徹於其論著之中的在民族思維和文化—心理動態的建構過程上來把握文學史的進程的學術路徑，既走出了結構主義的凝固性，也迥異於解構主義代表人物德里達的話語的無限分延的不確定性。這樣的一種新邏輯學思路由一位現代中國學者構建出來是有其深刻的原因的：中國是一個歷史意識特別發達的國家，然而走向理性增強邏輯性又是我們民族發展的需要，這樣兩個方面的存在，必然使得我們民族向著更好地將歷史與邏輯結合起來的思路前進。也就是說王鍾陵教授所創立的新邏輯學思路乃是一種既保持了我們民族思維之優勢，又適合了我們民族思維向前發展需要的，並且還同時避免了舊歷史主義弱點

和當代西方學術思想缺陷的思維方式。

其次，在文學觀上，西方學者有一種突出的語言本體論，並從而形成了一種本文主義傳統。福柯將符號凌駕在其使用者之上，並走到了取消主體的地步。結構主義關心的是一個橫亙古今的結構而不是人，解構主義則認為本文的作者並不創造意義，本文的意義是在與其它本文的關連中產生的。德里達提出了這樣一個命題：「本文之外，別無它物」，他從本文間性的理論出發，認為文字本身就可以使自己不朽。即使是新歷史主義，也仍然是以文本與語境的關係作為自己理論的核心。

王鍾陵先生的文學觀不一樣。他曾經這樣概括過自己的文學觀：文學所展示的乃是以語言為介質所構建的為了主體（個人的以至民族的）之存在的藝術化了的或曰審美的文化─意義的世界。對於這一文學觀，王鍾陵教授在《文學史新方法論》中作了充沛的論述。他說：「整個社會科學研究的極重要的價值之一，乃在於為民族構建一個文化─意義的世界。……文學史研究，如能以其渾涵了豐博歷史內容的審美的光彩，映現在這一民族文化─意義的世界中，則文學史研究對於民族的存在和發展，就作出了特殊的貢獻了」⑪。王鍾陵先生的這一文學觀顯然是以他所論述的認知世界及人文世界的生成性為其更深的理論基礎的。《中國中古詩歌史》一書中的陶淵明專章對「結廬在人境」一詩有長段分析，其略云：淵明正是以自己哲人的思理和詩家的審美，不斷營造著一個自我的空間。從而使得他的感傷之情得到了消釋。文化─意義的世界是為人及其群體服務的。這一世界不是一種外在規範了的、強加於人的世界，而是一種自我營造的、屬於自我的世界。十分明顯，此種文學觀比之本文主義的文學觀無疑展開了遼闊得多的社會的和歷史的空間，並且這一文學觀也更準確地抓住

了文學的審美特質及其在人類生活中的地位和作用。文學的特質是審美，不是語言；本文不是目的，人才是目的：這是上述兩種文學觀的顯著差別。

　　既然文學以語言為介質而展示一個藝術化了的世界，文學的本體自必會獲得高度的重視，因而王鍾陵先生所提出的更新文學史研究的四項原則之第三項乃是「從民族文化—心理的動態的建構過程上來把握文學進程」⑫，這同西方一些批評模式之將文學分析變成了泛文化議論又大不一樣。《中古詩歌史》在各種語言、文學現象的分析上傾注了極大的興趣，取得了學界公認的卓異的成就。另一方面，王鍾陵先生又強調說：文學史研究「正是在民族文化—心理的恢宏的視域和深層次的觀照下，不僅將解決許多單純在文學的視界中所不能解決的問題，而且還將饒具一種沉雄博大的氣韻」⑬。他的《中國前期文化—心理研究》正是由此而透徹明瞭地解決了一系列文學史、藝術史、文學理論上的難題，提出了許多嶄新的見解。

　　王鍾陵教授的文學觀不僅緊扣了文學的本體，而且具有十分開闊的視域。這一文學觀不僅超越了中國傳統的言志的、緣情的、載道的文學觀，而且也超越了西方摹仿的、體驗的、本文的文學觀，具有極大的創造性，十分深刻新穎，它對於文學理論和文學史研究的更新無疑具有極為重要的意義。

　　第三，從對文學運動的把握上說，新批評、結構主義以及現象學的文學批評所重視的是作品本體。姚斯提出了接受美學，在接受美學的影響下，又發展起種種讀者反應批評理論。姚斯在其後期，對於自己的理論有所反思，發覺僅僅注意作品的接受是片面的，他認為應將作家—作品—讀者這樣一個文學的總體過程作為研究對象。然而所謂「作家—作品—讀者」的這樣一個模式並

不如姚斯所想象的那樣可以概括文學的總體過程，而新歷史主義則認為，文學作品中所充滿的乃是一個個相互較量的力場，並且作品還能影響現實。只要將這一點連同他們的文化交叉蒙大奇的技巧一并加以考慮，便不難看出新歷史主義不僅過於著眼於文學與外部環境的關係，而且其歷史的含義仍然是側重於共時性的。這樣的一種文學批評觀無疑其興趣並不在文學史的縱向運動上。

　　與上述情況迥然相異的是，王鍾陵教授創建的新批評模式在學術史上第一次成功地勾畫了文學史的巨系統運動。王鍾陵先生的《文學史新方法論》以四章二十一節的篇幅充沛地展開了這一論題。為此他開掘了一系列為前人所忽視的環節。陶爾夫先生認為這四章「首次提出家族色調、鄉邦文化與師友唱和三個層次的縱橫纏結對文學史的多重影響」，「對當世傳播、後代傳世、文學史運動中偶然因素的作用、讀解中的變異與新趨、文壇沉浮的內在節律等為一般文學史家所忽視的重要問題進行梳理並作出理論性闡述」，「對一向不為所重的總集的作用，對選評、詩話、詞話、小說點評等所影響的一代風氣和逐漸確立的美學傳統，包括文學流派、文學史概念的形成、文學讀解方法之確立等諸問題，作扇面性展開」，「幾乎涉及上古至近代所有重要文學史現象和文學發展的內部規律」⑭。除陶爾夫先生所述，其它像文學史運動的內在機制與展開形式、文化衍生、文化傳播的原生狀態、文學史運動的動力結構等問題，也都是王鍾陵先生首先提出並加以了深刻闡發的論題。王鍾陵先生在對上述一系列問題融微觀於宏觀之中的論述裡，不僅表現了十分豐富的學養，而且表現了大氣磅礡的綜合性、洞察底蘊的深刻性及理論見解的獨創性。西方各種批評模式對於上述眾多問題基本上都甚少涉及。

　　第四，研究者和研究客體的關係及個人和社會的關係問題。

海登・懷特說：「按照路易斯・蒙特魯斯的看法，新歷史主義所表現的只是努力重繪『最初產生……真正的文學和戲劇作品的社會─文化領域』」⑮。然而，新歷史主義對於文學產生的這種原初狀態的追求，却遇到理論上的困難，弗・詹姆森在認為我們同過去的具體關係是存在的經驗時，又憂心於存在主義意識所預先假設了的無限相對主義的危險。此外，西方學者往往徘徊在個人與社會的對立之中，要麼是顛覆社會、整體的觀念，張揚個人和差異；要麼以社會取代個人，像新歷史主義就認為人是眾多論述的微小產物；又或是乾脆取消人，福柯就認為作者並不重要。

　　早在1986年，在《中國中古詩歌史・前言》中，王鍾陵一方面抨擊「在研究工作中乃虛懸出一個和任何認識主體都毫無關係的絕對的客觀的『歷史』來」的做法，他說：「這種完全客體化了的歷史，恕我直言，不過是康德那種屬於彼岸世界的『物自體』而已」；另一方面則又指出：「然而，我們又不能單純地說歷史的真實存在於歷史的理解之中，如果這樣的話，歷史的理解就可以隨心所欲」。王鍾陵早就覺察到需要驅除由於個人體驗、理解而帶來的那種無限相對性。他以簡潔而透闢的歷史真實的兩重存在性原理，既包容了存在歷史主義的優點，又避免了其缺點。他所提出的「原生態式的把握方式」，就是一種意在避免無限的相對主義的方法。它涵有新歷史主義那種描繪文本產生的最初語境的目的──如果換用王鍾陵先生的概念則應該說成是逼近或曰貼近：不過王鍾陵教授的眼光比之以本文為中心的新歷史主義要開闊得多，他說：「對歷史的原生態式的把握，一言以蔽之，其實即是一種對於複雜性問題的整體把握方式」⑯。因此王鍾陵先生自己曾強調過：「所謂『原生態式的把握方式』，即是說要像歷史之原生態運動那樣去把握歷史，因而這乃是一個建立在時空

並包、轉換之非線性歷史發展觀基礎上的概念」，而絕不應從反映論的角度去加以理解——　其實王鍾陵正是最早起而在一個氣氛並不適宜的時代就攻打過僵硬的唯物論以及文學研究領域中的反映論，沖決僅僅從認識論角度來研究古代文學這一狹隘眼界的有力者。原生態式的把握方式乃是一種歷史哲學的概念，內容十分豐富，其重要特點在於強調生成性。原生態式的把握方式，徹底地破除了先在論、預成論和凝固論，科學地解決了研究者和研究對象、後代理解和歷史原態的關係問題。王鍾陵先生將個人的作用放在社會化的消長興衰所造成的總體性整合中，以把握其在歷史的延伸中的凝定及轉換，這就成功地從一種複雜的多元整合的高度解決了如何對待社會和個人的問題。

　　本文難以盡述王鍾陵教授所創立的新文學批評模式之超越西方文學批評模式的地方，像王鍾陵新批評模式之成功地消除了二元對立，勾劃了中國文學史的原生態生長情狀，對於文學史著作的闡述風格的新穎的見解，等等，都大大超越了西方諸文學批評模式。如果詳細寫出來，那將是一本書的內容。許多評論已經指出：「事實上，王鍾陵在他的論著中對於西方文化巨人的理論也曾有過多方面的超越」⑰，他「時時批駁諸如維柯、黑格爾、摩爾根等西方文化巨人理論上的錯誤，並正面提出他自己的見解。他的這些見解往往將有關領域的學術水平明顯地更為推進了一步」⑱。有關評論認為他在對神話思維的整體性突破上以及對於早期人類意識的研究上已經走到了世界學術的前沿。因此，他能構建出在許多方面超越西方的新批評模式，就不是偶然的了。

四

　　總之，王鍾陵教授所創立的文化—心理新批評模式，是近代

以來，由中國學者建構的第一個有嚴密理論體系的文學批評模式。這一批評模式具有鮮明的中國特色；同時，處在中西文化進行著空前程度的交流、融合以至碰撞的時代，這一批評模式又是在廣泛地對西方學術思想進行了吸收和批判、改造以後的產物；更深一層地說，這一新的批評模式開掘了一系列嶄新的論題，並以其突出的宏觀性、整體性、開放性，以其與民族文化—心理的深層聯結，以其對人類精神的博大的把握和張揚，顯示了超越種種西方文學批評模式的明顯優勢。這一新批評模式的出現是同正在進行的社會文化的轉型相一致的，它的出現既是民族文化新構的一個組成部分，又必將對民族文化新構的進一步進行產生重要影響。文學新批評模式往往能擴展為一種新的文化思潮。更進一步說，這一新批評模式的出現，對中國文學批評以其獨特的面貌和一種更加新穎、完整、宏觀、深刻的理論模式自豪地立於世界學術之林中，也具有重要意義。而它對於西方文學理論具有重要的借鑑作用，自當是無疑的。

　　一種新文學批評模式的出現，不僅表明一種新文學理論的誕生，而且標志著一種新的哲學方向的成熟和一種新的文化精神的凝定。

　　如果加以簡單概括的話，王鍾陵新文學批評模式所體現的新的哲學方向乃是：推進對人性和民族性的研究，消解二元對立，建立確定性和非確定性的統一，強調沖和化生、多元勃動融滙的生成性。這種新的哲學方向，不僅適合於我們民族繼續前進的需要，而且由於其獨特新穎地回答了許多基本的哲學問題——本體論的、存在論的、邏輯學的、歷史觀的等等，因而它對於張揚一種普遍的人類精神，也將有其肯定的意義。王鍾陵新文學批評模式所體現的新的文化精神——那種深沉的民族自信心與開放的人

類文化視野的融合，那種在商品化環境中堅持高品位文化創造的心勁，那種在深悉人生苦難的基礎上對於歷史發展的宏通的期信，那種在對艱難的體驗中培植的寬厚的至愛，那種對於民族文化新構的熱情和對於人類普遍問題之關注的兼容，那種融入了隨機性、歷史的旋轉及其大幅度漲落和個人作用的活的邏輯精神以及感性和理性渾融的把握方式，那種在學術著作和人生體驗中將諸如雅麗莊媚、溫婉蒼涼、遒勁悲壯、沉鬱頓挫、清秀深微、雄力英氣等多種風格充盈於其中所形成的多有層次、意蘊豐富的審美境界，等等——乃是在對於歷史及人類精神的發展之深入的研究中產生的，是以新的非線性的歷史觀、渾淪整合的發展觀、對於社會和個人關係作出新理解為內容的人生哲學以及對於世界的四重劃分的本體論⑲為其基礎的。其中充湧著一股極為深厚的歷史的、哲學和美學的意韻。它不是那種走偏激的所謂「徹悟」，也不是那種長期以來流行的建立在線性發展觀基礎上的淺薄的樂觀主義。它是深刻的、睿智的、開放的、崇高的、審美的、氣勢渾厚磅礡的。這種文化精神同目今成為時尚的調侃人生的假深沉和只追求眼前功效的短視行為以及固持崖岸的守舊態度，適成鮮明的對照。無疑，這樣一種文化精神不僅在思維方式上，而且在胸襟氣魄等諸多方面都適合了在一個新時代走向高境界人生的要求。

　　只有把握到新的哲學方向的推進和新的文化精神的凝定這一層意義上，我們才能對於王鍾陵教授所創立的文化—心理的新批評模式有更為透徹的理解。西方二十世紀哲學和文化學派往往發端於文學批評思潮。正如學界一些有識之士所預料的，中國當代文化—心理的新批評模式之出現，也必將對於「民族文化精神的新構產生深遠的影響」。

（原刊《社會科學戰線》1995年第三期）

【附　註】

①③⑦⑧⑭　《河北師範大學學報》1995年第2期。

②　《學術月刊》1990年第10期。

④　《蘇州鐵道師範學院學報》1993年第2期。

⑤　《中州學刊》1994年第4期。

⑥　《河北師範大學學報》1994年第4期。

⑨⑩⑪⑫⑬⑯　《文學史新方法論》第434、97—128、161—162、33、
161、83頁。

⑮　《最新西方文論選》第496頁。

⑰　《光明日報》1994年1月21日。

⑱　《社會科學輯刊》1993年2月。

⑲　詳見《中國前期文化—心理研究》第一編第四章。

《中國文人心態史》叢書總序

王鍾陵

一

　　景氣明遠，爽籟驚律。一個新的研究領域——民族精神狀態史，亦即心態史——正在興起。

　　中國雖有全世界最爲完備、連貫之史籍值得我們驕傲，然而稍稍一翻便會發現這浩博的卷帙不過是帝王將相的家世生平以及王朝政治和典章制度的記錄。雖然其中也折射出不少民族精神的光華，但我們迄今畢竟沒有一部純粹的民族精神史。是的，我們有哲學史，但哲學史重在對種種思想觀念作出論述，並過於抽象，它不對形式式殊異的心相作出描繪。心性論是中國的國粹，然而其目的又歸之於「正人心」三字，那麼它的狹隘性也就昭昭明融了。因此，那個因身爲僧人而著論非難佛教從而引發了劉宋思想史上激烈的《白黑論》之爭的釋慧琳，當他找出理由來幫著中華文化說話時，亦不過曰：「是以周孔敦俗，弗關視聽之外；老莊陶風，謹守性分而已」①。所謂「弗關」、「謹守」——周孔老莊之敦俗陶風，實在不過是閉鎖心靈耳。而將華夷之辨踩在腳下堅定地站到佛教那邊去的大儒士范寧的兒子范泰、儒學世家王謝家族的謝靈運，却振振有詞地常言曰：「六經典文，本在濟俗爲治，必求靈性眞奧，豈得不以佛經爲指南耶」②！范泰、謝靈運所曰「濟俗爲治」四字的奧妙，倒還不在於它不期然地供出了

儒家六經統治人民的性質，而在於它在暗含一種對世俗的鄙薄的同時，也貶斥了聖謨卓絕的六經典文。靈性真奧的閫域被視爲與儒學無關，這真是一個莫大的悲劇！

到了宋明理學抬頭，大儒們出入佛老。然而，那些中庸持平、木訥呆滯的理學家，雖自視爲事理通達、心氣平和、執禮恭、處事敬、與人忠的醇儒，其實不過是方行緩步、拱談性命、不通世事的古板冬烘。朱熹曾作《敬齋箴》書壁以自警云：「正其衣冠，尊其瞻視」，「足容必重，手容必恭」，「守口如瓶，防意如城」，並聳人聽聞地說「毫厘有差，天壤易處」，活現出一付小心謹愼、誠惶誠恐的窘態！陸王心學標舉心即理，張揚過甚地認爲：宇宙便是吾心，吾心即是宇宙；但其發明本心的致良知：「見父自然知孝，見兄自然知弟，見孺子入井自然知惻隱」③，亦不過是《大學》「致知」說和《孟子》「良知」說的老調新彈，故雖其大弦嘈嘈、小弦切切，自詡致良知說爲學問大頭腦、孔門正法眼藏，乃「千古聖聖相傳的一點真骨血」④，也仍然是在儒家閉鎖心靈的老路上施展著又一套解數。於是，「存天理，滅人欲」，「破心中賊」，乃高懸爲中國封建社會後期的統治思想。中國古代難以產生民族精神狀態史這種著作也就是必然的了。由此，我們可以理解魯迅之指責中國君子明於禮義而陋於知人心，其思想的投槍確是刺中了龐大的中國封建文化體系之要害的。

二

然而，人心不會因正統思想的箝制而死滅，我們民族的精神活動仍然是極爲豐富而多彩的；屈子不能變心以從俗的堅貞，荊軻壯士一去不復還的決絕，班婕妤秋扇見捐的憂懼，曹操志在千里的壯心，曹植求賢良獨難的中夜之嘆，嵇康俯仰自得的太玄游

心，左思高眄四海的自重，陶潛采菊東籬下的任眞，王褒之心悲異方樂、腸斷隴頭歌，庾信之枯木期塡海、青山望斷河，王績的高枕取醉，陳子昂之愴然千古，孟浩然知音世所稀的寂寞，王維深山古寺鐘的禪悅，李白長風破浪會有時的引吭，杜甫窮年憂黎元之腸熱，韓愈歌思哭懷的不平之鳴，白居易對宮市掠奪的戟指，元稹貧賤夫妻的百事之哀，李紳對四海無閑田農夫猶餓死的悲憫，孟郊一日看遍長安花的快意，李賀天上謠之遐思，李商隱錦瑟篇之繾綣，李煜剪不斷、理還亂的亡國之哀，蘇軾只緣身在此山中的哲悟，李清照的淒淒慘慘切切，陸游北定中原的遺志，文天祥留取丹青照汗青的浩然正氣，夏完淳之南冠思深，譚嗣同之橫刀向天而笑，秋瑾之赤鐵主義的發憤欲擊……眞可謂洋洋大觀、磅礴萬象者也！

至如下層人民中，死麕白茅邂逅相遇的快樂，夙興夜寐靡室勞矣的嘆息，適彼樂土的烏托邦幻想，天上何所有的人間猜測，報以瓊瑤的通好之願，蒹葭蒼蒼之中對伊人的懷想，子惠思我的戲謔，予美亡此的哀傷，征夫朝夕不暇的怨嗟，游子狐死必首丘的眷戀，孤兒愴愴履霜之淚下漯漯，思婦望夫悠悠寧化爲石的執著，《子夜歌》中的男女相悅，《華山畿》中的生死痴情，以及在大的民族鬥爭展開之際，巷戰市人爭決命，城破婦女總投淵的壯烈……亦林林總總、渾涵噴薄！

應該強調的是，個體的以至某一社會集群的精神活動，總是同一定階段的民族文化—心理結構相聯繫的。我在拙著《中國前期文化—心理研究》中曾說：「心理結構乃思維方式、感受方式和情感取向之綜合」。民族文化—心理結構「從總體上說，表現爲一種歷時的變動，但是這種歷時的變動乃是由一個又一個相互交接疊合的共時的結構所組成，新的圓周和舊的圓周在相當的程

度上重合著。這當然是一種純淨化了的描述。在實際過程中，新
的因子的發生、積聚往往是隨時的、點滴的。在歷史的前進中，
這些新因子彼此相生、互相協同，在和舊因子的既排斥又相容的
複雜的關係中，導致系統的協變，從而組成一個新的文化─心理
結構」⑤。

　　人是歷史的產物，或者說人是在歷史中使自身人化的，因而
人不能在歷史之外認識自身。一體化於現在之中的民族精神的往
昔，其實就正是一個民族的本質。民族的精神的歷史，在文化─
心理結構序化整合的過程中不斷地新生著。曾經產生過民族種種
精神活動的社會形態雖永恆地消逝了，但它的產物却會在歷史中
不斷地展開和實現。

　　單個的人，正是憑藉著民族文化─心理結構去抵禦存在的偶
然性、艱難性，並將存在的非理性轉化爲理性的，於是存在便意
義化了。民族精神史的豐富與貧瘠直接決定了這種意義化的度，
意義化度的高低，則又導致了人性存在的不同方式。因爲「擁有
一種物質以外的虛的成分──精神的、文化的、審美的空間，此
爲人性之所在。渾渾噩噩的人，渾渾噩噩的生活，是同動物相仿
佛的」⑥。中國長期的封建社會中「正人心」的統治者，赫然高
擎出一種抽象的天理以作爲精神的標尺，精神的豐富性──它的
矛盾性和多方面意義在善惡正邪的黨同伐異和簡單剖判中，被極
大地餞殺了。原生態的歷史也就變成了倫理原則的抽象物。因而，
被導向者的心靈就只有在「天眞」中患上空洞和貧乏的惡症了。

　　由於此種深遠的歷史原因，所以發掘我們民族極爲豐富的精
神的原生態，充分表現其細膩的律動，探討其個體的感性的表現
與一個普泛的民族文化─心理結構的關係，亦即是構建我們民族
的精神狀態史，無疑是我們民族在愈益物質化的世界之中拓展一

個豐永深厚的文化—意義空間的必要條件。以此，我們方能深入地發展我們對過去進行闡釋的能力，從而更多地占有過去，有效地實現自己把握世界的多樣性。

在每一個時代，一般總是在文人群身上有著最為豐厚的文化沉積。他們多量地吸收著文化，又盡可能地創造著文化，因此在心態史的研究中，文人群應是我們注目的重點。從探究民族文化—心理結構及帶動對整個中國文化的廣泛評述上說，這一研究無疑有其十分重要的價值。

三

構建我們民族的精神狀態史，特別是研究文化心態史的意義已如上述，那末這一研究應如何著手呢？從世界範圍說，精神狀態史也還是一個新興的領域，所以它的路徑和方法還是不清晰的。然而，如果我們不能把握這一研究的特徵，不能將這一領域與其鄰近領域界劃清楚，那末我們就無法為這一研究奠定下最初的基石。

我在主編這一套叢書中有這樣一些構想和體認：

1.**雖然多學科的綜合是目前學術發展的一般狀況，但心態史無疑有著更為突出的多學科交叉性**。這些相交叉的學科主要有哲學、思想史、歷史、文學、美學、藝術、心理學等。此外，依研究對象的不同，還會涉及到更為廣泛的領域。因為人怎樣改造世界，他的智力便怎樣發展，活動的領域不同，精神的特質便不同。闡述這殊質的精神之由來時，自然要深入到活動領域之內化為一定的精神特質以及個體的精神性因素又如何外顯並影響於活動領域的問題。十分清楚，心態史研究者應具有較為廣泛的知識面和一定的專業知識。

2. **心態史研究的目的應在於盡力復原精神的原生狀態。** 復原精神的原生狀態的首要條件便是應盡力尊重歷史，不要用任何抽象的原則去使歷史抽象化。我們不能提純和簡化歷史。魯迅說過：「真的猛士，敢於直面慘淡的人生，敢於正視淋漓的鮮血」⑦。歷史上何止一次地發生過乾象棟傾、坤儀舟覆、橫厲糾紛、火燎洪蕩的大變動!?又何止一次地發生過英蕊早謝，毒卉滋敷，福善則虛，禍淫莫驗的慘痛悲劇!?歷史既不是道德律令的外化，又不是理想主義藍圖的兌現，它是非規範的。淺薄的樂觀主義，善良的溫情主義，簡單的歷史發展觀，難以把握歷史的豐滿與深沉！

3. **復原精神的原生狀態必然要求一種感性的豐富性。** 精神是最細微的。所謂精神狀態史應是重在狀態二字上，這自必要求對心靈共時相的種種因素之衝突、諧合、協變的複雜關係作細致的抉發。心態史應是帶著露珠的生香活色的花朵。但是，心態史的研究又不能僅止於表象的描繪，而要深入探究民族文化─心理結構，這就必然要重視範疇的把握。然而範疇的理性應和感性的豐富性相渾融，這應是一種從感性中崛起的理性。我所企心的乃在於「由高度抽象而達到的雲外高矚的理論視點與豐富的活潑潑流露著生機的原生態感性具象之統一」⑧。

4. **復原精神的原生狀態，還要求注意精神史的生成性。這就要把握好個人與社會的關係。** 任何個人，既是在自身中積累了社會─文化意義的存在，又是一個具體而不可重復的個體。個性並不僅是外界環境影響的產物，它還是個人在樹立自我生活過程中自我選擇的結果。我們應當注目於個性、抱負、氣質、學術路徑與方法、審美情趣與創作技巧各不相同的個人，究竟將何種偶然性、特殊性帶進了當時民族的精神生活中；而這種偶然性、特殊性和個人選擇，又是如何在由於一定的歷史氛圍和價值期待而造

成的社會性讀解認同之反饋中，得到意義性張揚，從而在民族精神生活的一個特定的位置上凝定下來的；各種特異而又相互衝突的精神性活動，又是由於何種必然的和偶然的原因，而經由直接的或迂迴的道路在總體化整合中盛衰興替，並從而左右了民族精神史的生長方向，形成為其具體的行程的。

　　5.**心態史著作應從心理現象、思想傳承、時代意脈、風習個性上切入，進而向縱深開掘，寫出哲理和文化的深度，並落實到對其時人們何以如此立身、行事、為文、論學、操藝、治政等方面的完滿的解釋上來**。心態史著作所應具有的感性內容及其對心相的描繪性抉發，使它區別於純粹的哲學史、思想史；而其注目於心靈的中介性，又使它區別於單純的文學史、藝術史。比如以「禪與中國詩畫」這一論題來說，就應從禪入於心化而為詩畫的角度落筆，即應說明禪如何影響於士人的情感和思維方式以至生活方式的，此種情感、思維方式、生活方式又是如何影響於詩和畫，詩和畫之意象、風格諸種因素中又是如何見出此種情感、思維方式和生活方式來的？心態史研究是心理學向特定領域的滲透，或者說是心理學在特定領域中的具象化；而其統括形而上、形而下的特徵，則又使心態史區別於州區部居於形而上的美學史。在心態史著作中，殊相性、空間性、纖細性，顯然突出。心態史應包舉萬態，將五光十色的眾生相盡攝其中。當然既然是史，自離不開揭示共相，寫出嬗變，亦應有雄獷汪濊的氣勢和筆力。

　　6.**心態史著作應重橫寫而略縱寫**。橫向立題便於把握一些普遍性的心態，縱向內容則可化入到橫向展開之中，這樣既便於範疇性的把握，又可潛有對發展脈絡的梳理。正是這樣的一種結撰方式，可以鮮明地表現出心態史著作化時間性因素於空間性展示中的獨特性。因此，在研究和寫作中，應將有關材料取來——縱

讀，獲致綜合印象，提煉出若干新穎深刻的論點，而以綜合之筆出之，避免分人逐寫。分人逐寫易造成對生平行事的舖陳，這是傳記或評傳的寫法，溺於事則失於理，理論的高度即不易達到。

心態史領域的開闢需要許多學科的共同努力，因而隨著交叉學科之科目及側重的不同，心態史研究的路徑和方法自必又會有種種差異；並且同這一領域研究的日益拓展相一致，心態史研究的路徑和方法亦必將愈加明確和成熟起來。

我為審改這一輯叢書投入了約八個多月的時間。拜讀這些有才氣的作者的大著，我獲得了不少教益。在盡力尊重作者的前提下，我也盡量做了一些補苴罅漏、張皇幽眇的工作。這既是為了使本輯叢書盡可能減少些錯誤，也是為了將在確立選題和擬制寫作提綱時我和作者共同商量好的一些想法更完善一些地體現出來，但識力不足、照顧不周之處仍一定不少。作為主編，對於叢書中可能存在的問題，我自然是應首當其咎的。

四節代周，陽景駿逝。日月出矣，時雨既降，則爝火、浸灌為勞。秋水沛至，百川灌河，余樂見涇流之大，其將浩洋洋者矣！

茲為序。　　　　　　　　1992年12月6日於蘇州大學海思書屋

【附　註】

① 《宋書‧天竺迦毗黎國》。

② 《高僧傳‧釋慧嚴傳》。

③ 《王文成公全書》卷一《傳習錄》上。

④ 《王文成公全書》卷三十三《年譜》二。

⑤ 《中國中古詩歌史‧前言》第26頁。

⑥ 《中國前期文化—心理研究》第780頁。

⑦ 《華蓋集續編‧記念劉和珍君》，《魯迅全集》第三卷第274頁。

⑧ 拙作《文學史的理論形態化》，《社會科學輯刊》1991年第3期。

馬自力《清淡的歌吟》序

王鍾陵

　　新時期以來，古代文學研究界對於以前中國文學史的整體研究狀況已經作了很多深入的反思，學人們的眼界有了相當的拓展。然而，單篇論文的提高比較好辦，一部文學史著作的更新談何容易，所以更新文學史的路總的來說還是走得很艱難的。

　　這一段時期國內文學史的研究，有這樣兩個重要特點：一是注目於撰寫斷代、分體文學史，學者們在一個文學史階段的一種文體中努力拓展，使之深、細、全。二是十分重視方法論的探討，甚至可以說方法論探討已成爲文學史新潮的標志：學人間不同的企向，往往以方法論上的不同趨向表現出來；路徑的新舊、水平的高低、成熟與不成熟，覘其方法論即可知矣！所謂方法論，其實即是文學史學，也就是如何使文學史成爲一門科學的學問，其內容是極爲豐富的：歷史哲學、客觀與主觀的關係、邏輯學思路、整體性、文化－心理結構、原生態式的把握方式等等，涉及到眾多的學科。

　　從發展趨勢上說，國內文學史研究有這樣幾個大的走向：一是由零散和板塊堆積走向邏輯性；二是從微觀趨向宏觀，強調在微觀基礎上的宏觀和在宏觀指導下的微觀；三是由單純的文學視角上升到文化視角，文學的研究同民族文化心理的研究相結合，文學史從而成爲民族心靈史；四是引美學於文學研究之中，從古代文學中發掘中國古典美學的特色及發展軌迹，使古代文學與美

學聯姻；五是語言上棄枯澀平淺而追求才情發露：或思辨嚴密，或詩意靈動，或文情恣邁，或細膩委婉。前四個走向集中體現爲能否提出一個既具有完密、新穎的理論形態而又符契於中國文學實際的理論框架。上述五個走向對學人之才、學、識、情諸方面都提出了很高的要求，其實質乃在於呼喚一代新型文學史家的出現。

雖然更新文學史的困難很多，但有一點是清楚的：一個新的文學史時代正逐漸來到了。新型文學史無論在質量和規模上都將會有大幅度的提高，這對於宏揚中華文化是十分有益的。如果努力得好的話，不僅在國內文學史研究中會出現一些各具特色的學術集群以至流派；而且在中國學者對西方文化及其思維方式作出深入的借鑑和吸收以及在國內各種文學史研究路徑滙通融貫的基礎上，我們也許能夠高揚出一種包容多樣性於自身之內的民族特色，並進而形成文學史研究的中國學派。既然我們文學史研究的沿革途徑同西方有異，我們的研究對象——中國古代文學又具有自己鮮明的獨特形態，並且承受著特定文化傳統的中國學人對一系列問題又會有自己獨特的體認，那末在世界範圍的文學史研究中形成和發揚中國特色，就是有志氣、有抱負的中國學者所理應追求的目標。誠如是，則華夏文明之光在這一方面就將甚爲昳麗了。

正是從文學史研究模式發生歷史性變動的角度，我十分樂意向學界推荐馬自力的這本著作。這是一本路徑新穎並很有創見的書。將清淡詩人群作爲一個獨立的論題加以集中的論述，這在以往文學史的研究中還從未有過。並且，馬自力在研究方法上又意圖進行突破舊傳統的探索，他在跋中將這一探索歸納爲三個方面，心態研究、藝術風格研究向心理模式探究之上升、讀者研究。馬

自力對這三方面的探索有著一個明確的目的：「意圖加強文學研究的理論性」。研究論題的新穎和研究方法的創新，奠定了本書成功的基礎。

此書的論述甚多精解勝義：比如，關於「人格化的歷史傳統」的提法就十分深刻。作者關於「人格理想本身的意象性、多義性」「造成了文化傳播與發展的獨特機制——以復古為革新，托古以行其道」的闡述，是一種創見。在我所看過的討論中國文學史上以復古為革新現象的論著中，這一論述是最為透徹的。馬自力關於清淡詩風「是清與雅兩大美學範疇融合的產物」，「在清淡的主色調之下，自然、高雅、沖和、遠韻的四位一體，就構成了清淡詩風的總體特徵」，以及關於「清淡詩派是一個由陶淵明的人品風範——其實是一種人生態度或處世方式——所發起的，以陶詩風格為中心特徵和共同審美趣尚的詩人群體」的許多論述，都透出了一股清新的氣韻。至於馬自力對批評主體之於批評對象經歷一個從人格批評到文學批評，從審美吟賞到創作實踐的過程的見解，則很好地將批評和創作的兩環扣而為一了。特別值得肯定的是，馬自力指出清淡詩風集中反映了儒家之崇尚中和雅正、道家之追求超逸自由、佛家之喜愛空靈入禪，並從而將其上升到中國藝術精神之體現的高度。這不僅是對於論題底蘊的深挖，而且也十分突出地表明了加強文學史理論性的可貴努力。所以我以為，馬自力這本書表明了文學史研究是能在研究模式的轉換中呈現出新面貌來的。

文學史界對於文學史研究要不要轉換研究模式，簡潔地說就是轉型，看來還是存在不同意見的。雖然絕大多數學人都確認了研究方法更新的意義，然而研究方法的更新帶有探索性，新的路徑還比較模糊，因此當這種探索的前景不明朗時，在一些學人中

對於轉型的可能與作用產生一些擔心和不同看法，應該說是正常的。問題在於要拿出實績來，新方法的探究應與它的運用——文學史論著的寫作結合在一起，方能切實而令人信服。

雖然心態史著作不同於單純的文學史著作，但文學史研究却可以通過心態研究來更新其路徑。我一向主張文學史研究要善於發掘和把握中介。（又豈止是文學史研究！）中介是諸因素相互溝通、作用與滲透的聯結部以及矛盾運動之過渡和轉換的環節。抓住了中介，就能透過這一聯結部將某一系統內與外諸多方面的有機聯繫闡述清楚，從而避免片面性；抓住了中介，又便於把握矛盾運動的複雜聯結和過程，可以避免直接性和簡單性。心態研究的一個重要特點正在於它的中介性，所以它可以向各個領域滲透，並將許多或近或遠的因素聯爲一體。論者們往往批評以前的文學史著作過於重視政治、經濟之類外部因素的研究，而忽視對文體、審美之類內部因素的分析，於是文本研究在有的論者心目中乃具有很高的地位。其實，問題並不在於孰應輕、孰應重，而在於應把握外部研究和內部研究的統一性和轉換性。只有在這種統一性和轉換性中，內外部這兩個方面的因素才能都得到深入的闡述，並從而形成一種「凝定」①。心態研究恰恰是可以將文學的內外部因素有機聯結到一起的中介。抓住心態這個中介環節，我們便可以梳理出從大文化背景到詩人文士對於時代思潮及傳統的承受和超越，再進而具體到他們如何將這種承受和超越體現到藝術活動中並形成其作品特有的風格、技法、意境的脈絡。

馬自力這本書正是這樣展開論述的，他以心態爲中心而宏觀地勾畫了清淡詩風跨代的發展過程，他的筆觸還深入到對其內在機制的說明上。此書的引言從與入世、出世二種類型士人的比較中確定清淡詩人群的角色特徵，說明他們被歸納爲一群的美學風

格上的原因以及這一詩人群的文學史、美學史意義。

　　第一章闡述這一詩人群形成的機制：相互認同與歷史認同，并深挖這一機制的基礎——史的傳統的影響和學古通變的態度。第二章具體分析了陶淵明、張九齡、孟浩然、王維、常建、儲光羲、韋應物、柳宗元、梅堯臣、王士禛等人所處時代的文化特徵是如何通過他們的心態這個中介轉化爲其特定風格的詩歌的。在這一論述中，作者既強調了時代之影響於詩人，也強調了詩人對社會心理、社會思潮、美學思潮的取捨去就。第三章解剖清淡詩風的內在要素並揭示其兩極因素對立融合的心理模式。第四章從山水詩、田園詩、咏史詩三個方面說明清淡詩人群在對文學傳統的再造中如何形成了一種新的文學傳統。第五章從創作主體、接受主體、中國藝術精神這樣三個方面對清淡詩風作出總結。

　　馬自力從心態研究出發來更新文學史研究路徑的努力，對處於研究模式轉換階段的文學史界來說，應是一次可喜的收穫！

　　馬自力此書引證豐博，可以看出作者的閱讀面是很廣的。要想走一條新路是必須多讀書的。任何不在讀書上狠下功夫的人是注定不能有多少作爲的。我們現在的研究在難度和廣度上是愈益提高了，本土的墳籍，西域的新潮，汪洋深博。然萬滙入胸方能吐氣如蘭、織采成霞，當然還要善於消化。「必須十分尊重研究客體，從對客體的全面、充分、細致的研究中，借助於建立在當代哲學和科學水平上的那麼一種思路和角度，來進行理論的建構」②。馬自力此書迥別於前幾年流行一時的僅憑引入新名詞取勝的浮淺風氣，既致力於路徑的新穎和層次的深入，又重視從紮實豐厚的材料中來展開論述。既新穎深入，又紮實豐厚，這樣兩個方面，對於文學史研究模式的轉換來說，正是缺一不可的。

　　文學史研究並不以它自身爲唯一目的，它除了應隨著時代更

新自己的形態外，還必然要參與到每一個時代的文化建構中去。新時代的文化建構將在空前規模的中西文化交流及時代前進所必然引起的痛苦中進行。在中國文化的現代轉型中，古代文學無疑是其中的一個重要部分。一切不能正視時代要求的古代文學研究，自必遭到為時代所冷落的命運。正像民族傳統之具有深厚的力量一樣，古代文學的生命力是無庸置疑的。問題在於我們如何轉換研究範型，以一種新時代所要求的闡釋方式，將古代文學所內蘊的生機引發出來。如果從新時代中民族文化建構這樣一個深宏的背景上來考慮，文學史研究模式轉換的意義就能被認識得更為充分了。參加這一事業是艱難的，但無疑也是十分幸運的。崇山天崎，壁立萬丈。遠思秀舉，乃能矯翼凌霄也。

魯迅說得對：「地上本沒有路，走的人多了，也便成了路」③。

【附　註】

① 詳見拙著《中國前期文化—心理研究》第五編第六章。

② 《中國前期文化—心理研究》第729頁。

③ 《吶喊・故鄉》，《魯迅全集》第一卷第485頁。

我寫《中國中古詩歌史》

王鍾陵

　　承編輯部的好意，要我寫一篇關於治學門徑的文字。前輩學者往往是在回顧其一生治學道路的基礎上來談經驗的，我來談這個題目，只能講一些寫作準備和經過方面的瑣事。

　　往事如烟，今天是昨天的沿伸，事情還得從讀研究生時說起。我研究生期間學習的專業是中國文學批評史，導師是著名的《文心雕龍》專家楊明照先生。文論專業的學習對我的好處很大，這是一個理論專業，所以從一開始我就有從理論上把握問題的習慣。《文心雕龍》和《詩品》對於中古這一時期的審美情趣、文學成就等都有十分準確、深入而又全面的總結。對這一時期文論的學習和研究，於我掌握這一段的文學史起了相當大的作用。不過，當時我並不知道以後我會從事中古文學史的教學工作，也不知道我會寫作這本書。

　　當時我想得多的倒是如何在文論的研究上進行突破，基於我過去有著長期對哲學的興趣，我很自然地想到應把哲學同文學結合起來思考。記得在我收到研究生錄取通知就要赴川學習之前，我的一位朋友和我一起作夜間散步，我當時對他說，我在研究生期間想著重研究一下玄學和文學的關係。入川後，我立志要寫的第一本書，即名曰：《玄學與文學理論》。

　　我讀了湯用彤先生的《玄學論稿》、《漢魏晉南北朝佛教史》等一些書，一邊讀一邊摘抄。當時還處於書荒時期，買不到書；

我自己又長期培養了作摘錄的習慣，對於抄書，是不以爲苦的。

　　大約半年後，我覺得應該寫一些東西來應付畢業和分配了，於是開始寫作。我寫的第一篇論文是《中國古代文論中兩種不同的「養氣」說》，緊接著又寫了《關於「言意之辨」》一文。《「養氣」說》一文後來刊發在《文學評論》叢刊第十八輯上，《關於「言意之辯」》一文則爲《古代文學理論研究》叢刊第八輯所刊載。由於楊先生同意我用《「養氣」說》一文作畢業論文，所以此後的一年頗爲輕鬆。我寫的第三篇文章是《魏晉南北朝時期思想略論》，約四萬三千字，這是我的論文中最長的一篇。此文寄出後，很快收到《中國哲學》編輯部的錄用通知①。我寫的第四篇文章是刊發在《文藝論叢》第二十一輯上關於《水滸》的一篇論文，這篇文章已明顯表現了我追求語言美的傾向。

　　在研究生學習期間，還有一件事對於我此後的研究發生了重要的影響：川大中文系有位江蘇籍的教美學的老師，他約我爲他編的一本書寫一些關於古代美學方面的東西，題目自定，爲此我找了一些美學論文來讀，當時國內正是美學熱。後來，這位老師告訴我此書不弄了，當然我也就不寫了。然而，從此却確立了我觀察古代文學的美學視角。

　　總起來看，在研究生學習期間有四點於我十分重要：一是養成了從理論上把握問題的習慣，《「養氣」說》講的是創作思維論，《關於「言意之辨」》講的是語言和思維的關係，我從一開始試著搞研究，便是從思維這一層次上切入的，這奠定了我不同於其他學人研究古代文學之路徑的基點。我多年來的學術研究，其路徑可以用一句話加以概括：即在理解民族思維發展的基礎上來把握文學的進程。我以爲這是一條前人所未曾走過，而今人也還未曾注意到的學術路徑。二是對魏晉南北朝時期的思想史作了

一個概略的研究，在「言意之辨」等一些重要的理論問題上形成
自己的學術觀點。這一項研究不僅構成了我以後研究這一段文學
史的基礎，而且形成了我從大文化背景上來把握文學現象的胸襟。
三是上面所說到的美學視角。四是對於語言美追求的萌動。這四
點，在我以後所著的《中國中古詩歌史》一書中都是可以十分清
楚地看出來的。

　　畢業以後，我來到蘇州大學工作。從研究生學習的後半時期
至剛到蘇大的第一年中，我還讀了一些社會思想方面的書，這一
方面的閱讀，使我從過去一些謬誤的思想觀念中覺醒了過來，在
思想上獲得了不少解放。在川大時，我就十分明確地確立了要走
多學科交叉融合道路的信念。來蘇大後，我更加拓寬了學術上的
閱讀面。我的生活一直過得十分清貧，為了買書我往往不惜花完
最後一分錢。我的書則逐步多了起來，充實著單身宿舍的小空間。
對我起了明顯影響的一本書是列維－布留爾的《原始思維》，
1983年我住院開刀期間讀完此書，並做了很詳細的摘錄。就在
讀過這本書後，我寫出了《我國神話中的時空觀》等幾篇論述原
始文化的論文。當然，我不同意列維－布留爾以互滲律為中心的
許多理論，但這部書同我過去從思維層次上考慮問題的視角十分
合拍，因而為我所看重。《時空觀》一文發表後獲得了十分廣泛
的影響，1985年的《中國文學研究年鑑》三個部類（文藝理論、
古代文學、民間文學）都長段摘介了此文。這篇論文對於我的意
義，不僅在於確立了一種從時空觀念的角度去觀照文學的視角（
後來《中國中古詩歌史》中對於時空觀念變化的論述，便是循此
路徑而來的），還在於它表明了一種對於語言美的強烈而自覺的
追求。我曾在該文的一個抽印本的題目上方寫下過這樣一段話：

　　「文采的三要素：1.詩意的散文筆法，2.引文的特具色彩（

絢麗、迷離之類），3.作者高屋建瓴統觀全局而又有哲理沉思意味的筆調。

「注意：這是學術文章的文采，是一種自然映發的文采（決非外在的塗飾），是一種和深邃內容有機交織的文采，亦即是一種弸中而彪外的文采，忘記了這一點就會變成輕浮的塗飾。必須在對一段廣闊的歷史階段有了全面把握和深入消化的基礎上去追求，而當有了這個基礎以後，則又必須去追求，從而讓宏觀的眼光同飛揚的氣勢相輝映，並且也不乏柔情和細膩，走出一條以文藝筆法寫學術論文的新道路來！」

相當長的一段時間中，我一直在心裡重復一個口號：向作家們學習。一是學習作家們每篇作品都力求突破原有水平更上層樓的進取精神（僅僅滿足於能發表的人是十分平庸的），二是學習作家的語言和結構技巧，看他們是如何去感受的？又是如何去追求一種境界的？記得有一段時間我對結構特別感到興趣。有一次，我在同一位青年女作家談話中，多次說到結構問題，她頗驚訝地說：「你怎麼這末關心結構！」我希望我的每一篇論文，結構方法都能有變化。結構看上去是個組織形式問題，其實乃是一個思維如何展開的問題。

我在蘇大曾為自己確定每年讀非專業書籍二十本的目標，當然後來往往因忙於教學、寫作和雜事而完不成，但也有超額完成的年頭。我這若干年來專業方面的書籍文章看得倒很少，大量地是在「不務正業」。當然，具體寫什麼問題時，我是一向要求自己讀完有關的一切資料的。

還值得一提的是，那幾年中我有一種強烈的走自己的道路的決心。這樣做很難的，有一段時間我遇到過相當多的麻煩，但重要的在於自己要執著。有朋友勸我從事研究要斷代並確定一、二

個作家，我明確地回答說：「我想從事宏觀的理論研究」，時在1983年春。自然我並不忽視微觀，也十分討厭泛泛的空論，一切問題都必須提到一定的歷史條件下來加以具體的分析。然而，宏觀性、理論性確是我學術個性之所在。幾年以後的今天，學術界幾乎已經是咸與宏觀了，但是沒有理論上的高度便不會有視野上的宏觀，宏觀性是與理論性緊緊聯繫在一起的。光講宏觀而不講理論的做法，不過是在湊熱鬧。

在具體研究工作上，《我國神話中的時空觀》等幾篇文章寫過後，我順勢而下寫了三篇關於漢代的和兩篇關於魏晉的論文，總字數大約十幾萬。《中國中古詩歌史》上卷中的第一、二、四編以及第五編的第二章，這時都已寫成了。

後來，我開始上魏晉南北朝文學史課，我不是文學史專業畢業的，於是就開始備課。當時就想把備課同科研結合起來，乾脆寫成一本書。大約從1985年初開始做材料工作，翻閱全部有關史書，翻閱《文選》和《先秦漢魏晉南北朝詩》（在具體寫某一詩人時，則往往把他的集子找來），翻閱家中全部的詩話著作（數量也不小），並作摘錄。這樣抄了好多本，以後又在材料旁邊寫上許多感想。這些工作做完後，便進入全書的寫作階段了。

這本書原定的結構是上卷總論，中卷專寫詩歌史（這一時期的文學以詩為主體），以時代為編，以作家列章，下卷以文體列編，計有賦、散文、小說、文論四編，全書總共十六編。上卷勾畫整個文學發展的大的行程，以審美為線，中卷對每一個時代和眾多作家作全面論述，下卷對文體的發展作縱向梳理，不再對某一作家、某一時代作全面論述，涉及到誰就講到誰。我以為這樣的一種結構方法是多層次立體式的，具有多種優越性，既便於對重要的理論問題展開論述，又能細致地對作家、作品進行分析，

既有時代、流派和作家論，又有文體論，全面兼顧了文學發展內外部關係的各個方面。後來，由於顧慮於篇幅過大和迫於一些實際問題的考慮，我寫完中卷後便交稿了，於是此書便暫名爲《中國中古詩歌史》，中卷也就改稱爲下卷了。

寫作中，在力弱采縟的太康文學爲什麼不直接發展爲聲色大開的宋代文學，而是中間經歷了以「淡」爲特徵的玄言詩階段這一問題上，我曾遇到了很大的困難，我一再想這個問題，老是想不通，但我從未想繞開過這個問題。理論的力量在於它能說明歷史的運動，有重大缺環的理論是脆弱的，甚至是不嚴肅的。後來我終於想通了這一問題，其內容以《玄言詩研究》爲題發表在《中國社會科學》1988年第5期上。愈是難點，愈是要攻進去，才能眞正出水平。

1986年9月，我終於將書稿交付出版社了。雖然我僅用了大約一年時間便寫成了約六十萬字，但若沒有從讀研究生期間就逐步形成了的思路和一系列專論的前導準備，這本書在較短時間中完成是不可能的。平時要勤於思索，要以努力深挖下去的宏觀的專論作爲前導，積累到適當的時候便應該奮力去拼一下，以求高屋建瓴地全盤拿下一個領域。

當然，認識需要反覆。文章的開頭往往是在寫了相當部分以至全部以後再改出來的，同樣一些宏觀性的專論，也往往是在全史研究完成後才能寫出來。《中國中古詩歌史》上卷五編，有的寫於動手寫下卷前，有的是在寫過下卷後再加修改的（如第三編第二章），也有的是在下卷寫完後寫的（如第五編第一、三、四章）。論點的提煉和對論述準確性的把握需要反覆斟酌，但行文則需一氣呵成。茅盾曾說：「漫畫家有個常用的方法，就是先構成了草圖（這兒所謂草圖，其實是一點也不草率的），然後將草

圖貼在玻璃板下，玻璃板下有燈光裝置，使圖透明，另取一紙蓋在草圖上，依樣再畫出正圖來；這方法能使線條流利潑刺，全圖有一氣呵成的精神」②我以為，我們在寫作中也應做一道使線條流利的工作。當然，行文除一氣呵成外，還應透進一種意緒方佳。史的寫作在總體結構和行文上，都應追求一種磅礴的氣勢和渾厚的意韻，要融萬象於一爐，全景式地展示歷史。

逝去的時間之云，在我筆底大朵大朵地飄蕩著，「過去」，真能依靠鉛字得以凝定麼？在這拉雜的短文中不已有了今天對過去的理解在內，而真實的「過去」中是不全有這理解的。我作過許多的追求，但到底達到了多少？我一不滿於自己文筆之枯澀，二不滿於自己工作之少做。這是真話，絕無謙虛。《中國中古詩歌史》交稿後的兩年多，是生命的繼續向上？還是生命的停滯？但願接著昨日而飄流的今日的時間之雲，能夠飛翔得更空闊些！

【附　註】

① 《中國哲學》編輯部將此文分為上下，刊於該刊第17、18輯。

② 《茅盾論創作》第458頁，上海文藝出版社1980年版。

與研究生談科研

王鍾陵

　　就科學發現的機制而言，社會科學與自然科學沒有本質的差別。作爲科學，它們之間具有普遍性；而研究對象的不同又使它們各具特殊性。對社會科學的研究者來說，吸收自然科學研究的成果可以更新他們的觀念，使其研究更具科學性。對自然科學的研究者來說，也需要吸收社會科學的知識：自然科學應在人與自然的和諧中而非對立中去把握自然規律，這就離不開對人自身（包括認知、情感與審美諸方面）的理解；社會科學的研究不僅爲構造人類社會所需要，而且也爲人類認識自然所必須。此外，社會科學的知識還有助於開闊自然科學研究者的視野，升華他們的思想境界，幫助他們取得更大成就。

　　一個優秀的科研工作者應有下列素質。

　　首先，我認爲最重要的一點，是應當有追求眞理的獻身精神和堅持眞理的獨立精神。科學研究就是爲了追求眞理，而追求眞理往往要經歷痛苦的過程，況且學術研究又是項異常艱苦的工作，需要異乎尋常的耐心，並需忍受辛苦與清貧。沒有獻身學術研究的決心，就很難談得上日後在學術上會有所成就。有了追求眞理的獻身精神，還要有堅持眞理的獨立精神。如果沒有堅持眞理的勇氣，那麼即使有了科學發現也可能要被湮沒掉。在追求眞理、堅持眞理的過程中，必然會獲得一種深刻的心理體驗。缺乏深刻心理體驗的人是不可能成爲傑出學者的。這種獻身精神和獨立精神在當今商品經濟環境中顯得尤爲重要。馬克思有句名言，說他

絕不允許資本主義社會將他變成掙錢的機器，這種精神是很了不起的。

其次，還要有開闊的眼界、宏大的胸襟。視野狹窄，往往連問題都發現不了；胸襟狹小，注意力就會分散到瑣屑的事物上。如何使眼界開闊，胸襟宏大？一是上面所講的要有一種獻身真理的精神，而不去斤斤於生活中的雞蟲得失。二是要有多學科知識的融合。這種融合能夠幫助我們打破慣常的思維定式。三是應多登高山、多覽大川。山水移人，通過對壯觀的自然的觀照而使胸懷博大。對恢宏的思想境界的追求是古今中外一切大學者的必備素質，它可以使人站得更高，看得更遠，胸襟更博大，因而也就能夠獲得更大的成就。

科研工作者應有一個合理的知識結構，要有多學科知識的交叉和融合。合理的知識結構是指應兼有主幹學科、輔助學科和其它方面的廣泛知識。老一代學者所用的一種治學方法很值得提倡，即精讀幾本最重要的典籍。就古代文化而言，像《莊子》、《左傳》、《文心雕龍》等幾本書就是必須認真精讀、熟讀的。這是一個人的學術根基。在此基礎上還要再縱向、橫向擴展，以及擴大涵蓋面，並尋求深層次的融會貫通。輔助學科是不可缺少的，多學科的交叉憑藉於此。廣泛的吸收也是必要的，它可以使眼界更開闊，許多靈感就是來自這些知識臨機的撞擊。

一個優秀的科研工作者所必須的素質還有很多，比如嚴謹細密的工作作風等等，這裡就不展開了。

下面談談治學方法問題。

首先，應盡快進入學術研究的前沿狀態。這一點往往為人忽視。有些人將自己寶貴的時間和精力投入到一些意義不大的工作之中，這就難於取得較大成就了。揚振寧教授說，一個二流水平

的研究生進入一個興旺發展中的學科，其成就要大於一個一流水平的研究生在一個不那麼興旺發展的學科中所能取得的成就。值得特別一提的是，在非帶頭學科中也有前沿研究的部分。

其次，還要善於尋找學術研究的突破口、切入點。整體不加切割就難於認識，一門學科需要從一定的角度和層面切入進去。切入點的尋找是十分重要的。它一方面為研究者本身的知識結構所決定，另一方面也為客體對象本來的性質、情狀所決定。

再次，在研究中還要善於捕捉具有制高點意義的精粹核心，以照亮全局，使整個研究對象都處在這個核心的映照之下。論著之具有整體性，往往有賴於此。這個精粹的核心，是要將整個研究對象的全局置於胸中，經過反覆提煉、反覆概括才能獲得的。

第四要善於尋找科研的「富礦區」。花費同樣的精力與時間，在「貧礦區」摸索的成效要遠遠小於在「富礦區」所能獲得的成果。那麼如何尋找「富礦區」呢？我提出三點：一是學科交叉的地帶；二是新觀念、新方向映射的區域，在新觀點、新方向的映射下，原有材料會呈現出不同於往常的意義；三是通滙理解的聚集點，在這兒往往能觸類旁通。

第五，要注意應順著材料走而不應違背於材料。要理解材料，並在材料所提供的範圍內去進行挖掘，同材料鬧別扭，硬要材料服從自己是不行的。

第六，多點探視與集中精力拿下一個領域。惟有多點探視，才能對這一領域的多側面有所了解；又惟有集中精力拿下一個領域，而非東一榔頭西一棒，才能有一個系統全面的成果。

第七，要揚長補短。人們一般說應揚長避短，這有一定的道理：揚長可以發揮學術優勢，展示學術個性；避短，可以少出錯誤，避免硬碰瞎撞，可以較快拿出成果。因此，這種做法有其明

智之處。然而，對於從事開拓性研究以及想要較爲透徹、全面地拿下某一領域的目標來說，更正確的做法應是揚長補短。因爲在研究的過程中，你總會遇到自己不熟悉、不懂的東西。某項研究其開闢荒莽的程度愈高，則此項研究的價值才會愈大。特別是要想成爲一個大學者，你就必須不斷地向著新的領域移師，拓展出一個有深度的寬度來，從而使自己的學術堂廡闊大起來。如果你老是繞開走，亦即避短，你就不敢向荒路走去，這樣必然祗能長期以至永遠局促在一個小屋簷下，雖然仍可沾沾自喜，但畢竟祗據有一隻小巢。

在揚長與避短的關係上，一般應以揚長爲主，因爲某些長處、優勢的形成，同研究者的個性、氣質、知識結構有著深切的聯繫，它是一個長過程的成果。但在一個中期以上的研究過程中，也常會發生所補的短處，成長爲研究者的新的優勢的情況。因此一個研究者聰明的做法，應是在發揚長處形成自我特色的同時，也注意從暫時不是自己長處以至明顯是短處的地方，培養出新的生長點來，並能夠使之與原有的優勢諧協起來。由於新質的輸入，原有優勢也會得到增強，以至於獲得一種更高境界的展示。

無論是優勢的更高層次的發揮，還是短處之轉化爲長處，這當中有個關鍵，便是要有機生長。這就好像在研究中要注意順著礦脈走才能獲得更大的成效一樣。有機生長出來的強項才是屬於自己的，亦即是真正有著自我的獨特性的，才是有生命力的，結實的，與其它因素諧協而構成一種整體的，並能夠繼續發展的。

第八，要應用從整體到部分再到整體的研究方法，這一點拙著《中國中古詩歌史·前言》中述之已詳，這兒就不多說了。

以上這些看法是我在科研中的一些體會，希望能對同學們有所幫助。　　　　　　　　　（原刊《蘇州大學校刊》1992年5月30日）

後 記

　　人生眞難說。人間事，日夜潮來潮去，玉樹歌台、戟門華第，
曾幾何，惟餘殘壘長楸、山松野花。舊苑唱詩春花紅，海魚吹浪
連濤雪。歷史的旋轉——它的變遷、零落和它的生機，固不待言；
個人的生命進程中，也往往有一種歷史房間的轉換。生命之舟，
常常並不按照原定的方向前進。

　　我年青時候的興趣在詩上。記得有一個夏夜駐足玄武湖畔，
望著波心蕩盡前朝月的暗淡迷濛的湖水，遠眺我父親用以爲我命
名的鍾山，我曾口占過一首七絕：

> 美人恍惚未能見，一夜鍾山點黛螺。
> 寂寞夜深雲破處，月輪冷照水邊荷。

　　詩是清冷的，我年青時的心緒確也頗爲寥落。當然，這迥異
於台階虛位、養素丘園的東晉玄言詩人對於室邇人曠、物疏道親
境界的企向。四象悟心，幽人來憩，對我乃是一種難以企望的奢
侈。

　　稚氣的青年拙於生活，沉靜的中年忙於料理。並且，這早已
不是詩的唐代，也不再有五四詩人站在地球邊上放炮的可能，此
外，我雖愚鈍，却也知道時運交移、質文代變，詩早已不再受寵。
在寂寂委巷、寥寥閑居中讀詩和寫詩，對我來說，不過是一種生
活方式，亦即是自我存在的方式。逸翮拂霄，迅足遠遊的騰想，
是沒有的。

　　然而，1986年9月我寫完了七十萬字的《中國中古詩歌史》，1989年11月我又主編完了二百餘萬字的《中國詩詞曲藝術美學大百科》，雖然還和詩相聯，卻是換了一個人生的房間。1990年底我複寫完了六十萬字的《中國前期文化—心理研究》，寫作這本書對我來說，乃是拋開已經熟悉的航道，去闖一片新的深水域。因為拙著責編不斷地為我的小帆吹送勁風，於是我也就離開了詩，在全無航線的黝黑的海面上，讓小舟隨波遼遠地蕩去。

　　《文學史新方法論》這本書的寫作，使我的方向又轉換了一次。雖然我一直致力於這方面的研究，卻從未曾想將這一論題寫成一本書。如果說劉勰《文心雕龍》的文體論和鍾嶸《詩品》對眾多詩人的溯厥源流、品第甲乙，即表明中國文學史的研究，早已有了成績斐然的著作；那末，雖然任何研究都必然運用著某種方法，並且近代以來，魯迅、聞一多等傑出學者又均在方法論上有頗為自覺的意識，但方法論問題作為一個獨立的理論課題被系統地研究，則還沒有人做過，亦即是還沒有人嘗試要建立一門文學史學。因此，我知道這並不是一個容易的課題。所以，我雖然曾閃過要將已發表的有關文學史方法論問題的若干篇拙論輯為一集出版的念頭，卻不敢問津於一本專著的寫作。

　　何況，在此之前，我寫作《中國前期文化—心理研究》一書時，曾在原始意識的高原上徜徉了一陣，深為其所內蘊的雄莽恢奇的氣象所吸引，因而還捨不得離開這片山倚明霞、江吞絕壁的景觀，我歷來十分迷戀於歷史的博大和深沉。而對於民族文化之根理解的渴求，又在進一步驅使我去認識先秦諸子—那是中華文化的華嚴世界。我明白，我得細心地做好準備工作，拾級而上。因此，這本書本不在我的工作計劃之中。

　　所以，我要對蘇州大學出版社茅宗祥常務副社長、徐斯年總

編輯表示衷心的謝意：一則因爲他們向我提出了將這一論題寫成專著的建議，二則更因爲他們在不推遲出版時間的前提下一再地讓我延遲了交稿的時間。沒有他們的建議和在寫作時間上的惠顧，這本書以目前這樣的規模及早問世是不可能的。

不在工作計劃中的書倒提前完成了，早就規劃要寫的書却進展緩慢，由此我又一次感到了人生中往往有許多難以說準的變化，個人寫作中的變化雖是小事，却揭示了人生以至學術是隨機生長的道理。我在本書中對於歷史的偶然性、非規範性，對於歷史發展的多歧與轉換等等，都已經說了很多。其實，僅就我們親身所見，在學術上、政治上那種有意和無意、人爲與自然、公正與邪惡在興衰盛滅中的旋轉，不已經很多了？有意栽花花不發，無意插柳柳成蔭，這兩句俗語正是說到了歷史的不確定性，人要規範歷史、左右變化的能力是極爲薄弱的。於是，這就往往給某些依附於或直接掌握著權力的一時的「英雄」們，造成某種難堪的尷尬和辛辣的嘲諷。

歷史常常發生錯位，人生的房間因而也不由自主地在掉換。所以，我認定的人生的眞諦，就是我在拙著《中國中古詩歌史‧後記》中所說的：「生活對於我來說，意味著兩個字——努力。」

當然，細想下來，在歷史和人生的這種偶然性活躍的多端變化中，其實仍然有一種內在的邏輯。

這本拙著得以較快完成，自然是因爲已有一批拙論作基礎。本書第一、二章即是將已發表的論文加以熔鑄而成；第六、七、九三章原先也已有文稿，六、七兩章原稿不夠豐厚，此次作了增補；第九章則較早已整理爲專文，並已爲《中國社會科學》中文版和英文版所刊用；第三、四、五、八這四章，則全爲此次新撰。爲了寫作這本書，我有約三個月每天都在深夜二時到四時半之間

睡覺，而上、下午還照樣寫作。有幾次還不知不覺工作到東方之既白。我自然時時感到疲乏，但有一股重要的精神力量支持著我——這便是我的兩部拙著特別是《中國中古詩歌史》的讀者，在給我的大量來信中，所給予我的極爲熱情的鼓勵。

記得1985年2月23日，那是陰曆春節初四，當時《中國中古詩歌史》一書的準備工作正在進行，我去登覽鎮江北固山，在多景樓前佇立。這是南宋文人們喜愛爲之秀發詩詞的一個處所，劉過視此樓與吳江垂虹亭爲兩大名勝，其《念奴嬌》詞云：「多景樓前，垂虹亭下，一枕眠秋雨」。於是，我不由想起了《至順鎮江志》第二十卷所錄孫吳會的詞：「八窗空，展寬秋影，長江流入尊俎。天圍紺碧低群岫，斜日去鴻堪數」①。鎮江的山水是壯闊明遠的，故鄭板橋在焦山渡鑣有聯語曰：「蒼茫海水連江水，羅列他山助我山。」我一向感激於鎮江山水對我胸襟的熏育。在吟咏前賢詩詞時，積習使我又就眼前景物口占了一首五絕：

> 半江夕照暖，北嶺雪猶稠。
> 料峭春風裡，疏林淡似秋。

這首《早春》詩，現在看來正是當時種種環境和我內在心境的一種不自覺的寫照。它同上面那首七絕一樣，仍然並不激昂。

然而，我萬萬沒有想到的是，兩部拙著出版後竟引起了學術界廣泛的關注。令我迷惑不解的是，《中國中古詩歌史》一書在一、二年中便流布於美國、俄國、日本、韓國、臺灣、香港、新加坡等國家和地區。而《中國前期文化—心理研究》一書則遠播到了哥倫比亞，一位德國人在那兒以很高的興致仔細閱讀了此書。

海內外報刊發表了關於我的兩部拙著的評論已達二十多篇。

　　我要至為深切地表示感謝的是，好些著名學術前輩及全國著名學者、學術新秀為拙著撰寫了很多高質量的評論，同時我也要至為深切地向《人民日報》海外版、《中國社會科學》、《文學遺產》、《文藝研究》、《學術月刊》、香港《大公報》、《江海學刊》、《社會科學輯刊》等重要的大報刊的編輯致以誠摯的謝意，沒有他們的寶貴支持，我的兩部拙著難以產生今日的影響。特別是許多為拙著撰寫評論的作者和為拙著發表評論的編輯，在評論發表之前我們並不相識，有的先生我們至今也還沒有見過面或通過信，他們這種以學術為懷的精神令我深為欽佩！

　　雖然拙著的書評應該說是相當不少了，但我本人所收到的來信的數量則更要大得多。這些來信就每一封而言，雖僅從一、二個方面談論對拙著的看法，然而滙集起來，則所提供的角度和視點就相當豐富了。我從這些來信中，不僅吸取了繼續前進的力量，而且也被來信者的智慧之光所照耀。這無疑為我提供了回過頭來從各個側面審視拙著的有利條件。在我的兩部拙著出版以後，我曾一再思考過我走過的道路和應前進的方向。對於如何能更上層樓，我常常感到困惑。此外，我一直十分害怕的是，一個人學術上的起點就是他的終點，如果這樣，則起點以後的生命不就停滯了？而生命的本義乃在於創造。當然，無論是研究領域或研究路徑的突破都是艱難的，在研究高度上愈益上升便愈益費力，這需要勇氣、體力、毅力、信心和智慧。並且，文學以至文化活動是在反饋中前進的，這是我在本書中闡述的一個論點。所以，當我寫完這本書後，我覺得很有必要借此機會向這些我認識的和大量不認識的前輩、朋友、讀者表示深切的謝意！並表明《文學史新方法論》這本拙著如有點滴可取的話，那也不是我的孤明先發，它是眾明共發的產物。自從《中國中古詩歌史》出版以來，我受

到了學界前輩和朋友以及讀者們的巨大惠育，特別是那些因買不到拙著而將拙著抄下部分以至一大半的青年和一些學界同行（其中甚至有患有眼疾的老先生），曾使我受到過一種心靈的震撼！正是他們給予我以力量和啓示，使我獲得了一種精神上的堅強支持，而能在連續三個月的極度缺乏睡眠中寫完了這本書。

我至今仍視自己是一棵野草，「根本不深，花葉不美」②。魯迅曾說：「一切事物，在轉變中，是總有多少中間物的」③，這是很深刻的，我的幾部書怕連中間物的資格也不夠。年青時，我曾寫過一首懷人的新詩，大意是說：屋裡沉寂，野外雲黑，瀟瀟的春雨染紅了蓓蕾，染翠了青竹，蓓蕾中含苞著深深的思念，青竹茁生著金色的希望。我的心中將永遠含蘊著對一切關心、支持了我的前輩和朋友以及讀者的思念和感激，因爲他們沒有丟棄一棵野草而給予了灌沃。我則將金色希望之茁生、霞蔚的祈願，深深地祝福於中國未來的一代學者——那些現在雖清貧而努力的青年。

王鍾陵

1993年7月22日於海思書屋

【附　註】

① 《摸魚兒·題甘露寺多景樓》。

② 《野草·題辭》，《魯迅全集》第二卷第159頁。

③ 《墳·寫在〈墳〉後面》，《魯迅全集》集第一卷第285、286頁。

王鍾陵主要論著目錄

一、個人著作：

1. 《中國中古詩歌史》　　　（專著，70萬字，江蘇教育出版社，1988）
2. 《中國前期文化—心理研究》（專著，60萬字，重慶出版社，1981）
3. 《文學史新方法論》　　　（專著，34萬字，蘇州大學出版社，1993）
　　　　　　　　　（此書獲國家教委優秀學術著作獎）
4. 《神話與時空觀》　　　　（論文集，30萬字，河北大學出版社，1995）
　　　　　　　　　　　　　　　（總計194萬字）

二、主編書籍：

5. 《中國詩詞曲藝術美學大百科》（200萬字，四川辭書出版社，1992）
6. 《中國文人心態研究》　　　（二本，蘇州大學出版社，1995、1998）
7. 《竹溪文叢》　　　　　　　（九本，東方出版社，1998、1999）
8. 《中國文人傳記》叢書　　　　（已出六本，東方出版社，1999）
9. 《文學史文庫、20世紀中國文學史論文精粹》
　　　　　　　　　　　（五卷，河北教育出版社，2000）
10. 《文學史文庫、20世紀中國文論精華》
　　　　　　　　　　　（五卷，河北教育出版社，2000）
　　　　　　　　　　　　　（總計1150萬字）

三、論文：

20世紀西方文論研究

論弗洛伊德精神分析學派的文藝觀　　《學術月刊》1997、 8
論榮格分析心理學派的文藝觀　　　　《社會科學戰線》1997、 5
論神話—原型批評　　　　　　　　　《文學評論》1998、3

新批評派詩學理論研究 　　　　　　　《中國社會科學》1998、 5

中國現當代文論研究

20世紀中國散文理論之變遷 　　　　　《學術月刊》1998、11
20世紀新詩大眾化、民族化的歷程 　　《社會科學戰線》1999、2
20世紀初期的小說熱及暴露性的社會寫實觀

　　　　　　　　　　　　　　　　《社會科學輯刊》2000、1
20世紀中國小說現實主義理論之變遷 　《學術月刊》2000、2

中國古代文論研究

中國古代文論中兩種不同的「養氣」說《文學評論》叢刊第18輯
關于「言、意之辨」 　　　　　　　　《古代文學理論研究》第8輯
玄學的「簡約」風尚與文學的「以少總多」

　　　　　　　　　　　　　　　　《古代文學理論研究》第12輯
哲學上的「言、意之辨」與文學上的隱秀論

　　　　　　　　　　　　　　　　《古代文學理論研究》第14輯
漢代文藝的特徵與王充「眞美」觀的意義

　　　　　　　　　　　　　　　　《古代文學理論研究》第17輯
《文心雕龍・神思》篇札二則 　　　　《蘇大學報》1889、1

中國古代哲學研究

魏晉南北朝思想略論（上） 　　　　　《中國哲學》第17輯
魏晉南北朝思想略論（下） 　　　　　《中國哲學》第18輯

文學史方法論研究

主體和客體的兩重性 　　　　　　　　《文藝報》1988、9、24

字學研究

符號：文化—邏輯的透天塔　　　　　《蘇大學報》1991、2
對《養生主》篇疑難歧異字句的解說
　　　　——讀《莊》漫筆之二　　　《鐵道師院學報》1996、5
《莊子·大宗師》篇屬雜文字辨　　　《江蘇社會科學》1997、6

時空觀研究

我國神話中的時空觀　　　　　　　　《文藝研究》1984、1
我國中古時期的時空觀　　　　　　　《河北大學學報》1990、4
唐詩中的時空卅　　　　　　　　　　《文學評論》1992、4

文化—心理研究

原始思維與形象思維　　　　　　　　《蘇大學報》1988、2
神話與漢代神學
　　　　——王充不理解神話辨　　　《文學評論》1989、1
人的生成與中國早期人類自然美意識的萌芽、生長自然，文化的生態場
　　　　　　　　　　　　　　　　　《江蘇社會科學》1991、4
精怪世界與夢文化　　　　　　　　　《齊魯學刊》1992、6
照亮了文明圈的祭壇之火　　　　　　《暨南學報》1993、1
三類兒童：三條歷史發展道路　　　　《河北師院學報》1995、1

神話研究

神話思維的歷史上限、坐標及走向　　《中國社會科學》1991、1
論神話思維的特徵　　　　　　　　　《中國社會科學》1992、2
The Mythological Mode of Thinking: Its Historical Limits, Coordinates
　　andTrends　　　　　SOCIAL SCIENCES in CHINA 1992、4

The Characteristics of Mythical Thought
　　　　　SOCIAL SCIENCES in CHINA 1993、4
神話意象思維的序化整合　　　　　《社學科學戰線》1994、4
神話特徵與世界兩大文藝之異趣
　　　──兼駁幾何紋飾的「積澱」說《社會科學戰線》1995、1
文化變遷與神話英雄的悲劇　　　　《社會科學輯刊》1992、1
神婚及宇宙毀滅
　　　──再造神話的內在意蘊　　　《社會科學輯刊》1995、4
中國神話中蛇龍意象之蘊意及演化　《江海學刊》1991、5
上古神話傳說所反映的兩性鬥爭　　《南開學報》1993、3
人神鬥爭：文化英雄的悲劇
　　　──《大雅・生民》新解　　　《求是學刊》1996、1
論中國神話特徵　　　　　　　　　《中國文學研究》1992、3
羿神話的蘊意及演化　　　　　　　《蘇大學報》1992、4
神話中的生死觀　　　　　　　　　《汕頭大學學報》1993、2

中國古代文學研究

玄言詩研究　　　　　　　　　　　《中國社會科學》1988、5
永明體藝術成就概說　　　　　　　《文學遺產》1989、1
論謝朓詩　　　　　　　　　　　　《四川大學學報》1989、3
中古詩歌史的邏輯起點與發展軌跡　《江海學刊》1990、1
漢代審美情趣簡議　　　　　　　　《汕頭大學學報》1990、1
論魏晉南北朝時期的一種文化現象：重視早秀與以才藝出人頭地
　　　　　　　　　　　　　　　　《南開學報》1990、1
眞實與形似
　　　──南朝山水詩派興起的原因、特徵及意義
　　　　　　　　　　　　　　　　《社會科學戰線》1990、3

動情與氣骨

　　魏晉文學特徵論　　　　　　　《蘭州大學學報》1992、1

中古詩歌史的邏輯進程　　　臺灣第三屆魏晉南北朝國際學術會議論文集

《水滸全傳》的政治思想傾向及其在藝術上的體現

　　　　　　　　　　　　　　　《文藝論叢》第21輯

《莊子》研究

《逍遙遊》「至人、神人、聖人」解　　《江蘇社會科學》1996、2

《莊子·養生主》篇發微　　　　　　《學術月刊》1996、12

大小之辨

　　　——讀《莊》札記之一　　　《河北師院學報》1995、3

神人、聖人、至人

　　　——讀《莊》札記之二　　　《河北師院學報》1995、4

夫吹萬不同，怒者其誰邪

　　　——讀《莊》札記之三　　　《河北師院學報》1996、1

莫若以明

　　　——讀《莊》札記之四　　　《河北師院學報》1996、2

莊周化蝶

　　　——讀《莊》札記之五　　　《河北師院學報》1996、4

唯道集虛

　　　——讀《莊》札記之六　　　《河北師院學報》1997、2

命物之化而守其宗

　　　——讀《莊》札記之七　　　《河北師院學報》1997、4

丘則陋矣

　　　——讀《莊》札記之八　　　《河北師院學報》1998、3

《莊子》中的大木形象與意象思維

　　　　　　臺灣中央研究院《中國文哲研究集刊》第13集

總計約在三十多種雜誌上發表論文約180萬字。